lonely planet

Sénégal

Andrew Burke
David Else

LONELY PLANET PUBLICATIONS
Melbourne • Oakland • London • Paris

SÉNÉGAL

OCÉAN ATLANTIQUE

Saint-Louis
Architecture coloniale, atmosphère paisible et festival de jazz annuel

Dakar
La capitale est une métropole cosmopolite qui regorge de vitalité

Île de Gorée
Une île au charme indéniable qui porte pourtant les marques de l'esclavage

Petite-Côte
Plages de sable bordées de palmiers : vagabondez d'un village côtier à l'autre

Casamance
Suivez les méandres du fleuve ou attardez-vous sur les plages

Parc national des Oiseaux du Djouj
L'un des plus grands sanctuaires ornithologiques du monde

Delta du Siné-Saloum
Véritable labyrinthe composé de mangroves et d'îles boisées

Rosso-Mauritanie
Rosso-Senegal
Podor
Guede
Treji
Ndiour
"Nouvelle"
Ndiou
Dagana
Richard Toll
Parc national des Oiseaux du Djouj
Diama
Ross Béthio
Réserve de faune du Ndaël
Lac de Guier
Maka
Gnit
Réserve sylvo-pastorale de Sogobé
Makhana
Réserve sylvo-pastorale des Six Forages
Péninsule de la Langue de Barbarie
Saint-Louis
Fass
Gandiol
Parc national de la Langue de Barbarie
Maka Touré
Réserve sylvo-pastorale de Pal-Méringhène
Vallée du Ferlo
Réserve sylvo-pastorale de Khadar
Louga
Réserve sylvo-pastorale de Louguguére "Fiol
Réserve sylvo-pastorale de Boulal
Grande-Côte
Réserve sylvo-pastorale de Barédji-Dodji
Linguère
Siné Kane
Kelle
Réserve sylvo-pastorale de Déali
Réserve sylvo-pastorale de Khogue
Mboro-sur-Mer
Mekne
Réserve sylvo-pastorale de Lindé Sud
Tyilmakha
Darou Mousti
Pointe des Almadies
Kayar
Keur Moussa
Tivaouane
Baba Garage
Touba
Réserve sylvo-pastorale d'Oldou Débokol
Malika
Thiès
Toubal Toul
Mbaké
Rufisque
Kbombole
Bambey
Réserve sylvo-pastorale de Doli
DAKAR
Réserve de Bandia
Diourbel
Toubab Dialo
Îles de Gorée
Mbar
Réserve sylvo-pastorale du Siné-Saloum
Îles de la Madeleine
Saly-Portugal
Tiadiaye
Gossas
Mbour
Tataguine
Forêt classée de Mbéqué
Nianing
Fatick
Mbodiène
Petite-Côte
Joal-Fadiout
Foundiougne
Kaolack
Forêt du Maka
Koumpentoum
Ndangane
Passi
Kaffrine
Kounghéul
Sokone
Maka-Gouye
Toubakouta
SÉNÉGAL
Parc national du delta du Saloum
Saboya
Njau
Sotokoi
Kudang
Kuntaur
Georgetown (Janjang-bureh)
Karang
Jowara
Farafenni
Baro Kunda
Pata
Bansa
Amdallai
Kerewan
BANJUL
Barra
GAMBIE
Jappeni
Médir Yorofo
Serekunda
Bakalarr
Kwinella
Soma
Sénoba
Forêt de Pata
Jufureh
Mandaur
Geneiri
Faraba Banta
Giboro
Bintang
Kalagi
SÉNÉGAL
Brikama
Bessi
Bwiam
Bondali Jola
Darsilami
Somita
Forêt du Guimara
Gunjur
Seleti
Kandiadiou
Kartong
Soungrougron
Forêt des Narangs
Forêt du Balmadou
Abéné
Kafountine
Forêt de Sédiata
Kolda
Bignona
Marssassoum
Forêt de Bari
Forêt des Kalounayés
Tendouk
Forêt du Boudie
Sédhiou
Casamance
Forêt de Bissine
Île de Carabane
Ziguinchor
Diattakounda
Oussouye
Cap Skiring
São Domingo

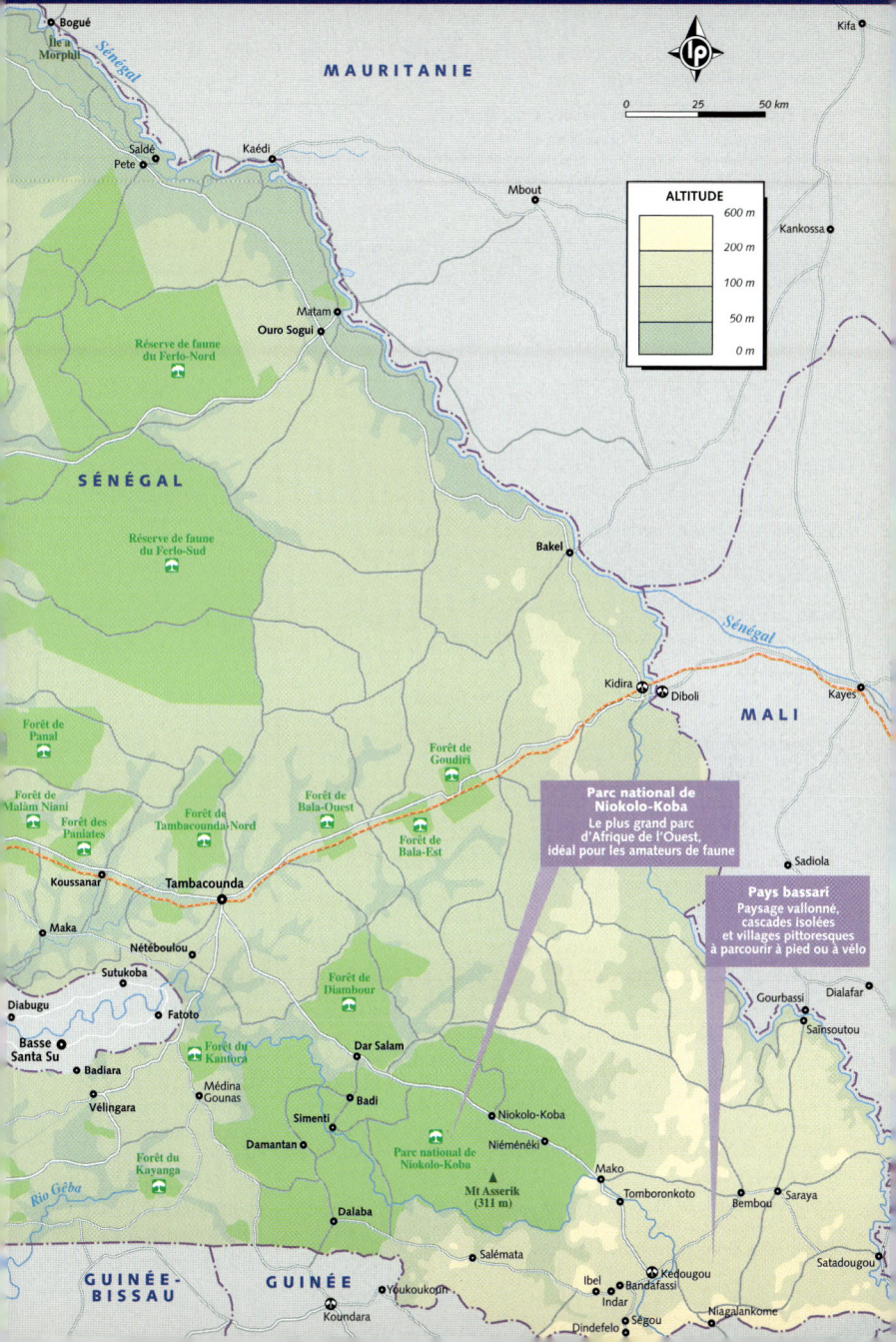

SÉNÉGAL

MAURITANIE

Sénégal

ALTITUDE

	600 m
	200 m
	100 m
	50 m
	0 m

0   25   50 km

Kifa

Bogué
Île à
Morphil
Saldé
Pete
Kaédi
Mbout
Kankossa

Matam
Ouro Sogui
Réserve de faune
du Ferlo-Nord

SÉNÉGAL

Réserve de faune
du Ferlo-Sud

Bakel

Sénégal

Kidira
Diboli
Kayes

MALI

Forêt de
Panal
Forêt de
Goudiri

Forêt de
Malâm Niani
Forêt des
Paniates
Forêt de
Tambacounda-Nord
Forêt de
Bala-Ouest
Forêt de
Bala-Est

**Parc national de
Niokolo-Koba**
Le plus grand parc
d'Afrique de l'Ouest,
idéal pour les amateurs de faune

Sadiola

Koussanar
Tambacounda

Maka

Nétéboulou

Pays bassari
Paysage vallonné,
cascades isolées
et villages pittoresques
à parcourir à pied ou à vélo

Sutukoba
Forêt de
Diambour
Gourbassi
Dialafar
Saïnsoutou

Diabugu
Fatoto

Basse
Santa Su
Forêt du
Kantora
Dar Salam

Badiara
Médina
Gounas
Badi
Niokolo-Koba

Vélingara
Simenti
Niéménéki

Damantan
Forêt du
Kayanga
Parc national de
Niokolo-Koba
Mako
Tomboronkoto
Bembou
Saraya

Rio Gêba
Dalaba
Mt Asserik
(311 m)
Satadougou

Salémata
Kédougou
GUINÉE-
BISSAU
GUINÉE
Youkoukoun
Ibel
Bandafassi
Indar
Niagalankome
Koundara
Dindefelo
Ségou

Sénégal
2e édition
Traduit de l'ouvrage *The Gambia & Senegal* (2nd edition)
© Lonely Planet Publications Pty Ltd

Traduction française : © **Les Presses-Solar-Belfond**
12 avenue d'Italie, 75627 Paris cedex 13
☎ 01 44 16 05 00
🖳 bip-lonely8planet@psb-editions.com
🖳 www.lonelyplanet.fr

Dépôt légal
Octobre 2002

ISBN 2-84070-246-0
ISSN 1242-9244

Photographies
La plupart des photos publiées dans ce guide sont disponibles
auprès de notre agence photographique Lonely Planet Images
Web site : www.lonelyplanetimages.com

Photo de couverture
Musicien jouant du balafon (Ariadne Van Zandbergen)

Traduction de
Ségolène Busch, Thérèse de Cherisey et Isabelle Delaye

Texte et cartes © Lonely Planet Publications Pty Ltd 2002
Photos © photographes comme indiqués 2002

Imprimé par Hérissey, Évreux, France
Réimpression 02, avril 2005

Table des matières

Table des cartes

Les auteurs

Andrew Burke

Andrew a grandi à Sydney, en Australie. À 19 ans, il pose pour la première fois le pied sur le continent africain. Fortement impressionné par cette première rencontre, il y retournera à plusieurs reprises pendant les dix années qui vont suivre. Il a séjourné en Asie, au Moyen-Orient, en Amérique du Nord et en Europe en tant que journaliste. Andrew a exercé ses talents pour différents journaux, parmi lesquels l'*Australian Financial Review* de Sydney, ainsi que le *Financial Times* et l'*Independent on Sunday* de Londres, avant de choisir de se consacrer entièrement à la rédaction de guides de voyage. Il a collaboré aux guides *South Africa, Lesotho & Swaziland* et *West Africa* chez Lonely Planet et vit actuellement à Hong-Kong.

David Else

Après avoir sillonné l'Europe en stop, David Else a orienté sa boussole plein sud et a rallié l'Afrique en 1983. Depuis, il n'a cessé de parcourir ce continent dans tous les sens, du Caire au Cap et du Soudan au Sénégal. David a rédigé plusieurs guides dont *Malawi, Mozambique & Zambia* et *Trekking in East Africa*, chez Lonely Planet. Il a également coordonné les ouvrages *West Africa* et *Southern Africa*, et a contribué au guide *Africa on a shoestring*. Il a aussi rédigé un guide sur Zanzibar. Quand il n'est pas en Afrique, David vit dans le nord de l'Angleterre, vissé à son ordinateur, et se contente d'allers et retours entre son domicile et Londres.

UN MOT D'ANDREW

Je tiens à remercier les innombrables personnes qui m'ont renseigné, orienté ou aidé dans mes déplacements, voyageant, mangeant, buvant ou simplement bavardant avec moi pendant mes recherches au Sénégal. Mes remerciements s'adressent en premier lieu à Anne Hyland, de Hong Kong, une femme hors du commun dont l'amour et le soutien, au-delà des longues séparations, constituent un point d'ancrage dans cette vie souvent imprévisible. Merci encore d'être là lorsque je rentre à la maison.

Au Sénégal, les conseils judicieux, l'hospitalité et l'agréable compagnie de Sonia Marcus, Anna Auster et Toubab le lapin se sont révélés infiniment précieux lors de mes séjours répétés à Dakar. Partout ailleurs, les coopérants des Peace Corps ont apporté la preuve de leur générosité : un grand merci à Natalie Cash et Chubby, le chien le plus malin de toute l'Afrique de l'Ouest, pour leurs informations de première main sur Kolda et le long trajet jusqu'à Dakar, à Jamie Lovett pour son aide depuis la lointaine Dar Salam, à Randy Chester et Shannon Gordon à Tambacounda, à

Édouard Valor de Saint-Louis, à Abigail, Betsy, Fred et plus particulièrement à Vonnie Moler de Kédougou. Bonne chance à vous, où
que vous soyez aujourd'hui. En Casamance, toute ma reconnais-
sance va au clan Chiche de Véronique et de Philippe, à Ziguinchor,
ainsi qu'à Pierre et Marie de Cap-Skirring et, sur l'île de Carabane,
à Dennis Baker, Claire et Alphonse pour les informations, le panorama et l'excellent repas.

Je n'oublie pas les automobilistes Robert Hasse et Tim Urban,
mon collègue Nick Ray, le cycliste Holger Schulze, Nicole Fonck-
Deruiseau à Saint-Louis, Ingemo Lindroos et Marcus Floman,
Sarah Holtz de Dakar, Michel Waller "l'homme chimpanzé", Ras-
sine Sy et sa famille à Mbaké, ni ma merveilleuse famille restée en
Australie. Les éditeurs et cartographes des bureaux de LP à Melbourne ont fait preuve d'un très grand professionnalisme lorsque je
me suis trouvé en difficulté. Je remercie chaleureusement Julia,
Pablo, Hilary et Kerryn, et souhaite bon vent à Kim et Vince dans
leur nouvelle vie professionnelle.

Enfin, je tiens à dire toute ma sympathie au peuple sénégalais :
"Que les raisons de sourire ne vous fassent jamais défaut".

À propos de l' ouvrage

La première édition a été conçue par David Else. Andrew Burke a
effectué les recherches et la mise à jour pour cette deuxième édition.

Un mot de l'éditeur

Carole Haché a assuré la coordination éditoriale de cet ouvrage.
Gudrun Fricke, sous la supervision de Philippe Maitre, en a effectué la
mise en page. Merci à Claude Albert, Andrée Barthès et Carole Haché
pour leur précieuse contribution au texte, ainsi qu'à Marie-Jo Aznar,
Annabel Hart, Dahlia Ridard et Hélène Cody pour leurs aides multiples.

La cartographie originale a été coordonnée par Pablo Gastar.
Son adaptation en français est l'œuvre de Daniel Gaudey. Les illustrations ont été conçues par Sarah Jolly. Sophie Rivoire a pour sa
part réalisé la couverture. Nous sommes reconnaissants à Emma
Koch pour sa collaboration au chapitre *Langue*. Graeme Counsel a
fourni une assistance précieuse pour la section sur la musique et
David Andrew pour celle sur les oiseaux, tandis que John Graham
nous a éclairés sur les arts d'Afrique de l'Ouest.

Un grand merci à Sophie Senard pour la préparation du texte
anglais et à Géraldine Sonderer qui s'est initiée au travail d'indexation.

Enfin, toute notre gratitude va à Didier Buroc de Mercury, ainsi
qu'à Graham Imeson et Helen Papadimitriou du bureau australien
pour leur constante collaboration, sans oublier toute l'équipe de LPI.

Avant-propos

LES GUIDES LONELY PLANET

Tout commence par un long voyage : en 1972, Tony et Maureen Wheeler rallient l'Australie après avoir traversé l'Europe et l'Asie. À cette époque, on ne disposait d'aucune information pratique pour mener à bien ce type d'aventure. Pour répondre à une demande croissante, ils rédigent leur premier guide. Depuis, Lonely Planet est devenu le plus grand éditeur indépendant de guides de voyages dans le monde, et dispose de bureaux à Melbourne (Australie), Oakland (États-Unis), Londres (Royaume-Uni) et Paris (France).

La collection couvre désormais le monde entier, et ne cesse de s'étoffer. Si l'information est aujourd'hui présentée sur différents supports, notre objectif reste le même : donner des clés au voyageur pour qu'il comprenne mieux les pays qu'il visite.

L'équipe de Lonely Planet est convaincue que les voyageurs peuvent avoir un impact positif sur les pays qu'ils visitent, pour peu qu'ils fassent preuve d'une attitude responsable. Depuis 1986, nous reversons un pourcentage de nos bénéfices à des programmes d'actions humanitaires et de protection de l'environnement.

Nos auteurs s'engagent formellement à ne percevoir aucune gratification en échange de leurs commentaires. Par ailleurs, aucun de nos ouvrages ne contient de publicité, pour préserver notre indépendance.

Les adresses présentes dans les pages de nos guides sont en général celles que nous recommandons. Cependant, une absence ne signifie pas forcément une condamnation. Il peut s'agir, par exemple, d'un établissement qui ne supporterait pas un afflux trop important de voyageurs, ou d'un établissement fermé lors de notre passage.

MISES À JOUR ET COURRIER DES LECTEURS

Un guide de voyage ressemble un peu à un instantané. À peine a-t-on imprimé le livre que la situation a déjà évolué. Les formalités d'entrée dans le pays sont modifiées, les prix augmentent, les horaires changent, les bonnes adresses se déprécient et les mauvaises font faillite. N'hésitez pas à prendre la plume pour nous faire part de vos expériences. Vos remarques nous permettront de préciser nos informations et d'améliorer la prochaine édition.

Lonely Planet met régulièrement à jour ses guides, dans leur totalité. Il s'écoule généralement deux ans entre deux éditions, parfois plus pour certaines destinations moins sujettes au changement. Entre deux éditions, consultez notre journal gratuit trimestriel *Le journal de Lonely Planet*. Une newsletter par e-mail, *Comète*, est également éditée à l'attention de notre communauté de voyageurs. L'inscription (gratuite) à cette lettre se fait depuis la page d'accueil de notre site www. lonelyplanet.fr. Sur ce site, la rubrique *Profil de destination* permet également d'accéder à plus de 150 miniguides de pays, villes ou régions. Vous trouverez aussi la section *Infos rapidos* qui vous tiendra au courant de l'actualité liée au voyage. Les *forums de discussion* et la rubrique *Air Mail* (courrier des lecteurs) permettent d'échanger des informations entre voyageurs. D'autres informations sont disponibles sur nos sites anglais www.lonelyplanet.com, et espagnol www.lonelyplanet.es.

Votre avis nous importe ! La réalisation d'un livre commence avec le courrier que nous recevons de nos lecteurs, aussi attachons-nous beaucoup d'importance à vos réactions et vos impressions. Une équipe de voyageurs invétérés traite le courrier et les e-mails, et s'assure que la moindre information soit dirigée vers l'auteur, l'éditeur ou le cartographe concerné.

Toute personne nous écrivant verra son nom figurer à la fin de l'ouvrage dans la prochaine édition du guide en question, et recevra le dernier numéro du *Journal de Lonely Planet* ainsi que *Comète*. Les auteurs des meilleures contributions seront remerciés par l'offre d'un guide parmi nos collections. Des extraits de courriers seront éventuellement publiés dans nos guides, ou dans notre journal d'information, ou bien intégrés à notre site Internet. Si vous ne souhaitez pas que votre courrier soit repris dans le *Journal* ou que votre nom apparaisse, merci de nous le préciser.

Envoyez vos courriers à Lonely Planet, 1 rue du Dahomey, Paris 75011
ou vos e-mails à : bip@lonelyplanet.fr
www.lonelyplanet.fr et **www.lonelyplanet.com.**

Introduction

Le Sénégal, véritable mosaïque d'hommes et de paysages, oppose l'effervescence de ses grandes villes au charme immuable de villages ancestraux.

Terre des griots, dépositaires d'une mémoire orale ancestrale, le Sénégal est un carrefour de civilisations où les Wolofs, les Diolas, les Mandingues, les Sérères, les Toucouleurs et les Peuls contribuent à la richesse culturelle du pays.

Avec plus d'un million d'habitants, Dakar, la capitale, s'impose comme un modèle de prospérité et de vitalité. Sa vie nocturne trépidante, ses restaurants cosmopolites et sa scène musicale comptent parmi ses principaux attraits. Une soirée passée à écouter la vedette sénégalaise, Youssou N'Dour, jouer dans un club suffit à vous transporter.

Les plages du littoral proches de la capitale attirent de nombreux estivants. Au sud de Dakar, la succession de villages de pêcheurs s'égrènent le long de la Petite-Côte, de part et d'autre de Saly-Portugal, une station balnéaire très fréquentée. Cependant, à une heure au nord de Dakar, par une route aisément accessible, des plages de sable désertes balayées par le vent s'étendent à perte de vue : c'est la Grande-Côte.

Si l'architecture, particulièrement dans la ville historique de Saint-Louis, la culture et la langue sont marquées par l'influence coloniale française, toutes se fondent dans les traditions séculaires. Partout vous rencontrerez des gens hospitaliers et chaleureux. Qui ne revient du Sénégal avec le souvenir d'interminables discussions avec des gens du pays autour d'un repas ou d'un simple thé ?

Loin des villes et des plages, les parcs et les réserves naturelles donnent un aperçu du fantastique biotope du pays : mangrove, marigots, delta fluviaux, paysage aride du Sahel et îlots boisées, propice à l'observation de la faune, en particulier des oiseaux. Promenez-vous en pirogue dans le delta du

SÉNÉGAL

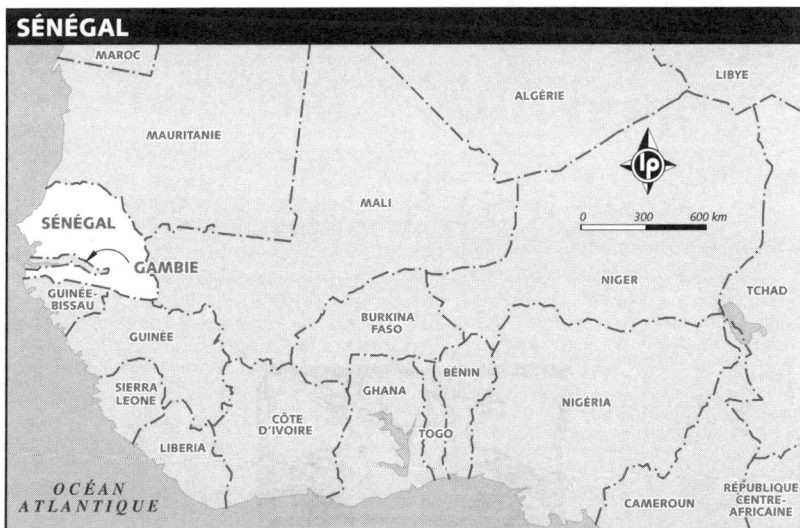

Siné-Saloum et les basses rives de la Casamance qui forment un véritable labyrinthe de lagunes au milieu des bolongs.

Plus qu'ailleurs, sachez prendre votre temps. Mêlez-vous au quotidien des Sénégalais : palabres sur les marchés, retour de pêche au village, animation à la gare routière où les taxis-brousse attendent les voyageurs, spectacle de lutte traditionnelle, cérémonies villageoises, poulet yassa à la terrasse d'une gargote... Le Sénégal est une expérience à vivre.

Présentation du Sénégal

HISTOIRE
La préhistoire et les premières sociétés

Si l'Afrique est sans doute le berceau de l'humanité, les premières traces de l'*Homo sapiens* retrouvées au Sénégal ne dépassent pas 350 000 ans. Des armes en silex taillées datant de quelque 100 000 ans ont été mises au jour dans différents sites de la région, en

particulier à Thiemassas sur le littoral au sud de Dakar.

À en croire les spécialistes, l'Afrique occidentale est passée directement de l'âge de pierre à l'âge de fer, quand les populations ont commencé à croître et à se disperser dans la région. Ces mouvements migratoires n'avaient rien de spectaculaire ; ils se faisaient de façon extrêmement lente et progres-

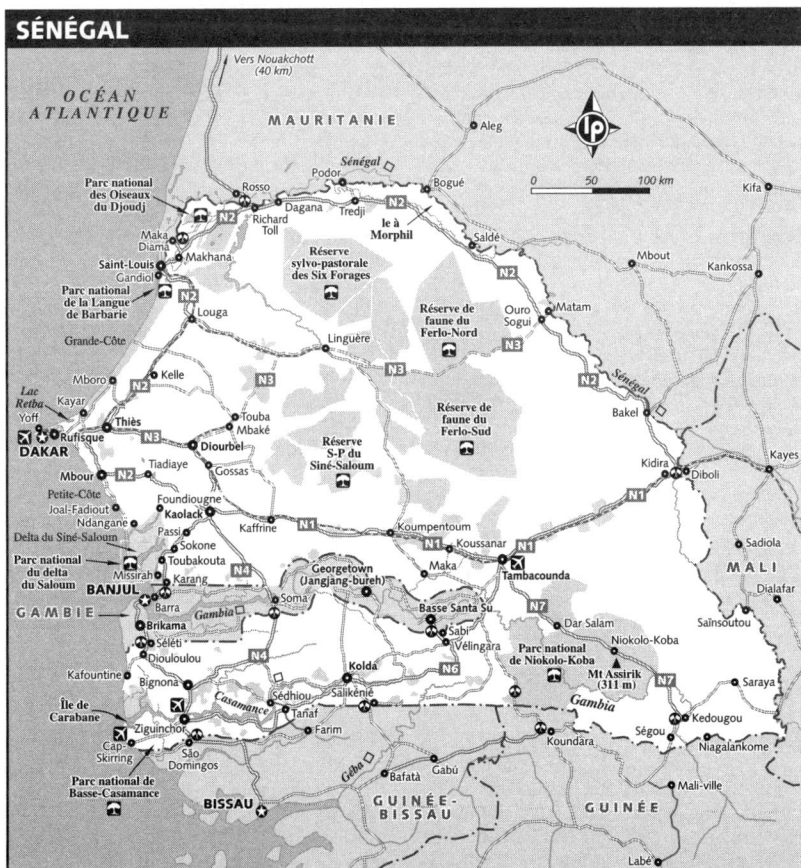

SÉNÉGAL

sive. Cependant, vers l'an 500 de notre ère toute l'Afrique occidentale était émaillée de villes et de villages vivant de l'agriculture et maîtrisant le fer. Tumulus funéraires, tombes, cercles de pierre et amas de coquillages, encore visibles de nos jours en Gambie et au Sénégal, témoignent de l'existence de ces premières sociétés (voir l'encadré *Les amas de coquillages* plus loin dans ce chapitre).

Au cours du premier millénaire, les échanges s'intensifièrent entre les régions situées au nord et au sud du Sahara. De part et d'autre circulaient le sel, l'or, l'argent, l'ivoire et les esclaves. Certains villages en bordure du désert, qui tiraient profit de ces échanges (et finirent par avoir la mainmise sur eux), gagnèrent bientôt en importance, en richesse et en puissance. Certains devinrent des cités-États ou se transformèrent en confédérations puissantes, dotées de structures hiérarchiques et subdivisées en différents groupes sociaux : dirigeants, administrateurs, marchands, artisans, soldats, artistes, gens du peuple.

Royaumes et empires

Le premier grand État créé dans la région du Sénégal fut l'empire du Ghana. Fondé au Ve siècle, il connut son apogée entre le VIIIe et le XIe siècle. Il couvrait alors une grande partie de l'Est du Sénégal et de l'Ouest du Mali (ses frontières n'avaient aucun rapport avec celles de l'actuel Ghana), et sa puissance reposait sur le contrôle des échanges transsahariens. L'islam y fut introduit par le biais de marchands venus du nord, mais l'empire ne se convertit pas totalement à cette nouvelle religion. Il fut détruit à la fin du XIe siècle par les Berbères de la dynastie almoravide du Maroc et de Mauritanie.

À peu près à la même époque, l'empire Tukrur fut fondé par les Toucouleurs, à l'emplacement de ce qui est aujourd'hui le Sud de la Mauritanie et le Nord du Sénégal. À l'instar du Ghana, sa puissance reposait sur le contrôle du commerce transsaharien. Il connut son apogée aux IXe et Xe siècles, en s'alliant aux Almoravides contre l'empire du Ghana.

Au milieu du XIIIe siècle, Sundiata Keita, chef du peuple Malinké, créa l'empire du Mali à l'est de l'ancien Ghana. Au XIVe siècle, son territoire s'étendait des côtes de l'océan Atlantique jusqu'aux Niger et Nigeria actuels, englobant également ce que nous connaissons aujourd'hui sous les noms de Sénégal et de Gambie.

Cet immense empire contrôlait presque la totalité du commerce transsaharien, et ses dirigeants s'enrichirent donc considérablement. Ils se convertirent avec beaucoup d'enthousiasme à l'islam, que leurs contacts avec les chefs des États arabes du nord leur avaient fait connaître. Lorsque Mansa Musa, empereur du Mali, effectua un pèlerinage à La Mecque au début du XIVe siècle, il s'entoura de 60 000 personnes. À cette époque, le commerce transsaharien atteignit son apogée et les villes du Mali, dont Tombouctou, devinrent de grands centres financiers et culturels.

L'influence du Mali commença à décliner au milieu du XVe siècle au profit de l'empire songhaï. À la même époque, au centre de l'actuel Sénégal, le peuple wolof donnait naissance à l'empire jolof (également appelé djolof ou yollof). Celui-ci devait s'étendre vers le nord et l'ouest et domina les royaumes tukrur et sérères pour former une confédération assez lâche, composée de plusieurs royaumes, notamment le royaume walo, le long du fleuve Sénégal, et le cayor, au nord de la presqu'île du Cap-Vert. Pendant ce temps, plus au sud, les Sérères migraient du sud du fleuve Gambie pour créer leurs propres royaumes du Siné et du Saloum, entre le fleuve et les villes actuelles de Thiès et de Kaolack.

L'empire jolof disparut au milieu du XVIe siècle avec la montée en puissance des États côtiers, survenue avec l'arrivée des Européens et les nouvelles possibiltiés d'échanges commerciaux. Pour leur part, les royaumes du Siné et du Saloum étendirent leur influence et se maintinrent jusqu'au XIXe siècle, date à laquelle ils furent vaincus par les forces coloniales françaises.

À cette même époque, dans le Nord du Sénégal, l'empire du Mali se désintégra et l'empire Tukrur fut envahi par le peuple Peul, mené par Koli Tengala Ba. Le nouveau royaume, le Fouta-Toro, se développa au siècle suivant le long du fleuve Sénégal ainsi qu'en direction du sud, dans l'actuelle

Guinée. Les Peuls sont présents dans toute l'Afrique occidentale (dans d'autres pays, on les appelle les Foulanis, les Foulbés et les Peulhs) et ont entamé leur migration vers cette région bien avant la création du Fouta-Toro, mais ils sont nombreux à considérer encore cette terre comme leur berceau culturel.

À la même période, une partie du peuple malinké, originaire de l'empire du Mali en pleine décomposition, arriva dans la vallée du fleuve Gambie – on pense cependant que ses ancêtres se seraient implantés dans la région dès le XIIIe siècle. Les Malinkés importèrent alors la religion islamique, et devinrent les Mandingues. Une partie des habitants de la vallée, les Diolas (Jolas), furent absorbés par les Mandingues, d'autres partirent s'installer dans l'actuelle Casamance, plus au sud.

L'intérêt des Européens

En Europe, l'Afrique suscitait, dès la fin du Moyen Âge, un intérêt croissant. La plus grande partie de l'or qui traversait le Sahara arrivait dans les palais – et les caisses – des royaumes de France, d'Angleterre, d'Espagne et du Portugal et, dès le XIVe siècle, la stabilité financière de ces puissances dépendait étroitement de cette manne africaine. La rumeur évoquait également de riches empires situés au sud du Sahara, qu'aucun Européen n'avait encore jamais visités.

Au début du XVe siècle, le prince Henri du Portugal (connu sous le nom d'Henri le Navigateur) encouragea les explorateurs à descendre les côtes d'Afrique occidentale, espérant contourner par la mer la zone du commerce d'or transsaharien, alors sous domination arabe et musulmane, et atteindre ainsi la source de la production. En 1443, les navires portugais parvinrent à l'embouchure du fleuve Sénégal ; un an plus tard, ils débarquaient sur les côtes du Sénégal, sur une presqu'île qu'ils nommèrent Cabo Verde, ou cap Vert, là où se tient Dakar aujourd'hui (à ne pas confondre avec les îles du Cap-Vert, dans l'océan Atlantique, à 600 kilomètres vers l'ouest). À terre, les Portugais se lièrent avec les chefs locaux et implantèrent un comptoir sur l'île de Gorée, non loin de la côte.

Lors d'expéditions ultérieures, les Portugais s'aventurèrent de plus en plus loin le long des côtes d'Afrique occidentale (que l'on appela alors la Guinée). Vers 1500, ils avaient établi des comptoirs sur la côte ainsi qu'en amont des fleuves Sénégal et Gambie, d'où ils expédiaient vers l'Europe de l'or, diverses marchandises ainsi que des esclaves. On pense que le nom "Gambie" proviendrait du terme portugais "cambio", signifiant "échange", ou "commerce" dans ce contexte.

Les fleuves Sénégal, Gambie, Saloum et Casamance constituèrent alors d'importantes voies de pénétration vers l'intérieur du continent, gagnant une grande importance stratégique qui allait modeler l'histoire des siècles suivants. Des explorateurs, tels l'Écossais Mungo Park et le Français René Caillé, remontèrent ces fleuves à la recherche de Tombouctou, réputée pour ses fabuleuses richesses. Puis au fil des ans, Français, Anglais et Hollandais affrontèrent les Portugais pour prendre le contrôle de ces fleuves et du commerce, en particulier celui des esclaves.

Le commerce des esclaves

En 1530, le Portugal s'était solidement implanté au Brésil. Entre 1575 et 1600, les colons construisirent de grands domaines sucriers nécessitant une main-d'œuvre importante. Les Portugais se mirent donc à importer des esclaves d'Afrique occidentale, avec des conséquences immenses que l'on sait à travers tout le continent.

L'esclavage existait déjà en Afrique occidentale depuis plusieurs siècles, mais les Portugais le développèrent à très grande échelle. Cependant, à partir du XVIe siècle, d'autres puissances européennes s'intéressèrent au commerce. Les Français entamèrent le monopole portugais et s'emparèrent, entre 1500 et 1530, de centaines de vaisseaux portugais, sans parler des esclaves. L'Angleterre se joignit alors au commerce et les marchands hollandais reprirent la colonie de l'île de Gorée en 1617. Les Français fondèrent en 1633 la compagnie du Sénégal, qui contribua au commerce des esclaves jusqu'en 1791, date à laquelle l'Assemblée Constituante abolit ses privilèges. En 1659, les Français créaient un comptoir à Saint-Louis, à l'embouchure du Sénégal. Gorée changea de mains plusieurs fois avant d'être finalement occupée par les Français en 1677.

Dès les années 1650, les Portugais étaient largement supplantés par les marchands d'autres pays européens. La rude concurrence donnait souvent lieu à des accrochages au sujet des "fabriques" (les forts destinés au commerce des esclaves). Le Fort James – situé sur une île proche de l'embouchure du fleuve Gambie et contrôlé par les Lettons, les Français, les Hollandais et plusieurs corsaires "indépendants" – changea ainsi huit fois de mains en soixante ans, avant d'être repris par les Anglais. Non loin de là, sur la rive nord du fleuve Gambie, les Français construisirent une fabrique à Albreda.

Aux XVIIe et XVIIIe siècles, plusieurs nations européennes créèrent des plantations dans le Nouveau Monde (notamment l'Amérique du Sud, les Caraïbes et le Sud des États-Unis actuels) pour y cultiver, entre autres, du sucre, du coton et du tabac. La demande en main-d'œuvre y était importante, aussi le commerce d'esclaves devint-il de plus en plus lucratif.

Dans la plupart des cas, les marchands européens encourageaient les chefs des zones côtières à envahir les tribus voisines et à constituer des prisonniers, lesquels étaient alors envoyés dans les fabriques et échangés contre des marchandises européennes, tels que les tissus et les fusils (qui, à leur tour, permettaient de capturer davantage d'esclaves). Les royaumes de Fouta-Toro, de Walo et de Cayor furent profondément affectés sur le plan politique et social, cependant que les Sinés ne pratiquaient ce commerce qu'avec réticence et que les Diolas et les Balants de Casamance étaient des opposants actifs à tout trafic humain.

Une voie commerciale transatlantique triangulaire se développa : les esclaves étaient transportés aux Amériques, les matières premières qu'ils produisaient acheminées vers l'Europe et les produits finis réexpédiés d'Europe vers l'Afrique, afin de servir de monnaie d'échange pour les esclaves et faire fonctionner le système. La demande en esclaves se poursuivait à un rythme soutenu : les conditions de vie dans les plantations étaient telles que l'espérance de vie des Africains, après leur arrivée en Amérique, devenait très courte.

Du XVIe au XIXe siècle, près de vingt millions d'Africains furent réduits en esclavage. Entre le quart et la moitié d'entre eux moururent peu après leur capture, généralement pendant la traversée. Selon des écrits de l'époque, les esclaves, répartis par centaines sur plusieurs ponts, étaient tellement serrés qu'ils devaient voyager couchés, ne disposant que d'un peu d'eau et de nourriture. Les excréments et vomissements des captifs tombaient, à travers les lattes de plancher, sur ceux des ponts inférieurs. Sur les dix millions d'esclaves parvenus aux Amériques, la moitié mourut dès les premières années.

Toutes ces estimations font l'objet de vifs débats parmi les historiens, qui peinent à s'entendre sur des chiffres précis. La controverse omet toutefois un fait majeur : quels que soient les chiffres, la traite des esclaves, cruelle et inhumaine, pèse encore très lourd dans l'histoire de l'Afrique.

La montée de l'islam

Alors que les Européens s'affairaient sur les régions côtières, l'intérieur du continent était en proie à d'autres événements. Pendant de nombreux siècles après son arrivée en Afrique occidentale – au Xe siècle –, l'islam demeura la religion des chefs et des puissants ; d'une manière générale, les gens du peuple conservaient leurs propres croyances. Les dirigeants semblaient tolérer cette situation – afin de ne pas s'aliéner la population–, combinant adroitement islam et religion populaire dans l'administration de l'État. Ce mélange de croyances demeure, aujourd'hui encore, très vivace.

L'islam continuait ainsi de s'étendre au fil des siècles, en particulier l'une de ses branches, le soufisme, qui privilégie une approche mystique de la religion. Celui-ci développa l'influence des marabouts, chargés d'enseigner la religion, et auxquels on attribuait des pouvoirs divins ainsi que la capacité de communiquer avec Allah. Bien que l'islam orthodoxe soit essentiellement égalitaire et interdise ce type d'intermédiaire, les historiens pensent que cette relation maître-disciple fit des émules en Afrique occidentale, car elle correspondait à une hiérarchie sociale préexistante.

Suite au déclin des anciens empires, une période d'instabilité s'installa dans le Sahel, la balance du pouvoir ayant penché du côté des États du littoral. La montée de l'influence européenne ainsi que celle, correspondante, du commerce et de l'esclavage, sans parler de l'introduction des fusils, modifièrent l'équilibre existant. L'islam permit de le rétablir pour un certain temps et les marabouts devinrent particulièrement puissants. Les Peuls, très présents dans la région, étaient des fidèles assidus : ils firent de l'islam la religion dominante du Sahel.

Au Sénégal, les Wolofs, non convertis à l'islam, continuaient de fournir aux marchands européens des esclaves provenant de tribus plus faibles. À la fin des années 1670, les marabouts virent dans les Wolofs des cibles toutes désignées pour leurs jihads, guerres saintes musulmanes déclenchées à l'encontre des non-croyants. Les jihads sévirent dans toute la région du Sénégal pendant plus de deux siècles, obligeant Français et Wolofs à constituer à plusieurs reprises des alliances opportunistes contre les marabouts.

Dans les années 1770, les Toucouleurs firent de nouveau parler d'eux : les descendants de Koli Tengala Ba furent alors renversés par un marabout nommé Suliman Bal. Le Fouta-Toro devint alors le fief des combattants-missionnaires chargés d'étendre l'islam à toute la région sénégalaise. L'un de ces combattants, Omar Tall (ou Umar Taal), partit en 1820 en pèlerinage à La Mecque, où il fut introduit dans la confrérie Tijaniya, installée au Maroc. En 1850, il avait pris la tête de cette confrérie et créé un grand empire islamique s'étendant, vers l'est, jusqu'à Tombouctou et, vers l'ouest, jusqu'au Sénégal, avec pour capitale la ville de Ségou, qui se situe dans l'actuel Mali. Les Français, de plus en plus implantés dans les régions du littoral, l'empêchèrent d'atteindre la côte.

L'expansion européenne

Parallèlement à l'expansion d'Omar Tall à l'intérieur du continent, les Européens demeuraient très actifs dans les régions côtières. Au XVIIIe siècle, les colonies françaises de Gorée et Saint-Louis se développèrent considérablement. À l'instar des Portugais avant eux, les Français prirent des concubines wolof et, dès les années 1790, la population des villes était en grande partie constituée de métis, auxquels il fut accordé au début du XIXe siècle, en vertu des principes égalitaires nés de la Révolution française, la nationalité française. À la même époque, une grande partie de l'intérieur était sous le contrôle des Anglais, lesquels ne se montrèrent pas aussi bien disposés à l'égard de ce mode d'intégration dans la population locale.

En 1807, la Grande-Bretagne abolit l'esclavage et, bien que la France de Napoléon l'imita en 1815, l'esclavage dura jusqu'en 1848. Les guerres napoléoniennes se terminèrent elles aussi en 1815, et l'abolition de l'esclavage en Grande-Bretagne servit à celle-ci de prétexte pour attaquer sa vieille ennemie : les navires français quittant les côtes sénégalaises étaient souvent poursuivis et abordés par la marine britannique, qui libérait les esclaves et les réexpédiait sur le continent.

En 1816, la Grande-Bretagne acheta une île, sur la rive sud de l'embouchure du fleuve Gambie, à un chef local (pour deux bouteilles de brandy, selon la légende). Le nom d'origine était île Banjul, mais les Britanniques la rebaptisèrent Bathurst et y construisirent un fort.

La puissance française ayant été affaiblie par les guerres napoléoniennes, la Grande-Bretagne officialisa son contrôle sur la Sénégambie en faisant du fleuve Gambie, en 1820, un protectorat britannique. La Gambie était gouvernée depuis la Sierra Leone, une colonie située plus loin sur la côte occidentale et créée en 1787 pour servir de refuge aux esclaves affranchis.

Pendant cette période, les Français implantèrent des missions catholiques et une fois aboli le commerce des esclaves, elle dut trouver d'autres sources de richesse. En 1829, des plantations d'arachides furent installées par les Anglais le long du fleuve Gambie, dans l'espoir de fournir un revenu au jeune protectorat.

Cependant, en 1840 et sur ordre royal, des structures administratives furent créées dans les colonies françaises d'Afrique occidentale. Une législation fut établie pour les villes, qui devinrent des communes autonomes dont les habitants jouissaient des mêmes droits que leurs homologues français. À la même époque, les Français entamèrent leur expansion le long des rives du Sénégal, au départ de Saint-Louis. Le gouverneur, le baron Jacques Roger, tenta d'établir des colonies (principalement à Richard-Toll, où l'on peut encore admirer les ruines de son château) et des plantations d'arachides. Dans les années 1850, son successeur, Louis Faidherbe, choisit une approche plus directe : il envahit les terres des Wolofs (qui jusqu'alors s'étaient montrés des alliés plutôt agités), créa de vastes plantations et introduisit le travail forcé. Du point de vue français, la méthode se révéla efficace : en l'espace de dix ans, l'administration coloniale avait gagné son indépendance financière. Pour combattre les forces de Omar Tall, qui le menaçaient au nord et à l'est, Faidherbe fit construire une série de forts le long du fleuve (notamment ceux de Bakel, Matam, Podor et Kayes), que l'on peut encore voir aujourd'hui. Il fonda également un village sur la presqu'île face à l'île de Gorée et le nomma Dakar, du nom d'un chef local.

Les marabouts

Les forces d'Omar Tall furent finalement battues par les Français en 1864. Toutefois, sa ferveur missionnaire poussa ses disciples à poursuivre le jihad, donnant lieu à ce que l'on connaît sous le nom de "guerres des Marabouts", pendant trente ans encore. Les

Marabouts et confréries

Pour bien appréhender le Sénégal, il est fondamental de comprendre l'importance du rôle des marabouts et du pouvoir des confréries. Ce sujet, qui mêle religion, politique, économie, Dieu et l'État, s'avère extrêmement complexe.

Si le fondement orthodoxe de la religion veut que tous les fidèles soient en contact direct avec Allah, les sociétés du Nord et de l'Ouest de l'Afrique, traditionnellement hiérarchisées, trouvèrent plus naturel que des chefs dotés de pouvoirs divins servent de lien entre Dieu et le peuple des croyants. Ces intermédiaires furent nommés les marabouts et beaucoup d'entre eux sont toujours vénérés par leurs disciples (*talibés*) comme de véritables saints. Le concept de confrérie – des groupes suivant l'enseignement d'un marabout particulier – provient également du Maroc. Le chef de la confrérie était le *cheik* ou le *calife* (également orthographiés *cheikh* ou *khalif*), termes que l'on utilise encore aujourd'hui.

La plus ancienne confrérie créée au sud du Sahara fut la confrérie Qadiriya, qui prônait l'humilité et la charité. Dès le XVIe siècle, elle attirait des fidèles de tout le Nord du Sahel ; aux XIXe et XXe siècles, elle s'étendit au Sénégal. Aujourd'hui, c'est le Sud du pays et la Gambie qui abritent la plupart des fidèles. Une grande partie du peuple mandingue appartient à cette confrérie.

La confrérie Tijanya, originaire du Maroc, fut introduite au Sénégal par Omar Tall au milieu du XIXe siècle. Elle reste encore très puissante de nos jours au Sénégal, où elle possède de grandes mosquées dans les villes de Tivaouane et de Kaolack. Au cours du XIXe siècle, la petite confrérie layène quitta la Qadiriya, suivant l'enseignement d'un marabout nommé Saidi Limamou Laye, considéré par beaucoup comme la réincarnation du prophète Mahomet. Les membres de cette confrérie sont essentiellement des Lébous habitant la ville de Yoff, près de Dakar.

La confrérie Mouridiya, fondée par un marabout appelé Amadou Bamba à la fin du XIXe siècle (voir l'encadré *Bamba* dans le chapitre *Le Centre-Ouest*), est aujourd'hui prédominante dans le pays où elle compte plus de deux millions de disciples. Ibra Fall était l'un de ces disciples. Il ne rechignait pas aux durs travaux préconisés par Bamba pour accomplir son propre développement spirituel, mais trouvait la prière et les études un peu trop difficiles.

Wolofs, qui s'étaient entre-temps massivement convertis à l'islam, combattirent férocement l'expansion française. Parmi les batailles les plus célèbres figure celle qui opposa l'armée française aux Wolofs du Cayor, menés par Lat Dior, lors de la construction de la ligne de chemin de fer entre Dakar et Saint-Louis. La dernière, en 1889, eut lieu à Yang-Yang (près de l'actuelle ville de Linguère), où l'armée d'Alboury Ndiaye fut repoussée par les Français. Finalement, la puissance de feu de l'armée française et les dissensions au sein de celle des marabouts permirent aux Français de conquérir la plus grande partie du Sénégal et du Mali.

À la même époque, les Britanniques connurent les mêmes guerres des Marabouts en Gambie, les disciples d'Omar Tall tentant de détrôner les chefs mandingues tradition-nels. Les combats les plus sanglants se déroulèrent en Gambie occidentale, près de l'avant-poste britannique de Bathurst. Les Peuls du Nord participèrent également aux affrontements, ce qui provoqua quelques incidents diplomatiques entre Français et Britanniques. Les puissances coloniales décidèrent ensuite de s'allier pour vaincre les marabouts. Le tenace Fodi Kabba continua cependant d'opposer une certaine resistance jusqu'au début des années 1900.

Dernière entrave au colonialisme français : le marabout Amadou Bamba. En 1887, celui-ci rassembla un grand nombre de disciples, ce qui lui valut l'exil en 1907. Aujourd'hui, Bamba demeure une grande figure de l'islam. L'alliance entre la confrérie qu'il fonda et le gouvernement constitue encore l'une des caractéristiques actuelles de la vie politique sénégalaise.

Marabouts et confréries

Avec la bénédiction de Bamba, il créa la secte Baye Fall, dans laquelle le travail est un devoir religieux encore plus important. Bamba fut surnommé Lamp Fall par ses disciples, qu'il dispensa de prière, même du jeûne du ramadan, à condition qu'ils travaillent dur. Voilà un autre exemple des particularités de l'islam sénégalais.

Aujourd'hui, Bamba demeure une grande figure religieuse (vous verrez son portrait, ainsi que les mots "Lamp Fall", sur les murs et les bus partout au Sénégal), et les mourides (membres de la confrérie Mouridiya) prédominent dans le Centre du pays. Les nombreux disciples de Baye Fall, reconnaissables à leurs dreadlocks, leurs robes en patchwork et leurs bols à aumônes, prouvent combien le mouridisme est florissant dans la société sénégalaise. L'anniversaire du retour d'exil de Bamba est fêté lors du pèlerinage annuel du Grand Magal à la grande mosquée de Touba, où le chef mouride est enterré. L'ampleur de l'événement, qui surpasse les fêtes musulmanes classiques, est encore une autre preuve du pouvoir de Bamba.

L'alliance entre les confréries et le gouvernement demeure caractéristique de la vie politique sénégalaise. Le Parti socialiste domine la scène politique depuis l'indépendance, mais il s'appuie sur la puissance des marabouts, notamment en période électorale. Le calife mouride est le plus sollicité, car sa confrérie, la plus importante du pays, rassemble plus de deux millions de disciples (un quart de la population), lesquels obéissent au moindre de ses commandements – depuis 40 ans. Pour maintenir cette alliance, le gouvernement s'implique publiquement en faveur des marabouts ; en coulisse, il leur laisse également carte blanche pour gérer les lucratives récoltes d'arachide.

La perte du soutien du calife en 2000 signifia également pour Abdou Diouf une perte de pouvoir. Peu après sa victoire aux élections, le nouveau président Abdoulaye Wade adressa des remerciements publics aux mourides pour lui avoir apporté leur soutien et annonça que le nouvel aéroport international serait construit en périphérie de Touba, la patrie spirituelle des mourides – à 194 km de Dakar ! Heureusement le bon sens l'emportant, le projet fut finalement abandonné.

Le colonialisme naissant

Vers la moitié du XIXe siècle, l'enclave de Dakar gagna une importance croissante, constituant le point de départ de ce nouveau territoire en pleine expansion baptisé Afrique occidentale française (AOF). La Grande-Bretagne possédait des protectorats sur le fleuve Gambie et le long de la côte, principalement les ports de Freetown (Sierra Leone) et de Lagos (Nigeria). Le Portugal, pour sa part, n'était plus très actif, conservant quelques territoires à l'emplacement de l'actuelle Guinée-Bissau. Plusieurs expéditions militaires avaient eu lieu vers l'intérieur, mais les principales forces en présence adoptaient des démarches très différentes : les Français se concentraient sur la zone du Sahel, tandis que les Britanniques pénétraient l'intérieur du continent depuis la côte sud. D'une manière générale, cependant, peu de territoires étaient formellement revendiqués.

Le scénario changea brusquement dans les années 1870, les événements économiques et politiques en Europe intensifiant alors la concurrence entre les nations, plus particulièrement la France, la Grande-Bretagne et l'Allemagne, dont l'unification était toute récente. La bataille pour la domination du continent européen s'est principalement livrée en Afrique, et elle fut marquée par une frénésie de conquête territoriale que l'on a appelée "la ruée vers l'Afrique".

La ruée vers l'Afrique

La ruée vers l'Afrique fut déclenchée en 1879, date à laquelle le roi Léopold de Belgique réclama le Congo. La France riposta en établissant des territoires dans la zone environnante, qu'elle baptisa Congo français (actuellement Congo) et Gabon. Pendant ce temps, les Britanniques accrurent leur présence en Afrique orientale, afin de contrôler la zone de la source du Nil. Otto von Bismarck, le dirigeant allemand, réclama également une place au soleil : il revendiqua alors plusieurs régions, notamment les actuels Togo et Cameroun.

Toutes les puissances européennes cherchèrent à occuper leurs territoires le plus rapidement possible, non pour leur valeur intrinsèque, mais pour s'en assurer le contrôle et en chasser les autres. En 1883, la Grande-Bretagne voulut s'octroyer la plus grande partie de l'Afrique orientale, ainsi que certains territoires d'Afrique occidentale tels que la Gambie, la Sierra Leone, l'actuel Ghana et le Nigeria. La concurrence entre Français et Britanniques était particulièrement féroce sur le littoral, la France revendiquant des territoires insérés dans les possessions britanniques.

À la même époque, la France réclamait un territoire composé de la plus grande partie du Sahel s'étendant à l'est du Sénégal, de même que la plus grande partie du Sahara, de manière à relier l'AOF à l'Afrique du Nord (dont l'Algérie), devenue territoire français peu de temps auparavant.

L'AOF

Suite à leur "ruée vers l'Afrique", les puissances européennes se partagèrent le continent africain lors de la conférence de Berlin, en 1884-1885. La Grande-Bretagne (à l'instar de l'Allemagne et du Portugal) obtint la majeure partie de l'Est et du Sud de l'Afrique ; la plus grande partie de l'Afrique occidentale, qui allait devenir l'Afrique occidentale française (AOF), revenant à la France.

Bien avant cette date, dès 1848, les quatre plus grandes villes sénégalaises (Dakar, Gorée, Saint-Louis et Rufisque) faisaient déjà partie du territoire français, envoyant toutefois à Paris des députés blancs ou métis plutôt que noirs. En 1887, les Africains de ces quatre villes obtinrent également une citoyenneté française limitée, et la majorité des 14 millions d'habitants de l'AOF, loin de devenir des citoyens français, restèrent des sujets. Seuls ceux dont l'administration coloniale avait besoin recevaient une éducation dans le secondaire, dispensée dans trois institutions de Dakar, laquelle était devenue dans l'intervalle la capitale de l'AOF (Saint-Louis demeurant la capitale du territoire Sénégal-Mauritanie).

En 1914, Blaise Diagne devint le premier député noir de l'Assemblée nationale française ; la même année, le premier parti politique de l'AOF voyait le jour, même s'il était de bon ton, pour les Sénégalais impliqués dans la vie politique, d'adhérer aux partis de la métropole. Dans les années 1930, un grand nombre d'entre eux adhérèrent ainsi aux formations socialiste et communiste, alors en plein essor. Amadou Lamine-Gueye fut un personnage important de l'époque : maire de Saint-Louis, il était très proche du gouvernement socialiste français. À la même époque, plusieurs intellectuels sénégalais partirent

Léopold Sédar Senghor

L'ancien président du Sénégal s'est éteint le 20 décembre 2001 à son domicile de Verson, en Normandie, à l'âge de 95 ans. Reconnu partout dans le monde pour avoir largement contribué à fonder et enraciner les concepts de négritude et de francophonie, Léopold Sédar Senghor a eu une vie débordante de lumière et d'action.

Homme politique et poète, Léopold Senghor est né au Sénégal, en 1906, dans l'ancien comptoir portugais de Joal, à une centaine de kilomètres au sud de Dakar. Fils d'un commerçant aisé, il a été éduqué par son oncle maternel, comme le veut la tradition chez les Sérères. Les premières années de sa vie se partageront ainsi entre Joal et Djilas. Bien que chrétien et scolarisé à la mission catholique, ces années marquées par l'animisme de ces lieux seront pour lui fondamentales et nourriront son oeuvre littéraire.

En 1922, il part pour Dakar, la grande ville. Élève des petits séminaristes du Collège Libermann puis du Lycée Van Vollenhove, il se distingue immédiatement par ses succès scolaires. Son bac en poche, il obtient une bourse, quitte le Sénégal pour rejoindre, en 1928, Paris. Le lycée Louis-le-Grand devient alors son nouveau port d'ancrage. Georges Pompidou, Paul Guth et Henri Queffelec seront ses compagnons de khâgne. En 1929, la rencontre avec Aimé Césaire qui arrive de la Martinique, est déterminante. Ensemble, ils fondent la revue L'Étudiant noir, dans laquelle Senghor précise sa conception de la négritude.

En 1933, Senghor devient le premier agrégé africain de l'Université. Nommé professeur au Lycée Descartes à Tours, il donne, le soir, des cours gratuits de français aux ouvriers. Rigueur et pédagogie sont déjà ses traits de caractère les plus marquants. En 1938, il est affecté au lycée Marcelin-Berthelot à Saint-Maur-des-Fossés. Mobilisé puis fait prisonnier en 1940, il est réformé pour maladie trois ans plus tard et reprend son enseignement à Saint-Maur-des-Fossés, tout en militant clandestinement dans les rangs du Front national universitaire.

À la libération, il est nommé professeur à l'École nationale de la France d'Outre-Mer. Cependant, l'année 1945 est surtout marquée par deux événements majeurs : la parution de son premier recueil de poèmes, Chants d'ombre et son entrée en politique, après son élection comme député du Sénégal à l'Assemblée constituante. Désormais, l'homme de lettres mène de front vie littéraire et politique. En 1947, avec Alioune Diop, il jette les bases de la maison d'édition Présence Africaine et lance la revue du même nom, qui ouvrira la voie aux thèses nationalistes. Il est l'un des leaders africains les plus écoutés de l'Afrique francophone. Fondateur de l'Union Progressiste Sénégalaise avec Mamadou Dia, il devient en 1960, après la dissolution de la Fédération du Mali, le premier président de la République du Sénégal indépendant. Homme de dialogue, Senghor est le premier chef d'État africain en 1974 à libéraliser la vie politique en instaurant une ouverture au multipartisme néanmoins canalisé et contrôlé. Toutefois, le Chef de l'État qu'il est devenu, n'oublie pas pour autant ses amours. Fervent défenseur des cultures africaines, c'est lui qui a initié, en 1966, le premier Festival mondial des Arts nègres où, pour la première fois, des objets d'art du continent africain seront exposés.

Le 31 décembre 1980, à 74 ans, il décide de se retirer de la vie politique de son pays, non sans avoir assuré sa succession. Ce geste, tout à fait exceptionnel en politique africaine, lui vaudra d'ailleurs d'être à jamais considéré comme un sage. Il est élu en 1984 à l'Académie française.

Un Espace Senghor (☎ 02 31 26 24 84) a été créé à Verson et inauguré en 1995.

étudier en métropole, notamment Léopold Sédar Senghor. Après ses études, il devint le premier professeur originaire d'Afrique noire dans l'enseignement secondaire. Poète de talent, il fonda *Présence africaine*, un magazine prônant les valeurs propres à la culture africaine.

Après la Seconde Guerre mondiale, la France continua de considérer ses possessions d'outre-mer (notamment le Sénégal, le Mali et la Côte-d'Ivoire) comme partie intégrante de la métropole, et non comme de simples colonies. Ces territoires envoyaient toujours des députés à l'Assemblée nationale, mais chacun possédait également sa propre assemblée. À son retour de France, Senghor fut élu à cette nouvelle assemblée. Rien ne le désignait a priori comme le candidat politique idéal (il était jeune, issu de la minorité ethnique sérère, catholique, marié à une Française blanche, parlant peu le wolof et quelque peu éloigné du peuple), mais son esprit remarquablement fin et pénétrant en fit l'homme politique sénégalais le plus influent du siècle.

Il sut d'ailleurs rapidement se faire apprécier du peuple en mettant en œuvre diverses réformes sociales, notamment l'abolition du travail forcé, et améliora l'enseignement. En 1948, il fonda le Bloc démocratique sénégalais. Les marabouts (pour plus de détails sur ces chefs musulmans, voir l'encadré *Marabouts et confréries* de ce chapitre) étaient devenus entre-temps de plus en plus influents sur la scène politique, et Senghor, au cours des années 1950, passa avec eux plusieurs accords, leur octroyant davantage d'autonomie, de même qu'un certain contrôle sur les plantations d'arachide, secteur économique fort lucratif, en échange d'un soutien public qui lui garantissait les voix de leurs disciples dans les zones rurales.

Vers l'indépendance

Dans les années 1950, la question de l'indépendance probable des colonies françaises en Afrique occupa le devant de la scène. Senghor se prononça en faveur de l'indépendance, tout en prônant la création d'une union fédérale de tous les territoires français en Afrique, assez forte pour empêcher leur

"balkanisation", c'est-à-dire leur division, leur affaiblissement et leur dépendance vis-à-vis de leurs anciens colonisateurs. Son rival, le dirigeant ivoirien Houphouët-Boigny, était, quant à lui, opposé à ce concept, craignant que dans cet ensemble fédéral les territoires les plus riches (comme la Côte-d'Ivoire) ne soient tenus de prendre en charge les plus pauvres.

Senghor parvint à rallier à sa cause – la création d'une Fédération du Mali – le Soudan français (aujourd'hui le Mali), la Haute-Volta (le Burkina Faso actuel) et le Dahomey (le Bénin). Toutefois, Charles de Gaulle, à son arrivée au pouvoir en 1958, offrit aux territoires d'outre-mer un choix dénué de toute flexibilité : soit l'indépendance et la coupure totale avec la France, soit un gouvernement propre mais limité, doté de peu d'autonomie, au sein d'une union qui resterait contrôlée par la France.

L'indépendance

La Haute-Volta et le Dahomey se retirèrent de la Fédération du Mali sous la pression française et ivoirienne. Néanmoins, en 1959, la Fédération (qui ne comptait plus que le Sénégal et le Mali) demanda à nouveau son indépendance totale. De Gaulle comprit qu'il aurait plus à gagner s'il acceptait – ce qu'il fit. Le 20 juin 1960, le Sénégal et le Mali devenaient donc indépendants tout en demeurant au sein de l'Union française, mais, deux mois plus tard, la Fédération du Mali vola en éclats. Houphouët-Boigny avait gagné : l'Afrique occidentale française avait explosé en neuf républiques distinctes.

Senghor devint le premier président du Sénégal. Les premières années de l'indépendance furent houleuses. En 1968, dans le sillage des manifestations françaises, les étudiants de l'université de Dakar, en réaction contre les difficultés économiques croissantes que rencontrait leur pays, se soulevèrent. Senghor envoya l'armée à la rescousse, mais le syndicat national soutint les étudiants et appela à la grève générale. Malgré la présence de l'armée, soutenue par les forces françaises basées au Sénégal, Senghor dut faire des concessions aux étudiants et aux syndicats.

Les années 1970 furent plus calmes. Senghor, poursuivant sa politique, restait populaire ; son parti, rebaptisé Parti socialiste (PS), consolidait sa position au sein du gouvernement. En 1980, après vingt années à la présidence du pays, il fit ce qu'aucun chef d'État africain n'avait fait avant lui : il se retira volontairement, passant la main à son Premier ministre, Abdou Diouf, qu'il avait choisi comme successeur.

Les années Diouf

Peu après avoir accédé à la présidence, Abdou Diouf fut appelé à l'aide par Dawda Jawara, le président gambien, renversé par un coup d'État. Diouf envoya des troupes sénégalaises et, après des affrontements sanglants, Jawara retrouva le pouvoir. La coopération entre les deux pays fut officialisée par la création, peu de temps après, de la Confédération sénégambienne.

En 1983, le Parti socialiste de Diouf remporta les élections avec plus de 83% des suffrages. Son plus grand rival, Abdoulaye Wade, tenta deux ans plus tard d'unifier les forces d'opposition. Inquiet, Abdou Diouf interdit cette formation sous le prétexte qu'elle violait les lois électorales.

En 1988, Abdoulaye Wade se présenta aux élections présidentielles. Au cours de la campagne, plusieurs foyers de violence éclatèrent. En réponse, Abdou Diouf fit arrêter Wade, l'accusant de vouloir renverser le gouvernement. À l'issue des élections, Diouf obtint 73% des voix, contre 26% pour Wade. Toutefois, des rumeurs de fraude continuèrent à circuler ; Wade, condamné à un an de prison avec sursis, s'exila en France.

La Confédération sénégambienne se trouvait alors en difficulté, tant et si bien qu'elle fut dissoute en 1989. Alors même qu'Abdou Diouf se débattait avec cette dissolution et ses tentatives de réforme politique, deux autres grands problèmes vinrent l'accaparer : une crise avec la Mauritanie (voir l'encadré *La crise mauritanienne*) et la campagne des séparatistes casamançais, dans le sud du pays.

Depuis plusieurs années, la Casamance lançait périodiquement des appels à l'indépendance, qui revêtirent une dimension nouvelle en 1989, lorsque des rebelles du

La crise mauritanienne

En 1989, deux paysans sénégalais furent tués par des gardes-frontières mauritaniens lors d'un conflit qui les opposait au sujet des droits de pâturage. Les Sénégalais réagirent en mettant à sac les boutiques tenues par des Mauritaniens à Dakar et en tuant plusieurs personnes. En représailles, les Mauritaniens expulsèrent des milliers de Sénégalais, dont des centaines trouvèrent la mort, puis les Sénégalais expulsèrent à leur tour les Mauritaniens. Les organisations humanitaires mirent en place des rapatriements aériens à grande échelle, mais non sans que d'atroces massacres eussent été perpétrés dans les deux pays.

Le problème, complexe, remonte à l'époque où les Maures, qui sont d'origine arabe ou caucasienne, attaquaient les villages africains et capturaient des esclaves. Le ressentiment est profondément enraciné, et l'État mauritanien n'a rien arrangé en attendant 1980 pour abolir l'esclavage. Aujourd'hui encore, on estime à 100 000 le nombre d'esclaves noirs en Mauritanie, et la flambée de violence sénégalaise découle de cette vieille rancune.

La frontière entre les deux pays fut alors fermée et les relations diplomatiques cessèrent pendant deux ans, pour ne reprendre qu'en avril 1992. Des ambassadeurs furent échangés quelques mois plus tard. Aujourd'hui, les frontières sont ouvertes et il est possible de voyager d'un pays à l'autre.

Mouvement des forces démocratiques de la Casamance (MFDC) attaquèrent des bâtiments du gouvernement (pour plus de détails, reportez-vous au chapitre *Casamance*). Les affrontements qui suivirent produisirent des effets dramatiques sur la population locale, mais aussi sur la lucrative industrie sénégalaise du tourisme. En effet, les touristes se firent plus rares, et certains tour-opérateurs suspendirent leurs voyages au Sénégal.

En 1990, Abdoulaye Wade, le chef de l'opposition, revint de son exil politique. Les foules envahirent alors massivement les rues en chantant *"sopi"* ("changement" en wolof). Pour tenter d'apaiser la situation, l'Assemblée nationale sénégalaise approuva en mars 1991 la participation au gouvernement des partis d'opposition et Wade fut nommé Premier ministre, sans provoquer pour autant de changement majeur.

Wade démissionna de son poste pour se présenter contre Diouf aux élections présidentielles de février 1993. Les suffrages donnaient Diouf vainqueur à la majorité absolue avec 58% des voix (contre 32% pour Wade). Abdou Diouf était donc réélu pour un troisième mandat. Les élections législatives se tinrent trois mois plus tard : le Parti démocratique sénégalais (PDS) de Wade ainsi que les autres partis d'opposition améliorèrent leur score, mais le Parti socialiste (PS) de Diouf remporta plus des deux tiers des sièges. Cette victoire déclencha de violentes manifestations dans divers endroits du pays, notamment en Casamance, où l'opposition à Abdou Diouf demeurait très forte. Le gouvernement envoya à nouveau ses troupes dans la région, puis, après de longues négociations entre ce dernier et les indépendantistes, un cessez-le-feu fut instauré en juin 1993. Au cours des mois qui suivirent, après de plus amples pourparlers et des concessions mutuelles, la paix s'installa en Casamance.

Pourtant, une fois le calme revenu dans le Sud du pays, des foyers de manifestations sporadiques antigouvernementales éclatèrent dans d'autres parties du Sénégal. En août 1993, le gouvernement instaura des mesures d'austérité, et après de violentes manifestations survenues à Dakar, Abdoulaye Wade fut de nouveau arrêté. La forte dévaluation du franc CFA, début 1994, ne contribua guère à apaiser les esprits.

Suite à ces manifestations, Wade fut accusé de conspiration et d'implication dans l'assassinat d'un responsable du gouvernement. Il fut traduit en justice en mars 1994 et relâché deux mois plus tard, les charges contre lui étant alors abandonnées. Des officiels français, en visite alors au Sénégal, encouragèrent le président Diouf à réintégrer Wade et quelques autres opposants au sein du gouvernement. En dépit de ces manœuvres politiques, Diouf et le PS se maintint fermement au pouvoir.

Sopi (le Changement)

En 1998, le PS remporta à nouveau les élections législatives à une majorité écrasante et fut de nouveau accusé d'avoir fraudé lors du scrutin. Néanmoins, l'opposition gagna du terrain, témoignant de l'insatisfaction croissante de l'électorat. La victoire électorale ne pouvait empêcher non plus le nombre croissant de rebelles, de soldats et surtout de civils tués en Casamance. La pression contre Diouf montait. Cependant, un amendement à la Constitution ayant porté à sept ans le mandat présidentiel, Wade devait attendre jusqu'en 2000 pour tenter à nouveau sa chance contre Diouf.

À l'approche du premier tour des élections, en février 2000, la tension était grande dans le pays. La campagne de Wade en faveur du sopi avait embrasé les imaginations. Les violents affrontements entre les partisans de l'opposition et ceux du gouvernement en place risquaient fort de fournir à ce dernier une excuse pour ajourner le scrutin. La menace fut toutefois conjurée et, pour la première fois, le président ne remporta pas les 50% de suffrages indispensables pour être automatiquement réélu. Il atteignit difficilement 41% des voix, tandis que Wade, juste après lui, en remportait 31%. Aussitôt, d'autres candidats de l'opposition apportèrent leur soutien à Wade, qui remporta au second tour une victoire historique avec 58% de suffrages exprimés contre seulement 41% à Diouf.

La défaite électorale d'un président africain en place depuis si longtemps ne manqua pas d'étonner le Sénégal et le reste du monde. Ce qui étonna encore davantage fut l'acceptation par Diouf du résultat du scrutin et le calme dans lequel eut lieu la passation de pouvoir. Les Sénégalais purent se réjouirent avec fierté du bon fonctionnement de la démocratie dans leur pays. En janvier 2001, plus de 90% des électeurs votèrent en faveur d'une nouvelle Constitution qui autorisait la formation de partis d'opposition, renforçait le pouvoir du Premier ministre et réduisait le mandat présidentiel de sept à cinq ans.

Une fois élu, Wade nomma Premier ministre un opposant de longue date à Diouf : Moustapha Niasse. Il ne fallut pas longtemps, toutefois, avant que des conflits surgissent entre les deux hommes. Dès mars 2001, Niasse était limogé. Il fut remplacé, fait notoire dans une société à domination masculine, par une femme juge : Madior Boye.

Malgré des dissensions au sommet, la coalition Sopi de Wade, une alliance de 40 partis, a remporté 89 des 120 sièges aux élections d'avril 2001. Le PS qui dominait le Parlement depuis 1960 a obtenu, pour sa part, tout juste 10 sièges.

Ce bouleversement radical dans l'équilibre du pouvoir n'a malheureusement guère entraîné de grands changements. De nombreux partisans de Wade commencent déjà à manifester des signes de mécontentement. Les accusations de corruption commencent à apparaître. Certains reprochent à la coalition de Wade d'avoir trop de pouvoir ; ce qui, dans la pratique, revient à faire à nouveau du Sénégal un État à parti unique. C'est peut-être un jugement excessif, mais assurément le besoin de changement de la population n'a pas encore été satisfait.

GÉOGRAPHIE

Le Sénégal, qui est le pays le plus occidental du continent africain, couvre une superficie d'un peu moins de 200 000 km² (un peu plus du tiers de la France). C'est un pays essentiellement plat, recouvert d'une végétation de savane boisée et aride. Il se situe à une latitude de 12 à 17 degrés au nord de l'équateur, à l'extrémité ouest du Sahel. L'océan Atlantique borde l'Ouest du pays, sur 600 kilomètres de littoral, du nord au sud. À mi-chemin sur la côte, la grande presqu'île du Cap-Vert s'avance dans l'océan. Sur cette pointe se trouvent Dakar, ses faubourgs et ses villes-satellites, la capitale sénégalaise étant l'une des cités les plus étendues d'Afrique occidentale.

Au nord de la presqu'île du Cap-Vert, le littoral, baptisé la Grande-Côte, est orienté nord-ouest. Les côtes, peu découpées, s'étendent jusqu'à la frontière mauritanienne. Au sud de la presqu'île, l'orientation sud-ouest de la Petite-Côte rend les conditions météorologiques de cette région, l'une des plus appréciées des visiteurs, plus propices au tourisme.

Autres caractéristiques géographiques du Sénégal, trois fleuves coulent d'est en ouest depuis les plateaux du Fouta-Djalon, en Guinée, pays limitrophe près de l'océan Atlantique. Au nord, le fleuve Sénégal forme la frontière avec la Mauritanie ; Saint-Louis, ancienne capitale du pays, est implantée à son embouchure. Au sud-est, le fleuve Gambie traverse le parc national de Niokolo-Koba avant de pénétrer dans le pays auquel il a donné son nom. À l'extrême sud du pays, le fleuve Casamance a également donné son nom à la région Casamance, une zone fertile de forêts et de terres cultivées abritant les plus belles plages du Sénégal, près de Cap-Skirring. Autre grand fleuve, le Saloum se jette dans l'océan en formant un grand delta au sud de la Petite-Côte.

CLIMAT
Températures

À Dakar, les maximales diurnes se situent aux environs de 24°C de janvier à mars et entre 25 et 27°C en avril, mai et décembre. De juin à octobre, les températures atteignent 30°C. Dans le Sud du Sénégal, les moyennes diurnes avoisinent 24°C de décembre à la mi-février, la période la plus fraîche. En octobre et novembre, ainsi que

L'harmattan

L'harmattan est un vent sec qui souffle du nord, généralement entre décembre et février. Le ciel de la plupart des pays d'Afrique occidentale se charge alors d'une poussière grise venue du Sahara, qui subsiste même lorsque le vent est tombé et ne disparaît qu'avec les premières pluies. Les effets s'en font davantage sentir loin des côtes, sans pour autant perturber, en principe, les conditions de voyage (bien que certains vols puissent parfois se trouver retardés faute de visibilité). Prises à cette période, les photos seront sombres, et les voyageurs porteurs de lentilles de contact ressentiront des gênes oculaires.

de mi-février à avril, les maximales montent à 26°C. Elles sont encore supérieures en mai et juin, et atteignent environ 30°C de juillet à octobre. Le long de la côte, le mercure descend généralement plus bas, alors que vers l'intérieur il a tendance à grimper.

Précipitations et humidité

Le climat sénégalais est rythmé par ses précipitations plus que par sa température. La saison des pluies s'étend de juin à octobre et la saison sèche de novembre à mai. Néanmoins, la saison des pluies est plus courte (avec moins de précipitations) dans le Nord du pays et plus longue dans le Sud. De même, plus on pénètre vers l'intérieur, plus la saison humide se raccourcit, et les pluies sont moins abondantes. Dans l'Extrême Nord du pays, par exemple, la moyenne des précipitations annuelles avoisine 300 mm, alors que dans l'Extrême Sud elle peut dépasser 1 500 mm. Dakar, située environ à mi-chemin sur la côte, reçoit à peu près 600 mm de pluie par an, alors que Tambacounda, située à la même latitude à l'intérieur du pays, n'en reçoit que la moitié, voire moins.

Lorsque les températures élevées se combinent avec les précipitations, l'humidité devient difficile à supporter pour les voyageurs comme pour la population locale. La période la plus humide intervient généralement en juin, juste avant le début de la saison des pluies.

ÉCOLOGIE ET ENVIRONNEMENT

Les problèmes écologiques, telles la déforestation, l'érosion des sols, la pollution de l'air et de l'eau, l'urbanisation, la destruction de l'habitat, de la faune et de la flore

Météo incertaine

Ces dernières années, il est devenu plus difficile de faire des prévisions météorologiques fiables au Sénégal, tout comme dans le reste du monde. Les scientifiques attribuent cette situation à l'effet de serre et au réchauffement de la planète, dûs à la pollution de l'atmosphère. En Afrique, les précipitations ont baissé depuis le début des années 1980, et les sécheresses sont devenues de plus en plus fréquentes dans les zones de faible précipitation. Les puits ou les oasis saisonnières qui fournissaient de l'eau aux troupeaux depuis des dizaines, voire des centaines d'années, font désormais défaut. La saison des pluies semble démarrer plus tard et se terminer plus tôt, et la saison sèche connaît parfois des précipitations inhabituelles, qui peuvent se révéler désastreuses : les sols préparés pour les cultures sont alors dévastés, et les graines déjà plantées peuvent même être emportées par les eaux.

ainsi que la protection des ressources naturelles, sont de plus en plus débattus au Sénégal. La plupart des sujets concernant la défense de l'environnement, très complexes, sont liés à des contextes économiques, sociaux et politiques à l'échelle nationale ou internationale. De nombreux défenseurs de l'environnement soutiennent qu'on ne peut pas sérieusement exiger d'une population disposant de revenus aussi faibles de se soucier des problèmes environnementaux. Le seul moyen d'assurer cette protection consiste à s'attaquer à la pauvreté et à impliquer la population locale dans les mesures en faveur de l'environnement ; or cette dernière ne s'impliquera que si elle peut en retirer des profits tangibles.

Le barrage de Maka-Diama

Construit à la fin des années 1980 sur l'estuaire du Sénégal, ce barrage devait principalement empêcher les eaux salées de l'océan de remonter le fleuve, soumis aux marées. Il devait également permettre d'irriguer davan-

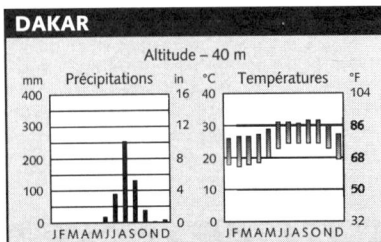

DAKAR

Altitude – 40 m

Précipitations (mm / in) — Températures (°C / °F)

J F M A M J J A S O N D

tage les terres cultivées proches des rives, les précipitations dans cette région ayant toujours été insuffisantes ou irrégulières. Aussi admirable qu'ait pu être cette motivation initiale, les cultures pratiquées aujourd'hui comprennent l'arachide, qui épuise rapidement les nutriments du sol et exige une méthode de moisson entraînant l'érosion.

Le barrage de Maka-Diama a créé d'autres problèmes encore. Suite à la baisse de la salinité de l'eau, des algues épaisses recouvrent aujourd'hui la surface de nombreux canaux et criques sur cette partie du fleuve. Ces algues masquent la lumière et réduisent le niveau d'oxygène : cela a tué bon nombre de poissons, ce qui est un véritable désastre, tant pour les populations locales, qui tout à la fois consomment et vendent le produit de leur pêche, que pour les milliers d'oiseaux qui viennent chercher leur nourriture dans cette région. En outre, les nouvelles zones d'eau douce abritent des moustiques porteurs du paludisme et des escargots porteurs de la bilharziose. Ces deux maladies, potentiellement mortelles, touchent de plus en plus les habitants de la région.

La pêche en haute mer

Le poisson se raréfie au large des côtes du Sénégal, ce qui est en passe de devenir un problème écologique et économique de premier plan. Pendant de nombreux siècles, la population locale a puisé dans les eaux de la côte atlantique, faisant de la pêche une industrie durable. Vers le milieu du XXe siècle, la demande s'est toutefois fortement accrue, et les bateaux de pêche se sont fait de plus en plus nombreux.

Le poisson à proximité des côtes n'a pas augmenté de concert avec la flotte de pêche, et les bateaux doivent donc se rendre plus loin pour trouver d'autres zones de pêche. Celles-ci se dépeuplant à leur tour, les pêcheurs poussent encore plus loin, passant parfois plusieurs

Les amas de coquillages

D'anciens amas de coquillages jalonnent le littoral atlantique, entre l'embouchure du Sénégal et la Guinée-Bissau. À l'origine, ce sont des dépotoirs, créés par les habitants voilà près de mille ans. Ceux-ci vivaient apparemment de la récolte et de la consommation de coquillages ; après avoir mangé le mollusque, ils en jetaient la coquille. Les amas sont constitués à 99% de coquillages, mais les archéologues ont également retrouvé des fragments de poterie, des traces de cendre et d'autres débris.

La plupart des amas se situent dans les mangroves, mais il existe quelques îles de coquillages, totalement artificielles, dont la plus connue est Dioran Boumak, sur le fleuve Saloum, au nord de Toubakouta. Elle mesure 400 mètres de long, 300 mètres de large et 12 mètres de haut. On pense qu'elle fut érigée délibérément entre 730 et 1370, mais elle n'était pas habitée, elle servait de tombeau : on dénombre plus de 120 tombes sur l'île, réparties en trois tombeaux. Les corps furent enterrés à des époques différentes mais tous dans la même position, les jambes droites et les bras croisés devant le visage. Ils portent des bijoux. Des armes et des poteries furent ensevelies avec eux.

Sur certains sites, sous les amas, on trouve des traces d'une occupation remontant à l'âge de pierre. Cependant, malgré de grands travaux d'excavation, les scientifiques ne sont pas certains que les groupes ethniques actuels du Sénégal descendent de ces peuples datant de la fin de l'âge de pierre. Les chercheurs ont tenté d'établir des liens en étudiant les motifs des poteries et des armes, mais sans résultats probants. Peut-être existe-t-il un rapport entre ces peuplades anciennes et les Diolas de Casamance.

Malgré leur importance archéologique, les amas de coquillages n'éveillent que peu d'intérêt et ne sont que très peu protégés. La plupart d'entre eux sont heureusement assez éloignés, mais il leur arrive de remplacer les pierres ou le gravier dans certaines constructions, et on peut les "exploiter" comme une carrière si besoin est.

jours d'affilée en mer. Les recettes de la pêche sont grevées par des frais toujours plus importants de carburant, et les profits s'amenuisent. Or les pêcheurs doivent nourrir leur famille et, les revenus diminuant, la pauvreté augmente.

Les méthodes de pêche non durables aggravent le problème. La pêche au filet traditionnelle est considérée comme trop lente et, dans certaines zones, les pêcheurs pêchent à la dynamite, lançant les bâtons dans un banc de poissons et récoltant les poissons morts flottant à la surface. Malheureusement, seul un quart des poissons tués de cette manière peut être récupéré, les autres coulant vers le fond. Dans les environs de Dakar, les pêcheurs ont consenti à mettre un terme à cette méthode de pêche lorsqu'un plongeur leur a montré un film vidéo des fonds sous-marins, recouverts de poissons morts.

En outre, les grands bateaux-usines d'Europe et d'Asie orientale opérant au large des côtes sénégalaises rendent la situation

L'arachide

Les graines d'arachide sont plus connues sous le nom de cacahuètes. Lors de votre voyage au Sénégal, vous en trouverez en vente partout, avec ou sans leur coquille, grillées, bouillies, nature, salées ou sucrées. Ces graines constituent l'ingrédient principal des plats sénégalais classiques tels que le *mafé* et le *domodah*.

La consommation locale ne représente cependant qu'une toute petite partie des récoltes. L'économie du pays dépend énormément de la culture de l'arachide. Les graines poussent comme les haricots, sur des plantes basses, et peuvent survivre dans des conditions arides. Une fois récoltées, elles sont décortiquées et écrasées, et l'on en extrait de l'huile qui est ensuite exportée vers l'Europe pour l'industrie alimentaire. L'huile d'arachide est également utilisée pour la cuisine, notamment dans la restauration. Parfois, les graines sont simplement décortiquées ou partiellement écrasées avant d'être expédiées à l'étranger, où elles entrent dans la composition de nombreux produits alimentaires.

L'arachide fut introduite au Sénégal au début du XIXe siècle, et de grandes plantations furent créées le long du fleuve Sénégal dans les années 1860, sous la houlette du gouverneur Louis Faidherbe. Au début du XXe siècle, l'arachide était devenue la culture la plus lucrative du pays, et cette situation perdura pendant toute la période coloniale et les premières décennies de l'indépendance. Les prix élevés des graines d'arachide, dans les années 1960 et 1970, ont favorisé le développement économique des nations nouvellement indépendantes.

À la fin des années 1970, les prix chutèrent et le Sénégal souffrit de cette situation de monoculture. Les fortes sécheresses des années 1980 aggravèrent encore la situation en diminuant fortement les récoltes. Alors qu'au milieu des années 1970 le Sénégal produisait près d'un million de tonnes de graines d'arachide (représentant 50 % des exportations du pays), il n'en produisait plus qu'environ la moitié dix ans plus tard.

Aujourd'hui, la production sénégalaise s'élève à environ 600 000 tonnes par an, soit 20 % du total des exportations (du fait d'une chute constante des prix ainsi que de la diversification agricole). Les plantations d'arachide couvrent un million d'hectares (40 % des terres arables du pays), et l'industrie emploie près d'un million de personnes. Les principales régions de plantations se situent à l'est de Dakar, dans les environs de Diourbel, Touba et Kaolack (secteur parfois appelé le "triangle de l'arachide"). Ces villes constituent d'ailleurs le cœur des puissantes confréries musulmanes, dont les marabouts dominent une grande partie de la scène politique et économique sénégalaise (voir à cet effet l'encadré *Marabouts et confréries* dans ce chapitre).

La majeure partie des graines d'arachide est récoltée après la saison des pluies, entre octobre et janvier, mais la cueillette se poursuit jusqu'en juin. Elles sont ensuite transportées aux moulins en charrette à cheval, ou en bateau le long des cours d'eau. Toutefois, lors de encore plus complexe. Ces derniers utilisent d'immenses filets, et leurs méthodes de pêche, très efficaces, leur permettent de récolter des quantités bien supérieures à celles des petits bateaux sénégalais. La plupart de ces bateaux-usines ont négocié des droits de pêche avec l'État sénégalais et constituent une source appréciable de revenus. Toutefois, le nombre de bateaux qui dépassent leurs quotas autorisés ou qui pêchent illégalement est tel que les Nations Unies ont décidé d'intervenir. Il est donc de plus en plus difficile pour les pêcheurs locaux à bord de leurs embarcations traditionnelles de continuer à vivre de la mer.

La déforestation

Loin du littoral, le Sénégal doit affronter un autre grand problème écologique : la déforestation. La croissance de la population entraîne une augmentation des besoins en terres cultivables, et on pratique actuelle-

L'arachide

votre voyage au Sénégal, vous apercevrez sûrement sur les routes de grands camions jaunes, surchargés de sacs de graines d'arachide.

Les plantations sont certes très importantes pour l'économie sénégalaise mais signifient à tout coup pour la population une perte des cultures de subsistance. En outre, les grandes plantations constituent une grave menace pour l'environnement : les cultures absorbent les nutriments du sol, mais n'en produisent que très peu, et certaines parties de la plante (les feuilles ou les tiges) sont données en fourrage aux animaux au lieu d'être mélangées à la terre lors du labourage. Au cours de la récolte, toute la plante est déracinée, laissant le sol meuble et sec. Un sol aride est propice à l'érosion, notamment par le vent mais également par la pluie ou par les chèvres, qui viennent brouter les restes. Le sol s'épuise ou s'érode, en particulier dans les zones de faible précipitation, et les nouvelles plantations s'établissent ailleurs. La terre des anciennes plantations met longtemps à se régénérer et l'érosion continue.

Avec l'implantation de nouvelles zones de culture, les terres de prairie, de brousse ou d'autres types de végétation naturelle doivent être défrichées, réduisant d'autant l'habitat de la faune et les pâturages. Ce dernier aspect est devenu un problème important au centre du Sénégal, car les cultivateurs étendent leurs plantations vers l'est et empiètent sur les réserves sylvo-pastorales normalement réservées aux peuples semi-nomades tels que les Peuls.

En 1991, la réserve de Mbegué fut investie par des fermiers mourides, après que le président Abdou Diouf en eut "cédé" plus de la moitié à la confrérie. Le New Internationalist rapporta que plus de 5 millions d'arbres avaient été abattus dans les semaines qui suivirent pour faire place au labourage de la terre et à l'ensemencement, tandis qu'environ 6 000 Peuls étaient déplacés (ainsi que 100 000 vaches). L'année suivante, le chef de la confrérie conseilla à tous ses fidèles de soutenir le président Diouf aux élections.

D'autres invasions de ce type ont eu lieu en d'autres endroits du pays. Cet exemple est très représentatif des conflits opposant les cultivateurs et les pasteurs nomades. Toutefois, la quête incessante de nouvelles terres pour abriter les plantations est la preuve que les Peuls n'ont pas affaire à de petits cultivateurs, mais bel et bien au pouvoir et à la force combinés des administrations politiques et religieuses du Sénégal.

Les graines d'arachide constituent l'épine dorsale de l'économie sénégalaise.

ment des coupes de plus en plus claires dans les forêts. À une plus grande échelle, les

---

Le baobab

Le baobab (Andansonia digitata) constitue, avec l'acacia au sommet plat, un symbole africain bien connu. Cet arbre pousse en de nombreux endroits du pays et du continent, généralement dans les zones de savane où les précipitations sont peu importantes. De nombreuses ethnies possèdent leur propre version de la légende du baobab, selon laquelle l'arbre aurait déplu à une divinité qui l'aurait déraciné et replanté à l'envers, d'où ses branches semblables à des racines.

Toujours est-il que le baobab actuel est un arbre très apprécié. Les populations locales le vénèrent et lui attribuent des pouvoirs magiques du fait de son allure desséchée et d'une résistance aux sécheresses qui lui permet de vivre des centaines d'années. Certains vieux troncs d'arbres abritent des cavités où sont enterrés des griots vénérés. Les trous plus petits servent aux oiseaux et aux animaux.

L'arbre est également très utile. Le tronc creux sert de réservoir pour l'eau de pluie qui a ruisselé du haut de l'arbre par des fissures. Les grosses cosses (parfois nommées le "pain des singes") produites par le baobab contiennent des graines entourées d'une substance semblable à un jus épais, que l'on peut consommer. Les cosses sont utilisées comme bols ou tasses (souvent pour boire le vin de palme). Celles qui ne conviennent pas à cet emploi servent de combustible. Elles brûlent lentement, et sont excellentes pour fumer le poisson. Les feuilles de l'arbre sont hachées, bouillies et mangées en sauce. On peut aussi les faire sécher et les utiliser en pâte pour faire des cataplasmes servant à soigner les infections de la peau ou les rhumatismes. Les fleurs du baobab servent de décoration lors des cérémonies.

---

zones boisées disparaissent pour faire place à des cultures rapidement lucratives, principalement des plantations d'arachides.

Quelle qu'en soit la raison, la déforestation conduit à l'érosion des sols et, à terme, à la réduction des terres cultivables. Conséquence plus immédiate, la diminution des zones boisées signifie également la diminution des nappes phréatiques et des quantités disponibles de matériaux de construction traditionnels, d'aliments comestibles et de produits médicinaux. En outre, de nombreux oiseaux et espèces animales perdent une partie de leur habitat vital.

Au lieu de clôturer la forêt et d'en exclure de force la population locale, celle-ci est invitée à l'exploiter à son profit mais d'une façon qui assure sa préservation. Ainsi en est-il de la récupération des arbres morts en bois d'œuvre, de la cueillette des fruits et des feuilles consommables ou du ramassage des herbacées pour le chaume. C'est-à-dire tous les produits qui peuvent servir directement à la population ou être vendus sans dégradation de la forêt. Voyant dans la forêt une source de revenus et d'emploi, tant présente que future, les habitants se sentent réellement motivés pour la protéger et l'exploiter d'une façon durable.

La protection de la nature par la communauté

Jusqu'à une époque récente, les habitants ont été exclus de parcs nationaux ou d'autres zones naturelles protégées, parce que l'on pensait qu'ils nuisaient aux ressources naturelles. De nombreux défenseurs de l'environnement affirment aujourd'hui que les populations locales devraient toujours être intégrées à la gestion et à la planification de la protection de l'environnement. Les parcs nationaux et autres zones protégées échoueront dans leur mission, à long terme, si les habitants ne peuvent en retirer de réels profits.

En termes simples, l'argument se résume ainsi : la plupart des zones protégées abritent des animaux ou des richesses pour lesquels les visiteurs sont prêts à payer un droit d'entrée. Si une partie de l'argent récolté est remise aux populations locales, elles seront

ainsi encouragées à protéger les zones et leurs animaux. S'il n'y a aucun profit à la clé, il n'y a aucune raison de s'investir.

Ce type de projet permet à la population locale de perpétuer son mode de vie traditionnel ; il produit également d'autres revenus grâce à la création d'emplois au sein des structures touristiques, tels que gardes-forestiers, guides touristiques et employés d'hôtellerie. La vente d'objets artisanaux et de souvenirs permet également de générer des profits issus directement du tourisme. Si, même dans les zones protégées présentant peu d'intérêt aux yeux des visiteurs ou difficilement accessibles, la population locale peut retirer quelques bénéfices sans être totalement exclue (par le biais de créations d'emploi ou, indirectement, par la récolte du bois ou par une chasse limitée), la motivation de base reste ainsi toujours présente.

Dans le parc national de Niokolo-Koba, des hommes provenant des villages environnants ont reçu une formation de guide pour prendre des touristes en charge ; dans le parc national des Oiseaux du Djoudj, différents projets mis en œuvre par des organisations européennes de protection de la nature ont instauré une coopération entre le personnel du parc et la population locale. En mettant en place de petites structures d'aide telles que le recours aux véhicules du parc pour transporter l'eau, évitant ainsi aux femmes de long trajets, les villageois se sentent moins exclus lors de la création des parcs voisins.

FLORE

Le Sénégal est presque totalement compris dans la région du Sahel, où la végétation se compose principalement d'arbres régulièrement répartis et de petits buissons broussailleux. Certaines régions du Nord du Sénégal sont quasiment désertiques. Seule la région méridionale de la Casamance, mieux irriguée, peut être qualifiée de boisée, son vaste réseau d'estuaires et de mangroves offrant un appréciable contraste avec les paysages typiques du Sahel.

Les arbres les plus caractéristiques du Sahel comprennent différentes espèces d'acacia au sommet plat, possédant généralement des feuilles épineuses. On trouve éga-

lement le baobab et le fromager, que l'on connaît également sous le nom d'arbre bombax ou arbre à coton soyeux. On l'a baptisé "fromager" au Sénégal, car le bois du tronc est mou et léger. On l'utilise dans certaines régions, une fois trempé, pour fabriquer le fond des pirogues ; puis on le redresse, on lui donne la forme désirée et on le fait sécher. Le fromager se distingue par son écorce jaune, des fruits en forme de cosses et de longues et fines racines à la surface du sol, qui forment un labyrinthe naturel autour du tronc.

Dans le Sud du Sénégal, de nombreux villages sont construits grâce au bois du fromager, car on pense qu'il abrite des esprits protégeant les habitants du malheur. Les hommes du village se servent de l'arbre comme *palava*, ou point de rencontre, car ses racines émergées constituent des bancs confortables.

Le palmier se rencontre en abondance dans de nombreuses régions, sous des espèces diverses. Le palmier doum peut atteindre 15 m et produit un fruit orange appelé drupe. Le cocotier, parfois haut de 35 m, constitue l'un des plus vieux arbres connus. Son fruit a de nombreux usages, procurant notamment nourriture et boisson. Le palmier-dattier du Sénégal, qui s'élève jusqu'à 8 m, donne de petites baies rouges.

La végétation aride et clairsemée du Sahel est parfois entrecoupée de forêts-galeries très denses le long des cours d'eau, notamment les fleuves Gambie et Casamance. La forêt-galerie ressemble à la forêt vierge, mais se nourrit principalement des eaux souterraines et n'abrite donc pas les plantes grimpantes et les épiphytes caractéristiques de la forêt vierge.

FAUNE

Les oiseaux du Sénégal figurent parmi les principales curiosités du pays.

Parmi les mammifères les plus appréciés et les plus faciles à identifier, on compte le babouin et trois autres variétés de singes (le grivet, le patas et le colobe rouge). Les chimpanzés sont naturellement présents dans le parc national de Niokolo-Koba, lequel constitue leur point d'implantation le plus septentrional sur le continent africain.

suite en page 37

OISEAUX DU SÉNÉGAL

Le Sénégal constitue un lieu essentiel pour une large diversité d'oiseaux de l'Afrique de l'Ouest. Sur le plan écologique, la région trace la limite entre la faune abondante d'Afrique équatoriale, les étendues arides du Sahara (qui représentent la majeure partie de l'Afrique continentale) et la côte atlantique. Cette importante zone de transition, particulièrement cruciale pour les oiseaux migrateurs, comprend une mosaïque d'habitats, dans lesquels ont été relevés quelque 660 espèces d'oiseaux.

Au Sénégal, on dénombre plus de 640 variétés et quantité de sites sont aisément accessibles.

HABITATS

Certains oiseaux peuvent vivre un peu partout, mais la plupart d'entre eux possèdent des habitudes d'alimentation et de reproduction, entre autres exigences biologiques, qui les limitent à un habitat ou à un groupe d'habitats bien particuliers. Bien sûr, des créatures aussi mobiles que les oiseaux ne peuvent être totalement cantonnées à un environnement particulier (en fait, certains volatiles comme les hirondelles et les martinets vivent plutôt dans les airs). Cependant, un bref aperçu des habitats des oiseaux du Sénégal sera utile aux voyageurs, qui remarqueront la modification des espèces aviaires au cours de leurs déplacements.

Villes et villages

La majorité des voyageurs s'arrêtant d'abord dans une ville ou un village, il est intéressant de mentionner quelques oiseaux vivant à proximité des habitations. Ceux-ci comprennent le moineau gris ; l'amarante du Sénégal, qui affectionne les greniers à céréales et les villages ; les martinets et les hirondelles, qui nichent sous les avant-toits des bâtiments. Nombre de voyageurs aperçoivent les premiers oiseaux sénégalais dans le jardin de leur hôtel. Ainsi, ils y verront souvent le joli petit cordonbleu voletant au milieu de la végétation. L'étourneau et le magnifique gonolek de Barbarie viennent parfois chercher de la nourriture sur les pelouses. Quant aux tisserins, leurs colonies pépiantes ne passent pas inaperçues. Le piac-piac, membre à longue queue de la famille des corbeaux, fréquente également les abords des agglomérations.

Littoral et estuaires

Riche habitat, la zone où la mer rejoint la terre attire hommes et animaux en quête de crustacés et de fruits de mer. Les oiseaux adaptés à ce milieu incluent les échassiers, comme l'huîtrier pie et le pluvier, ainsi que l'aigrette des récifs, qui se nourrit de poissons et de crabes.

Le fleuve Casamance possède d'immenses estuaires bordés de mangroves. Autrefois considérés comme des marécages, ceux-ci sont désormais reconnus comme une ressource biologique essentielle. À marée basse, le sol boueux est exposé, offrant une abondante nourriture aux échassiers migrateurs, comme les courlis, les chevaliers, les bécasseaux, les barges et les pluviers. Les petits volatiles, tels les souï-mangas, fréquentent la canopée des mangroves et les grands oiseaux aquatiques, tels que les hérons, les ibis et les spatules se perchent ou nichent sur les plus hautes branches.

Cours d'eau

Les principaux systèmes fluviaux du Sénégal, ainsi que les forêts, champs et marécages environnants, abritent une étonnante diversité d'oiseaux. Plusieurs groupes aviaires s'y comportent de différentes façons : certains chassent le long des rives ou fouillent la boue au bord de l'eau ; d'autres font usage de leurs longues échasses pour dénicher leurs proies dans les eaux plus profondes. Certains martins-pêcheurs plongent depuis les branches en surplomb, tandis que les fauvettes et les gobe-mouches chassent les insectes dans la végétation bordant les fleuves. Pour les débutants comme pour les expérimentés, ces habitats fluviaux offrent d'excellentes conditions pour épier les oiseaux.

Les régions situées à basse altitude peuvent se retrouver inondées après la saison des pluies, créant ainsi de vastes et éphémères marécages, souvent très propices à l'observation des volatiles. Les aigrettes, les hérons et d'autres échassiers fouillent les bas-fonds ; le délicat jacana à poitrine dorée marche sur la végétation flottante, grâce à ses étranges pattes aux longs doigts ; et les râles rôdent dans les roseaux.

Savanes et forêts

De larges zones du Centre et du Sud-Est du Sénégal sont couvertes d'une savane dominée par un assortiment de petits arbres. Dans cet habitat, les oiseaux ne manquent pas, des étonnants cisticoles aux immenses oiseaux de proies en passant par les tisserins, les passereaux, les étourneaux, les rolliers et bien d'autres.

La partie méridionale de cette région abritait autrefois de vastes forêts, mais la plupart d'entre elles ont été décimées ou modifiées par les activités humaines. Néanmoins, quelques poches subsistent à l'intérieur du parc national de Basse-Casamance. Uniquement représentés ici, bon nombre d'oiseaux rares, comme le calao longibande, le bulbul fourmilier et le petit bulbul, réussissent à survivre à l'intérieur de la réserve.

Zones arides

Région sub-saharienne semi-désertique, le Nord du Sénégal se caractérise par sa végétation clairsemée due aux faibles précipitations inhérentes à ces contrées. Cet environnement n'est guère fréquenté par les amateurs d'oiseaux, mais quelques espèces intéressantes valent tout de même le détour : traquets, roselins de Lichtenstein et oiseaux migrateurs faisant route vers ou depuis l'hémisphère Nord.

GROUPES D'OISEAUX

Vous trouverez ci-dessous, groupe par groupe, les oiseaux que vous pourrez observer au cours d'un séjour au Sénégal. Certains ne sont pas décrits ici : ainsi, le groupe africain des râles est si discret qu'il reste pratiquement invisible.

Oiseaux marins

Cette large catégorie regroupe un certain nombre de familles aviaires qui chassent en haute mer. On y dénombre les divers pétrels et puffins, qui vivent d'ordinaire loin des côtes où ils ne reviennent que pour s'accoupler ; les superbes fous de Bassan, qui se nourrissent en plongeant de très haut pour pêcher leur proie, et les cormorans, lesquels affectionnent également l'eau douce ou saumâtre.

Oiseaux d'eau

Ce vaste groupe comprend les oies et les canards. Comme leur nom l'indique, ces volatiles vivent presque exclusivement aux abords des cours d'eau. Doués d'une excellente capacité à voler, ils peuvent parcourir de longues distances au gré des précipitations. On les apercevra d'ailleurs plus aisément après les pluies, puisque la nourriture devient alors plus accessible. Ainsi, la grande oie-armée de Gambie noire et blanche peut s'avérer très courante à cette époque. Malgré l'importance de l'habitat aquatique dans le pays voisin de la Gambie, la région compte relativement peu d'espèces d'oies et de canards.

Oiseaux de proie

Les faucons, aigles et vautours se classent dans cette catégorie, laquelle englobe plus de 50 espèces dans la région. Ils sont presque omniprésents et les voyageurs auront tôt fait d'en remarquer quelques espèces, des vautours charognards en vol jusqu'à l'imposant aigle bateleur scrutant l'horizon à la recherche de proies. Certains possèdent un habitat et une alimentation bien spécifiques. Ainsi, le balbuzard pêcheur et l'étonnant pygargue vocifère se nourrissent presque exclusivement de poissons.

Grues

Ces oiseaux élancés et gracieux ressemblent en apparence aux cigognes et aux hérons, mais ce sont des habitants typiques des herbages. L'unique espèce présente dans la région, la grue couronnée, est parée d'une superbe crête excentrique et haute en couleur.

Grands échassiers

En principe, tous les cours d'eau accueillent leur lot de hérons, d'aigrettes, de cigognes, de spatules et d'ibis. Toutes ces espèces sont pourvues de longues pattes et d'un long cou et leur bec s'adapte à des habitudes alimentaires bien précises : hérons et aigrettes disposent d'un bec en forme de poignard, leur permettant d'éperonner poissons et grenouilles ; les spatules possèdent un étrange bec aplati, qu'ils agitent de part et d'autre afin de collecter les petites créatures aquatiques ; le bec des ibis est long et incurvé vers le bas pour leur permettre de sonder la terre meuble ou de capturer des insectes ; celui des cigognes s'avère, quant à lui, suffisamment grand et puissant pour happer de petits animaux et des poissons. Les membres de ce groupe sont de taille variable, depuis le minuscule et discret butor étoilé jusqu'à l'énorme héron goliath (haut de 1,4 m) et les cigognes marabouts qui se repaissent de charognes aux côtés des vautours. Spécimen singulier de cette famille, la petite ombrette africaine construit un gigantesque nid d'herbes et de brindilles.

Échassiers migrateurs

Chaque année, les oiseaux côtiers quittent leur site de reproduction dans l'hémisphère Nord pour gagner leur aire d'hivernage au sud du

Sahara. Leur plumage d'hiver n'ayant généralement rien de particulier, ces échassiers migrateurs présentent un véritable défi pour les ornithologues chevronnés. On les trouve d'ordinaire à proximité des cours d'eau, se nourrissant de petites créatures le long des berges ou sondant la vase entre deux marées, en quête de larves. Les migrateurs comprennent les champions des trajets longue distance, à savoir les chevaliers et les pluviers. Quant aux sédentaires, ils incluent les vanneaux au plumage distinctif et le curieux dikkop, une espèce nocturne à l'allure dégingandée, qui pousse d'étranges vagissements.

Pigeons et colombes

Familiers des villes et campagnes, les membres de cette famille universelle ont réussi à s'adapter à presque tous les milieux. Ainsi, les diverses tourterelles et la minuscule tourterelle masquée se nourrissent de ce qu'elles trouvent sur place, tandis que le pigeon vert d'Afrique mène une existence de nomade au gré de la pousse des fruits dans les arbres. Deux variétés de tourterelles, le pigeon biset et la tourterelle maillée, sont très répandues dans les jardins et autour des habitations.

Touracos

Au Sénégal, trois espèces aux couleurs chatoyantes de ces oiseaux de taille moyenne résident dans les forêts. On les aperçoit difficilement, car ils se dissimulent à la cime des arbres. Le touraco violet est un oiseau fascinant, mais vous aurez à peine le temps d'en entrevoir un survoler subrepticement une clairière, offrant à vos yeux ébahis ses larges ailes d'un rouge écarlate.

Indicateurs

Ces oiseaux présentent l'un des comportements les plus atypiques qui existe au sein de la faune aviaire : ils se mettent en quête d'un mammifère tel que le ratel, ou même d'un humain, puis le guident jusqu'à un nid d'abeilles. S'ingéniant à attirer l'attention, l'indicateur s'avance à tire d'aile et attend pour voir s'il est suivi. De cette manière, il conduit son "assistant" jusqu'à la ruche. Si le mammifère se donne la peine de fracturer la ruche, l'indicateur se fera un plaisir d'en consommer le miel, les larves et les œufs.

Martins-pêcheurs

Hautes en couleur et actives, les neuf espèces de martins-pêcheurs présentes au Sénégal se subdivisent en deux groupes : les oiseaux qui plongent dans l'eau en quête de poissons, de têtards (occupant donc les abords des cours d'eau) et ceux qui vivent d'ordinaire loin de l'eau, chassant les lézards et les gros insectes. Dans la première catégorie, le martin-pêcheur géant atteint 46 cm de haut, tandis que le martin-pêcheur huppé et le pygmée mesurent à peine 14 cm. D'un plumage moins chatoyant, le groupe des martins-pêcheurs "forestiers" inclut le martin-chasseur à poitrine bleue, dont la robe arbore des motifs distinctifs.

Barbicans et barbions

Les barbicans sont apparentés aux pics, mais au lieu de passer leur temps à forer l'écorce des arbres à la recherche de larves, ils se servent de leur bec large et puissant pour consommer des fruits et divers insectes. On en dénombre sept espèces au Sénégal. Les barbicans possèdent souvent un plumage chatoyant et se perchent sur des endroits bien en vue. Les barbions sont bruyants, mais petits et parfois difficiles à observer.

Guêpiers, rolliers et huppes

Si l'observation des oiseaux en Afrique est un tel plaisir, c'est que les espèces les plus spectaculaires ne sont pas toujours les plus rares. Souvent magnifiques, les guêpiers s'épient facilement. Le Sénégal compte huit représentants de cette famille. En général, on peut les voir perchés sur les clôtures et les branches, parfois en bandes mêlées, d'où ils chassent les insectes volants, notamment les abeilles et les guêpes (comme leur nom l'indique). Ils se regroupent parfois par milliers et l'étonnant guêpier carmin restera un souvenir inoubliable.

Les rolliers sont des cousins des guêpiers et la plupart des cinq espèces sont très répandues. Moins chatoyant que celui des guêpiers, leur plumage s'orne de bleu et de mauve. Le rollier d'Abyssinie arbore une queue composée de deux longues plumes.

Mentionnons également la huppe, un oiseau noir et blanc doté d'une tête et d'un cou couleur saumon ainsi que d'une crête fièrement dressée.

Hiboux et chouettes

Ces rapaces nocturnes possèdent des ailes très fines (à tel point que leur vol est inaudible), une ouïe exceptionnelle et la faculté de tourner la tête à 180°, afin de localiser leurs proies. Si les hiboux sont synonymes de peur et de superstition dans de nombreuses cultures, leur nature insaisissable séduit les ornithologues. Le Sénégal en abrite 12 espèces, allant du petit-duc scops à l'immense grand-duc, qui mesure jusqu'à 65 cm de long. Selon les espèces, les proies varient : insectes, souris et lézards pour les plus petits spécimens, oiseaux endormis et petits mammifères pour d'autres. La chouette-pêcheuse de Pel chasse le long des cours d'eau et se nourrit exclusivement de poissons.

Calaos

De taille moyenne, ces oiseaux habitent les forêts et les zones boisées. Ils possèdent tous un bec massif incurvé vers le bas. Les calaos à bec noir et à bec rouge s'aperçoivent assez facilement. L'extraordinaire calao terrestre se déplace en groupe sur le sol et mesure presque 1 m de haut.

Engoulevents

Autre groupe nocturne, ces petits oiseaux ne sont pourtant pas apparentés aux hiboux et chouettes, en dépit de leur plumage doux et de leur vol silencieux. Nichés à terre dans la journée, leur teinte subtile leur permet de se camoufler parmi les feuilles et les brindilles. Au crépuscule, ils s'envolent à tire-d'aile et capturent des insectes. Si ces volatiles demeurent relativement courants, vous risquez de ne pas les entrevoir, tant que l'un d'entre eux ne s'envolera pas à vos pieds. On les différencie difficilement et le plus souvent selon leurs cris, mais dans la journée, les engoulevents se perchent fréquemment sur une branche horizontale, à proximité du sol, ce qui vous permettra de les observer de près. L'incroyable engoulevent à balanciers est le spécimen le plus spectaculaire de la région. Il arbore deux plumes nues, sauf à leur extrémité, donnant l'impression de porter un étendard.

Étourneaux

C'est en Afrique que se situent la majorité de ces oiseaux intelligents et grégaires et le Sénégal en compte 11 espèces. Plusieurs variétés de merle métallique, dont les merles métalliques pourpres, à longue queue et à oreillons bleus, forment des groupes bruyants parcourant la région à tire d'aile. Ces volatiles magnifiques arborent tous des bleus et des pourpres chatoyants. Lorsqu'ils surviennent en bandes mêlées, ils peuvent s'avérer très difficiles à identifier. Autre membre de cette famille, le pique-bœuf à bec jaune est souvent perché sur un bovin, afin d'y capturer tiques et insectes parasites.

Cisticoles

Très répandues, ces ternes petites fauvettes sont parfois difficiles à observer et à identifier. Nombre d'entre elles se ressemblent tellement que leur cri constitue la seule façon de les distinguer ; d'où les noms de cisticole chanteuse, siffleuse ou babillarde. La majorité des 12 espèces de la région affectionnent les hautes herbes et la végétation bordant les cours d'eau.

Passereaux, tisserins et veuves

Cette vaste catégorie englobe bon nombre de petites espèces, qui n'en demeurent pas moins hautes en couleur, dont on aperçoit les volées le long des routes sénégalaises et partout où poussent de hautes herbes. Tous se nourrissent de graines et si certains, comme les divers moineaux, n'offrent aucun caractère spectaculaire, d'autres arborent un plumage chatoyant et une queue d'une taille extraordinaire.

Les tisserins sont généralement jaunes avec différentes quantités de noir dans leur plumage. Gourmands de graines, cet oiseau peut devenir une véritable nuisance pour les agriculteurs. Le tisserin gendarme forme souvent d'immenses colonies au beau milieu des villes. Les moineaux présentent des nuances qui se déclinent dans les tons brun et gris ; les veuves leur ressemblent, lorsqu'elles ne pondent pas, mais leurs mâles se parent d'un plumage noir, rehaussé de rouge ou de jaune, lorsqu'ils leur font la cour. Certaines veuves développent une queue impressionnante en période d'accouplement. La gigantesque queue de la veuve à queue large peut être deux fois plus longue que son corps.

Martinets et hirondelles

S'ils ne sont pas cousins, ces deux groupes se ressemblent en apparence et l'on peut les apercevoir un peu partout, en train de poursuivre des insectes volants. Le deux familles possèdent de longues ailes et une morphologie aérodynamique, qui leur permettent d'évoluer avec grâce dans les airs et de chasser leur proie avec agilité. En outre, elles arborent toutes deux un plumage sombre. Une caractéristique précise permet toutefois de les différencier : les hirondelles peuvent se percher sur les branches fines, les clôtures ou rester à terre, tandis que les martinets sont pourvus de pattes chétives et n'atterrissent que rarement, sauf pour se poser dans leur nid. En fait, les martinets sont tellement adaptés à la vie aérienne qu'on dit de certains qu'ils dorment à tire d'aile ! La famille des hirondelles est bien représentée au Sénégal. Les spécimens répandus autour des habitations comprennent l'hirondelle rousseline et l'hirondelle des mosquées.

Souïs-mangas

Les souïs-mangas sont de délicats petits oiseaux qui se nourrissent du nectar des fleurs, à l'aide de leur bec crochu et effilé. Les mâles de la plupart des espèces présentent un plumage chatoyant, alors que les femelles arborent des teintes plus sourdes. Parmi les variétés les plus spectaculaires, citons le souï-manga pygmée – dont la queue élancée mesure presque le double de son corps (9 cm) –, le souï-manga cuivré et le souï-manga à dos violet.

OÙ OBSERVER LES OISEAUX

Vous rencontrerez des oiseaux un peu partout sur votre route, mais les conditions climatiques peuvent influer sur l'activité des volatiles. Le Sénégal compte un certain nombre de réserves destinées à la protection de la faune et de son habitat. Si celles-ci sont très propices à l'observation des oiseaux, certaines zones non protégées peuvent également s'avérer intéressantes. Pour plus de détails, consultez les rubriques correspondantes dans ce guide.

Le Sénégal possède six parcs nationaux et plusieurs réserves dans lesquels la faune est préservée. Au nord du pays, près de l'embouchure du fleuve Sénégal, le parc national de la Langue de Barbarie et le parc national des Oiseaux du Djoudj sont réputés pour leurs concentrations de pélicans et de flamants roses. Le Djoudj, où se rassemblent quelque 400 espèces d'oiseaux, est inscrit au patrimoine mondial de l'Unesco. À l'est, le magnifique parc national de Niokolo-Koba englobe plus de 9 000 km^2 de savanes et de biotopes associés ; plus de 350 espèces d'oiseaux y ont été dénombrées. C'est également le dernier bastion des grands mammifères du Sénégal. Près de Dakar, les îles de la Madeleine constituent un excellent point d'observation, tout comme le delta du Siné-Saloum, une région composée de lagons côtiers, de mangroves, d'îles sablonneuses et de forêts sèches.

Conseils pour observer les oiseaux

Une paire de jumelles vous révélera la forme et le plumage de l'oiseau, détails généralement impossibles à détecter à l'œil nu. Attention : une fois que vous aurez capté les nuances irisées d'une merle métallique ou les couleurs chatoyantes d'un guêpier, vous aurez du mal à vous en détacher ! Les jumelles vous seront également très utiles pour identifier les espèces et distinguer les subtiles différences entre les spécimens des familles difficiles comme les cisticoles. Elles vous serviront également à repérer les mammifères craintifs dans des zones telles que le parc national de Niokolo-Koba.

Vous pourrez acheter des jumelles ordinaires à prix relativement bas dans les magasins hors taxes. Si vous souhaitez limiter le poids de vos bagages, il existe des modèles compacts et très légers qui vous garantissent tout de même de bonnes performances. Si l'ornithologie est votre passion, nous vous conseillons d'investir dans une optique de meilleure qualité. Les marques onéreuses, comme Leica, Zeiss et Swarovski, vous accompagneront toute votre vie et offrent une qualité hors pair. Vous pouvez également songer à vous procurer un télescope d'observation. Celui-ci vous permettra d'obtenir des vues époustouflantes, avec un grossissement au moins deux fois supérieur à celui des jumelles. Son inconvénient majeur réside dans sa taille (il doit être monté sur un trépied pour un résultat optimal). En revanche, certains modèles peuvent être associés à un appareil photo et font alors également office de téléobjectif.

Pour profiter pleinement d'un périple d'observation des oiseaux, gardez à l'esprit les points suivants :

• Partez tôt, car la plupart des oiseaux sont actifs pendant les heures les plus fraîches de la journée. Cette règle vaut en particulier pour les régions arides et par temps chaud.
• Vous pourrez approcher de nombreuses espèces, les observer et les photographier, à condition de vous avancer lentement, d'éviter tout mouvement brusque et de parler à voix basse.
• Choisissez des vêtements discrets pour ne pas attirer l'attention. En général, les oiseaux ne se soucient guère des passagers d'un véhicule ou d'un bateau et vous pourrez les observer tranquillement depuis le bord de la route. Les croisières sur les fleuves et les mangroves sont mémorables.
• Les oiseaux aquatiques et les échassiers suivent les marées. Lorsque la mer se retire, la nourriture devient plus abondante et les volatiles sont attirés en grand nombre, mais se dispersent. Lorsque la mer monte, en revanche, ils peuvent être repoussés plus près de votre poste d'observation.
• Ne dérangez pas les oiseaux sans raison et ne touchez jamais les œufs ni les oisillons dans un nid. Les adultes désertent sans hésiter les nids qui ont été touchés, laissant périr leur progéniture.
• N'oubliez pas que la météo et le vent peuvent influer négativement sur les conditions d'observation et ne vous attendez pas à tout voir lors de votre première sortie.

SOURCES D'INFORMATIONS

Livres

L'observation des oiseaux est une activité de plus en plus prisée au Sénégal – et en Gambie – mais les ouvrages en français ne sont pas légion. *Les Oiseaux de l'Afrique de l'Ouest*, de Serle et Morel, aux éditions Delachaux et Niestlé, est un classique du genre.

A Field Guide to the Birds of The Gambia and Senegal, de Barlow et Wacher, illustré par Tony Disley, aux éditions A & C Black (Publishers) Ltd, est certainement le meilleur guide disponible à ce jour. Il répertorie les 660 espèces (dont 570 illustrations) d'oiseaux de la Sénégambie.

Birds of Western and Central Africa de Perlo Ber Van, chez Harper Collins Publishers, publié en 2002, est un ouvrage complet sur les oiseaux de l'Afrique centrale et de l'Afrique de l'Ouest, retraçant plus de 1500 espèces.

Internet

Ces dernières années, le Net est devenu un outil de plus en plus efficace pour les amateurs d'ornithologie. Ainsi, les sites dressent souvent
une liste des oiseaux récemment aperçus, des guides et des circuits, et
fournissent des renseignements fort utiles. Citons notamment :

www.africanbirdclub.org

L'African Bird Club est une fondation œuvrant pour la conservation des
habitats des oiseaux en Afrique. Ce site, en anglais, offre des renseignements sur le Sénégal et publie régulièrement des bulletins et des
mises à jour.

http://isenegal.free.fr

iSenegal donne des informations sur les parcs et les réserves naturelles
du Sénégal, dont ceux propices à l'observation ornithologique.

http://ornithologie.free.fr/site/senegal.html

Ce site propose une liste de discussion intéressante sur l'ornithologie,
comprenant les nombreux oiseaux observés au Sénégal.

www.viesauvage.fr

Vie Sauvage propose des voyages de 8 ou 11 jours pour découvrir les
oiseaux du Sénégal, avec guides accompagnateurs.

suite de la page 27

Dans les forêts, vous apercevrez peut-être des oribis et des duikers, de petites antilopes. D'autres espèces d'antilopes vivent dans la savane, notamment le cob, le roan, l'antilope aquatique et l'élan derby. Le meilleur endroit pour les observer est le parc de Niokolo-Koba. Dans les autres régions, ces animaux sont rares, ou ont disparu. Vous rencontrerez peut-être également des phacochères et des cochons des buissons.

Pour voir des animaux africains "classiques" – éléphants, lions et léopards –, vous pouvez vous rendre, mais sans garantie aucune, au Niokolo-Koba. Depuis quelques années, des éléphants sont introduits dans le parc dans dans le but d'en augmenter la population. Le parc abrite également des hyènes, des buffles et quelques hippopotames. Les criques et les lagunes du Sénégal sont peuplées d'autres mammifères, dont le lamantin (une vache de mer), et on voit des dauphins à l'embouchure des fleuves. Vous pourrez aussi apercevoir des crocodiles, notamment le crocodile du Nil et le crocodile nain, une espèce très rare.

Sans pour autant devenir paranoïaque, faites attention aux serpents dans la brousse. Le Sénégal possède son lot de serpents, aussi bien venimeux qu'inoffensifs (pythons, cobras et mambas), mais ceux-ci ont peur de l'homme et il serait étonnant que vous arriviez même à en apercevoir un spécimen. Il paraît utile de mentionner la vipère heurtante, qui peut mesurer jusqu'à 1 m de long et adore les bains de soleil, comme tous les reptiles. Faites donc particulièrement attention si vous partez en randonnée dans la brousse, surtout tôt le matin, lorsque la vipère est plus léthargique et n'aura pas le réflexe de fuir à votre approche. Parmi les autres reptiles, on trouve les lézards (comme le grand lézard moniteur), les geckos et les tortues.

Parcs nationaux

Le Sénégal compte six parcs nationaux, de même que plusieurs autres zones où les habitats naturels sont protégés. Les parcs les plus appréciés des touristes sont le parc national de Niokolo-Koba, le plus grand du pays, dans le Sud-Est (il abrite divers types d'habitats ainsi qu'un grand nombre d'oiseaux et de mammifères) ; le parc national du delta du Saloum, une étendue de lagunes, de mangroves, d'îles de sable et de bois arides ; les îles de la Madeleine, un petit archipel près de Dakar, propice à l'observation des oiseaux de mer ; le parc national des oiseaux du Djoudj et le parc national de la Langue de Barbarie, près de Saint-Louis, dans le Nord du pays, tous deux réputés pour leurs nombreuses espèces d'oiseaux. Le parc national de la Basse-Casamance, une zone de forêts et de mangroves, est fermé depuis plusieurs années en raison de troubles politiques dans la région (reportez-vous à cet effet au chapitre *Casamance*).

Parmi les zones protégées, on trouve la réserve faunique du Ferlo, dans le Centre-Nord du pays, la réserve de Bandia, près de la Petite-Côte, et la réserve-biosphère de Samba Dia, dans la partie nord du delta du Siné-Saloum.

De plus amples détails sur chaque parc sont donnés dans les chapitres sur les régions.

INSTITUTIONS POLITIQUES

Le Sénégal est une république, avec à sa tête un président élu pour sept ans et une Assemblée nationale composée de 120 députés élus pour cinq ans. Le scrutin a lieu au suffrage universel. C'est une démocratie multipartite, la première d'Afrique occidentale. Une coalition, dite du Sopi (Changement), est actuellement au pouvoir avec le Parti démocratique sénégalais (PDS) du président Abdoulaye Wade.

Face à la coalition Sopi, qui compte 89 sièges, existent plusieurs partis d'opposition. Les principaux sont l'Alliance des Forces du progrès (AFP), avec 11 sièges, et le Parti socialiste (PS), qui après avoir régné durant quarante ans – jusqu'en 2001 –, ne possède plus aujourd'hui que 10 sièges. Comme le PS avant lui, le président Wade et le Sopi s'appuient sur des alliances officieuses mais essentielles avec les grands marabouts des confréries islamistes du Sénégal (voir l'encadré *Marabouts et confréries* dans ce chapitre).

Depuis son indépendance, le pays a su maintenir une grande stabilité politique. Sa réputation en matière de droits de l'homme n'est pas sans tache, mais la presse y jouit d'une grande liberté et le régime du Sénégal est toujours l'un des moins répressifs des anciennes colonies françaises.

Après le coup d'État militaire en Gambie en 1994, le Sénégal a ressenti certaines craintes vis-à-vis du nouveau gouvernement, mais en 1997 les relations se sont quelque peu détendues. En 2001, les relations ont été si harmonieuses que le président de la Gambie, Yahya Jammeh, a proposé à Abdoulaye Wade son aide pour tenter de mettre un terme au vieux problème des séparatistes en Casamance. Pour les voyageurs, cette coopération se traduit par une plus grande facilité de passage entre les frontières, tant pour les formalités administratives que pour la circulation des véhicules.

ÉCONOMIE

D'après tous les chiffres dont on dispose, le Sénégal figure parmi les pays les plus pauvres du monde. Son produit national brut (PNB) est très faible. Même les chiffres les moins axés sur l'aspect économique, tel l'Indice du développement humain des Nations Unies, dépeignent un triste tableau. Schématiquement, le citoyen occidental moyen est 100 fois plus riche qu'un Sénégalais.

La dette publique, certes, n'arrange pas les choses. Dans les années 1970, les banques commerciales, les États occidentaux et certains organismes internationaux – tels la Banque mondiale et le Fonds monétaire international (FMI) – encouragèrent de nombreux pays à contracter des emprunts pour le développement, mais l'octroi de ces prêts était le plus souvent lié à la production de cultures lucratives ou de minéraux destinés à l'exportation, ou encore à la vente de biens importés (comme l'armement), dont les bénéficiaires étaient les créanciers et non les récipiendiaires. De très grosses sommes furent ainsi gaspillées ou détournées par des hommes politiques, la population n'en recevant qu'une infime partie par le biais de l'enseignement public et de services de santé, voire rien du tout.

À la même époque, les prix des produits comme l'arachide chutèrent et le Sénégal dut faire face à des difficultés grandissantes pour rembourser les intérêts des emprunts

qu'il avait contractés. La décennie de 1980 fut celle de la "crise de la dette" pour beaucoup de pays pauvres et certains d'entre eux se trouvèrent dans l'impossibilité d'assumer leurs remboursements. Le système financier international menaça alors de s'écrouler devant l'ampleur des sommes en cause.

Un important programme d'allègement de la dette a enfin été mis en œuvre en 1996. Les pays regroupés sous le nom de "pays pauvres lourdement endettés", dont le Sénégal, se sont vus fixer de nouveaux objectifs plus réalistes avant de pouvoir bénéficier de l'effacement d'une partie de leurs dettes. Sur les nombreux pays d'Afrique subsaharienne concernés, un total de 14,6 milliards de dollars américains de dettes ont été effacés au début de 2001. Selon la Banque mondiale, le Sénégal aurait bénéficié d'un effacement de dette s'élevant à 452 millions de dollars, soit 19% du total net actuel.

Avec les économies qui s'ensuivront sur le paiement des intérêts, le Sénégal s'est engagé à recruter 2 000 enseignants supplémentaires par an au cours des prochaines années. La Banque mondiale et le FMI se sont engagés à poursuivre ce programme d'allègement de la dette. Reste à savoir dans quelle mesure cet accroissement du pouvoir d'achat va se répercuter jusque dans les couches les plus basses de la population, qui en ont le plus besoin.

Il faut savoir que la situation dans laquelle se trouvent certains pays d'Afrique résulte non seulement de la corruption et de la mauvaise gestion de leurs dirigeants, mais aussi du creusement de leurs dettes par suite des instructions données par l'Occident. Pour une action plus immédiate, assurez-vous que l'argent que vous dépensez dans le pays bénéficie le plus possible à la population locale.

POPULATION ET ETHNIES

Au milieu de l'année 2001, on estimait la population sénégalaise à environ 10,3 millions d'habitants, dont 45% de moins de 15 ans. Les familles nombreuses sont la norme avec une moyenne de 5 enfants par femme. Le groupe ethnique le plus nombreux, les Wolofs (environ 43% de la population) vit surtout dans le Centre du pays, au nord et à l'est de Dakar et le long du littoral. Les Sérères (15%) habitent également les régions centrales, tandis que les Peuls (23%), également appelés Foulanis, Foulbés ou Foulas se rencontrent dans tout le Nord et l'Est du Sénégal. Parmi les autres groupes figurent les Toucouleurs qui habitent le Nord ; les Mandingues en lisière de la Gambie ; les Malinkés au nord-est du pays ; et les Diolas (ou Jolas) principalement en Casamance. Parmi les groupes minoritaires, citons aussi les Bassaris et les Bédiks qui occupent des régions reculées du sud-est du Sénégal et les Lébous qui habitent presque exclusivement la ville de Yoff, près de Dakar.

La plupart des Sénégalais parlent wolof et 90% d'entre eux sont musulmans. Une homogénéité plus profonde résulte des liens de cousinage, ou "cousins pour rire", qui existent entre différents clans ou groupes ethniques. Un lien qui facilite les échanges intimes et facétieux, même au milieu d'étrangers, et qui renforce le sentiment de solidarité face au monde extérieur.

La pauvreté de la région se traduit par une espérance de vie d'environ 50 ans. Le taux de natalité qui atteint 3% est le plus élevé de la planète, mais 100 à 200 enfants sur 1 000 meurent avant l'âge de 5 ans. Le chômage est très élevé et le degré d'instruction très faible, en particulier chez les femmes. Les carences alimentaires sont importantes : les gens n'ont pas de quoi s'acheter de la nourriture et ne peuvent cultiver que des céréales. Résultat une grande partie de la population, en particulier les enfants, souffre de maladies alors que les services médicaux sont très rares. Ce triste scénario souligne le fossé qui ne cesse de se creuser entre l'Afrique et le reste du monde.

Les Wolofs

Les Wolofs (également orthographié Ouolofs) sont majoritaires dans tout le pays, notamment dans le Centre, au nord et à l'est de Dakar, ainsi que le long de la côte. Ce sont par tradition des fermiers et des marchands, et ils contrôlent aujourd'hui de larges pans du commerce national. La langue wolof est utilisée comme langue commune en de nom-breux endroits du pays. Elle remplace souvent le français, et certaines ethnies moins importantes se plaignent de la "wolofisation" grandissante de leur culture. Les Wolofs sont quasiment tous musulmans.

Les Mandingues et les Malinkés

Les Mandingues sont présents dans certaines parties du Sénégal, notamment au nord. Ils sont liés à d'autres ethnies de même langue telles que les Bambaras, au Mali, d'où ils sont originaires. On pense qu'ils ont migré en Sénégambie entre le XIIIe et le XVIe siècle, apportant avec eux la religion islamique.

Ce sont par tradition des fermiers et des pêcheurs. Tous sont musulmans. La musique fait partie de leur culture. Les jours de fêtes islamiques (tel le Koraté à la fin du Ramadan) ou de célébrations familiales, comme les mariages, les circoncisions, voire l'arrivée d'un invité spécial, sont autant d'occasions de jouer de la musique et de danser.

Bien que les termes "mandingue" et "malinké" soient utilisés indifféremment, les linguistes considèrent le malinké comme une langue distincte (appartenant également au groupe mandingue). On y retrouve néanmoins de nombreuses similitudes avec le mandingue. L'ethnie parlant le malinké habite principalement la partie orientale du Sénégal.

Les Peuls

Les Peuls sont présents dans toute l'Afrique occidentale – on les trouve jusqu'au Soudan, à l'est, ainsi qu'au Ghana et au Nigeria, au sud. Cependant, ils considèrent le Fouta-Toro, dans le Nord du Sénégal, comme leur berceau culturel. Au Sénégal, on les appelle également Foulanis, Foulbés, ou encore Peulhs. Leur langue porte aussi tous ces noms, en plus de foufoulde ou poular. Le foulakounda est un dialecte parlé dans le Sud et l'Est du pays.

Traditionnellement bergers nomades, les Peuls ont toujours été en quête de pâturages pour leurs troupeaux, ce qui explique peut-être leur dispersion dans la région. Les Wolofs ou les autres ethnies n'hésitent pas à leur confier leurs propres troupeaux. Les Peuls ont la peau plus claire que la plupart des peuples d'Afrique subsaharienne. Leur histoire, de tradition orale, affirme qu'ils sont d'origine caucasienne, tandis que d'autres sources leur attribuent des origines sémites ou arabes. Ils sont aujourd'hui, pour la plupart, musulmans.

Les Toucouleurs

Les Toucouleurs résident principalement dans la région du Fouta-Toro, dans le Nord du pays. Leurs origines ne sont pas clairement définies, et leur histoire ainsi que leur culture rejoignent celles des Peuls du Sénégal. Certains affirment que les Toucouleurs sont des Peuls, ou bien qu'ils sont nés du mélange des Peuls et des Wolofs. Leur langue est considérée comme un dialecte peul. Les Toucouleurs, cependant, se sont convertis à l'islam bien avant les Peuls, vers le Xe ou XIe siècle, lorsque cette religion est arrivée du Maroc par le Sahara. Les Toucouleurs sont réputés pour leur très grande dévotion : ils ont converti beaucoup d'autres ethnies et ont également inspiré de nombreuses jihads anticolonialistes au XIXe siècle.

Les Sérères

Également appelés Sereres ou Sérèrs au Sénégal, ils sont moins dispersés que les autres ethnies. Ils habitent le Siné-Saloum et peuplent aussi le Centre du Sénégal, ainsi que le Nord-Ouest de la Gambie. On pense qu'ils ont migré du Sud du Sénégal au XVIe siècle (ils semblent posséder des origines communes avec les Diolas) et qu'ils se sont mêlés dans certaines régions aux Mandingues ou aux Wolofs, dont ils auraient adopté la langue. Les Sérères sont en majorité musulmans, même si certaines régions demeurent chrétiennes.

Les Diolas

Les Diolas occupent la Casamance, dans le Sud du Sénégal, ainsi que le Sud-Ouest de la Gambie, où on les appelle les Jolas. Ils sont également présents dans le Nord de la Guinée-Bissau. Ils pratiquent traditionnellement l'agriculture, la pêche, ainsi que la mise en perce de vin de palme.

Les Diolas ne possèdent pas une forte tradition orale (ce qui signifie qu'ils n'ont pas

l'équivalent des griots, capables, dans d'autres ethnies, de perpétuer les traditions et l'histoire). Leurs origines sont obscures, mais on pense qu'ils habitent la région depuis de nombreux siècles, bien que leur territoire ait également englobé jadis les rives de la Gambie. Ils migrèrent vers le sud à l'arrivée des Mandingues, entre le XIIIe et le XVIe siècles. Les Diolas se différencient de leurs voisins par la structure de leur société, segmentée et flexible (contrairement au système de hiérarchie rigide des Wolofs), et leur rejet de l'islam, préférant conserver leurs croyances traditionnelles ou se convertir au christianisme.

Ces différences marquées ont créé chez les Diolas un sens aigu de leur indépendance, encore largement attesté aujourd'hui, comme l'ont notamment prouvé les affrontements entre les séparatistes casamançais et l'armée "du Nord".

Les Sérahulis

Ils occupent l'Est du Sénégal ainsi que le Est de la Gambie. En totalité musulmans, ils sont aussi appelés Soninkes ou Soninkés. Ils vivent également dans d'autres pays du Sahel, notamment le Mali et le Burkina Faso (soninké est également le mot mandingue signifiant "roi", et les combats de la fin du XIXe siècle entre ces chefs traditionnels et les musulmans étaient souvent nommés les guerres Soninkés-Marabouts).

On connaît mal leurs origines. Ils ont peut-être migré dans cette région après l'écroulement de l'empire songhaï, à l'emplacement du Mali actuel, à la fin du XVe siècle. Il se peut également qu'ils aient habité cette partie du continent depuis plus longtemps et soient les descendants de l'ancien empire du Ghana.

Autres ethnies

Les ethnies minoritaires du Sénégal comprennent les Bassaris et les Bédiks, qui occupent le Sud-Est du pays. Les Lébous, une autre ethnie bien différenciée, habitent presque exclusivement la ville de Yoff, près de Dakar. À noter également la présence d'un grand nombre de Maures de Mauritanie, petits commerçants réputés pour la fabrication des bijoux.

SYSTÈME ÉDUCATIF

Le Sénégal dispose d'un système éducatif hérité du colonialisme (à savoir un enseignement primaire, secondaire et tertiaire), ainsi que d'écoles islamiques gérées par les mosquées locales parallèlement au système officiel.

L'éducation primaire est en principe dispensée à tous les enfants. En revanche, seuls ceux ayant réussi les examens suivront l'enseignement secondaire. En réalité, c'est le revenu familial plutôt que les résultats scolaires qui déterminent quels enfants vont à l'école, et jusqu'à quel niveau. Les familles pauvres ne peuvent pas souvent assumer les frais d'inscription, le coût des uniformes ou des livres (notamment à partir du secondaire), surtout dans la mesure où elles doivent envoyer leurs enfants aux champs ou les faire travailler pour assurer un revenu supplémentaire.

Le manque de moyens du gouvernement est loin de pouvoir résoudre ces problèmes. Souvent, les écoles sont en nombre insuffisant et les enfants doivent s'y rendre en "deux équipes", une le matin, une autre l'après-midi. Malgré cela, les classes abritent parfois jusqu'à cent élèves, partageant un bureau, des crayons et des livres à trois ou quatre. En outre, les professeurs sont largement sous-payés et beaucoup se découragent, ce qui aggrave encore la situation.

Par conséquent, le taux d'alphabétisation est peu élevé au Sénégal : les derniers chiffres, datant de 1998, l'estimaient à 35,5%.

RÈGLES DE CONDUITE

L'un des aspects les plus intéressants de votre séjour au Sénégal sera certainement la rencontre avec la population locale. Vous profiterez alors mieux de votre visite si vous savez comment fonctionnent la société et les coutumes locales.

Structures sociales

Les Wolofs s'organisent suivant des structures hiérarchiques rigides mais plusieurs autres ethnies suivent le même schéma. Au sommet de la société se trouvent les familles traditionnelles de nobles et les familles de guerriers, suivies des fermiers et des marchands. Plus bas dans l'échelle sociale viennent les artisans – les forgerons, ceux qui travaillent le cuir, les sculpteurs de bois et les tisserands –, organisés en castes selon leur activité. Le mariage entre les différentes couches sociales ou castes est généralement interdit.

Les musiciens appartiennent à une caste inférieure, mais ils sont très respectés. Dans leurs chansons et leurs poèmes, ils perpétuent la tradition orale et l'histoire d'une famille, d'un village ou d'un clan, remontant parfois plusieurs siècles en arrière. On les appelle griots, quoique ce terme, d'origine française, soit probablement la déformation du mot wolof *gewel* ou du mot toucouleur *gawlo*. Le terme mandingue est *jali*.

À la base de la structure sociale se trouvaient les esclaves : à l'origine, ils avaient été faits prisonniers de guerre ou achetés à des marchands, mais ils conservaient ce rang pendant plusieurs générations. Ce statut n'existe plus, mais de nombreux descendants de ces anciens esclaves travaillent pourtant toujours comme employés de ferme pour les descendants de leurs anciens maîtres.

Le monde moderne finit par éroder les hiérarchies sociales. Aujourd'hui, un membre du gouvernement qui regarde de haut le chef d'un village rural peut très bien appartenir à une caste inférieure mais avoir reçu une instruction à la ville.

Cérémonies

Les fêtes sont très importantes, car elles renforcent les structures sociales. Une grande partie de la vie africaine est rythmée par les cérémonies : mariages, enterrements, fêtes de village. Vous aurez peut-être la chance de participer à l'une d'entre elles. La plupart de ces fêtes sont axées sur la musique et la danse traditionnelles ; hommes et femmes dansent séparément. S'il s'agit de musique africaine moderne, les jeunes danseront peut-être en même temps. Si vous voulez vous joindre à eux, respectez le protocole.

Mariages. Lors d'un mariage, la cérémonie officielle au bureau du maire est le plus souvent suivie d'une fête, au domicile d'un particulier, où l'on mange et danse. Le mariage représente l'aboutissement de plusieurs semaines d'activités diverses comme les visites à la famille et les échanges de cadeaux. Chez les Wolofs, cette célébration, particulièrement importante, soulève beaucoup d'enthousiasme. Les cérémonies religieuses et légales ont lieu de bonne heure, de façon à ce que le reste de la journée soit consacré à la fête. Selon la tradition, la grand-mère et les grand-tantes amènent la jeune mariée à la chambre nuptiale, la sermonnent puis ordonnent au marié de consommer le mariage. Une fois le mari reparti, la plus âgée des femmes exhibe le drap taché de sang. La mariée est alors couverte de cadeaux (si vous désirez faire un cadeau à une cérémonie, une petite somme d'argent sera très bien accueillie).

La circoncision. Pour les Wolofs, le rite de la circoncision est une étape importante vers la vie d'adulte. Le garçon est circoncis juste après la puberté. Avant la cérémonie, on l'habille en femme, en accrochant des bijoux et des coquillages dans ses longs cheveux. Après la cérémonie, il garde son costume et reste isolé dans une case spéciale jusqu'à la cicatrisation. On donne ensuite une grande fête, et on lui administre une potion magique censée rendre son corps invulnérable aux coups de couteau.

L'excision. Également très importante culturellement aux yeux des femmes sénégalaises, cette ablation clitoridienne et labiale est aujourd'hui désignée par le terme moins euphémique de mutilation génitale. En Sénégambie, 80% des filles et des jeunes femmes la subissent, notamment dans les zones rurales où elle est perçue comme une cérémonie d'initiation traditionnelle ou comme un enseignement islamique. Cette pratique, douloureuse, se déroule en outre dans des conditions d'hygiène rudimentaires. Très souvent, la blessure ne cicatrise pas ou débouche sur une septicémie. Même après cicatrisation, la jeune femme peut rencontrer des problèmes gynécologiques, notamment lors des accouchements, et des problèmes sexuels. Les séquelles psychologiques sont

Le mariage

Au Sénégal, comme dans de nombreuses régions d'Afrique occidentale, le mariage est très coûteux. Les présents du marié à la famille de sa future épouse peuvent facilement se monter à plusieurs centaines d'euros, ce qui n'est pas rien dans un pays où un revenu annuel d'environ 300 € reste courant. Pour cette raison, nombreux sont les hommes qui ne peuvent se marier avant 30 ou 40 ans.

Malgré ces contraintes financières, les hommes qui en ont les moyens financiers épousent, dans les sociétés traditionnelles, jusqu'à quatre femmes (maximum autorisé par le Coran). Les visiteurs issus de cultures monogames sont fascinés par cet aspect de la société africaine. Les hommes vous affirmeront que les femmes ne sont pas opposées à cette coutume et que les co-épouses deviennent comme des sœurs, s'entraidant dans les tâches domestiques et l'éducation des enfants. En réalité, la plupart des premières femmes, si elles n'apprécient guère l'arrivée d'une autre, n'ont tout simplement pas leur mot à dire. Si elles quittent leur mari lorsque celui-ci épouse une deuxième femme, la honte retombera sur leur famille.

moins visibles mais souvent plus durables. Même si les fillettes sont de plus en plus souvent excisées peu après la naissance, nombre d'entre elles subissent encore cette douloureuse opération vers l'âge de 10 ou 12 ans. En guise de préparation, on leur parle souvent d'une soi-disant fête en leur honneur pour finalement les entraîner dans la brousse où elles sont "excisées" (toujours par une femme âgée) sans la moindre anesthésie.

Fêtes. Les fêtes de village sont parfois destinées à honorer les ancêtres ou les divinités locales, ou à célébrer la fin de la moisson. Chaque fête est unique. Certaines comprennent parfois des danses et des chants, d'autres des défilés, des pratiques sportives ou des tournois de lutte. Vous assisterez peut-être à de superbes représentations avec des masques ou des marionnettes.

Les fêtes chrétiennes sont célébrées, notamment dans les villes où une bonne partie de la population (minoritaire, cependant) n'est pas musulmane. À Saint-Louis et sur l'île de Gorée, à l'époque de Noël, la foule transporte de grandes lanternes, les *fanals*, peintes de couleurs vives et décorées de motifs complexes, parfois en forme de bateaux ou de maisons. Cette tradition semble remonter à l'époque coloniale française de Saint-Louis, ou encore à celle des colons portugais du XVe siècle, lorsque les habitants aisés se rendaient à la messe de minuit, précédés de leurs esclaves portant des lanternes décorées. Aujourd'hui, la foule chante et danse en promenant les fanals dans les rues de la ville. Les spectateurs jettent quelques pièces en signe de remerciement.

Conduite en société

La meilleure façon de ne pas commettre d'impair est d'observer les formes que prend la politesse au Sénégal. Tout d'abord, pas d'inquiétude : les Sénégalais sont souvent tolérants à l'égard des étrangers. Cela dit, la nudité en public, la colère non dissimulée, les débordements affectifs et les critiques ouvertes envers le gouvernement ou le pays sont partout mal perçus.

Salutations. Les salutations revêtent, au Sénégal, une importance toute particulière : les Wolofs ou les Mandingues, notamment les anciens, se saluent selon un rituel qui dure près de 30 secondes et commence par le salut musulman traditionnel : "*Salaam aleikoum*" et "*Aleikoum asalaam*" ("Va en paix" et "Toi aussi, va en paix"). Suivent quelques questions telles que "Comment vas-tu ?", "Comment va ta famille ?", "Comment vont les affaires ?", "Comment vont les gens de ton quartier ?" ou "Ton corps est-il en paix ?". La réponse est généralement "*Al houmdoul'allah*" ("Grâce à Dieu"). Les non-musulmans utilisent également ce genre de salutations et s'enquièrent de la famille, de la santé, du travail, du temps, etc. Il est d'usage de répondre que tout va bien, même lorsqu'on est à l'article de la mort ! En ville, les salutations sont parfois raccourcies et formulées en français, mais jamais omises.

Les étrangers ne sont pas obligés de se livrer à l'intégralité du rituel, mais il est important de le pratiquer autant que possible. Quelle que soit la transaction envisagée (changer de l'argent, acheter un billet de train ou demander votre chemin), vous gagnerez toujours à commencer par saluer votre interlocuteur, vous enquérir de sa santé et de sa disponibilité avant d'en venir à l'objet de votre demande. Ainsi, vous vous heurterez rarement à une réponse négative.

Dans les zones rurales (et même en ville), vous aurez un succès fou si vous apprenez les salutations dans la langue locale, ne serait-ce que quelques mots (les expressions de base sont présentées dans le glossaire).

Remerciements. Les Sénégalais se montrent souvent très accueillants à l'égard des étrangers. À peine avez-vous discuté quelques minutes avec eux que, parfois, ils vous invitent à partager un repas ou vous offrent un lit pour la nuit. Si vous souhaitez les remercier de tant de gentillesse, vous pouvez leur offrir du tabac, du thé ou du parfum. La principale limitation restant la capacité de vos bagages. Des noix de kola pourront également faire plaisir (voir l'encadré *Les noix de kola*). Des plus faciles à transporter, l'argent sera lui aussi toujours apprécié. Pour savoir quel montant donner demandez-vous combien vous auriez payé pour une chambre ou un repas équivalent dans un restaurant ou un hôtel. Bénéficier de l'hospitalité locale enrichit considérablement votre périple mais ne doit pas être l'occasion de vivre en parasite.

La poignée de main. L'importance des salutations rend d'autant plus essentielle la poignée de main. Les hommes doivent serrer la main des autres hommes lorsqu'ils entrent dans un cercle de personnes ou qu'ils le quittent. En société, il faut faire le tour de la pièce, saluer tout le monde et serrer la main des hommes, parfois celles des femmes âgées, même si cela prend plusieurs minutes. Recommencez l'opération

Les noix de kola

Les noix de kola sont jaunes ou pourpres et d'une taille équivalente à la moitié d'une balle de golf. Elles sont partout en vente dans la rue et sur les marchés d'Afrique occidentale. Réputées pour leur effet légèrement narcotiques, elles constituent un cadeau facile à transporter, si l'on souhaite remercier quelqu'un pour sa gentillesse. Elles se conservent plus longtemps si vous les humidifiez, mais se ramollissent rapidement dans un sac plastique. Si la population locale les apprécie beaucoup, les étrangers les trouvent trop amères. Si vous recherchez un bon "trip", vous serez déçu.

en partant. Serrez la main doucement. Si vous faites craquer les phalanges de votre interlocuteur, vous passerez pour un goujat, plus encore que dans les pays occidentaux.

Les femmes occidentales auront les mêmes privilèges que les hommes dans les sociétés modernes. Dans les contextes plus traditionnels, certains musulmans préfèrent ne pas leur serrer la main. En principe, les femmes autochtones ne serrent jamais la main des hommes ; que vous le fassiez pourra donc leur paraître surprenant. Cela étant dit, la plupart des femmes occidentales occupent dans les sociétés traditionnelles la position privilégiée d'"homme honoraire", et une poignée de main n'offensera pas leur interlocuteur.

Déférence. Dans les sociétés traditionnelles, les personnes âgées (particulièrement les hommes) sont traitées avec déférence. Certaines professions, telles celles de médecin ou d'instituteur (généralement exercées par des hommes), reçoivent souvent les mêmes égards. Par conséquent, il est toujours souhaitable de se montrer déférent envers les représentants de l'autorité, comme les officiers d'immigration, les policiers ou les chefs de village. Les fonctionnaires sont en principe courtois, mais ils peuvent se révéler déplaisants si vous les brusquez dans des cas où, bien souvent, un peu de politesse, de patience et un sourire s'avèrent essentiels.

Si vous ébranlez l'autorité d'un responsable ou que vous le piquez dans son orgueil, vous perdrez votre temps et vous retrouverez noyé par la bureaucratie. En outre, vous rendrez votre interlocuteur méfiant face à tous les étrangers qui vous succéderont.

À l'opposé, les enfants n'ont pas beaucoup d'importance dans l'échelle sociale. Ils doivent obéir sans broncher. Malheureusement pour la moitié de la population, le statut des femmes n'est guère plus brillant. Un Africain assis dans un bus donnera ainsi peut-être sa place à un homme âgé mais jamais à une femme, même si elle porte un bébé, des bagages et est accompagnée d'autres jeunes enfants. Dans les zones rurales traditionnelles, les hommes et femmes doivent s'habiller et se comporter avec décence, particulièrement en présence des chefs ou d'autres personnes importantes.

Lorsque vous visitez un village, vous pouvez demander à rencontrer le chef, pour vous annoncer et obtenir sa permission au cas où vous souhaitez camper ou vous promener. Elle vous sera rarement refusée.

Le contact visuel, autre aspect important, est le plus souvent évité dans la région du Sahel, plus particulièrement entre les hommes et les femmes. Si un habitant ne vous regarde pas dans les yeux en vous parlant, c'est par politesse et non par froideur.

Les traditions autour du repas. Si vous êtes invité à partager le repas d'une famille ou d'un groupe d'amis, il vous faudra observer quelques règles. Ainsi, vous serez certainement assis par terre avec vos hôtes, en cercle. La nourriture sera servie dans deux grands bols, l'un étant généralement rempli de riz et l'autre d'une sauce à l'huile de palme, de graines d'arachide, de poisson ou de viande. Par politesse, imitez vos hôtes s'ils enlèvent leurs chaussures.

On mange normalement avec les mains. Tout le monde se lave les mains avant le repas, dans un bol qui circule à cet effet. Puis on mange à même le bol : prenez une poignée de riz avec un peu de sauce, et roulez-la en boule dans le creux de votre main. La première fois, vous serez un peu surpris et inévitablement maladroit. Le bol repasse après pour se rincer les doigts. En votre qualité d'invité d'honneur, le maître de maison vous passera peut-être la viande ou les morceaux de choix. Il est de bon ton de terminer son repas en laissant quelques morceaux dans son bol, pour montrer que l'on est repu.

Si tout cela vous paraît trop compliqué, vous n'offenserez personne en demandant une cuillère. N'oubliez surtout pas de vous en servir de la main droite, car la tradition veut que la gauche soit utilisée pour les ablutions intimes, notamment aux toilettes (avis aux gauchers qui devront se montrer particulièrement vigilants !).

Habillement. Le costume traditionnel le plus apprécié est le grand boubou. Pour les hommes, il s'agit d'une sorte de robe aux broderies compliquées qui descend jusqu'aux pieds ; dessous, ils portent un pantalon bouffant et une chemise. Le boubou des femmes est également une grande robe, qui peut comporter davantage de broderies que celle des hommes et se porte souvent avec un turban assorti. Pour les tâches quotidiennes, les Sénégalaises revêtent un haut très ample et une jupe de coton aux motifs de couleurs vives ; ceux-ci semblent toujours si typiquement africains qu'on en est surpris d'apprendre la provenance de la plupart des tissus de bonne qualité, importés des Pays-Bas.

En général, les Sénégalais prêtent beaucoup d'attention à leur apparence ; il n'est donc pas surprenant que les vêtements portés par les étrangers (chemisettes et shorts ou pantalons droits) soient parfois considérés comme choquants, notamment dans les zones rurales. En Afrique, les seules personnes portant des shorts ou des vêtements usés sont les enfants, les ouvriers agricoles et les pauvres.

ARTS
Musique
La musique est une grande tradition au Sénégal. Pendant des siècles, les musiciens et les chanteurs de louanges, les griots, ont perpétué les légendes des familles et des clans, donnant aux Wolofs et aux Mandingues leur sens de l'histoire et leur forte identité. De nombreux griots chantent en s'accompagnant d'accords sur la *kora*, une sorte de harpe, et

les Mandingues sont très adroits dans la fabrication de ces instruments. Les musiciens ont récemment modifié les sons traditionnels pour créer un véritable style d'Afrique occidentale, que des stars telles que Youssou N'Dour ont fait connaître dans le monde entier. Vous trouverez de plus amples détails dans le chapitre *Musiques du Sénégal*.

Littérature
Nous vous présentons un choix commenté d'œuvres littéraires dans le chapitre *Renseignements pratiques*, à la rubrique *Livres*.

Architecture
C'est dans l'architecture que se manifeste de façon la plus tangible la multiplicité des influences culturelles qui ont marqué la région sénégambienne au fil des siècles. De l'apport des empires africains ne restent malheureusement que peu de témoignages dans la mesure où la plupart des constructions étaient réalisés en bois et en paille.

En revanche, l'influence européenne depuis l'ère portugaise reste bien visible. On la reconnaît à son goût pour les grands édifices et monuments, à sa maîtrise de technologies telles que les chemins de fer et de façon plus modeste à l'utilisation de la pierre ou de la brique dans la construction.

Les îles de Gorée et de Saint-Louis ainsi que certaines villes des rives du fleuve Sénégal (Richard Toll, Podor, Matam et Bakel) sont des enclaves d'architecture française des XVIIIe et XIXe siècles. Nombre des édifices ont connu de jours meilleurs, mais ceux de Gorée et de Saint-Louis, notamment, bénéficient d'une renaissance liée au tourisme. À Saint-Louis, il n'est pas rare de voir un imposant bâtiment parfaitement rénové à côté d'une maison totalement délabrée. L'impact des Bretons sxur l'île de Carabane, à l'embouchure du fleuve Casamance, se retrouve dans sa grande église ainsi que dans son ancienne mission convertie en hôtel. À Dakar, on peut voir des styles d'architecture plus récents, en particulier plusieurs beaux exemples de constructions Art déco au sud-ouest du centre-ville.

suite den page 52

MUSIQUES DU SÉNÉGAL

Au Sénégal, la musique est partout : forte et grave chez les marchands de cassettes, pure et douce dans la bouche des chanteurs, déformée à la radio des taxis-brousse, en toile de fond dans les restaurants et à plein volume dans les bars et les discothèques. Les rythmes et les mélodies de la musique ouest-africaine hantent littéralement de nombreux voyageurs et deviennent souvent l'un des meilleurs souvenirs de leur visite au Sénégal.

La musique africaine se divise en deux grandes catégories : traditionnelle et moderne, qui diffèrent par leur origine ; la première est principalement rurale et la seconde largement urbaine. Pourtant, dans la mesure où la musique moderne tire son inspiration des styles et des rythmes traditionnels, la délimitation entre les deux reste floue.

MUSIQUE TRADITIONNELLE

La musique traditionnelle est au cœur de la culture des Africains de l'Ouest, mais les étrangers ont parfois du mal à l'apprécier. Pour les non-initiés, elle semble se jouer au hasard ou de façon monotone. Toutefois, si vous prêtez l'oreille, vous pourrez déceler la structure des morceaux. En écoutant un ensemble de percussions, essayez de vous concentrer sur le son (ou le rythme) produit par un seul tambour – vous remarquerez alors comment il s'intègre dans l'ensemble, et la mélodie devient plus claire. La musique africaine est avant tout polyrythmique

Les groupes de femmes ont leur propre genre de musique traditionnelle, qui se distingue notamment de celui des guerriers ou des chasseurs.

et polyphonique, ce qui permet à l'auditoire de se concentrer sur des mélodies ou des rythmes, comme c'est le cas pour les danseurs.

Si la musique moderne s'ouvre à tous, il n'en va pas de même pour la musique traditionnelle. En Afrique de l'Ouest (notamment au Sénégal et dans des pays voisins comme le Mali), elle est le domaine réservé d'un groupe social, les griots. Le terme de griot rassemble tous les musiciens, mais on dira *jali* en mandingue, *gewel* en wolof et *gawlo* en Peul.

De nombreuses sociétés d'Afrique de l'Ouest (en particulier les Wolofs, les Mandingues et les Peuls) étaient, et sont encore, très hiérarchisées : au sommet de l'échelle sociale, les nobles, et en bas, les descendants des esclaves. Les artisans – forgerons, tisserands et maroquiniers, par exemple – forment une classe intermédiaire. Les griots appartiennent également à cette catégorie, mais en dépit de leur rang social peu élevé, ils remplissent de nombreuses fonctions importantes. Autrefois, les griots entretenaient des relations étroites avec les cours royales, où ils jouaient le rôle de traducteurs et de diplomates, mais, aujourd'hui, leur rôle premier est celui de gardiens de la mémoire.

En Afrique de l'Ouest, les jeunes générations ont appris l'histoire de leur société grâce à la tradition orale. En ce sens, les griots assurent la fonction primordiale de conservateurs culturels en relatant cette histoire par le biais de récits ou de chansons – une caractéristique essentielle de la musique traditionnelle. Par exemple, tous les griots connaissent l'épopée de Sundiata, qui décrit les exploits du guerrier qui fonda l'empire du Mali au XIIIᵉ siècle. Cette chanson, qui a fait le tour de l'Afrique de l'Ouest, s'intègre dans un vaste répertoire de récits aux thèmes variés. D'autres chants évoquent l'amour, l'anticolonialisme ou tissent des louanges à des guerriers célèbres.

Les griots sont également des généalogistes. Lors des mariages, des baptêmes et autres événements importants, on fait appel à eux pour réciter le nom et les exploits des ancêtres. À l'instar des forgerons et d'autres artisans, ils inspirent la crainte, car, outre leurs profondes connaissances du passé, on leur prête des pouvoirs spirituels.

La musique traditionnelle a aussi une fonction sociale. Non seulement chaque événement correspond à un genre de musique particulier, mais il existe aussi différents genres de musique s'adressant à des catégories particulières telles que femmes, chasseurs ou guerriers.

La musique traditionnelle se caractérise aussi par les instruments employés. Contrairement aux groupes de musique moderne qui utilisent des guitares électriques, les griots ne se servent que d'instruments confectionnés avec des matériaux locaux, comme des calebasses, du cuir, des cornes de vache et des coquillages.

INSTRUMENTS TRADITIONNELS

Tambours. Le *tama* des Wolofs est devenu célèbre grâce à l'utilisation qu'on en fait dans la musique moderne appelée *mbalax* et mise au goût du jour par Youssou N'Dour. Il s'agit d'un petit tambour dont la peau est tendue par des fils reliés à la base. Le musicien le tient sous le bras pour modifier la tonalité en agissant sur la tension. En raison de cette tonalité variable, le tama a été surnommé "tambour parlant", car les bons joueurs peuvent obtenir un large éventail de notes.

Parmi les autres instruments wolofs, citons le *sabar*, un grand tambour rond qui se joue debout, le *mblatt* et le *gorong*. Les ensembles de percussions offrent des spectacles extraordinaires qui donnent une envie irrésistible de danser. Le plus populaire de tous les tambours africains est sans aucun doute le *djembé*, dont l'aura a largement dépassé les frontières de l'Afrique pour gagner l'Europe. Des dizaines de sites Internet se consacrent à ce petit tambour en forme de calice, généralement recouvert d'une peau de chèvre et dont on joue la plupart du temps assis. Un peu partout au Sénégal, vous trouverez des djembés à acheter et pourrez suivre des cours.

Le son du tama change selon les pressions exercées par le bras du musicien.

Instruments à cordes. Les instruments à cordes comprennent le *moolo* à une corde (luth mandingue à cordes pincées), le *riti riti* (violon à archet) et la *kora* à 21 cordes. Principal instrument des griots, la kora est sans conteste la plus sophistiquée en Afrique subsaharienne. Elle se situe entre la harpe et le luth : ses cordes se divisent en deux rangées, l'une de 11 et l'autre de 10. Elles reposent sur un chevalet en bois sculpté, fendu d'une entaille pour chaque corde, au-dessus d'un long manche en bois de rose. Celui-ci transperce une grande calebasse tendue de peau de vache. Le chevalet est fixé à la calebasse par des clous, qui forment souvent un motif ou le nom du musicien. L'instrument se pose presque à la verticale sur les genoux du joueur assis, qui pince les cordes des deux mains, avec le pouce et l'index. Les joueurs de kora sont souvent des musiciens très qualifiés, qui apprennent leur art dès leur plus jeune âge. Si vous avez la chance d'assister à une cérémonie de baptême ou de mariage, vous pourrez certainement entendre un joueur de kora.

Jali Nyama Suso, un Gambien qui a écrit l'hymne national de son pays, a produit d'excellents disques de kora de style traditionnel, en particulier *A Search for the Roots of the Blues* et *Songs from Gambia*. Lamine Konté, un Casamançais, joue une musique de style différent dans *The Kora of Senegal vols 1 et 2*.

Les griots jouent également d'un autre instrument appelé *xalam* en wolof, *konting* en mandingue et *hoddu* en peul. Comportant entre 3 et 5 cordes qui se pincent, cet instrument est considéré comme l'ancêtre du banjo par les musicologues.

Instruments à vent. L'instrument à vent le plus fréquent est la flûte. Les bergers peuls, dont la flûte est un simple morceau de roseau, ont la réputation de jouer les plus beaux morceaux. Il existe aussi des flûtes taillées dans des tiges de millet, de bambou et des calebasses. On trouve des trompettes, confectionnées avec des calebasses, du métal, des coquillages ou du bois, dans toute l'Afrique de l'Ouest sous des formes différentes. Si vous cherchez un souvenir peu encombrant et bon marché, pensez aux flûtes.

Xylophones. Le *balafon*, un genre de xylophone, se compose de 15 à 19 lames rectangulaires en bois dur, suspendues au-dessus d'une rangée de calebasses, qui amplifient les sons. Le musicien (ils sont parfois deux) joue assis et frappe les lames à l'aide de deux maillets en bois.

Le balafon est le nom donné à l'instrument dont jouent les griots – les autres types de xylophones portent des noms différents selon leur région d'origine. Les griots narrent des épopées en s'accompagnant du balafon.

MUSIQUE MODERNE

Au Sénégal, le développement de la musique moderne revient en grande partie à la musique cubaine, populaire dans la région dans les années 1960. À cette époque, les groupes sénégalais chantaient parfois en espagnol, sans toujours comprendre le sens des paroles. Les groupes cubains comme Orchestra Aragon étaient très prisés et on trouve encore leurs cassettes aujourd'hui. L'influence de la musique cubaine se ressent depuis les premiers groupes nés à l'heure de l'indépendance jusqu'aux artistes modernes comme Youssou N'Dour et Africando.

Orchestres. Dans les années 1970, la scène musicale du Sénégal (et, dans une moindre mesure, celles de la Gambie, du Mali et de la Guinée) était dominée par de grands groupes ou "orchestres". Le plus

Youssou N'Dour

Youssou N'Dour a commencé sa carrière très jeune, tirant son inspiration de sa mère qui était *gwalo* (griotte). Il chanta d'abord lors de cérémonies traditionnelles et, très vite, l'extraordinaire richesse de sa voix lui valut une place dans la discothèque la plus en vogue de Dakar dans les années 1970, The Miami. En 1979, N'Dour forma son propre groupe, l'Étoile de Dakar, dont le premier enregistrement, *Xalis*, remporta un énorme succès. La fusion entre les rythmes wolofs traditionnels, cadencés par le *tama*, et les sons latins funky (un métissage appelé *mbalax*) fit un tabac et propulsa N'Dour au rang de star. Étoile de Dakar et Super Étoile, le groupe qui lui a succédé, ont produit plus d'une dizaine de CD et de cassettes que l'on trouve facilement au Sénégal. Sur la scène internationale, N'Dour a collaboré avec d'autres chanteurs, en particulier Neneh Cherry (dans le superbe *7 Seconds*) et Peter Gabriel. Son style de mbalax continue à donner le ton au Sénégal où il reste le roi incontesté.

célèbre, l'Orchestra Baobab, s'est reformé en 2001, rééditant pour l'occasion son album classique des années 1980, *Pirate's Choice*. On trouve cinq de ses CD sur le marché international et au moins huit cassettes au Sénégal.

Le père de la musique sénégalaise moderne, Ibra Kass, forma un orchestre, le Star Band de Dakar, pour jouer dans sa discothèque, The Miami, au début des années 1960. Dans le groupe chantaient Pape Seck et Labah Sosseh. Kass est aujourd'hui décédé, mais sa musique a connu un renouveau. Les autres grands ensembles célèbres étaient Canari de Kaolack, le Royal Band et Étoile de Dakar. C'est ce dernier groupe qui valut à Youssou N'Dour sa célébrité. La première cassette d'Étoile de Dakar, *Xalis*, avec El Haji Faye au chant, est excellente.

Salsa. Les groupes Africando et Le Super Cayor de Dakar sont directement influencés par les rythmes cubains. À l'origine d'Africando, on trouve trois vocalistes, Medoune Diallo, Nicholas Menheim et Pape Seck. Ce dernier, l'un des chanteurs les plus respectés du Sénégal, devait sa réputation à sa voix râpeuse. Son décès, en 1995, fut une grande perte pour le monde de la musique. Parmi les enregistrements récents d'Africando, citons le coffret *Africando Live* (2 CD) et *Mandali*, qui connaît un immense succès. Pour sa part, Le Super Cayor a signé avec *Sopent* une bonne cassette.

Mbalax. La musique sénégalaise a connu un essor passionnant avec l'incorporation de sons latins aux rythmes traditionnels. Idéal pour danser, ce nouveau genre porte le nom de mbalax. Le tama wolof tient le rôle principal, menant la musique et mettant l'accent sur les talents du joueur dans de longues improvisations. Youssou N'Dour, principal interprète du mbalax, débuta sa carrière avec le groupe Étoile de Dakar (reportez-vous à l'encadré sur Youssou N'Dour). Désormais star internationale, Youssou a produit de nombreux disques et effectué quantité de tournées à travers le monde. Parmi ses meilleurs albums, citons *Wommat* et *Set*, de même que *Joko* et *Ba Tay*, plus récents. Thione Seck et Le Super Cayor s'adonnent également au style mbalax.

Autres styles et musiciens. Touré Kunda, un groupe fondé par quatre frères originaires de Casamance, mélange le mbalax et le style ghanéen à d'autres tendances musicales, pour produire un genre unique. Ils ont donné des concerts partout à travers le monde, bien avant d'autres groupes ouest-africains. Parmi leurs meilleurs albums, citons *Paris-Ziguinchor Live* et *Natalia*.

Le groupe Xalam, qui a développé un style unique combinant la musique africaine au jazz et au rythm and blues, fut l'un des premiers à connaître la gloire en Europe, mais n'a donné aucun concert depuis la mort de son chanteur en 1989.

Baaba Maal (voir l'encadré à ce sujet) et Mansour Seck ont fusionné la musique de la région du Fouta-Toro, berceau culturel des Peuls ou Foulanis, qui suit le cours du fleuve Sénégal dans le Nord du pays, avec le rock et la folk nés en Occident. Ils ont signé notamment *Djam Leeli* et *Nouvelle Génération*. Citons encore Super Diamono, Ismaël Lô et Étoile 2000.

Baaba Maal

Baaba Maal vient du Fouta-Toro, une région du Sénégal qui jouxte la Mauritanie et le Mali. Sa musique s'inspire des chants peuls traditionnels de cette région, notamment de la kora, qu'il a contribué à populariser, suscitant un intérêt pour la musique peul en général – ce qui n'est pas rien au pays du *mbalax* et de la salsa. Sa musique incorpore des éléments de reggae et de jazz et se caractérise par des rythmes de percussion étroitement entrelacés. Dans tous ses enregistrements, les instruments traditionnels, comme le *balafon* (sorte de xylophone), sont soutenus par la guitare électrique. Bien qu'il n'appartienne pas à la caste des griots par sa naissance, Maal se considère comme un commentateur de toutes les facettes de la vie sénégalaise. Ses textes parlent souvent des difficultés et des aspirations de la jeunesse, ainsi que de questions politiques. Il voit dans la musique un moyen de forger une meilleure compréhension entre les peuples et lui reconnaît un rôle éducatif. Nous vous recommandons vivement son premier album, *Djam Leeli* (réalisé en collaboration avec son "mentor", le griot Mansour Seck), de même que le superbe *Firin'in Fouta* et *Missing You*, sorti plus récemment.

DISQUAIRES

Dans les villes, le moindre marché compte une petite échoppe vendant des cassettes et vous croiserez dans les rues une multitude de jeunes proposant cassettes et CD. Les cassettes originales coûtent de 2 à 3 €, et vous paierez entre 10 et 12 € pour un CD. Méfiez-vous toutefois des enregistrements de mauvaise qualité et des cassettes piratées.

Graeme Counseel, Alex Newton, David Else

suite de la page 45

Depuis l'indépendance, les considérations en matière de coût et d'utilisation des bâti-

ments l'ont souvent emporté sur les considérations artistiques, mais les édifices tenant compte de la spécificité africaine sont de plus en plus nombreux. À cet égard, l'œuvre

L'islam

Au début du VIIᵉ siècle, à La Mecque, le prophète Mahomet appela son peuple à se soumettre à un seul vrai dieu (Allah). Ses enseignements, qui s'adressaient aux couches les plus pauvres de la société, déplaisaient à la riche classe des marchands et en 622 Mahomet et ses disciples durent s'enfuir à Médine. Cet exil, appelé hégire, marque l'an 1 du calendrier islamique.

Mahomet mourut en 632, mais en l'espace de vingt ans la plus grande partie de l'Arabie était déjà convertie à l'islam. Au cours des siècles suivants, l'islam se répandit en Afrique du Nord, en Afrique occidentale et le long des côtes d'Afrique orientale. Il pénétra également en Europe orientale et méridionale et jusqu'en Asie du Sud.

Au début du second millénaire, l'islam traversa le Sahara jusqu'aux Mali et Sénégal actuels et, de là, s'étendit à toute l'Afrique occidentale. Au Sénégal, l'islam s'adapta aux sociétés de l'époque, faisant évoluer certains aspects de la religion d'une manière inacceptable aux yeux des puristes de La Mecque ou du Caire. Parmi ces aspects les plus importants figurent les marabouts, hommes saints servant d'intermédiaires, de prêtres et de conseillers auprès de la population locale et qui, au Sénégal, possèdent un pouvoir politique considérable. Vous trouverez de plus amples détails dans l'encadré *Marabouts et confréries*.

Les cinq piliers de l'islam

Islam est un terme arabe signifiant "soumission", soulignant ainsi qu'il est du devoir de tout bon musulman de se soumettre à Allah. Les cinq piliers de l'islam sont les principes de base qui guident les musulmans dans leur vie quotidienne.

Shahada (la profession de foi). "Il n'existe qu'un seul dieu, Allah, et Mahomet est son prophète" est le principe fondamental de l'islam.
Salat (la prière). Les musulmans doivent prier cinq fois par jour, tournés vers La Mecque : au lever du soleil, à midi, en milieu d'après-midi, au coucher du soleil et à la nuit tombée.
Zakat (l'aumône). Les musulmans doivent donner une partie de leur revenu aux pauvres et aux nécessiteux.
Sawm (le jeûne). Pendant le mois du ramadan, les musulmans doivent s'abstenir de manger, de boire, de fumer et d'avoir des rapports sexuels entre l'aube et le coucher du soleil.
Hadj (le pèlerinage). Il est du devoir de chaque musulman en bonne santé et disposant de l'argent nécessaire de se rendre en pèlerinage à La Mecque au moins une fois dans sa vie.

Le hadj

Tous les musulmans doivent en principe effectuer le hadj, c'est-à-dire le pèlerinage à La Mecque, au moins une fois dans leur vie s'ils sont en bonne santé et disposent de suffisamment d'argent pour le faire. Le voyage coûtant plusieurs milliers d'euros, il faut parfois économiser toute sa vie et il n'est pas rare que certaines familles mettent de l'argent de côté pour envoyer à La Mecque un seul de leurs membres. Avant le développement du trafic aérien, le haj représentait, au départ de l'Afrique occidentale, un périple d'une année ou plus, les pèlerins s'arrêtant parfois en route pour gagner un peu d'argent. Ceux

de l'architecte sénégalais Pierre Goudiaby – jouissant d'une renommée internationale –, auteur de l'Arch 22 et de l'aéroport international de Banjul, en Gambie, est édifiante.

RELIGION

Il existe trois types de religions au Sénégal : l'islam, le christianisme et les croyances traditionnelles. La population est constituée

L'islam

qui effectuent le pèlerinage reçoivent le titre honorifique de hadj pour les hommes et de hadjia pour les femmes. Si vous rencontrez quelqu'un dont le nom comporte ce préfixe, vous remarquerez peut-être le respect que lui témoigne la communauté.

Les fêtes islamiques
Il existe plusieurs fêtes islamiques importantes, au cours desquelles la plupart des commerces sénégalais ferment.

Tabaski. Il s'agit de la plus importante célébration (également nommée Aïd el-Kebir) et qui donne lieu à deux jours fériés. Les musulmans tuent un mouton pour commémorer le moment où Abraham s'apprêtait à sacrifier son fils par obéissance envers Dieu, qui l'en empêcha au dernier moment.
Aïd el-Fitr. Appelé aussi Koraté. Deuxième en ordre d'importance, cette fête marque la fin du ramadan.
Aïd el-Moulid. Ce jour célèbre la naissance du prophète Mahomet, qui a lieu près de trois mois avant le Tabaski.
Grand Magal. Il est fêté au Sénégal le jour anniversaire du retour d'exil du fondateur de la confrérie islamique mouride, et a lieu à Touba 48 jours après le Nouvel An musulman.
Ramadan. Il s'agit d'un jeûne annuel de 30 jours, au cours desquels les fidèles ne doivent pas boire, manger, fumer ou avoir de rapports sexuels entre le lever et le coucher du soleil (consultez à cet effet l'encadré *Visite pendant le Ramadan* dans le chapitre *Renseignements pratiques*).

Le calendrier musulman se composant de 12 mois lunaires, ces jours fériés ont souvent lieu chaque année 11 jours plus tôt que l'année précédente. Les dates exactes dépendent de l'heure où la lune est visible. Ainsi, en 2001, le Ramadan a commencé un jour plus tard que prévu parce que le ciel ennuagé empêchait de la voir. De nombreux musulmans commencent le jeûne dès qu'ils voient la lune, d'autres suivent les annonces faites à la radio par les chefs religieux. Voici les dates des grandes fêtes musulmanes des années à venir (sous réserve de nuages) :

Fête	2002	2003	2004	2005
Début du Ramadan	6 nov.	27 oct.	15 oct.	4 oct.
Aïd el-Fitr	6 déc.	26 nov.	14 nov.	3 nov.
Nouvel An musulman	15 mars	5 mars	22 fév.	10 fév.
Tabaski	23 fév.	12 fév.	2 fév.	21 jan.
Aïd el-Moulid	24 mai	14 mai	2 mai	21 avril

Flambée des prix lors du Tabaski
Deux semaines avant le Tabaski, il arrive que le prix du mouton augmente de 50% ou plus, car chaque famille doit en fournir un au cours des célébrations. Celles qui n'en ont pas les moyens sont très embarrassées et font malgré tout l'impossible pour rassembler l'argent nécessaire. Une fois tué, l'animal est coupé en trois parts égales : une pour les pauvres, une pour les amis et une pour la famille.

à 90% de musulmans, principalement des Wolofs, des Toucouleurs, des Lébous, des Peuls et des Mandingues. Les Diolas et les Sérères pratiquent plutôt le christianisme, même si beaucoup le mélangent à des croyances traditionnelles, à l'instar de nombreux musulmans.

Les religions traditionnelles

Avant l'arrivée des prêcheurs musulmans et chrétiens, les peuples d'Afrique occidentale possédaient tous leur propre religion. Ces religions traditionnelles demeurent très vivaces dans plusieurs régions du pays. Elles se mêlent à certains aspects du christianisme et de l'islam.

Il existe des centaines de religions traditionnelles en Afrique occidentale. Ces traditions n'ayant pas de support écrit, les croyances se transmettant oralement.

Presque toutes les religions traditionnelles sont animistes, c'est-à-dire fondées sur l'attribution d'une vie ou d'une conscience aux objets ou aux phénomènes. Un arbre, une montagne ou un fleuve seront sacrés parce qu'ils représentent un esprit, qu'ils en abritent un ou simplement parce qu'ils *sont* esprit. À la place du terme "esprit", certaines autorités parlent de "divinité" ou de "dieu". Le nombre de divinités de chaque religion est très variable, à l'instar des phénomènes qui les représentent.

Plusieurs religions traditionnelles conçoivent l'existence d'un être suprême ou d'un créateur. Néanmoins, la communication ne s'établit qu'avec des divinités inférieures ou par l'intermédiaire des ancêtres, lesquels jouent donc un rôle très important dans de nombreuses religions africaines : ils ont pour principale fonction la protection de l'ethnie

ou de la famille, et peuvent à l'occasion exprimer leur plaisir ou déplaisir quant à certaines actions. Les ancêtres manifestent leur mécontentement en provoquant le mauvais temps, une mauvaise récolte, ou en envoyant la maladie sur l'un des membres de la famille. De nombreuses religions partent du principe selon lequel la terre appartient aux ancêtres et que leurs descendants ne peuvent la vendre, même s'ils en ont la jouissance de leur vivant.

La communication avec les ancêtres ou les divinités peut revêtir la forme d'une prière, d'une offrande ou d'un sacrifice, parfois avec l'aide d'un homme saint (ou d'une femme sainte). On peut demander une bonne santé, une récolte abondante ou beaucoup d'enfants. De nombreuses fêtes de village servent à solliciter l'aide des ancêtres et des divinités.

Les totems constituent un aspect important des religions traditionnelles. Ce sont des objets (généralement des animaux) qui servent d'emblème à une ethnie ou à un clan et rappellent souvent l'ancêtre de ce groupe. Un membre d'une ethnie ayant pour totem un serpent ne peut faire de mal à aucun de ces reptiles, car, ce faisant, il blesserait l'ancêtre. Parmi les autres totems se trouvent le lion, le crocodile ou certains oiseaux.

Les fétiches occupent également une grande place. Ces objets sacrés (parfois appelés "charmes") peuvent prendre différentes formes. Le fétiche le plus commun en Afrique occidentale est une petite amulette en cuir, contenant souvent un objet sacré que les gens portent autour du cou, du bras ou de la taille. Ce sont des *gris-gris* servant à chasser le mal ou à porter chance. De nombreux musulmans d'Afrique occidentale portent ces gris-gris, qui renferment souvent un petit verset du Coran.

Renseignements pratiques

PRÉPARATION DU VOYAGE
Quand partir

Le meilleur moment pour se rendre au Sénégal s'étend de novembre à février, pendant la saison sèche, quand la température reste assez fraîche. Cette période, qui correspond à la saison commerciale et débute après les moissons (si la saison des pluies est survenue comme il se doit), a des répercussions positives sur la population et les activités. Entre mars et mai, le climat reste sec mais la température grimpe. La saison des pluies, qui dure de juin à octobre, est moins propice aux voyages, mais certains visiteurs préfèrent cette période ; la végétation est plus verte et la pluie ne tombe qu'une partie de la journée, sinon la nuit. Juste avant et après la saison des pluies, aucun orage ne vient purifier l'atmosphère, qui est humide et oppressante.

Le problème majeur provoqué par la saison des pluies réside dans les difficultés de circulation. La plupart des grandes routes goudronnées ou en terre battue résistent, mais les routes secondaires se couvrent de boue ou disparaissent entièrement. Si vous roulez en 4x4, vous pourrez vous déplacer, mais, en transport public, vous aurez peu de chances d'atteindre les endroits les plus reculés. Si vous prévoyez de visiter l'arrière-pays pendant la saison des pluies, armez-vous de patience, d'une bonne dose d'humour et d'un bon gros roman.

Plusieurs des parcs nationaux et les réserves naturelles ferment de juin à novembre/décembre, les pluies rendant les pistes impraticables. Toutefois, pendant la saison des pluies, l'air plus pur permet de faire de belles photos plus nettes. Lorsque souffle l'harmattan (voir l'encadré *L'harmattan*, dans le chapitre *Présentation du Sénégal*), le ciel se charge de poussière.

Considérons enfin la saison touristique. Les régions littorales attirent de nombreux Européens en voyage organisé entre décembre et mars (un peu moins en novembre et en avril), et certains sites de l'arrière-pays connaissent également une

Mises à jour Web

Le monde connaît de nombreux changements en l'espace d'une journée : des frontières s'ouvrent, des hôtels se ferment, des devises s'effondrent. Avant de partir, nous vous conseillons donc de consulter nos mises à jour (www.lonelyplanet.com/upgrades). Et ce, afin de vous tenir au courant des modifications significatives qui seraient intervenues depuis la parution de ce guide. Il vous suffit de les visualiser ou de les télécharger, de les imprimer, de les plier et de les ranger dans votre guide.

Ces mises à jour concernent plus de soixante de nos guides, notamment les titres les plus populaires ou ceux couvrant des pays ou des régions soumis à une rapide évolution. Elles sont révisées tous les six mois, jusqu'à ce que soit publiée la nouvelle version, entièrement réactualisée.

certaine effervescence. Néanmoins, il existe des régions au Sénégal où vous pourrez profiter d'une agréable solitude, même à l'apogée de la saison touristique.

Reportez-vous au chapitre *Présentation du Sénégal* pour plus de détails sur les festivals, par exemple celui de jazz à Saint-Louis, au nord du pays.

Quel voyage ?

Si vous vous éloignez de la côte ou des parcs nationaux, les infrastructures touristiques se raréfient. La plupart des hôtels de catégorie supérieure se trouvent à Dakar ou dans les environs immédiats.

Les voyageurs indépendants disposant d'un budget plus serré trouveront leur bonheur, mais il existe peu de bungalows et de safaris dans cette tranche de prix. Toutefois, il est aisé de circuler en transport public (de qualité variable) et de dénicher des hébergements (tout aussi variables) à petit prix dans la plupart des villes. En règle générale,

À consulter avant de partir

Des journaux et des sites Internet vous aideront à préparer votre voyage, à commencer par *Le Journal de Lonely Planet* et notre site www.lonelyplanet.fr (rubrique Ressources).

www.dfae.diplomatie.fr
Site informatif, régulièrement mis à jour, du ministère des Affaires étrangères français. Il vous renseignera sur les éventuels conflits en Casamance.

www.expatries.org
Site de la Maison des Français de l'étranger, dépendant du ministère des Affaires étrangères : conseils aux voyageurs et informations par pays

Globe-Trotters / www.abm.fr
Magazine et site Internet de l'association Aventure du bout du monde (ABM, ☎ 01 45 45 29 29, 11 rue de Coulmiers, 75014 Paris)

www.courrier-international.com
Site du magazine *Courrier International*, donnant accès, entre autres, à un annuaire de la presse internationale

En Belgique :
Farang
Lettre d'information sur le voyage (☎ 019 69 98 23, La Rue 12, 4261 Braives)

Reiskrand
Magazine en flamand de l'association Wegwyzer (☎ 50-332 178, Beenhouwersstraat 9, B-8000 Bruges)

En Suisse :
Globetrotter Magazin
(☎ 213 80 80, Rennweg 35, PO Box, CH-8023 Zurich)

Newland magazine
(☎ 324 50 42, fax 324 50 41, www.newland.ch, CB communication, CP 223, CH-1000 Lausanne 17)

Des librairies et des sites Web concernant le Sénégal figurent aux rubriques *Librairies de voyages* et *Sites Internet*, plus loin dans ce chapitre.

le coût du voyage s'avère plus élevé qu'en Afrique de l'Est ou du Sud, beaucoup plus qu'en Asie, mais moins qu'en Europe.

Cartes

Il existe une bonne *carte du Sénégal* (1:912 000), de fabrication locale, ainsi qu'un excellent plan des rues de Dakar, à acheter de préférence au Sénégal. L'IGN produit aussi une *Carte routière du Sénégal* (1:1 000 000). International Travel Maps (☎ 604-879 3621), une société basée au Canada, publie des cartes de plusieurs pays africains, en particulier du Sénégal.

Si votre visite du Sénégal s'intègre dans un voyage plus complet en Afrique de l'Ouest, la carte Michelin *Afrique – Nord et Ouest* (n°953, anciennement n°153) constitue une excellente référence. Très détaillée, en dépit des limites imposées par l'échelle (1:4 000 000), elle est réactualisée à intervalles réguliers (assurez-vous cependant d'en acheter une version récente). Elle ne reflète pas toujours la réalité, particulièrement en ce qui concerne les routes : les vieilles pistes sont remises en état, et les autoroutes, autrefois en parfaite condition, se couvrent de nids-de-poule. Toutefois, les conducteurs ne pourront s'en séparer ; il existe même un Club 153 (www.manntaylor.com/153.html) pour les personnes ayant traversé grâce à elle le Sahara et l'Afrique de l'Ouest.

Que prendre avec soi ?

Emportez le minimum, car il fait généralement chaud ou très chaud. La durée de votre séjour ne change rien à la quantité de vêtements nécessaires, aussi serez-vous en mesure de voyager léger.

Vêtements. Pour la vie de tous les jours, vous n'aurez besoin que de deux pantalons, ou d'un pantalon et d'une jupe, de deux chemises, d'un short, de chaussettes et de sous-vêtements. Pensez aussi à prendre des sandales (style tongs). N'oubliez surtout pas votre chapeau, ainsi qu'un pull, bien utile entre décembre et février en cas de départ matinal. Évitez les vêtements et les bagages de style militaire, car on risquerait de vous prendre pour un soldat.

Suggestions d'itinéraires

Votre itinéraire dépend certes du temps et de l'argent dont vous disposez, mais l'élément le plus déterminant réside dans le moyen de transport choisi. Si quelques-uns acheminent leur véhicule depuis la France et sillonnent le pays, la plupart des voyageurs, cependant, empruntent les bus et les trains, qui desservent la plupart des destinations pour une somme modique (vous mettrez cependant plus de temps). Une voiture de location ou un circuit organisé vous évitera les retards, mais vous reviendra bien plus cher.

Si votre temps est limité, concentrez-vous sur un ou deux sites, au lieu d'effectuer un tour complet à la va-vite.

Une à deux semaine

Grâce aux liaisons charters bon marché et aux heures de vol réduites depuis la France ou l'Europe, les séjours d'une à deux semaines sont monnaie courante. Vous pourrez, par exemple, explorer les méandres du delta du Siné-Saloum, ou encore vous détendre à Kafountine ou dans les villages tranquilles de la Casamance.

Si vous atterrissez à Dakar, n'hésitez pas à passer un ou deux jours à visiter les marchés et la paisible île de Gorée, avant de poursuivre vers le nord en direction de Saint-Louis et des réserves ornithologiques avoisinantes, ou vers le sud en direction des plages de la Petite-Côte et du delta du Siné-Saloum. Une semaine ne suffit pas pour tout ce trajet, mais deux semaines vous permettront de combiner certains de ces parcours en un séjour passionnant.

Trois à quatre semaines

Si vous disposez de trois semaines, votre champ de possibilités s'élargit davantage. Après avoir atterri à Dakar, vous pourrez décrire une boucle et vous diriger vers la Petite-Côte, le Siné-Saloum et Kaolack au sud, en bifurquant ensuite vers Tambacounda à l'est, puis en retournant à Dakar pour y reprendre l'avion. Il est également possible de traverser la Gambie et la merveilleuse Casamance en vous dirigeant vers l'ouest, jusqu'à Ziguinchor et les plages de Cap-Skirring, avant de repartir vers le nord pour prendre votre vol retour.

Trois semaines seront peut-être un peu justes pour cet itinéraire, mais quatre devraient suffire amplement.

Cinq semaines à trois mois

Si vous disposez de cinq ou six semaines, voire de deux mois, vous pouvez effectuer le circuit ci-dessus de manière plus tranquille et y ajouter des excursions à la grande mosquée de Touba, au parc national de Niokolo-Koba et dans les espaces sauvages et reculés du pays bassari dans le Sud-Est. Autre possibilité : arrêtez-vous quelque temps en un lieu donné, afin de profiter des cours culturels proposés dans les zones touristiques.

Pour un séjour de trois mois, vous pouvez débuter votre périple à Dakar, descendre le long de la côte, traverser le delta du Siné-Saloum, franchir le fleuve Gambie jusqu'à Banjul, capitale de la Gambie, puis continuer à suivre le littoral jusqu'à Kafountine. Vous avez la possibilité de pousser plus vers le sud pour explorer les lagunes et les pistes sablonneuses de la Casamance ou bien vous reposer sur les plages de Cap-Skirring. De là, vous pouvez repartir vers l'intérieur des terres, à travers la partie orientale de la Casamance. Ensuite, gagnez Tambacounda, puis visitez les étendues sauvages du parc national de Niokolo-Koba et découvrez des paysages magnifiques, ainsi que la culture fascinante du pays bassari. Poursuivez vers Kaolack et Thiès à l'ouest, puis bifurquez vers Touba ou Saint-Louis au nord. Sinon, empruntez la route du fleuve Sénégal, peu fréquentée, qui longe la frontière entre le Sénégal et la Mauritanie, en traversant les anciens avant-postes coloniaux de Bakel, Matam et Podor pour rejoindre Saint-Louis par le nord. De là, retournez à Dakar où se terminera votre voyage.

Voyager au Sénégal durant le Ramadan

Le Ramadan, mois sacré pour les musulmans, affecte de diverses façons le séjour des voyageurs. Durant 30 jours, les fidèles doivent totalement s'abstenir de boire, de manger, de fumer et d'avoir des rapports sexuels entre le lever et le coucher du soleil. Malgré ce jeûne et cette abstinence, les gens s'efforcent de rester calmes et aimables, mais le poids des sacrifices se fait parfois sentir, en particulier en fin de journée.

Durant cette période, il devient plus difficile de se nourrir, en particulier en ce qui concerne les mets cuisinés, et il serait mal vu de le faire en public. Les transports en commun s'interrompent plus scrupuleusement aux heures de prière et s'arrêtent à coup sûr près du premier restaurant dès le coucher du soleil. À mesure que le jour avance, l'activité se ralentit jusqu'à s'arrêter presque complètement et les commerces généralement ouverts le soir ferment vers 16h30. Les gens sont moins enclins à engager la conversation et peuvent même se montrer désagréables. N'en prenez pas ombrage. Rien ne pousse les non-musulmans à jeûner eux aussi, mais certains voyageurs le font parfois pendant un jour ou deux pour tenter de mieux comprendre ce que vit le reste du pays.

S'il vous manque un vêtement, vous en trouverez aisément en cours de route. À Dakar et dans les autres grandes villes, les vêtements neufs valent le même prix qu'en Europe, voire moins, et les marchés vendent souvent des vêtements d'occasion.

Munissez-vous aussi d'une chemise et d'un pantalon ou d'une jupe pour les occasions où une tenue plus habillée est conseillée (demande de visa ou invitation chez des particuliers). Si vous voyagez pendant la saison des pluies, prévoyez un imperméable.

Équipement. Parmi les éléments indispensables, citons : trousse de secours, moustiquaire, insectifuge, bouteille d'eau, pastille purifiante, filtre à eau, crème solaire (voir la rubrique *Santé* de ce chapitre), torche et piles. Pensez aussi à emporter un sac à viande ou des draps, car, dans les petits hôtels le linge fait parfois défaut, ou n'est pas toujours très propre.

Généralement, il est inutile de transporter une tente et du matériel de camping. Le Sénégal compte quelques campings (qui s'adressent presque exclusivement aux voyageurs motorisés) et, à moins que vous ne possédiez un véhicule, les possibilités de camping sauvage sont très rares.

Nous vous conseillons également de prendre un appareil photo et des pellicules, des jumelles pour observer les animaux et les oiseaux, une bonde universelle, de la lessive, un petit cadenas, un réveil, un couteau, de la corde pour étendre le linge et attacher la moustiquaire, un nécessaire à couture et une calculette.

Prévoyez aussi des affaires de toilette et une serviette.

Sac à dos. Transportez de préférence toutes vos affaires dans un sac à dos. Quand vous achetez votre sac, vérifiez la solidité des lanières et des fermetures. De nombreux voyageurs préfèrent ceux qui peuvent se transformer en sac classique, mieux adaptés aux soutes à bagages. Les grands sacs en nylon rayés que l'on trouve un peu partout peuvent s'avérer fort utiles pour protéger votre paquetage de la poussière et de l'humidité.

Emportez un petit sac à dos en plus de vos bagages ; ceux-ci resteront souvent à l'hôtel. Néanmoins, dans les endroits où sévissent les voleurs, ce genre de sac attire l'attention.

TOURISME RESPONSABLE

Le tourisme peut générer de vastes problèmes à partir du moment où les pays d'accueil ne peuvent plus faire face au nombre de visiteurs qu'ils reçoivent, entraînant par là une dégradation de l'environnement naturel et social.

La croissance du prétendu "écotourisme" ou tourisme à vocation écologique, représente un autre problème, plus particulièrement en Afrique. Certaines agences qui orgnaisent des excursions dans le désert, des randonnées, du camping, des tours en bateau, des circuits pour observer les oiseaux ou les animaux ou encore des visites de régions reculées et fragiles endommagent parfois davantage l'environnement que des vacances conventionnelles dans un lieu de villégiature aménagé. Les défenseurs de l'environnement affirment que le tourisme repose sur les ressources naturelles – une faune en bonne santé, des cours d'eau propres, des traditions culturelles riches –, mais ne font rien, le plus souvent, pour les préserver et peuvent même les dégrader.

Si vous souhaitez apporter votre contribution à des tour-opérateurs vraiment concernés par ces problèmes, ne vous fiez pas simplement aux brochures en quadrichromie : demandez-leur plutôt ce qu'ils font pour protéger l'environnement – incluant la faune, la flore, mais aussi les populations locales.

Les organisations qui se préoccupent d'environnement demandent en général aux visiteurs se rendant au Sénégal, tout comme dans le reste du monde, de s'assurer que l'argent qu'ils dépensent durant leur séjour revient au pays d'"accueil" et bénéficie aux habitants. Les vacances tout compris qui ont récemment vu le jour au Sénégal ne vont pas dans ce sens. Les touristes paient la totalité de leur séjour avant de partir (vol, hébergement, nourriture, boissons et activités) et n'ont donc plus besoin de rien, une fois parvenus sur leur lieu de vacances, hormis quelques souvenirs et cartes postales. Les bars et les restaurants locaux en pâtissent, tout comme les chauffeurs de taxi et autres prestataires de services. Les touristes en demi-pension contribuent déjà davantage à l'économie locale, les voyageurs indépendants encore bien plus.

Pour être un touriste responsable, vous devrez remettre en question certains de vos comportements, ainsi que ceux des tour-opérateurs. Interrogez-vous également sur l'action des gouvernements, localement et à l'échelle internationale. Cela ne signifie pas pour autant que vous devez gâcher vos vacances. En posant quelques questions autour de vous, vous comprendrez mieux les coutumes locales et enrichirez beaucoup votre voyage.

- Apportez votre soutien aux entreprises locales. Choisissez de préférence les hôtels, restaurants, magasins et agences de tourisme locaux.
- N'achetez aucun souvenir provenant d'espèces en voie de disparition.
- Demandez la permission avant de prendre des personnes en photo. Et respectez un refus éventuel.
- Habillez-vous de façon très pudique : couvrez vos bras et vos jambes (ceci est également valable pour les hommes). Pour les femmes cela signifie porter une jupe qui descende sous le genoux ou un pantalon flottant et se couvrir la tête et les épaules d'un foulard.
- Respectez l'interdiction faite aux femmes d'entrer dans certaines mosquées au moment de la prière ou quand l'imam (le chef religieux musulman) est présent.
- Enlevez vos chaussures avant d'entrer dans une mosquée.
- Si vous avez loué les services d'un guide ou d'un chauffeur de taxi pour la journée, laissez-le faire ses prières en temps et heure. En déplacement, il est permis de ne les faire que trois fois par jour. Guettez les signes indiquant qu'il désire s'adonner à la prière, en particulier en milieu de journée, en fin d'après-midi et au coucher du soleil. Si vous voyagez en bus ou en taxi-brousse, vous verrez également le chauffeur s'arrêter pour la prière à peu près aux mêmes heures.
- Bien que l'alcool soit prohibé dans la religion, certains musulmans peuvent apprécier un verre de temps à autre. Même dans ce cas, il serait malséant de boire de l'alcool en leur présence s'ils ne vous ont pas signifié leur approbation.

En France, l'association Aventure du Bout du Monde (ABM, 7 rue Gassendi, 75014 Paris, France, ☎ 01 43 35 08 95) milite pour développer un tourisme responsable.

VISAS ET FORMALITÉS
Passeport

L'entrée au Sénégal nécessite un passeport. Certains responsables préfèrent des passeports expirant 3 mois, au moins, après la fin du séjour. Pour cette raison, pensez à renouveler le vôtre. Changez également de passeport s'il contient des visas susceptibles de vous poser des problèmes (Israël, par exemple).

Visas

Les citoyens de l'Union européenne, du Canada et de plusieurs autres pays d'Afrique n'ont pas besoin de visa pour entrer au Sénégal. Les ressortissants d'autres nationalités devront en obtenir un avant de partir. Un visa touristique d'un à trois mois coûte l'équivalent de 15 à 20 €. Il est délivré par les ambassades et consulats du Sénégal dans divers pays d'Afrique de l'Ouest et d'autres parties du monde (voir la rubrique *Ambassades et consulats*).

Assurance

Il est vivement recommandé de souscrire une assurance couvrant les frais médicaux et les rapatriements. Les hôpitaux du Sénégal ne sont pas gratuits, et les meilleurs pratiquent des tarifs élevés. En outre, les ambulances aériennes et les vols médicaux internationaux reviennent très cher.

La plupart des assurances couvrent également la perte de bagages, l'annulation du vol et les détournements d'avion (lisez les lignes en petits caractères, sans vous laisser décourager par ces clauses). Vous pouvez aussi souscrire seulement une assurance médicale mais, en général, les tarifs diffèrent peu pour l'Afrique.

Certaines compagnies d'assurances n'apprécient guère que vous prévoyiez de voyager en bateau ou en avion sans réservation, ou de faire de la randonnée. D'autres comprennent parfaitement les réalités de l'Afrique.

Vous préférerez peut-être une assurance qui couvre directement les honoraires médicaux ou les frais d'hôpital, plutôt que de devoir tout payer vous-même et vous faire rembourser par la suite. Si vous optez pour la seconde solution, conservez tous les documents. Certaines compagnies vous demandent d'appeler (en PCV) un centre dans votre pays, où les opérateurs effectuent une estimation immédiate du problème.

Si votre agence de voyages ou votre compagnie d'assurances ne vous propose rien à votre convenance, tentez votre chance auprès d'un service étudiant.

Autres documents

Munissez-vous de votre certificat de vaccination contre la fièvre jaune (voir la rubrique *Santé* plus loin dans ce chapitre). N'oubliez pas votre permis de conduire, national et international (si vous voulez louer une voiture), ni éventuellement votre Carte jeune ou votre carte d'étudiant (pour obtenir certains rabais).

Protection des documents

Avant de partir, nous vous conseillons de photocopier tous vos documents importants (pages d'introduction de votre passeport, cartes de crédit, numéros de chèques de voyage, police d'assurance, billets de train/d'avion/de bus, permis de conduire, etc.). Emportez un jeu de ces copies, que vous conserverez à part des originaux. Vous remplacerez ainsi plus aisément ces documents en cas de perte ou de vol.

Si l'anglais n'est pas un obstacle, vous pouvez également utiliser le service en ligne gratuit de Lonely Planet, Travel Vault (la "chambre forte des voyageurs"), qui vous permet de mettre en mémoire les références de vos documents. Si vous ne voulez pas vous encombrer de photocopies ou si vous les égarez, vous pourrez ainsi accéder à tout moment à cette précieuse banque de données, protégée par un mot de passe. Pour plus d'informations, visitez www.ekno.lonelyplanet.com.

AMBASSADES ET CONSULATS
Ambassades et consulats du Sénégal

Voici quelques-unes des ambassades ou consulats sénégalais en Europe et au Canada :

Belgique
(☎ 02-673 00 97) 196 av. Franklin-Roosevelt, 1050 Bruxelles

Canada
(☎ 613-238 6392, fax 238 2695, info@ambassenecanada.org) 57 av. Marlborough, Ottawa, Ontario, K1N 8E8

France
Ambassade :
(☎ 01 47 05 39 45, fax 01 45 56 04 30) 14 av. Robert-Schumann, 75007 Paris. Le bureau du tourisme du Sénégal (☎ 01 47 05 30 73), dans

Ce que peut faire votre consulat

En règle générale, votre consulat pourra vous venir en aide dans les cas suivants :

Perte ou vol de documents. Sur présentation d'une déclaration de la police, il vous procurera des attestations, vous délivrera un laissez-passer pour sortir du territoire ou, éventuellement, un nouveau passeport.

Problèmes financiers. Il pourra vous indiquer les moyens les plus efficaces pour recevoir rapidement de l'argent de vos proches.

Maladie. Il pourra vous indiquer des médecins, les frais restant à votre charge.

Accident. Il peut prévenir votre famille, faciliter votre hospitalisation ou votre rapatriement. Une assurance rapatriement reste le plus efficace.

Problèmes divers. Il pourra vous conseiller sur la marche à suivre.

Sauf cas de force majeure, le consulat ne vous rapatriera pas à ses frais, ne vous avancera pas d'argent sans garantie, n'interviendra pas dans le cours de la justice du pays d'accueil si vous êtes impliqué dans une affaire judiciaire ou accusé d'un délit.

les locaux de l'ambassade, est ouvert de 10h à 13h et de 14h à 17h.

Consulat :
(☎ 01 44 05 38 69, fax 01 47 55 99 40) 22 rue Hamelin, 75016 Paris

Suisse

Consulat :
(☎ (41) 26 347 42 54, fax 26 347 42 55, info@senegalfribourg.ch) Place de la Gare 5, C. P. 164, 1701 Fribourg

En Afrique de l'Ouest, le Sénégal possède des ambassades à Banjul (Gambie), Abidjan (Côte-d'Ivoire), Freetown (Sierra Leone), Lagos (Nigeria), Niamey (Niger), Praia (Cap-Vert), ainsi que dans les pays suivants :

Guinée

(☎ 46 29 30) Corniche-Sud, Coléah, Conakry. Ouvre du lundi au vendredi de 9h à 12h30 et de 13h30 à 17h. Un visa d'un mois coûte 6 000 FG et il faut fournir 4 photos d'identité. Comptez 24 heures pour l'obtention.

Guinée-Bissau

(☎ 212 944) au sud-ouest de la Praça dos Heróis Nacionais, à Bissau. Les bureaux ouvrent de 8h à 17h du lundi au vendredi. Le visa à entrées multiples valable un mois est délivré en 48h (3 000 CFA ; 4 photos).

Mali

(☎ 218 273/4, fax 211 780), 287 rue Hippodrome, Bamako. L'ambassade ouvre de 7h30 à 13h et de 13h30 à 16h du lundi au vendredi. Elle délivre des visas de un/trois mois (3 000/7 000 CFA) en 24h maximum.

Mauritanie

(☎ 525 72 90) av. de l'Ambassade du Sénégal, Nouakchott. Les visas de un/deux mois s'obtiennent en 24h moyennant 1 015/2 030 UM et deux photos.

Le Sénégal possède aussi des représentations diplomatiques à Addis-Abeba, Alger, Berne, Brasilia, Genève, Le Caire, Libreville, New Delhi, New York, Rabat, Rome, Stockholm, Tunis et Yaoundé, ainsi que des consulats à Bordeaux, Lyon, Marseille, Toronto, Vancouver et Zurich.

Ambassades et consulats au Sénégal

La liste ci-dessous recense les ambassades, les consulats et les missions diplomatiques auxquels les touristes peuvent avoir recours. Cela inclut les ambassades des pays d'origine des voyageurs, ainsi que celles des pays voisins pour lesquels il est parfois nécessaire d'obtenir un visa. En règle générale, il faut fournir entre une et quatre photos d'identité (le plus souvent deux).

Plusieurs ambassades et consulats se tiennent au centre de Dakar, mais certains se trouvent à Point E ou à Mermoz, à 5 km au nord-ouest du centre. Si vous avez besoin des coordonnées d'une autre ambassade, cherchez dans l'annuaire (dans les télécentres) ou consultez le site www.senegal.com/practique_en/ambassad.htm.

Belgique
(☎ 821 40 27) route de la Corniche-Est
Canada
(☎ 823 92 90) immeuble Sorano, 4ᵉ étage, 45-
47 boulevard de la République
France
(☎ 839 51 00) 1 rue Assane-Ndoye, près du
Novotel
Maroc
(☎ 824 6927) av. Cheikh Anta Diop, Mermoz,
près de la station-service Total
Suisse
(☎ 823 58 48) rue René Niaye

Parmi les ambassades et les consulats de pays
d'Afrique de l'Ouest au Sénégal, citons :

Burkina Faso
(☎ 827 9509/8) Lot 1, Liberty VI Extension.
Les bureaux ouvrent de 8h à 15h du lundi au
vendredi. Comptez 2 jours et 13 000 CFA pour
le visa (3 photos).
Cap-Vert
(☎ 821 3936) 3 bd el Haji Djily Mbaye. L'ambassade ouvre de 8h30 à 15h du lundi au vendredi. Les visas s'obtiennent en 24h et coûtent
21 200 CFA.
Côte-d'Ivoire
(☎ 821 34 73) 2 av Albert Sarraut, 4ᵉ étage.
Heures d'ouverture : 9h-12h30 et 15h-17h. Le
visa d'un mois s'obtient en 48h moyennant
70 000 CFA.
Gambie
(☎ 821 72 30, 821 44 76) 11 rue de Thiong.
Tous les visas valent 15 000 CFA et s'obtiennent le jour même ou le lendemain. Les
bureaux ouvrent du lundi au jeudi de 9 h à 15 h
et le vendredi de 9 h à 13 h.
Guinée
(☎ 824 86 06) rue 7, Point E, juste en face de
Ker Jaraaf. Ouvert en semaine de 9h30 à 14h.
Les visa sont délivrés en 24h et coûtent
20 000 CFA.
Guinée-Bissau
(☎ 824 59 22) rue 6, Point E, près de l'ambassade guinéenne. Le tarif des visas d'un mois,
délivrés en 24 heures, se monte à 10 000 CFA.
L'ambassade ouvre en semaine de 8h à 12h30.
Ne vous placez pas dans la file d'attente : allez
au bureau du consul, à l'arrière du bâtiment. Il
existe aussi un consulat efficace à Ziguinchor
(voir le chapitre *Casamance*).
Mali
(☎ 894 69 50/9) 23 Route de la Corniche Ouest,
Fann. Bureaux ouverts du lundi au vendredi de
8h à 11h. Le visa demande 48h et 7 500 CFA.

Mauritanie
(consulat ☎ 822 62 38) 37 rue Kolobane, sur le
côté de l'ambassade, en face de la poste à côté du
monument de l'Indépendance. Il ouvre de 8h à
14h en semaine et demande, selon votre nationalité, de 6 000 à 9 000 CFA pour un visa émis
sur-le-champ. Vous aurez peut-être besoin d'une
lettre de recommandation de votre ambassade.
Togo
C'est le consulat français qui délivre les visas
pour le Togo. Comptez 24h et 40 000 CFA. Il
vous faudra peut-être une lettre de votre
ambassade.

DOUANE

Les touristes peuvent importer des devises
étrangères à concurrence de 200 000 CFA.
Des taxes sont perçues sur certains équipements électriques et électroniques, comme
les magnétoscopes.

QUESTIONS D'ARGENT
Monnaie nationale

La devise du Sénégal est le franc CFA, qui
est utilisé dans une grande partie de
l'Afrique de l'Ouest. CFA est l'abréviation
de Communauté Financière Africaine.
C'est également la monnaie nationale du
Bénin, du Burkina Faso, de la Côte
d'Ivoire, de la Guinée-Bissau, du Mali, du
Niger et du Togo.

Un franc CFA se divise en 100 centimes.
Il existe des pièces de 5, 10, 25 et 50 centimes, de 5, 10, 50, 100 et 250 CFA, ainsi
que des billets de 500, 1 000, 5 000 et
10 000 CFA.

Il est à noter que la monnaie sénégalaise
est appelée à changer en 2004 (lire à ce
sujet l'encadré *Nouvelles monnaies*).

Taux de change

Le franc CFA est indexé sur l'euro à
655,957 pour 1, aussi le taux de change par
rapport aux autres devises ($US, livre ster-
ling, etc.) suit-il les fluctuations de l'euro
par rapport à ces monnaies. Les francs CFA
peuvent également être utilisés (ou facilement changés dans la monnaie locale) dans
certains pays voisins dotés d'une monnaie
nationale propre, comme la Gambie, la Guinée ou le Ghana. Depuis 1994, les taux de
change sont relativement stables, mais

Nouvelles monnaies

En 2004, le Sénégal, la Gambie et 13 autres pays d'Afrique occidentale partageront la même monnaie. C'est en tout cas ce qui est prévu. On peut imaginer que les banques centrales d'Europe – qui ont passé près de dix ans à tenter de s'accorder sur les modalités de la mise en place de l'euro – soient pour le moins sceptiques sur la capacité de la communauté économique des États d'Afrique de l'Ouest (Ecowas) à introduire deux nouvelles unions monétaires dans un délai de quatre ans.

L'Ecowas justifie cette ambition par le fait qu'une monnaie commune, si elle s'accompagne de lois coutumières communes, de niveaux tarifaires communs et d'une ouverture des frontières, contribuera à l'intégration économique et à la prospérité de cette région, la plus pauvre du monde. Les États membres se sont mis d'accord pour donner un coup d'envoi à ce grand projet en créant une Banque centrale ouest africaine qui devrait être opérationnelle en septembre 2002. Le lancement des deux monnaies devrait suivre.

Pour commencer, en 2003, la Gambie rejoindra le Nigeria, le Ghana, la Guinée, le Liberia et le Sierra Leone en introduisant une monnaie appelée (en attendant le concours pour lui trouver un nom) WAMZ (West Africa Second Monetary Zone ; Zone Monétaire Ouest Africaine). Ce lancement repose sur le fait que tous les pays s'accordent sur les principaux "critères de convergence", que seuls la Gambie et le Nigeria avaient réussi à faire en avril 2002.

La seconde phase du plan débutera en 2004. Alors que les Gambiens et les populations des cinq autres pays commenceront à s'habituer au WAMZ, on leur demandera à nouveau de s'adapter à une nouvelle monnaie. En effet, le WAMZ fusionnera avec le franc CFA, monnaie du Sénégal et de sept autres anciennes colonies françaises d'Afrique occidentale. Résultat : une monnaie unique qui pourra être utilisée dans 14 des 15 États de l'Ecowas – personne n'ayant encore abordé la question de l'escudo du Cap-Vert.

Du point de vue des voyageurs, qu'est que ça changera ? À long terme, le fait de ne pas avoir besoin de changer et de rechanger de l'argent facilitera grandement les voyages à travers l'Afrique occidentale et réduira considérablement les risques de se voir escroquer au passage des frontières. À court terme, les choses ne sont pas aussi positives. Selon l'Ecowas, le franc CFA et le dalasi gambien, à l'instar de toutes les autres monnaies locales, seraient indexées sur la nouvelle monnaie et conserveraient également un taux de change fixe les unes par rapport aux autres. Chacune des anciennes monnaies nationales sera progressivement éliminée de la circulation et c'est là que les choses se corsent. Durant les périodes de transition, la confusion risque de régner aussi bien du côté des banques que du côté des commerçants. Le taux du CFA continuera, théoriquement, à être indexé à l'euro. Toutefois, simultanément, il sera fixe par rapport à la nouvelle monnaie régionale, entraînant d'importantes variations entre les taux officiels et ceux du marché noir. Ce qui veut dire qu'on devrait pouvoir acheter des francs CFA dans la rue à un taux sensiblement plus bas que dans les banques. Un plan rigoureux n'a, certes, pas encore été finalisé pour effectuer ce changement. Quoi qu'il en soit, attendez-vous à ce que les retards se multiplient au moment où la bureaucratie ouest africaine devra s'adapter à un tel bouleversement et renseignez-vous bien avant de partir.

payer en argent liquide reste toujours très avantageux. À l'heure où nous rédigeons ce guide, les taux sont les suivants :

Zone euro	1 €	= 656 CFA
Canada	1 $Can	= 453 CFA
États-Unis	1 $US	= 700 CFA
Gambie	1 D	= 38 CFA
Suisse	1 FS	= 406 CFA

Devises

Les grandes devises internationales comme l'euro et le dollar américain (en espèces ou en chèques de voyage) se changent aisément dans les banques de Dakar, d'autres grandes villes, ainsi que dans les zones touristiques. Si vous vous retrouvez à court de francs CFA alors que les banques sont fermées, vous pourrez normalement changer de l'argent à la réception d'un hôtel, à un taux généralement peu avantageux ou moyennant une commission élevée. Sinon, essayez de demander discrètement ce service dans une boutique vendant des articles importés.

Change

Au Sénégal, parmi les banques changeant les devises, citons la Citybank, la CBAO (Compagnie bancaire de l'Afrique occidentale), la BICIS (Banque internationale pour le commerce et l'industrie sénégalaise) – affiliée à la BNP PARIBAS en France – et la SGBS (Société générale de banques du Sénégal). Les grandes villes comptent des agences de ces banques, tout comme l'aéroport de Dakar (si la banque de l'aéroport est fermée, adressez-vous à la librairie, qui demande une commission moins élevée).

À Dakar et à Saint-Louis, vous pourrez facilement changer des chèques de voyage de n'importe quelle grande monnaie, mais cela s'avère plus difficile ailleurs.

Espèces et chèques de voyage. Nous vous conseillons de voyager en emportant des espèces et des chèques de voyage. Les espèces facilitent les transactions et permettent d'obtenir un meilleur taux de change, mais elles ne peuvent être remplacées. Si vous perdez ou vous faites voler vos chèques de voyage, vous vous ferez rembourser. Les chèques de voyages émis par de grandes sociétés sont préférables, car le personnel des banques les identifie immédiatement.

Pour les espèces, prévoyez des grosses et des petites coupures, ceci pour pouvoir changer de petites sommes facilement. Il est utile également de vous munir de quelques billets en euros.

À cause des contrefaçons, les anciennes coupures de 100 $US ne sont plus acceptées dans les endroits ne disposant pas de détecteur de faux billets.

Distributeurs. Il existe de très nombreux distributeurs à Dakar mais seulement un ou deux à Kaolack, à Saint-Louis, à Saly et à Ziguinchor. Les distributeurs de la SGBS et de la CBAO acceptent les cartes Visa et MasterCard, ceux de la BICIS seulement les Visa. On peut aussi parfois effectuer un retrait au guichet en présentant sa carte de crédit, mais, aux dires de certains lecteurs, c'est assez compliqué et vous ne pourrez peut-être pas retirer la somme d'argent maximale autorisée dans votre pays. Pour effectuer un retrait avec sa carte de crédit ailleurs que dans un distributeur, le meilleur endroit de Dakar reste l'agence de la SGBS, située à l'extrémité sud de la place de l'Indépendance.

Cartes de crédit. Vous pouvez employer une carte de crédit pour régler vos achats, mais leur usage se limite généralement aux hôtels de catégories moyenne et supérieure et aux restaurants, aux agences de location de voitures et, parfois, aux circuits touristiques et billets d'avion. Vous aurez plus de chance avec les cartes Visa et American Express (AmEx).

Vous pouvez aussi utiliser une carte de crédit pour retirer des espèces dans les banques des grandes villes et d'autres agglomérations fréquentées par les touristes –, mais ne comptez pas trop sur elle, des pannes informatiques survenant fréquemment.

Votre banque vous indiquera quelles banques au Sénégal acceptent votre carte de crédit. Renseignez-vous aussi sur les frais occasionnels. Les cartes de retrait sont idéales pour les voyages plus longs et n'impliquent pas de frais (à condition que votre compte soit créditeur). De nombreuses banques proposent des services où vous pouvez gérer vos comptes sur Internet.

Virements internationaux. Si vous pensez avoir besoin d'un surplus d'argent au cours de votre voyage, votre banque vous renseignera sur les virements de banque à banque (il existe des accords entre banques pour de telles opérations). Il s'agit le plus souvent d'une procédure compliquée, longue et onéreuse, surtout en dehors de Dakar, même si cela évite de transporter de grosses liasses de billets et de chèques de voyage. La société Western Union Money Transfer, dont l'agent au Sénégal est la CBAO, permet d'effectuer des virements de façon plus rapide et plus simple qu'en passant par une banque.

Marché noir. On peut parfois changer des devises en dehors des banques sur le "marché noir". Au Sénégal n'essayez pas, car c'est illégal et vous avez toutes les chances de vous faire avoir, ou de vous faire tout dérober.

Cependant, il arrive que l'on ne puisse pas éviter le marché noir. Par exemple, si vous passez en Gambie, des changeurs se tiennent aux principaux postes-frontières, où ils procèdent de manière organisée sans être le moins du monde inquiétés par les policiers ou les douaniers. Ouvrez l'œil, cependant, et comptez bien votre argent : ces changeurs tentent souvent d'arnaquer leurs clients, en pratiquant des taux de change peu élevés ou en pliant les billets en deux.

Sécurité

Pour garder votre argent ou vos objets de valeur (passeport, billet d'avion) à l'abri des pickpockets, cachez-les sous votre chemise ou votre jupe, ou encore dans votre pantalon. Certains voyageurs utilisent une pochette ou une ceinture porte-monnaie qu'ils portent autour du cou ou de la taille. D'autres préfèrent les poches invisibles ou d'autres astuces.

Coût de la vie

Le prix des denrées s'élève à environ 50% de celui pratiqué en Europe et en Amérique du Nord. Les produits de fabrication locale (y compris la nourriture et la bière) sont souvent moins onéreux, les produits d'importation coûtant parfois deux fois plus cher que dans les pays occidentaux.

Les prix de l'hébergement vont de 6 € la nuit pour un lit dans un établissement très rudimentaire, à 10 ou 15 € pour une chambre un peu plus confortable. Les hôtels de catégorie moyenne demandent entre 25 et 50 €, et les établissements de luxe de 100 à 200 €. Les doubles ne coûtent que 25 ou 50% de plus que les simples.

La nourriture est peu onéreuse si on l'achète sur les marchés et les petits étals de rue, et les voyageurs à petit budget pourront vivre avec quelques euros par jour. Si vous choisissez un restaurant modeste, comptez de 2 à 5 € par repas, 8 € dans un endroit plus chic. Dans la capitale, il existe plusieurs restaurants pour les touristes, servant principalement de la cuisine internationale, où il en coûte 30 € pour deux – davantage dans un hôtel luxueux.

Les tarifs des transports varient tout autant : vous pouvez faire du stop pour rien ou louer un petit avion. La location de voiture revient souvent à plus de 100 € par jour. La plupart des voyageurs empruntent les taxis-brousse, les bus ou les trains, où le prix du kilomètre revient à environ 1 ou 2 centimes d'euros.

N'oubliez pas les frais de visa, l'entrée dans les parcs, le prix des circuits organisés ou des activités pour lesquelles vous devrez recourir aux services d'un guide.

Tout bien considéré, les voyageurs à petit budget doivent compter environ 12 € par jour. Pour plus de confort, un budget raisonnable tournera autour de 15 à 25 € par jour. Avec 30 ou 50 € par jour, vous pourrez séjourner dans des hôtels corrects, faire de bons repas et voyager confortablement.

Pourboires

En l'absence de règles claires et bien établies, les pourboires peuvent se révéler problématiques au Sénégal (comme dans d'autres régions d'Afrique) ; la situation est d'autant plus compliquée qu'ils sont associés au concept de cadeaux.

Les Sénégalais n'attendent un pourboire (dans son acception occidentale) que des riches, c'est-à-dire de leurs compatriotes fortunés et des étrangers. Quiconque loge dans un grand hôtel doit donner un pourboire aux portiers et aux autres membres du personnel, mais on n'attendra pas la même chose d'un voyageur à petit budget séjournant dans un hôtel bon marché.

Tout le monde est censé donner un pourboire d'environ 10% dans les restaurants haut de gamme, mais le service est souvent compris. Les restaurants les plus modestes n'attendent aucun pourboire. Entre ces deux catégories existe un certain flou ; pour simplifier, les serveurs n'escomptent pas de pourboire, sauf de la part des "riches" étrangers.

Dans les taxis, les Sénégalais ne versent pas de pourboire, mais les chauffeurs comptent sur les voyageurs pour leur offrir un supplément de 10%. Ce ne sera jamais le cas si vous partagez un taxi.

Marchandage

Dans certains pays d'Afrique, marchander les prix – pour les biens de consommation courante – est un mode de vie. Les Occidentaux peuvent éprouver quelques réticences, car ils sont habitués à payer un prix fixe, tandis qu'en Afrique un produit vaut ce que le vendeur réussit à en obtenir. On pourrait comparer cela aux enchères, et considérer le marchandage comme l'un des nombreux aspects typiques du pays.

Produits de consommation courante. Dans les marchés aux fruits et aux légumes, certains marchands augmentent leurs tarifs quand ils voient des étrangers. Si vous payez le prix demandé – par ignorance ou par culpabilité –, on vous prendra pour un fou. En outre, vous ne rendez pas service aux autres voyageurs, car vous donnez l'impression que tous les étrangers peuvent payer le prix fort. Vous n'aidez pas non plus l'économie locale : en payant de fortes sommes, vous mettez certains produits hors de portée des Africains. Cependant, qui pourrait critiquer les commerçants – pourquoi vendre à un Africain ce que les étrangers peuvent payer deux fois plus cher ?

Cela dit, de nombreux marchands demandent le même prix à tout le monde, surtout dans les régions moins touristiques. Il est très important de ne pas croire que tous les vendeurs gonflent leurs prix. Après quelques jours dans le pays (pendant lesquels vous paierez le prix fort à plusieurs reprises), vous apprendrez ce qu'il en coûte vraiment. Par exemple, un soda en ville vaut parfois le tiers du prix à la campagne, où il faut payer le transport en plus. À l'inverse, les fruits et les légumes sont moins onéreux sur leur lieu de production.

Souvenirs. Dans les échoppes d'artisanat et de souvenirs, qui vendent des objets destinés aux touristes, n'hésitez pas à marchander. L'objectif du vendeur est de définir le prix le plus élevé que vous êtes prêt à payer. Quant à vous, vous devez déterminer le tarif le plus bas auquel il acceptera de vendre ses marchandises. Il existe de nombreuses techniques pour cela, mais on ne peut pas parler de règle universelle. Certains marchands demandent deux à dix fois le prix qu'ils jugent acceptable. Vous devez savoir combien vous êtes prêt à dépenser, en vous appuyant par exemple sur ce que d'autres ont payé ; votre première offre doit se monter à environ la moitié du prix requis par le vendeur. En entendant votre chiffre, il se moquera de vous ou feindra d'être offensé, tandis que vous plaiderez la pauvreté. Le vendeur baissera ensuite légèrement son prix. À ce moment-là, vous pourrez augmenter le vôtre, jusqu'à ce que lui et vous arriviez à vous entendre sur un prix réaliste. Ceci est important. Des voyageurs se plaignent de payer leurs souvenirs trop cher. Quand il n'existe pas de prix fixe, on ne paie jamais trop cher. Si le prix ne vous convient pas, n'achetez pas.

Certaines personnes préfèrent marchander de façon très sérieuse, mais on obtient de meilleurs résultats si l'on se montre amical et plein d'humour. Il n'est nul besoin de s'énerver. Si vos efforts n'aboutissent pas, prenez congé poliment. Parfois, les vendeurs vous rappellent s'ils pensent que leur entêtement s'avère contreproductif. Rares sont ceux qui refusent une vente, aussi maigre soit le bénéfice.

Si le marchand ne baisse pas son offre à un prix juste (ou abordable), cela signifie qu'il ne fait aucun profit ou qu'il pense pouvoir vendre ses objets à quelqu'un d'autre. N'oubliez pas que les commerçants n'ont pas plus l'obligation de vous vendre un produit que vous n'avez celle de le leur acheter.

Si vous êtes de ceux qui n'aiment pas marchander, de peur d'en faire trop ou pas assez, sachez qu'il existe aussi quelques stands et boutiques de souvenirs qui pratiquent des prix fixes.

POSTE ET COMMUNICATIONS
Tarifs postaux

Les services postaux sont plutôt bon marché. Pour ce qui est des cartes postales, de la papeterie ou autre matériel nécessaire pour les paquets, vous trouverez toujours des boutiques moins cher à l'extérieur de la poste. L'envoi d'une lettre de 10g à destination de la France/l'Europe/l'Amérique du Nord vous coûtera 370/390/425 CFA, celui d'un paquet de 2 kg vous reviendra à 9 600/10 600/12 100 CFA.

Envoyer et recevoir du courrier

Les services postaux sénégalais fonctionnent relativement bien. Une lettre postée de Dakar met environ une semaine pour parvenir en Europe et 8 à 15 jours en Amérique du Nord. Néanmoins, rien n'est assuré, il peut aussi arriver qu'elle mette beaucoup plus longtemps.

Pour recevoir du courrier, vous pouvez utiliser les services de la poste restante. L'adresse devra être rédigée de la manière suivante :

NOM
Poste Restante
PTT
Dakar
Sénégal

Pour récupérer votre courrier, allez à la poste principale et montrez votre passeport. Le courrier mettant parfois plusieurs semaines à arriver, faites-le envoyer à un endroit où vous pensez séjourner longtemps ou revenir.

Il est important que votre nom apparaisse clairement, en majuscules, suivi de votre prénom en minuscules. Si votre nom de famille est courant, il doit être souligné.

À moins d'être désespéré, essayez d'éviter la principale poste restante du pays, celle de Dakar.

Téléphone et fax

Les télécommunications connaissent une véritable révolution au Sénégal avec l'essor foudroyant des téléphones traditionnels et des portables. Les télécentres sont pratiques et efficaces. Sinon, la Sonatel, organisme public, possède aussi quatre agences à

Télécentres

Des milliers de télécentres privés ont fleuri dans le pays. C'est apparemment l'une des plus sûres sources de revenu qu'on puisse y espérer. Tous les villages, même les plus reculés, devraient posséder un télécentre.

Certains jouent la carte de l'élégance, de la climatisation et de la musique d'ambiance, d'autres ne sont qu'une minuscule cabine installée dans une boutique ou un bar où le mercure reste suspendu autour de 40°C. Mais tous disposent d'un compteur faisant apparaître le nombre d'unités dépensées. Les tarifs à l'unité oscillent entre 60 et 100 CFA et son affichés à l'extérieur. Mieux vaut vérifier les tarifs avant de téléphoner à l'étranger.

Dakar et une à Saint-Louis, ouvertes tous les jours de 9h à 23h30. Le tarif des appels reste encore relativement élevé, même s'il a baissé récemment. Les appels locaux coûtent environ 50 CFA la minute, mais les prix grimpent en flèche pour les appels longue distance ou vers des mobiles. Les tarifs des appels et de l'envoi de fax vers l'étranger, à peu près identiques à Sonatel ou dans les télécentres reviennent à environ 600 CFA la minute vers l'Europe et 800 CFA la minute vers le Canada, avec une réduction de 20% après 20h et le week-end. Notez aussi que dans certains centres téléphonique du Sénégal il faut composer un zéro supplémentaire avant le numéro. Vérifiez sur place avant d'appeler.

Téléphone portable. Si vous souhaitez utiliser votre téléphone portable, vérifiez auprès de votre opérateur si le Sénégal fait partie de la couverture du réseau. Le réseau GMS est en pleine expansion. Les cartes Sim pour les réseaux Hello ou Alize coûtent 25 000 CFA, avec des cartes prépayées à 5 000, 10 000 et 50 000 CFA. La couverture s'améliore constamment, mais plus on s'éloigne de la côte ou d'une grande ville moins le réseau s'avère efficace. Risque assez limité cependant, car le Sénégal est un pays si plat qu'il faut vraiment être très éloigné d'une antenne pour ne plus rien capter.

INTERNET

Le World Wide Web est une mine d'informations pour les voyageurs : vous pouvez ainsi effectuer des recherches sur votre voyage, dénicher les meilleurs tarifs aériens, réserver une chambre d'hôtel, vérifier les conditions climatiques, ou encore échanger avec les habitants du pays ou d'autres touristes sur les endroits à visiter ou à éviter.

Si vous souhaitez obtenir des informations de dernière minute, connectez-vous au site de Lonely Planet : www.lonelyplanet.fr. Des rubriques complètent utilement votre information : mises à jour de certains guides entre deux éditions papier, catalogue des guides, courrier des voyageurs, actualités en bref et fiches pays. Profitez aussi des forums pour poser des questions ou partager vos expériences avec d'autres voyageurs. Vous pouvez consulter également le site de Lonely Planet en anglais (www.lonelyplanet.com).

E-mail et accès Internet

Le nombre de centres Internet à Dakar, où traînent des gamins à l'affût des mondes étrangers et où des jeunes viennent sur les sites de "chat", est la meilleure preuve que le cyber âge est arrivé au Sénégal. De tels centres existent dans la plupart des grandes agglomérations, sachant que plus celle-ci est éloignée de la capitale plus les services sont lents et coûteux. À Dakar, les possibilités de téléphone et de vidéo par Internet sont bien répandues. Pour 1 heure de connexion, il faut compter généralement 500 à 1 000 CFA.

Avant votre départ, vous pouvez vous créer une adresse gratuite auprès d'un portail. Il vous suffira de vous connecter sur ce site, depuis un cybercafé par exemple, pour envoyer ou recevoir vos e-mails. Si vous emportez un ordinateur portable, investissez dans un adaptateur universel AC, un adaptateur de prise et un modem censé marcher dans le monde entier. Pour en savoir plus sur les portables en voyage, consultez les sites (en anglais) www.teleadapt.com ou www.warrior.com.

Sites Internet

www.ambasseneparis.com
Le site de l'ambassade du Sénégal à Paris est complet avec quantité de rubriques (presse, clubs et associations, vie pratique au Sénégal...).

www.primature.sn
Le site officiel du gouvernement de la République du Sénégal comprend de nombreux liens utiles.

www.auf.org
L'Agence universitaire de la Francophonie (rubrique Bureau Afrique de l'Ouest) propose un éventail de liens sur des sujets divers : éducation, recherche, économie, culture...

www.au-senegal.com
Un des meilleurs sites conçus pour les touristes, très utile et régulièrement mis à jour.

www.senegal-online.com
Un site à multiples facettes, avec un aperçu des villes et des régions touristiques.

www.seneweb.com
Le portail de Seneweb offre plusieurs services en ligne : actualité, forum de discussion, petites annonces ou encore musique "live".

www.gites-senegal.com
Location de villas, d'appartements et de chambres chez l'habitant au Sénégal, de pair avec plusieurs autres prestations.

www.saintlouisdusenegal.com
Vous trouverez ce site des informations sur les transports, l'hébergement et les manifestations culturelles de la ville de Saint-Louis.

www.casamance.com
Un site réalisé par des amoureux de la Casamance, avec des possibilités d'hébergement.

www.monweb.interpc.fr/senegal
Récit de voyage d'un internaute (avec photos). De Dakar à Djoudj en passant par Mbour, revivez le voyage de Jacques Burgaud au Sénégal.

www.allezleslions.com
Suivez l'actualité des joueurs de l'équipe de football du Sénégal, Les Lions du Sénégal. Fiches, comptes-rendus de matches et actualités.

www.senerap.com
Pour charger des MP3 des derniers rap et hip-hop à la mode à Dakar.

LIVRES
Littérature

Les griots ont jeté les bases de la littérature contemporaine du Sénégal, à partir d'une tradition orale. Depuis l'époque coloniale, mais surtout depuis l'indépendance, le pays a donné naissance à de nombreux poètes et romanciers.

La littérature sénégalaise contemporaine est rédigée en français ou dans des dialectes locaux. L'auteur le plus connu du Sénégal demeure Léopold Senghor, décédé en 2001 (reportez-vous à l'encadré consacré à Senghor dans le chapitre *Présentation du Sénégal*). Au cours de ses études en France, dans les années 1930, il inventa le terme "négritude" pour exprimer les idées et la culture africaines et s'opposer à la politique coloniale d'"assimilation". Ces thèses ont tout naturellement influencé ses opinions politiques. Senghor devint un nationaliste ardent. Il fut élu président quand son pays accéda à l'indépendance. Son statut de chef de file politique combiné à sa position d'éminent homme de lettres en font un personnage unique en Afrique, peut-être même au monde. L'*Œuvre poétique* (Seuil, 1990) de Senghor a fait l'objet d'une publication simultanée en format de poche et en volumes reliés.

Parmi les autres thèmes abordés dans la littérature sénégalaise figure le glissement des sociétés rurales traditionnelles vers la modernité urbaine, traité dans un grand roman des années 1930, *Karim* (Nouv. éd. latines, 1966). Son auteur, Ousmane Socé Diop, fut l'un des premiers Sénégalais à se faire publier. On lui doit également des *Contes et légendes d'Afrique Noire*, (Nouv. éd. latines, 1962).

Sembène Ousmane est probablement l'un des auteurs sénégalais les plus connus. *Le Docker noir* (Présence africaine, 1981) décrit son expérience sur le port de Marseille dans les années 1950. *Niiwan* (Présence africaine, 1987) regroupe deux récits qui mettent en scène l'opposition de l'Afrique des villes et de celle des villages. *Xala* (Présence africaine, 1995) est une attaque contre les élites privilégiées de Dakar. Avec *Guelwaar* (Présence africaine, 1996), Sembène Ousmane, s'attaque à la corruption et aux autres maux qui pèsent sur l'Afrique dans un récit qui décrit comment l'inhumation d'un chrétien dans un cimetière musulman bouleverse la vie d'un village.

Sembène Ousmane est par ailleurs considéré comme l'un des réalisateurs les plus influents d'Afrique occidentale. Son long métrage *Borom Saret* (1963) a été la pre-

mière œuvre de fiction réalisée par un Africain francophone. Également, les thèmes exprimés dans *Xala* ont été portés à l'écran dans le film homonyme.

Le roman exemplaire de Cheikh Hamidou Kane, *L'Aventure ambiguë* (10/18, 1971), évoque l'histoire d'un élève de l'école coranique qui ira étudier à l'école des Blancs pour "apprendre à vaincre sans avoir raison" : un itinéraire spirituel à la portée universelle.

À signaler également, le journaliste Boris Boubacar Diop, qui raconte dans *Le Cavalier et son ombre* (Stock, 1997) la destinée d'une femme devenue conteuse qui s'est dérobée à l'amour du narrateur.

Les femmes occupent une place importante sur la scène littéraire actuelle. Mariama Bâ (1929-1981), avec *Une si longue lettre* (NEAS, 1979), évoque une confession épistolaire dans laquelle une femme, au lendemain de la mort de son mari, se confie à sa meilleure amie. *Un Chant écarlate* (NEAS, 1982) traite du problème du mariage entre un Sénégalais et une Française.

Ken Bugul, quant à elle, mérite une mention pour ses récits en large partie autobiographique : *Le Baobab fou* (NEAS, 1982), *Riwan ou le chemin de sable*, *La Folie et la mort* (Présence africaine).

Une autre romancière, Aminata Sow-Fall, dépeint, dans *Ex-père de la nation* (L'Harmattan, 1987), l'ascension politique d'un infirmier qui, ayant fondé un syndicat, ira jusqu'à la présidence. Dans *L'Appel des arènes* (NEAS, 1993), l'auteur part d'une situation apparemment banale – un adolescent réfractaire à la discipline scolaire – pour construire un récit d'une grande force. Parmi les derniers ouvrages d'Aminata Sow-Fall, citons *Le Jujubier du Patriarche* (Le Serpent à plumes, 1999), qui nous plonge dans la complexe mémoire africaine, tissée autour du chant, et *La Grève des battu* (Le Serpent à plumes, 2001), un roman rempli d'humour exprimant toute la réalité des maux actuels de l'Afrique francophone.

Histoire

En dehors d'ouvrages de spécialistes, il existe peu de livres accessibles consacrés uniquement à l'histoire du Sénégal. Citons, toutefois, les deux volumes d'Eric Makédonsky *Le Sénégal : la Sénégambie* (L'Harmattan, 1987).

Le lecteur néophyte aura sans doute plus intérêt à consulter des ouvrages généraux sur l'histoire de l'Afrique noire. Brève mais éclairante, la partie consacrée à "L'Afrique noire et Madagascar des origines à nos jours" par Pierre Alexandre dans le volume III de l'*Histoire universelle* de la Pléiade constitue une bonne entrée en matière.

Mentionnons également *Histoire générale de l'Afrique noire : des origines à 1800* (PUF, 1970) d'Hubert Deschamps, *L'Afrique noire précoloniale* (Présence africaine, 1987) de Cheikh Anta Diop, *Le partage de l'Afrique noire* (Flammarion, 1993) d'Henri Brunschwig, *L'Afrique subsaharienne de 1914 à 1960* (Sedes, 1994) de Jacques Valette, et enfin, *L'Afrique au XXe siècle : le continent convoité* (Seuil, 1985) d'Elikia M'Bokolo.

Histoire du Sénégal, de Mamadou Diouf (Maisonneuve et Larose, 2001), raconte une histoire du Sénégal, des temps anciens jusqu'à nos jours, en la construisant sous une forme biographique.

À la limite entre histoire et littérature, les *Lettres d'Afrique à Mme de Sabran* (Actes sud, 1998) de Stanislas-Jean de Boufflers, représentent un témoignage irremplaçable sur la vie au Sénégal au XVIIIe siècle.

Enfin, dans la collection "Histoire de l'art", aux éditions Présence africaine (1999), *Les Arts plastiques contemporains du Sénégal* est le premier ouvrage du genre sur le Sénégal, témoignant d'une vie culturelle très dense.

Société

Le Sénégal (Que sais-je?, 1985), de Philippe Decraene, est une présentation synthétique du pays, dans l'esprit de la collection.

Deux nouveaux ouvrages parus chez Karthala traitent de la société sénégalaise : *Le Sénégal à la conquête de son indépendance (1939-1960)*, de Christian Roche, et *Le Sénégal contemporain*, de Momar-Coumba Diop, une synthèse présentant les faits et phases majeurs du pays depuis l'indépendance.

Dans *La Casamance ouvre ses cases : tourisme au Sénégal* (L'Harmattan, 1986) Muriel Scibilia, étudie l'impact du tourisme sur la société traditionnelle diola. La confrontation de deux modes de vie, de deux visions du monde, qu'implique le tourisme, est également au centre du livre de Didier Masurier, *Hôtes et touristes au Sénégal : imaginaires et relations touristiques de l'exotisme* (L'Harmattan, 1998).

Comprendre la Casamance : chronique d'une intégration contrastée (Karthala, 1994) sous la direction de François-George Barbier-Wiesser, réunit une trentaine de contributions éclairant les enjeux du conflit qui oppose, depuis plus de 10 ans le gouvernement du Sénégal au Mouvement des forces démocratiques de la Casamance.

Dans *Marges, sexe et drogues à Dakar : ethnographie urbaine* (Karthala, 1993), Jean-François Werner étudie les effets de l'urbanisation et la désintégration du tissu traditionnel sur la population de Pikine, une banlieue populaire de Dakar.

Tradition orale

La littérature sénégalaise de langue française naît au XXe siècle. Elle s'enracine cependant dans une tradition orale d'une extrême richesse entretenue, jusqu'à nos jours par les griots.

Dans son ouvrage *Les Griots Wolof du Sénégal* (Maisonneuve et Larose, 1999), Isabelle Leymarie s'intéresse justement à la place des griots – musiciens et conteurs –, ces dépositaires de la culture orale.

Les livres suivants vous permettront de découvrir ou de mieux connaître l'univers passionnant des épopées, des contes et des légendes du Sénégal : *Les Contes d'Amadou Koumba* (Présence africaine) du poète et conteur Birago Diop (1906-1989), traduit en plusieurs langues depuis sa première publication en 1947, les *Récits épiques toucouleurs : la vache, le livre, la lance*, recueillis et présentés par Gérard Meyer (Karthala, 1991), les *Dits de la nuit : contes tenda du Sénégal oriental*, édités par Marie-Paule Ferry (Karthala, 1983), les *Chemins de la sagesse : contes et légendes du Sénégal et du Bénin* recueillis par Dominique Aguessy (L'Harmattan, 1993), *Du Tieddo au*

Talibé : contes et mythes wolof recueillis et traduits par Lilyan Kesteloot et Bassirou Dieng (Présence africaine, 1989) ; enfin, pour les jeunes lecteurs, les *Contes du Sénégal* (Edicef, 1996) adaptés par Antoinette Maux-Robert et illustrés par Véronique Le Besnerais.

Librairies de voyages

Les librairies suivantes proposent des livres pour les voyageurs :

En France

Andaska – 17 cour Saint-Émilion, 75012 Paris (☎ 01 40 02 95 95)

Au Vieux Campeur – 2 rue de Latran, 75005 Paris (☎ 01 53 10 48 27)

Espace IGN – 107 rue La Boétie, 75008 Paris (☎ 01 43 98 85 00)

Itinéraires – 60 rue Saint-Honoré, 75001 Paris (☎ 01 42 36 12 63)

L'Astrolabe – 46 rue de Provence, 75009 Paris (☎ 01 42 85 42 95)

Ulysse – 26 rue Saint-Louis-en-l'île, 75004 Paris (☎ 01 43 25 17 35)

Voyageurs du monde – 55 rue Sainte-Anne, 75002 Paris (☎ 01 42 86 17 38)

En Belgique

Anticyclone des Açores – rue des Fossés-aux-Loups 34 B, 1000 Bruxelles (☎ 2-217 52 46)

Les Alizés – rue Saint-Jean-en-Isle 2 A, 4000 Liège (☎ 4-221 41 90)

Le 7ᵉ Continent – chaussée de Bruxelles 407 bis, B 1410 Waterloo (☎ 2-353 02 30)

Peuples et Continents – rue Ravenstein 11, 1000 Bruxelles (☎ 2-511 27 75)

En Suisse

Librairie du voyageur – 8 rue de Rive, 1204 Genève (☎ 22 810 23 33) et succursale au 18 rue de la Madeleine, 1003 Lausanne (☎ 21 323 65 56)

Vent des routes – 50-52 rue des Bains, CH-1205 Genève ☎ 22 80O 33 81)

Au Canada

Ulysse – 4176 rue Saint-Denis, Montréal (☎ 514-843 9882)

Ulysse – 4 bd René-Lévesque Est, Québec (☎ 418-418 654 9779)

Tourisme Jeunesse – 4008 rue Saint-Denis, Montréal (☎ 514-884 0287)

Librairie Pantoute – 1100 rue Saint-Jean Est, Québec (☎ 418-694 9748)

Librairies spécialisées sur l'Afrique.

Vous trouverez de nombreux ouvrages sur l'Afrique et le Sénégal dans les librairies suivantes :

En France

Karthala – 22-24 bd Arago, 75013 Paris (☎ 01 43 31 15 59)

L'Harmattan – 16 rue des Écoles, 75005 Paris (☎ 01 46 34 13 71)

Le Tiers Mythe – 21 rue Cujas, 75005 Paris (☎ 01 43 26 72 70)

Présence Africaine – 25 bis rue des Écoles, 75005 Paris (☎ 01 43 54 13 74)

En Belgique

Nord Sud Diffusion – 150 rue Berthelot, B-1190 Forest, Belgique (☎ 2-343 10 13)

En Suisse

Le Boulevard – 34 rue de Carouge, 1204 Genève, Suisse (☎ 22-328 70 54)

JOURNAUX ET MAGAZINES

La plupart des journaux et magazines sont édités en français, quelques-uns en wolof ou dans d'autres langues. Quelque 11 journaux étaient publiés à Dakar au moment de nos recherches mais leur nombre est assez fluctuant. Le quotidien principal est *Le Soleil*, théoriquement indépendant mais en réalité étroitement lié au gouvernement. Les autres publications, plus ou moins périodiques, entretiennent généralement des liens étroits avec d'autres partis politiques. *Jeune Afrique* est un hebdomadaire qui couvre l'actualité en Afrique et dans le monde. On trouve parfois des journaux et des magazines étrangers dans les librairies, les supermarchés et les grands hôtels de Dakar.

RADIO ET TÉLÉVISION

Les stations de radio publiques émettent en français, en wolof et dans d'autres langues locales. La télévision publique ne propose des programmes qu'en français. Parmi les stations de radio indépendantes, citons Dakar FM et Sud-FM, également en français. À la télévision, vous pourrez aussi capter Canal + Horizons et les chaînes satellites françaises, telle TV5.

Radio France International (116 av. du Président-Kennedy, 75016 Paris, ☎ 01 44 30 89 69, www.rfi.fr) et Radio Canada International (C. P. 6000, Montréal HCC 3A8 et 17 av. Matignon, 75008 Paris, ☎ 01 44 21 15 15, www.rcinet.ca) diffusent de nombreux programmes. Renseignez-vous sur leur site Internet, avant votre départ, ou auprès du service des auditeurs, sur la grille des fréquences, sujettes à modifications.

PHOTO ET VIDÉO

On peut pratiquement tout photographier, au Sénégal, y compris les pittoresques gardes du palais présidentiel, à condition de respecter les règles de politesse. Seules des photos des installations militaires, des aéroports ou des bâtiments gouvernementaux pourraient vous attirer des problèmes.

Certaines personnes n'apprécient pas qu'on photographie les lieux de culte ou les sites naturels porteurs d'une signification religieuse traditionnelle. Respectez ces croyances.

Matériel

Au Sénégal, les pellicules sont importées et donc assez chères – généralement le double de leur prix en Europe. En dehors des grandes villes, vous ne pourrez acheter que des pellicules papier (pas diapo). Même si la pellicule est encore valable, elle risque en outre d'avoir été endommagée par la chaleur. Mieux vaut emporter tout le matériel nécessaire.

Les pellicules 100 ASA conviennent parfaitement à la lumière vive, mais on peut aussi se munir de 200 et 400 ASA pour les prises de vue au télé-objectif. Parmi les accessoires utiles, citons un petit flash, un dispositif de déclenchement à distance, des filtres et un kit de nettoyage. Pensez aussi à vous munir de piles de rechange.

Certains aéroports possèdent de vieux détecteurs à rayons X. Même les modèles les plus récents étant susceptibles d'abîmer les pellicules à vitesse rapide (1 000 ASA et plus), surtout si la pellicule passe sous plusieurs détecteurs, mieux vaut utiliser une sacoche de protection, ou encore placer les pellicules dans sa poche et les faire vérifier manuellement par les douaniers.

Conseils techniques

Le meilleur moment. Par beau temps, prenez de préférence vos photos durant les deux heures suivant le lever du soleil et les deux heures précédant le coucher. Ce faisant, vous tirerez meilleur parti des rayons solaires, qui rehaussent les couleurs quand ils sont bas. Les filtres polarisants donnent aussi de bons résultats ; prenez conseil auprès d'un magasin spécialisé.

Exposition. Quand vous photographiez des personnes ou des animaux, mesurez la luminosité du sujet et non celle de l'arrière-plan, sinon vos prises de vue seront sous-exposées.

Précautions. Prenez garde à la chaleur et à l'humidité, mais méfiez-vous surtout du sable ou de la poussière. Dès qu'on quitte la ville, c'est le grand danger. Si vous ne prenez pas de précautions, elle se glissera à l'intérieur de votre appareil et dans les lentilles. Essayez de trouver un sac à appareil photo qui ferme de façon hermétique. Les sacs en bandoulière habituels qui s'ouvrent sur le dessus protègent mal de la poussière. La pire période de l'année de ce point de vue est celle où souffle l'harmattan (voir la rubrique *Climat* dans le chapitre *Présentation du Sénégal*).

Photographier des gens

Vous obtiendrez peut-être un accord de la personne si vous lui donnez la photo en échange. Demandez-lui son adresse et envoyez-lui un tirage à votre retour. Votre promesse sera prise au sérieux, aussi n'affirmez pas que vous enverrez la photo si vous n'avez aucune intention de le faire. Si tel est le cas, déclarez honnêtement que vous ne pouvez pas envoyer une photo à tous ceux qui vous le demandent.

Vidéo

Un caméscope, s'il est bien utilisé, peut donner un aperçu fascinant : outre les prises de vue évidentes comme les couchers de soleil et les sites spectaculaires, pensez à filmer les scènes de la vie ordinaire.

La règle consiste à faire de longues prises et à ne pas trop agiter le caméscope. Si votre appareil est doté d'un stabilisateur, celui-ci s'avérera bien utile sur les routes cahoteuses. Les caméscopes possèdent généralement un micro intégré, gênant en cas de bruit de fond important.

Lors de votre voyage, vous devrez sans doute recharger les batteries. N'oubliez pas d'emporter le chargeur, les prises et le transformateur.

Les règles de conduite en matière de photo (voir ci-dessus) s'appliquent aussi à la vidéo ; de nombreuses personnes considèrent les caméscopes encore plus dérangeants et agressifs que les appareils photo.

HEURE LOCALE

Le Sénégal est à l'heure britannique, ou GMT/UTC, ce qui signifie très peu de décalage horaire pour les visiteurs européens. L'heure ne change pas en cours d'année ; quand il est 12 h au Sénégal, il est 14 h en été à Paris et 8 h à Montréal.

ÉLECTRICITÉ

Le courant électrique est de 220 V et les prises comportent deux fiches rondes, comme en France et dans la plupart des pays européens.

POIDS ET MESURES

Le Sénégal emploie le système métrique.

LAVERIES

Elles sont assez faciles à trouver. Les hôtels de catégorie moyenne et supérieure facturent à la pièce. Les établissements bon marché s'occupent généralement du linge eux-mêmes, ou vous trouverez une personne extérieure. Vous paierez là aussi à la pièce, mais moins cher que dans les grands hôtels, et vous pourrez négocier.

TOILETTES

Il existe en Afrique deux types de toilettes : à l'occidentale, avec un siège, et à l'africaine ou "à la turque", c'est-à-dire avec un trou dans le sol au-dessus duquel on s'accroupit. La qualité et la propreté sont très variables d'un endroit à un autre.

À la campagne, les toilettes sont construites au-dessus d'un grand trou creusé dans le sol. Les excréments s'évacuent naturellement, tant que le trou ne se remplit pas d'autres détritus (papier ou tampons, par exemple, qui se dégradent moins vite et doivent être brûlés séparément).

Dans les endroits reculés, il n'y a pas de toilettes du tout et il faut trouver un buisson ou un rocher derrière lequel se soulager.

SANTÉ

La malaria, maladie mortelle, sévit à longueur d'année. Aussi est-il indispensable de prendre les précautions d'usage, en particulier dès qu'on sort de Dakar.

L'eau est généralement propre et potable dans les grandes agglomérations, et même dans certains lieux plus reculés nous n'avons pas eu de problème. On trouve aussi de l'eau en bouteille mais pas dans les petites bourgades.

Si vous tombez malade ou vous blessez au Sénégal, sachez que les principaux hôpitaux se trouvent à Dakar, qui compte également de nombreux médecins et des cliniques privées. Si vous voyagez à travers le pays, vous pourrez vous faire soigner dans les hôpitaux, dans les cliniques et par les médecins des grandes villes (Saint-Louis, Tambacounda, Kaolack, Ziguinchor). Vous pourrez, en général, obtenir des renseignements à la réception des grands hôtels.

Un guide sur la santé peut s'avérer utile. *Les Maladies en voyage*, du Dr Éric Caumes (Points Planète), *Voyages internationaux et santé*, de l'Organisation mondiale de la santé (OMS), et *Saisons et climats*, de Jean-Noël Darde (Balland) sont d'excellentes références.

Ceux qui lisent l'anglais pourront se procurer *Healthy Travel Africa* de Lonely Planet

Avertissement

La santé en voyage dépend du soin avec lequel on prépare le départ et, sur place, de l'observance d'un minimum de règles quotidiennes. Les risques sanitaires sont généralement faibles si une prévention minimale et les précautions élémentaires d'usage ont été envisagées avant le départ.

Trousse médicale de voyage

Veillez à emporter avec vous une petite trousse à pharmacie contenant quelques produits indispensables. Certains ne sont délivrés que sur ordonnance médicale.

☐ des **antibiotiques**, à utiliser uniquement aux doses et périodes prescrites, même si vous avez l'impression d'être guéri avant. Chaque antibiotique soigne une affection précise : ne les utilisez pas au hasard. Cessez immédiatement le traitement en cas de réactions graves

☐ un **antidiarrhéique** et un **réhydratant**, en cas de forte diarrhée, surtout si vous voyagez avec des enfants

☐ un **antihistaminique** en cas de rhumes, allergies, piqûres d'insectes, mal des transports – évitez de boire de l'alcool

☐ un **antiseptique** ou un désinfectant pour les coupures, les égratignures superficielles et les brûlures, ainsi que des **pansements gras** pour les brûlures

☐ de l'**aspirine** ou du paracétamol (douleurs, fièvre)

☐ une **bande Velpeau** et des **pansements** pour les petites blessures

☐ une **paire de lunettes de secours** (si vous portez des lunettes ou des lentilles de contact) et la copie de votre ordonnance

☐ un **produit contre les moustiques**, un **écran total**, une **pommade pour soigner les piqûres et les coupures** et des **comprimés pour stériliser l'eau**

☐ une **paire de ciseaux**, une **pince à épiler** et un **thermomètre à alcool**

☐ une petite **trousse de matériel stérile** comprenant une seringue, des aiguilles, du fil à suture, une lame de scalpel et des compresses

Publications. Mine d'informations pratiques, cet ouvrage renseigne sur la conduite à tenir en matière de santé en voyage.

Avant le départ

Assurances. Il est conseillé de souscrire à une police d'assurance qui vous couvrira en cas d'annulation de votre voyage, de vol, de perte de vos affaires, de maladie ou encore d'accident. Les assurances internationales pour étudiants sont en général d'un bon rapport qualité/prix. Lisez avec la plus grande attention les clauses en petits caractères : c'est là que se cachent les restrictions.

Vérifiez notamment que les "sports à risques", comme la plongée, la moto ou même la randonnée ne sont pas exclus de votre contrat, ou encore que le rapatriement médical d'urgence, en ambulance ou en avion, est couvert. De même, le fait d'acquérir un véhicule dans un autre pays ne signifie pas nécessairement que vous serez protégé par votre propre assurance.

Vous pouvez contracter une assurance qui réglera directement les hôpitaux et les médecins, vous évitant ainsi d'avancer des sommes qui ne vous seront remboursées qu'à votre retour. Dans ce cas, conservez avec vous tous les documents nécessaires.

Attention ! avant de souscrire une police d'assurance, vérifiez bien que vous ne bénéficiez pas déjà d'une assistance par votre carte de crédit, votre mutuelle ou votre assurance automobile. C'est bien souvent le cas.

Quelques conseils. Assurez-vous que vous êtes en bonne santé avant de partir. Si vous partez pour un long voyage, faites contrôler l'état de vos dents. Nombreux sont les endroits où l'on ne souhaiterait pas une visite chez le dentiste à son pire ennemi.

Si vous suivez un traitement de façon régulière, n'oubliez pas votre ordonnance (avec le nom du principe actif plutôt que la marque du médicament, afin de pouvoir trouver un équivalent local, le cas échéant). De plus, l'ordonnance vous permettra de prouver que vos médicaments vous sont légalement prescrits, des médicaments en vente libre dans certains pays ne l'étant pas dans d'autres.

Attention aux dates limites d'utilisation et aux conditions de stockage, parfois mauvaises (les faux médicaments sont fréquents en Afrique). Il arrive également que l'on trouve, dans des pays en développement, des produits interdits en Occident.

Dans de nombreux pays, n'hésitez pas, avant de partir, à donner tous les médica-

Vaccins

Maladie	Durée du vaccin	Précautions
Choléra		Ce vaccin n'est plus recommandé.
Diphtérie	10 ans	Recommandé, en particulier pour l'ex-URSS.
Fièvre jaune	10 ans	Obligatoire dans les régions où la maladie est endémique (Afrique – y compris Sénégal – et Amérique du Sud) et dans certains pays lorsque l'on vient d'une région infectée. À éviter en début de grossesse.
Hépatite virale A	5 ans (environ)	Recommandé. Il existe un vaccin combiné hépatite A et B qui s'administre en trois injections. La durée effective de ce vaccin ne sera pas connue avant quelques années.
Hépatite virale B	10 ans (environ)	
Tétanos et poliomyélite	10 ans	Fortement recommandé.
Typhoïde	3 ans	Recommandé si vous voyagez dans des conditions d'hygiène médiocres.
Méningite à méningocoque	3 ans	Recommandé pour les voyages au Sénégal et en Gambie.

ments et seringues qui vous restent (avec les notices) à un centre de soins, un dispensaire ou un hôpital.

Vaccins. Plus vous vous éloignez des circuits classiques, plus il faut prendre vos précautions. Il est important de faire la différence entre les vaccins recommandés lorsque l'on voyage dans certains pays et ceux obligatoires. Au cours des dix dernières années, le nombre de vaccins inscrits au registre du Règlement sanitaire international a beaucoup diminué. Seul le vaccin contre la fièvre jaune peut encore être exigé pour passer une frontière, parfois seulement pour les voyageurs qui viennent de régions contaminées. Faites inscrire vos vaccinations dans un carnet international de vaccination, que vous pourrez vous procurer auprès de votre médecin ou d'un centre.

Planifiez vos vaccinations à l'avance (au moins six semaines avant le départ), car certaines demandent des rappels ou sont incompatibles entre elles. Même si vous avez été vacciné contre plusieurs maladies dans votre enfance, votre médecin vous recommandera peut-être des rappels contre le tétanos ou la poliomyélite, maladies qui existent toujours dans de nombreux pays en développement. Les vaccins ont des durées d'efficacité très variables ; certains sont contre-indiqués pour les femmes enceintes.

Voici les coordonnées de quelques centres de vaccination à Paris :

Hôtel-Dieu, centre gratuit de l'Assistance publique (☎ 01 42 34 84 84), 1 parvis Notre-Dame, 75004 Paris.

Assistance publique voyages, service payant de l'hôpital de la Pitié-Salpêtrière (☎ 01 45 85 90 21), 47 bd de l'Hôpital, 75013 Paris.

Institut Pasteur (☎ 01 45 68 81 98, 3615 Pasteur), 209, rue de Vaugirard, 75015 Paris.
Air France, centre de vaccination (☎ 01 41 56 66 00, 3615 VACAF), aérogare des Invalides, 75007 Paris.

Il existe de nombreux centres en province, en général liés à un hôpital ou un service de santé municipal. Vous pouvez obtenir la liste de ces centres de vaccination en France en vous connectant sur le site Internet www.dfae.diplomatie.fr, émanant du ministère des Affaires étrangères.

Le serveur Minitel 3615 Visa Santé fournit des co nseils pratiques, des informations sanitaires et des adresses utiles sur plus de 150 pays. Le 3615 Ecran Santé dispense également des conseils médicaux. Attention ! le recours à ces serveurs ne dispense pas de consulter un médecin.

Vous pouvez également vous connecter au site Internet Lonely Planet (www.lonelyplanet.fr), qui est relié à l'Institut Pasteur.

Précautions élémentaires

Faire attention à ce que l'on mange et à ce que l'on boit est la première des précautions à prendre. Les troubles gastriques et intestinaux sont fréquents, même si la plupart du temps ils restent sans gravité. Ne soyez cependant pas paranoïaque et ne vous privez pas de goûter la cuisine locale, cela fait partie du voyage. N'hésitez pas également à vous laver les mains fréquemment.

Eau. Règle d'or : ne buvez jamais l'eau du robinet (même sous forme de glaçons). Préférez les eaux minérales et les boissons gazeuses, tout en vous assurant que les bouteilles sont décapsulées devant vous. Évitez les jus de fruits, souvent allongés à l'eau. Attention au lait, rarement pasteurisé. Pas de problème pour le lait bouilli et les yaourts. Thé et café, en principe, sont sûrs, puisque l'eau doit bouillir.

Pour stériliser l'eau, la meilleure solution est de la faire bouillir durant quinze minutes. N'oubliez pas qu'à haute altitude elle bout à une température plus basse et que les germes ont plus de chance de survivre.

Un simple filtrage peut être très efficace mais n'éliminera pas tous les micro-orga-

nismes dangereux. Aussi, si vous ne pouvez faire bouillir l'eau, traitez-la chimiquement. Le Micropur (vendu en pharmacie) tuera la plupart des germes pathogènes.

Alimentation. Fruits et légumes doivent être lavés à l'eau traitée ou épluchés. Ne mangez pas de glaces des marchands de rue. D'une façon générale, le plus sûr est de vous en tenir aux aliments bien cuits. Attention aux plats refroidis ou réchauffés. Méfiez-vous des poissons, des crustacés et des viandes peu cuites. Si un restaurant semble bien tenu et qu'il est fréquenté par des touristes comme par des gens du pays, la nourriture ne posera probablement pas de problèmes. Attention aux restaurants vides !

Nutrition. Si votre alimentation est pauvre, en quantité ou en qualité, si vous voyagez à la dure et sautez des repas ou s'il vous arrive de perdre l'appétit, votre santé risque très vite de s'en ressentir, en même temps que vous perdrez du poids.

Assurez-vous que votre régime est équilibré. Œufs, tofu, légumes secs, lentilles (dahl en Inde) et noix variées vous fourniront des protéines. Les fruits que l'on peut éplucher (bananes, oranges et mandarines par exemple) sont sans danger et vous apportent des vitamines. Essayez de manger des céréales et du pain en abondance. Si la nourriture présente moins de risques quand elle est bien cuite, n'oubliez pas que les plats trop cuits perdent leur valeur nutritionnelle. Si votre alimentation est mal équilibrée ou insuffisante, prenez des vitamines et des comprimés à base de fer. Dans les pays à climat chaud, n'attendez pas le signal de la soif pour boire. Une urine très foncée ou l'absence d'envie d'uriner indiquent un problème. Pour de longues randonnées, munissez-vous d'une gourde d'eau et éventuellement de boissons énergisantes. Une transpiration excessive fait perdre des sels minéraux et peut provoquer des crampes musculaires. Il est toutefois déconseillé de prendre des pastilles de sel de façon préventive.

Problèmes de santé et traitement

Les éventuels ennuis de santé peuvent être répartis en plusieurs catégories. Tout d'abord, les problèmes liés au climat, à la géographie, aux températures extrêmes, à l'altitude ou aux transports ; puis les maladies dues au manque d'hygiène ; celles transmises par les animaux ou les hommes ; enfin, les maladies transmises par les insectes. De simples coupures, morsures ou égratignures peuvent aussi être source de problèmes.

L'autodiagnostic et l'autotraitement sont risqués ; aussi, chaque fois que cela est possible, adressez-vous à un médecin. Ambassades et consulats pourront en général vous en recommander un. Les hôtels cinq-étoiles également, mais les honoraires risquent aussi d'être cinq-étoiles (utilisez votre assurance).

Vous éviterez bien des problèmes de santé en vous lavant souvent les mains, afin de ne pas contaminer vos aliments. Brossez-vous les dents avec de l'eau traitée. On peut attraper des vers en marchant pieds nus ou se couper dangereusement sur du corail. Demandez conseil aux habitants du pays où vous vous trouvez : si l'on vous dit qu'il ne faut pas vous baigner à cause des méduses, des crocodiles ou de la bilharziose, suivez leur avis.

Affections liées à l'environnement

Coup de chaleur. Cet état grave, parfois mortel, survient quand le mécanisme de régulation thermique du corps ne fonctionne plus : la température s'élève alors de façon dangereuse. De longues périodes d'exposition à des températures élevées peuvent vous rendre vulnérable au coup de chaleur. Évitez l'alcool et les activités fatigantes lorsque vous arrivez dans un pays à climat chaud.

Symptômes : malaise général, transpiration faible ou inexistante et forte fièvre (39 à 41°C). Là où la transpiration a cessé, la peau devient rouge. La personne qui souffre d'un coup de chaleur est atteinte d'une céphalée lancinante et éprouve des difficultés à coordonner ses mouvements ; elle peut aussi donner des signes de confusion mentale ou d'agressivité. Enfin, elle délire et est en proie à des convulsions. Il faut absolu-

---

Santé au jour le jour

La température normale du corps est de 37°C ; deux degrés de plus représentent une forte fièvre. Le pouls normal d'un adulte est de 60 à 80 pulsations par minute (celui d'un enfant est de 80 à 100 pulsations ; celui d'un bébé de 100 à 140 pulsations). En général, le pouls augmente d'environ 20 pulsations à la minute avec chaque degré de fièvre.

La respiration est aussi un bon indicateur en cas de maladie. Comptez le nombre d'inspirations par minute : entre 12 et 20 chez un adulte, jusqu'à 30 pour un jeune enfant et jusqu'à 40 pour un bébé, elle est normale. Les personnes qui ont une forte fièvre ou qui sont atteintes d'une maladie respiratoire grave (pneumonie par exemple) respirent plus rapidement. Plus de 40 inspirations faibles par minute indiquent en général une pneumonie.

---

ment hospitaliser le malade. En attendant les secours, installez-le à l'ombre, ôtez-lui ses vêtements, couvrez-le d'un drap ou d'une serviette mouillés et éventez-le continuellement.

Coup de soleil. Sous les tropiques, dans le désert ou en altitude, les coups de soleil sont plus fréquents, même par temps couvert. Utilisez un écran solaire et pensez à couvrir les endroits qui sont habituellement protégés, les pieds par exemple. Si les chapeaux fournissent une bonne protection, n'hésitez pas à appliquer également un écran total sur le nez et les lèvres. Les lunettes de soleil s'avèrent souvent indispensables.

Froid. L'excès de froid est aussi dangereux que l'excès de chaleur, surtout lorsqu'il provoque une hypothermie. Si vous faites une randonnée en haute altitude ou, plus simplement, un trajet de nuit en bus dans la montagne, prenez vos précautions. Dans certains pays, il faut toujours être équipé contre le froid, le vent et la pluie, même pour une promenade.

L'hypothermie a lieu lorsque le corps perd de la chaleur plus vite qu'il n'en produit et que sa température baisse. Le passage d'une sensation de grand froid à un état dangereusement froid est étonnamment rapide quand vent, vêtements humides, fatigue et faim se combinent, même si la température extérieure est supérieure à zéro. Le mieux est de s'habiller par couches : soie, laine et certaines fibres synthétiques nouvelles sont tous de bons isolants. N'oubliez pas de prendre un chapeau, car on perd beaucoup de chaleur par la tête. La couche supérieure de vêtements doit être solide et imperméable, car il est vital de rester au sec. Emportez du ravitaillement de base comprenant des sucres rapides, qui génèrent rapidement des calories, et des boissons en abondance.

Symptômes : fatigue, engourdissement, en particulier des extrémités (doigts et orteils), grelottements, élocution difficile, comportement incohérent ou violent, léthargie, démarche trébuchante, vertiges, crampes musculaires et explosions soudaines d'énergie. La personne atteinte d'hypothermie peut déraisonner au point de prétendre qu'elle a chaud et de se dévêtir.

Pour soigner l'hypothermie, protégez le malade du vent et de la pluie, enlevez-lui ses vêtements s'ils sont humides et habillez-le chaudement. Donnez-lui une boisson chaude (pas d'alcool) et de la nourriture très calorique, facile à digérer. Cela devrait suffire pour les premiers stades de l'hypothermie. Néanmoins, si son état est plus grave, couchez-le dans un sac de couchage chaud. Il ne faut ni le frictionner, ni le placer près d'un feu ni lui changer ses vêtements dans le vent. Si possible, faites-lui prendre un bain chaud (pas brûlant).

Infections oculaires. Évitez de vous essuyer le visage avec les serviettes réutilisables fournies par les restaurants, car c'est un bon moyen d'attraper une infection oculaire. Si vous avez les mains sales après un trajet poussiéreux, ne vous frottez pas les yeux tant que vous n'aurez pas pu vous les laver.

Souvent, des yeux qui brûlent ou démangent ne sont pas le résultat d'une infection mais simplement les effets de la poussière, des gaz d'échappement ou du soleil. L'utilisation d'un collyre ou des bains oculaires réguliers sont conseillés aux plus sensibles. Il est dangereux de soigner une simple irritation par des antibiotiques.

La conjonctivite peut venir d'une allergie.

Insolation. Une exposition prolongée au soleil peut provoquer une insolation. Symptômes : nausées, peau chaude, maux de tête. Dans ce cas, il faut rester dans le noir, appliquer une compresse d'eau froide sur les yeux et prendre de l'aspirine.

Mal des montagnes. Le mal des montagnes a lieu à haute altitude et peut s'avérer mortel. Il survient à des altitudes variables, parfois à 3 000 m, mais en général il frappe plutôt à partir de 3 500 à 4 500 m. Il est recommandé de dormir à une altitude inférieure à l'altitude maximale atteinte dans la journée. Le manque d'oxygène affecte la plupart des individus de façon plus ou moins forte.

Symptômes : manque de souffle, toux sèche irritante (qui peut aller jusqu'à produire une écume teintée de sang), fort mal de tête, perte d'appétit, nausée et parfois vomissements. Les symptômes disparaissent généralement au bout d'un jour ou deux, mais s'ils persistent ou empirent, le seul traitement consiste à redescendre, ne serait-ce que de 500 m. Une fatigue grandissante, un comportement incohérent, des troubles de la coordination et de l'équilibre indiquent un réel danger. Chacun de ces symptômes pris séparément est un signal à ne pas négliger.

Vous pouvez prendre certaines mesures à titre préventif : ne faites pas trop d'efforts au début, reposez-vous souvent. A chaque palier de 1 000 m, arrêtez-vous pendant au moins un jour ou deux afin de vous acclimater. Buvez plus que d'habitude, mangez légèrement, évitez l'alcool afin de ne pas risquer la déshydratation et tout sédatif. Même si vous prenez le temps de vous habituer progressivement à l'altitude, vous aurez probablement de petits problèmes passagers.

Mal des transports. Pour réduire les risques d'avoir le mal des transports, mangez légèrement avant et pendant le voyage. Si vous êtes sujet à ces malaises, essayez de trouver un siège dans une partie du véhicule où les oscillations sont moindres : près de l'aile dans un avion, au centre sur un bateau et dans un bus. Évitez de lire et de fumer. Tout médicament doit être pris avant le départ ; une fois que vous vous sentez mal, il est trop tard.

Miliaire et bourbouille. C'est une éruption cutanée (appelée bourbouille en cas de surinfection) due à la sueur qui s'évacue mal : elle frappe en général les personnes qui viennent d'arriver dans un pays à climat chaud et dont les pores ne sont pas encore suffisamment dilatés pour permettre une transpiration plus abondante que d'habitude. En attendant de vous acclimater, prenez des bains fréquents suivis d'un léger talcage, ou réfugiez-vous dans des locaux à air conditionné lorsque cela est possible. Attention ! il est recommandé de ne pas prendre plus de deux douches savonneuses par jour.

Mycoses. Les infections fongiques dues à la chaleur apparaissent généralement sur le cuir chevelu, entre les doigts ou les orteils (pied d'athlète), sur l'aine ou sur tout le corps (teigne). On attrape la teigne (qui est un champignon et non un parasite animal) par le contact avec des animaux infectés ou en marchant dans des endroits humides, comme le sol des douches.

Pour éviter les mycoses, portez des vêtements amples et confortables, en fibres naturelles, lavez-les fréquemment et séchez-les bien. Conservez vos tongs dans les pièces d'eau. Si vous attrapez des champignons, nettoyez quotidiennement la partie infectée avec un désinfectant ou un savon traitant et séchez bien. Appliquez ensuite un fongicide et laissez autant que possible à l'air libre. Changez fréquemment de serviettes et de sous-vêtements et lavez-les soigneusement à l'eau chaude. Bannissez absolument les sous-vêtements qui ne sont pas en coton.

Maladies infectieuses et parasitaires

Bilharzioses. Cette maladie est courante au Sénégal. Les bilharzioses sont des maladies dues à des vers qui vivent dans les vaisseaux sanguins et dont les femelles viennent pondre leurs œufs à travers la paroi des intestins ou de la vessie.

On se contamine en se baignant dans les eaux douces (rivières, ruisseaux, lacs et retenues de barrage) où vivent les mollusques qui hébergent la forme larvaire des bilharzies. Juste après le bain infestant, on peut noter des picotements ou une légère éruption cutanée à l'endroit où le parasite est passé à travers la peau. Quatre à douze semaines plus tard, apparaissent une fièvre et des manifestations allergiques. En phase chronique, les symptômes principaux sont des douleurs abdominales et une diarrhée, ou la présence de sang dans les urines.

Si, par mégarde ou par accident, vous vous baignez dans une eau infectée (même les eaux douces profondes peuvent être infestées), séchez-vous vite et séchez aussi vos vêtements. Consultez un médecin si vous êtes inquiet. Les premiers symptômes de la bilharziose peuvent être confondus avec ceux du paludisme ou de la typhoïde.

Diarrhée. Le changement de nourriture, d'eau ou de climat suffit à la provoquer ; si elle est causée par des aliments ou de l'eau contaminés, le problème est plus grave. En dépit de toutes vos précautions, vous aurez peut-être la "turista", mais quelques visites aux toilettes sans aucun autre symptôme n'ont rien d'alarmant. La déshydratation est le danger principal lié à toute diarrhée, particulièrement chez les enfants. Ainsi le premier traitement consiste à boire beaucoup : idéalement, il faut mélanger huit cuillerées à café de sucre et une de sel dans un litre d'eau. Sinon du thé noir léger, avec peu de sucre, des boissons gazeuses qu'on laisse se dégazéifier et qu'on dilue à 50% avec de l'eau purifiée, sont à recommander. En cas de forte diarrhée, il faut prendre une solution réhydratante pour remplacer les sels minéraux. Quand vous irez mieux, continuez à manger légèrement. Les antibiotiques peuvent être utiles dans le traitement de diarrhées très fortes, en particulier si elles sont accompagnées de nausées, de vomissements, de crampes d'estomac ou d'une fièvre légère. Trois jours de traite-

La cécité des rivières en voie d'éradication

Les bonnes nouvelles en matière de maladie, en particulier en Afrique occidentale, ne sont pas si fréquentes. Aussi la quasi-éradication de l'onchocercose, connue sous le nom de cécité des rivières, mérite-t-elle un écho.

L'onchocercose provoque des démangeaisons quasi insupportables, des lésions de la peau, des déformations du visage et la cécité. Selon l'OMS, la maladie affectait autrefois près d'un million et demi de personnes en Afrique occidentale. Elle est due à une filaire, l'*Onchocerca volvulus*, un vers parasite transmis à l'homme par une mouche noire. Ce parasite, dont la durée de vie atteint 14 ans, produit des millions de microfilaires (microscopiques parasites) dont la dissémination dans l'organisme humain provoque les affections.

Le programme d'éradication de l'onchocercose remonte au milieu des années 1970, lorsque des scientifiques firent le raisonnement suivant : si l'on réussissait à contrôler pendant quatorze ans au moins cette mouche noire – la durée de vie d'une filaire adulte dans l'organisme humain – les colonies de parasites humains disparaîtraient. La Banque mondiale a financé un gigantesque programme de vaporisation d'insecticides dans les vallées où des cours d'eau rapide étaient propices au développement des larves de mouches noires. Pour compléter cette action, la société pharmaceutique Merck a donné 65 millions de doses d'Ivermectin, un traitement qu'il faut administrer une fois par an aux gens qui vivent dans les régions infectées.

Les résultats sont remarquables. Selon la Banque mondiale, il ne reste qu'une ou deux poches d'infection pour l'ensemble des 11 nations d'Afrique occidentale. Une nouvelle action regroupant notamment la société pharmaceutique Merck, diverses ONG, la Banque mondiale, l'OMS et le programme de développement des Nations Unies vise à éradiquer la cécité des rivières d'ici 2010 dans toute l'Afrique du Centre, de l'Est et du Sud.

ment sont généralement suffisants, et on constate normalement une amélioration dans les 24 heures. Toutefois, lorsque la diarrhée persiste au-delà de 48 heures ou s'il y a présence de sang dans les selles, il est préférable de consulter un médecin.

Diphtérie. Elle prend deux formes : celle d'une infection cutanée ou celle d'une infection de la gorge, plus dangereuse. On l'attrape au contact de poussière contaminée sur la peau, ou en inhalant des postillons d'éternuements ou de toux de personnes contaminées. Pour prévenir l'infection cutanée, il faut se laver souvent et bien sécher la peau. Il existe un vaccin contre l'infection de la gorge.

Dysenterie. Affection grave, due à des aliments ou de l'eau contaminés, la dysenterie se manifeste par une violente diarrhée, souvent accompagnée de sang ou de mucus dans les selles. On distingue deux types de dysenterie : la dysenterie bacillaire se caractérise par une forte fièvre et une évolution rapide ;

maux de tête et d'estomac, vomissements en sont les symptômes. Elle dure rarement plus d'une semaine mais elle est très contagieuse. La dysenterie amibienne, quant à elle, évolue plus graduellement, sans fièvre ni vomissements, mais elle est plus grave. Elle dure tant qu'elle n'est pas traitée, peut réapparaître et causer des problèmes de santé à long terme. Une analyse des selles est indispensable pour diagnostiquer le type de dysenterie. Il faut donc consulter rapidement.

Gastro-entérite virale. Provoquée par un virus et non par une bactérie, elle se traduit par des crampes d'estomac, une diarrhée et parfois des vomissements et/ou une légère fièvre. Un seul traitement : repos et boissons en quantité.

Giardiase. Ce parasite intestinal est présent dans l'eau souillée ou dans les aliments souillés par l'eau. Symptômes : crampes d'estomac, nausées, estomac ballonné, selles très liquides et nauséabondes, et gaz fréquents. La giardiase peut n'apparaître que plusieurs semaines après la contamination. Les symptômes peuvent disparaître pendant quelques jours puis réapparaître, et ceci pendant plusieurs semaines.

Hépatites. L'hépatite est un terme général qui désigne une inflammation du foie. Elle est le plus souvent due à un virus. Dans les formes les plus discrètes, le patient n'a aucun symptôme. Les formes les plus habituelles se manifestent par une fièvre, une fatigue qui peut être intense, des douleurs abdominales, des nausées, des vomissements, associés à la présence d'urines très foncées et de selles décolorées presque blanches. La peau et le blanc des yeux prennent une teinte jaune (ictère). L'hépatite peut parfois se résumer à un simple épisode de fatigue sur quelques jours ou semaines.

Hépatite A. C'est la plus répandue et la contamination est alimentaire. Il n'y a pas de traitement médical ; il faut simplement se reposer, boire beaucoup, manger légèrement en évitant les graisses et s'abstenir totalement de toute boisson alcoolisée pendant au moins six mois.

L'hépatite A se transmet par l'eau, les coquillages et, d'une manière générale, tous les produits manipulés à mains nues. En faisant attention à la nourriture et à la boisson, vous préviendrez le virus. Malgré tout, s'il existe un fort risque d'exposition, il vaut mieux se faire vacciner.

Hépatite B. Elle est très répandue, puisqu'il existe environ 300 millions de porteurs chroniques dans le monde. Elle se transmet par voie sexuelle ou sanguine (piqûre, transfusion). Évitez de vous faire percer les oreilles, tatouer, raser ou de vous faire soigner par piqûres si vous avez des doutes quant à l'hygiène des lieux. Les symptômes de l'hépatite B sont les mêmes que ceux de l'hépatite A, mais dans un faible pourcentage de cas, elle peut évoluer vers des formes chroniques dont, dans des cas extrêmes, le cancer du foie. La vaccination est très efficace.

Hépatite C. Ce virus se transmet par voie sanguine (transfusion ou utilisation de seringues usagées) et semble donner assez souvent des hépatites chroniques. La seule prévention est d'éviter tout contact sanguin, car il n'existe pour le moment aucun vaccin contre cette hépatite.

Hépatite D. On sait encore peu de choses sur ce virus, sinon qu'il apparaît chez des sujets atteints de l'hépatite B et qu'il se transmet par voie sanguine. Il n'existe pas de vaccin mais le risque de contamination est, pour l'instant, limité.

Hépatite E. Il semblerait que cette souche soit assez fréquente dans certains pays en développement, bien que l'on ne dispose pas de beaucoup d'éléments actuellement. Similaire à l'hépatite A, elle se contracte de la même manière, généralement par l'eau. De forme bénigne, elle peut néanmoins être dangereuse pour les femmes enceintes. A l'heure actuelle, il n'existe pas de vaccin.

Maladies sexuellement transmissibles. La blennorragie, l'herpès et la syphilis sont les plus connues. Plaies, cloques ou éruptions autour des parties génitales, suppurations ou douleurs lors de la miction en sont les symptômes habituels ; ils peuvent être moins aigus ou inexistants chez les femmes. Les infections aux chlamydias ne sont pas rares au Sénégal. Les symptômes de la syphilis finissent par disparaître complètement, mais la maladie continue à se développer et provoque de graves problèmes par la suite. On traite la blennorragie et la syphilis par les antibiotiques.

Les maladies sexuellement transmissibles (MST) sont nombreuses, mais on dispose d'un traitement efficace pour la plupart d'entre elles.

La seule prévention des MST est l'usage systématique du préservatif lors des rapports sexuels.

Typhoïde. La fièvre typhoïde est une infection du tube digestif. La vaccination n'est pas entièrement efficace et l'infection est particulièrement dangereuse.

Premiers symptômes : les mêmes que ceux d'un mauvais rhume ou d'une grippe,

Prenez scrupuleusement vos médicaments

Le paludisme, ou malaria, est une maladie mortelle, ne l'oubliez pas. C'est même la première cause de mortalité au Sénégal, où il fait chaque année des milliers de morts, et il ne tue pas que des Africains. Certains expatriés de longue date, tout comme des voyageurs qui ne font qu'un bref passage dans le pays, figurent aussi parmi le million de personnes qui succombent chaque année en Afrique, victimes de ce parasite qu'on appelle le *Plasmodium falciparum*. Sans parler de ceux, encore beaucoup plus nombreux, dont les vacances se transforment en cauchemar, généralement parce qu'ils ont négligé de prendre le traitement préventif recommandé ou qu'il n'ont pas respecté les prescriptions.

Aucune région du Sénégal n'est totalement préservée du paludisme, y compris Dakar. Même si vous venez passer seulement une semaine sur la plage, il faut suivre un traitement préventif antipaludéen. Lequel ? La réponse est sujette à controverse. L'OMS (Organisation mondiale de la santé) recommande la mefloquine (alias Lariam) pour le Sénégal, même si elle peut avoir des effets secondaires sur le cerveau chez un petit pourcentage d'utilisateurs. Si le coût du traitement vous retient, vous pouvez vous contenter d'acheter les doses suffisantes pour la première semaine (n'oubliez pas qu'il faut commencer le traitement avant l'arrivée) puis acheter au Sénégal une version générique du traitement, qui vous reviendra bien moins cher. Mefloquine, doxycycline et plusieurs autres traitements antipaludéens se trouvent facilement dans la plupart des grandes villes.

Si le paludisme fait de plus en plus de morts, on peut néanmoins espérer qu'un vaccin soit un jour mis au point. Aux dires de certains médecins, la recherche ferait des avancées encourageantes en la matière. Le processus est lent et coûteux, mais les chercheurs ont désormais bon espoir.

Toujours est-il que si vous ressentez les symptômes de la grippe, si vous avez une fièvre quelconque, allez aussitôt vous faire examiner. Il suffit d'une analyse de sang pour établir le diagnostic. Cette procédure rapide, indolore et peu coûteuse peut vous sauver la vie. Vous trouverez la liste des services de santé dans le chapitre *Dakar*.

---

mal de tête et de gorge, fièvre qui augmente régulièrement pour atteindre 40°C ou plus. Le pouls est souvent lent par rapport à la température élevée et ralentit à mesure que la fièvre augmente. Ces symptômes peuvent être accompagnés de vomissements, de diarrhée ou de constipation.

La deuxième semaine, quelques petites taches roses peuvent apparaître sur le corps. Autres symptômes : tremblements, délire, faiblesse, perte de poids et déshydratation. S'il n'y a pas d'autres complications, la fièvre et les autres symptômes disparaissent peu à peu la troisième semaine. Cependant, un suivi médical est indispensable, car les complications sont fréquentes, en particulier la pneumonie (infection aiguë des poumons) et la péritonite (éclatement de l'appendice). De plus, la typhoïde est très contagieuse.

Mieux vaut garder le malade dans une pièce fraîche et veiller à ce qu'il ne se déshydrate pas.

Vers. Fréquents en zones rurales tropicales, on les trouve dans les légumes non lavés ou la viande trop peu cuite. Ils se logent également sous la peau quand on marche pieds nus (ankylostome). Souvent, l'infection ne se déclare qu'au bout de plusieurs semaines. Bien que bénigne en général, elle doit être traitée sous peine de complications sérieuses. Une analyse des selles est nécessaire.

VIH/sida. Le virus VIH constitue un problème très sérieux au Sénégal, comme dans de nombreux pays subsahariens.

L'infection à VIH (virus de l'immunodéficience humaine), agent causal du sida (syndrome d'immunodéficience acquise) est présente dans pratiquement tous les pays et épidémique dans nombre d'entre eux. La transmission de cette infection se fait : par rapport sexuel (hétérosexuel ou homosexuel – anal, vaginal ou oral), d'où l'impérieuse nécessité d'utiliser des préservatifs à titre préventif ; par le sang, les produits sanguins et les aiguilles contaminées. Il est impossible de détecter la présence du VIH chez un individu apparemment en parfaite santé sans procéder à un examen sanguin.

Il faut éviter tout échange d'aiguilles. S'ils ne sont pas stérilisés, tous les instruments de chirurgie, les aiguilles d'acupuncture et de tatouage, les instruments utilisés pour percer les oreilles ou le nez peuvent transmettre l'infection. Il est fortement conseillé d'acheter seringues et aiguilles avant de partir.

Toute demande de certificat attestant la séronégativité pour le VIH (certificat d'absence de sida) est contraire au Règlement sanitaire international (article 81).

Affections transmises par les insectes

Voir également plus loin le paragraphe Affections moins fréquentes.

Fièvre jaune. Cette maladie virale, endémique en Sénégambie, se transmet par les moustiques. Pour plus de détails, consultez plus haut l'encadré sur les vaccinations.

Paludisme. Le paludisme, ou malaria, est transmis par un moustique, l'anophèle, dont la femelle pique surtout la nuit, entre le coucher et le lever du soleil.

La transmission du paludisme a disparu en zone tempérée, régressé en zone subtropicale mais reste incontrôlée en zone tropicale. D'après le dernier rapport de l'Organisation mondiale de la Santé (OMS), 90% du paludisme mondial sévit en Afrique. Aucune région du Sénégal n'est exempte de malaria (reportez-vous aux encadrés *Prenez scrupuleusement vos médicaments* et *La prévention antipaludique* dans ce chapitre).

Le paludisme survient généralement dans le mois suivant le retour de la zone d'endémie. Symptômes : maux de tête, fièvre et

La prévention antipaludique

Le soir, dès le coucher du soleil, quand les moustiques sont en pleine activité, couvrez vos bras et surtout vos chevilles, mettez de la crème antimoustiques. Les moustiques sont parfois attirés par le parfum ou l'après-rasage.

En dehors du port de vêtements longs, l'utilisation d'insecticides (diffuseurs électriques, bombes insecticides, tortillons fumigènes) ou de répulsifs sur les parties découvertes du corps est à recommander. La durée d'action de ces répulsifs est généralement de 3 à 6 heures. Les moustiquaires constituent en outre une protection efficace, à condition qu'elles soient imprégnées d'insecticide (non nocif pour l'homme). L'Organisation mondiale de la santé (OMS) préconise fortement ce mode de prévention. De plus, ces moustiquaires sont radicales contre tout insecte à sang froid (puces, punaises, etc.) et permettent d'éloigner serpents et scorpions.

Il existe désormais des moustiquaires imprégnées synthétiques très légères (environ 350 g) que l'on peut trouver en pharmacie. A titre indicatif, vous pouvez vous en procurer par correspondance auprès du Service médical international (SMI) 29 avenue de la Gare, Coignières, BP 125, 78312 Maurepas Cedex (☎ 01 30 05 05 40, fax 01 30 05 05 41).

Notez enfin que, d'une manière générale, le risque de contamination est plus élevé en zone rurale et pendant la saison des pluies.

troubles digestifs. Non traité, il peut avoir des suites graves, parfois mortelles. Il existe différentes espèces de paludisme, dont celui à Plasmodium falciparum, pour lequel le traitement devient de plus en plus difficile à mesure que la résistance du parasite aux médicaments gagne en intensité.

Les médicaments antipaludéens n'empêchent pas la contamination, mais ils empêchent les symptômes de la maladie. Si vous voyagez dans des régions où la maladie est endémique, il faut absolument suivre un traitement préventif. La chimioprophylaxie fait appel à la chloroquine (seule ou associée au proguanil), ou à la méfloquine en fonction de la zone géographique du séjour. Renseignez-vous impérativement auprès d'un médecin spécialisé, car le traitement n'est pas toujours le même à l'intérieur d'un même pays.

Tout voyageur atteint de fièvre ou montrant les symptômes de la grippe doit se faire examiner. Il suffit d'une analyse de sang pour établir le diagnostic. Contrairement à certaines croyances, une crise de paludisme ne signifie pas que l'on est touché à vie.

Coupures, piqûres et morsures

Coupures et égratignures. Les blessures s'infectent très facilement dans les climats chauds et cicatrisent difficilement. Les coupures et les égratignures doivent être traitées avec un antiseptique et du désinfectant cutané. Évitez si possible bandages et pansements, qui empêchent la plaie de sécher.

Les coupures de corail sont particulièrement longues à cicatriser, car le corail injecte un venin léger dans la plaie. Portez des chaussures pour marcher sur des récifs, et nettoyez chaque blessure à fond.

Méduses. Les conseils des habitants vous éviteront de faire la rencontre des méduses et de leurs tentacules urticants. Certaines espèces peuvent être mortelles mais, en général, la piqûre est seulement douloureuse. Des antihistaminiques et des analgésiques limiteront la réaction et la douleur.

Piqûres. Les piqûres de guêpe ou d'abeille sont généralement plus douloureuses que dangereuses. Une lotion apaisante ou des glaçons soulageront la douleur et empêcheront la piqûre de trop gonfler. Certaines araignées sont dangereuses mais il existe en général des antivenins. Les piqûres de scorpions sont très douloureuses et parfois mortelles. Inspectez vos vêtements ou chaussures avant de les enfiler.

Punaises et poux. Les punaises affectionnent la literie douteuse. Si vous repérez de petites taches de sang sur les draps ou les murs autour du lit, cherchez un autre hôtel. Les piqûres de punaises forment des alignements réguliers. Une pommade calmante apaisera la démangeaison.

Les poux provoquent des démangeaisons. Ils élisent domicile dans les cheveux, les vêtements ou les poils pubiens. On en attrape par contact direct avec des personnes infestées ou en utilisant leur peigne, leurs vêtements, etc. Poudres et shampooings détruisent poux et lentes ; il faut également laver les vêtements à l'eau très chaude.

Sangsues et tiques. Les sangsues, présentes dans les régions de forêts humides, se collent à la peau et sucent le sang. Les randonneurs en retrouvent souvent sur leurs jambes ou dans leurs bottes. Du sel ou le contact d'une cigarette allumée les feront tomber. Ne les arrachez pas, car la morsure s'infecterait plus facilement. Une crème répulsive peut les maintenir éloignées. Utilisez de l'alcool, de l'éther, de la vaseline ou de l'huile pour vous en débarrasser. Vérifiez toujours que vous n'avez pas attrapé de tiques dans une région infestée : elles peuvent transmettre le typhus.

Serpents. Portez toujours bottes, chaussettes et pantalons longs pour marcher dans la végétation à risque. Ne hasardez pas la main dans les trous et les anfractuosités, et faites attention lorsque vous ramassez du bois pour faire du feu. Les morsures de serpent ne provoquent pas instantanément la mort, et il existe généralement des antivenins. Il faut calmer la victime, lui interdire de bouger, bander étroitement le membre comme pour une foulure et l'immobiliser avec une attelle. Trouvez ensuite un médecin, et essayez de lui apporter le serpent mort. N'essayez en aucun cas d'attraper le serpent s'il y a le moindre risque qu'il pique à nouveau. On sait désormais qu'il ne faut absolument pas sucer le venin ou poser un garrot.

Affections moins fréquentes

Choléra. Les cas de choléra sont généralement signalés à grande échelle dans les médias, ce qui permet d'éviter les régions concernées. La protection conférée par le vaccin n'étant pas fiable, celui-ci n'est pas recommandé. Prenez donc toutes les précautions alimentaires nécessaires. Symptômes : diarrhée soudaine, selles très liquides et claires, vomissements, crampes musculaires et extrême faiblesse. Il faut consulter un médecin ou aller à l'hôpital au plus vite, mais on peut commencer à lutter immédiatement contre la déshydratation qui peut être très forte. Une boisson à base de cola salée, dégazéifiée et diluée au 1/5 ou encore du bouillon bien salé seront utiles en cas d'urgence.

Dengue. Il n'existe pas de traitement prophylactique contre cette maladie propagée par les moustiques. Poussée de fièvre, maux de tête, douleurs articulaires et musculaires précèdent une éruption cutanée sur le tronc qui s'étend ensuite aux membres puis au visage. Au bout de quelques jours, la fièvre régresse, et la convalescence commence. Les complications graves sont rares.

Encéphalite japonaise. Il y a quelques années, cette maladie virale était pratiquement inconnue. Longtemps endémique en Asie tropicale (ainsi qu'en Chine, en Corée et au Japon), de récentes épidémies ont éclaté pendant la saison des pluies en Thaïlande du Nord et au Vietnam. Un moustique nocturne (le culex) est responsable de sa transmission, surtout dans les zones rurales près des élevages de cochons ou des rizières, car les porcs et certains oiseaux nichant dans les rizières servent de réservoirs au virus.

Symptômes : fièvre soudaine, frissons et maux de tête, suivis de vomissements et de délire, aversion marquée pour la lumière vive et douleurs aux articulations et aux muscles. Les cas les plus graves provoquent des convulsions et un coma. Chez la plupart des individus qui contractent le virus, aucun symptôme n'apparaît.

Les personnes les plus en danger sont celles qui doivent passer de longues périodes en zone rurale pendant la saison des pluies (de juillet à octobre). Si c'est votre cas, il faudra peut-être vous faire vacciner.

Filarioses. Cette infection, elle aussi transmise par les moustiques, se développe un peu partout en Afrique, y compris au Sénégal. Ce sont des maladies parasitaires transmises par des piqûres d'insectes. Les symptômes varient en fonction de la filaire concernée : fièvre, ganglions et inflammation des zones de drainage lymphatique ; œdème (gonflement) au niveau d'un membre ou du visage ; démangeaisons et troubles visuels. Un traitement permet de se débarrasser des parasites, mais certains dommages causés sont parfois irréversibles. Si vous soupçonnez une possible infection, il vous faut rapidement consulter un médecin.

Leptospirose. Cette maladie infectieuse, due à une bactérie (le leptospire) qui se développe dans les mares et les ruisseaux, se transmet par des animaux comme le rat et la mangouste.

On peut attraper cette maladie en se baignant dans des nappes d'eau douce, contaminées par de l'urine animale. La leptospirose pénètre dans le corps humain par le nez, les yeux, la bouche ou les petites coupures cutanées. Les symptômes, similaires à ceux de la grippe, peuvent survenir 2 à 20 jours suivant la date d'exposition : fièvre, frissons, sudation, maux de tête, douleurs musculaires, vomissements et diarrhées en sont les plus courants. Du sang dans les urines ou une jaunisse peuvent apparaître dans les cas les plus sévères. Les symptômes durent habituellement quelques jours, voire quelques semaines. La maladie est rarement mortelle.

Évitez donc de nager et de vous baigner dans tout plan d'eau douce, notamment si vous avez des plaies ouvertes ou des coupures.

Maladie de Chagas (trypanosomiase américaine). Cette affection parasitaire se rencontre dans les zones rurales éloignées de l'Amérique du Sud et centrale. Elle est transmise par une punaise qui se cache dans les fissures, les feuilles de palmiers et les toits de chaume, d'où elle redescend la nuit pour se nourrir. Un œdème dur et violet apparaît à l'endroit de la piqûre, au bout d'une semaine environ. En général, le corps surmonte la maladie sans aide extérieure mais elle peut persister. Il est préférable de dormir sous une moustiquaire imprégnée, utiliser des insecticides et des crèmes contre les insectes.

Maladie de Lyme. Identifiée en 1975, cette maladie est due à une bactérie appelée Borrélia, transmise par des morsures de tiques.

Aujourd'hui encore, elle n'est pas toujours diagnostiquée, car elle peut présenter des symptômes très divers. Consultez un médecin si, dans les 30 jours qui suivent la piqûre, vous observez une petite bosse rouge entourée d'une zone enflammée. A ce stade, les antibiotiques constitueront un traitement simple et efficace. Certains symptômes ultérieurs peuvent se produire, comme, par exemple, une sorte d'arthrite gagnant les genoux.

Le meilleur moyen d'éviter ce type de complications est de prendre ses précautions lorsque vous traversez des zones forestières. Emmitouflez-vous le plus possible dans vos vêtements, utilisez un produit répulsif contenant un di-éthyl-toluamide, ou un substitut plus léger pour vos enfants. A la fin de chaque journée, vérifiez que ni vous, ni vos enfants, ni votre animal familier n'avez attrapé de tiques. La plupart des tiques ne sont pas porteuses de la bactérie.

Maladie du sommeil. Dans certaines parties de l'Afrique tropicale, les mouches tsé-tsé peuvent transmettre la trypanosomiase africaine ou maladie du sommeil. Cependant, c'est rarement le cas au Sénégal. Chevaux et vaches ont disparu à cause d'elle dans certaines régions. La mouche tsé-tsé est environ deux fois plus grosse qu'une mouche normale. Seul un faible pourcentage des mouches tsé-tsé est porteur de la maladie. Les mouches sont attirées par les choses de grande taille qui se déplacent, mais aussi par les parfums et les lotions après-rasage. Une piqûre qui gonfle au bout de cinq jours ou plus est le premier signal d'alerte ; la fièvre apparaît deux ou trois semaines plus tard. La maladie est grave mais elle se soigne bien. Il n'existe pas de vaccin.

Méningite à méningocoques. Cette maladie est particulièrement répandue en Afrique sub-saharienne – qui comprend l'intérieur des terres au Sénégal –, surtout

en hiver, avant la saison des pluies. Symptômes : taches disséminées sur le corps, fièvre, trouble de la conscience, fort mal de tête, hypersensibilité à la lumière et raideur du cou. La mort peut survenir en quelques heures. Il faut se faire soigner immédiatement. Le vaccin est efficace pendant plus de quatre ans, mais renseignez-vous quand même sur les épidémies.

Opisthorchiase. Cette maladie parasitaire se contracte en consommant des poissons d'eau douce, crus ou insuffisamment cuits.

Le risque d'attraper cette maladie reste toutefois assez faible. L'intensité des symptômes dépend du nombre de parasites ayant pénétré dans l'organisme. A des niveaux faibles, on ne remarque pratiquement rien. Quand la contamination est importante, on souffre d'une fatigue générale, d'une fièvre légère, d'un gonflement ou d'une sensibilité du foie ou de douleurs abdominales générales. En cas de doute, il faut faire analyser ses selles par un médecin compétent.

Rage. Très répandue, cette maladie est transmise par un animal contaminé : chien, singe et chat principalement. Morsures, griffures ou même simples coups de langue d'un mammifère doivent être nettoyés immédiatement et à fond. Frottez avec du savon et de l'eau courante, puis nettoyez avec de l'alcool. S'il y a le moindre risque que l'animal soit contaminé, allez immédiatement voir un médecin. Même si l'animal n'est pas enragé, toutes les morsures doivent être surveillées de près pour éviter les risques d'infection et de tétanos. Un vaccin antirabique est désormais disponible. Il faut y songer si vous pensez explorer des grottes (les morsures de chauves-souris peuvent être dangereuses) ou travailler avec des animaux. Cependant, la vaccination préventive ne dispense pas de la nécessité d'un traitement antirabique immédiatement après un contact avec un animal enragé ou dont le comportement peut paraître suspect.

Rickettsioses. Les rickettsioses sont des maladies transmises soit par des acariens (dont les tiques), soit par des poux. La plus connue est le typhus. Elle commence comme un mauvais rhume, suivi de fièvre, de frissons, de migraines, de douleurs musculaires et d'une éruption cutanée. Une plaie douloureuse se forme autour de la piqûre et les ganglions lymphatiques voisins sont enflés et douloureux.

Le typhus transmis par les tiques menace les randonneurs en Afrique australe qui risquent d'attraper les tiques du bétail et des animaux sauvages.

Le typhus des broussailles est transmis par des acariens. On le rencontre principalement en Asie et dans les îles du Pacifique. Soyez prudent si vous faites de la randonnée dans des zones rurales d'Asie du Sud-Est.

Tétanos. Cette maladie parfois mortelle se rencontre partout, et surtout dans les pays tropicaux en voie de développement. Difficile à soigner, elle se prévient par vaccination. Le bacille du tétanos se développe dans les plaies. Il est donc indispensable de bien nettoyer coupures et morsures. Premiers symptômes : difficulté à avaler ou raideur de la mâchoire ou du cou. Puis suivent des convulsions douloureuses de la mâchoire et du corps tout entier.

Tuberculose. Bien que très répandue dans de nombreux pays en développement, cette maladie ne présente pas de grand danger pour le voyageur. Les enfants de moins de 12 ans sont plus exposés que les adultes. Il est donc conseillé de les faire vacciner s'ils voyagent dans des régions où la maladie est endémique. La tuberculose se propage par la toux ou par des produits laitiers non pasteurisés faits avec du lait de vaches tuberculeuses. On peut boire du lait bouilli et manger yaourts ou fromages (l'acidification du lait dans le processus de fabrication élimine les bacilles) sans courir de risques.

Typhus. Voir plus haut *Rickettsioses*.

Santé au féminin

Grossesse. La plupart des fausses couches ont lieu pendant les trois premiers mois de la grossesse. C'est donc la période la plus risquée pour voyager. Pendant les trois derniers mois, il vaut mieux rester à distance raisonnable de bonnes infrastructures médicales, en cas de problèmes. Les femmes enceintes doivent éviter de prendre inutilement des médicaments. Cependant, certains vaccins et traitements préventifs contre le paludisme restent nécessaires. Mieux vaut consulter un médecin avant de prendre quoi que ce soit.

Pensez à consommer des produits secs, comme les fruits secs, les agrumes, les lentilles et les viandes accompagnées de légumes.

Problèmes gynécologiques. Une nourriture pauvre, une résistance amoindrie par l'utilisation d'antibiotiques contre des problèmes intestinaux peuvent favoriser les infections vaginales lorsqu'on voyage dans des pays à climat chaud. Respectez une hygiène intime scrupuleuse, et portez jupes ou pantalons amples et sous-vêtements en coton.

Les champignons, caractérisés par une éruption cutanée, des démangeaisons et des pertes, peuvent se soigner facilement. En revanche, les trichomonas sont plus graves ; pertes blanches et sensation de brûlure lors de la miction en sont les symptômes. Le partenaire masculin doit également être soigné.

Il n'est pas rare que le cycle menstruel soit perturbé lors d'un voyage. Par ailleurs, vous pourrez acheter serviettes et tampons hygiéniques (appelés aussi tampons périodiques) – généralement importés d'Europe – dans les supermarchés et les pharmacies des grandes villes. Dans les régions touristiques, les grands hôtels en vendent également.

VOYAGER SEULE

De manière générale, les voyageuses (seules ou en groupe) ne subiront pas plus de problèmes spécifiquement liés à leur sexe (comme le harcèlement) au Sénégal qu'ailleurs. Au dire de nombreuses voyageuses, la région est relativement sûre et peu menaçante, comparée à l'Afrique du Nord, à l'Amérique du Sud et à certains pays occidentaux, et elles y sont accueillies plus souvent avec amitié et générosité qu'avec hostilité. Cela étant dit, il n'est pas exclu que vous trouviez en butte à un certain harcèlement sexuel, ce que nous évoquons plus loin.

Comme partout dans le monde, des agressions ont été signalées dans certaines parties du pays. Les femmes (surtout seules) constituant des cibles faciles, elles auront tout intérêt à éviter les lieux à risque. Ces derniers sont mentionnés dans les rubriques des différents chapitres. Pour savoir comment réagir face à une agression, reportez-vous à la rubrique *Désagréments et dangers*.

En Afrique de l'Ouest, la société demeure conservatrice et dominée par l'homme, ce qui crée parfois des obstacles aux voyageuses. Les conventions culturelles veulent que les femmes ne puissent se rendre dans un bar sans un compagnon masculin – aussi déplaisant que cela soit aux yeux des Occidentales libérées. Tenter de changer les mœurs risque d'engendrer des conflits.

En raison de ces codes de conduite, il s'avère parfois difficile de rencontrer des Sénégalaises et d'échanger avec elles. Pour ce faire, vous devrez sans doute vous faire inviter chez un particulier, mais vous vous heurterez alors le plus souvent à une barrière linguistique, les femmes n'ayant souvent reçu que peu d'éducation, voire aucune. Toutefois, cette tendance s'inverse, de plus en plus de jeunes filles vont à l'école, tandis que les garçons travaillent. En conséquence, le personnel des offices de tourisme, des administrations notamment, se compose de jeunes femmes instruites, avec lesquelles on peut tenter de nouer des liens. Dans les régions rurales, vous pouvez essayer d'entrer en contact avec les institutrices ou le personnel des dispensaires.

Lors de votre voyage, les meilleurs conseils en matière d'usages locaux vous viendront des Sénégalaises elles-mêmes. Malheureusement, de nombreux expatriés occidentaux s'effraient de voir une femme voyager seule et ils font tout pour la décourager, invoquant de terribles histoires d'une véracité souvent douteuse. Bien que le Sénégal soit moins risqué que d'autres parties du monde, évitez cependant de faire du stop seule. Si vous décidez malgré tout de vous déplacer de la sorte, refusez de monter dans un véhicule si son conducteur est ivre ou si la voiture est remplie d'hommes (par exemple, les véhicules militaires).

Faites preuve de bon sens, et tout devrait aller pour le mieux.

Harcèlement sexuel

Bien que le harcèlement sexuel soit moins fréquent au Sénégal que dans d'autres parties du monde, les femmes, surtout seules, en sont cependant parfois les victimes. S'il est toujours désagréable d'être objet d'attention quand on ne le désire pas, vous heurter à un douanier lubrique ou à un admirateur trop collant ne signifie pas que la situation risque de dégénérer gravement.

L'intérêt que l'on vous manifeste s'explique en partie par le fait que les Sénégalaises font rarement de longs voyages seules et qu'une femme étrangère non accompagnée constitue un phénomène inhabituel. En outre, à cause des téléfilms et films importés, les Africains considèrent fréquemment les femmes occidentales comme des "débauchées".

Vos vêtements conditionnent grandement la façon dont on vous regarde. Les femmes africaines s'habillent de vêtements traditionnels ou occidentaux ; si vos habits sont très différents, vous attirerez l'attention. Pour certains hommes, la tenue vestimentaire peut être considérée comme provocatrice. En règle générale, regardez ce que les autres femmes portent et suivez la tendance. Couvrez vos jambes, du moins jusqu'au genou, avec un pantalon, une jupe ou une jupe-culotte. Au dire d'un bon nombre de voyageuses, on peut aussi éviter d'attirer l'attention en couvrant ses cheveux, surtout des cheveux longs, et plus encore de longs cheveux blonds.

Si vous vous retrouvez dans une situation délicate, montrez-vous prude. Plongez le nez dans un livre, ou inventez un mari imaginaire qui doit bientôt venir vous rejoindre. Si vous voyagez avec un ami, présentez-le comme votre époux.

COMMUNAUTÉ HOMOSEXUELLE

Les Sénégalais, surtout la vieille génération, font preuve d'un comportement très conservateur à l'égard des homosexuels. Les relations gay constituent un tabou culturel et sont très rares chez les Sénégalais. À vrai dire, il est même illégal d'être gay ou lesbienne au Sénégal. Certaines parties de la population, à dominante musulmane, manifestent clairement leur hostilité aux homosexuels : ainsi, des villageois ont empêché que des homosexuels soient enterrés dans le cimetière de leur village. Selon plusieurs voyageurs, cependant, la jeune génération se soucie davantage de respecter ses obligations sociales (se marier et fonder une famille) que de se pencher sur la question gay.

La communauté expatriée, presque exclusivement confinée à Dakar et aux régions touristiques, compte des homosexuels (comme toute communauté occidentale), mais il n'existe pas de "scène" ou de lieux de rendez-vous pour faciliter les contacts. Dans certaines régions du Sénégal toute marque d'affection en public est accueillie avec désapprobation, quelle que soit votre orientation sexuelle.

VOYAGEURS HANDICAPÉS

Les personnes à mobilité réduite auront du mal à voyager au Sénégal. Même si la population locale compte un taux plus élevé de personnes handicapées que les pays occidentaux, les dispositifs pour fauteuils roulants sont pratiquement inexistants. Dans la capitale, quelques rares bâtiments officiels disposent de rampes et d'ascenseurs, mais il s'agit le plus souvent d'édifices dépourvus d'intérêt touristique.

Les déplacements s'avèrent cependant plus simples ici que dans d'autres régions d'Afrique de l'Ouest. En outre, de nombreux hôtels de luxe occupent des immeubles d'un ou deux étages seulement, et quand ils s'élèvent sur plusieurs étages, ces établissements disposent d'un ascenseur.

Le CNRH (Comité national pour la réadaptation des handicapés, 236 bis, rue de Tolbiac, 75013 Paris, ☎ 01 53 80 66 66, cnrh@worldnet.net) peut vous fournir d'utiles informations sur les voyages accessibles.

L'APF (Association des paralysés de France, 17 bd Blanqui, 75013 Paris, ☎ 01 40 78 69 00, fax 01 45 89 40 56, www .aps-asso.com) est également une bonne source d'information.

VOYAGEURS SENIORS

On considère généralement que l'Afrique de l'Ouest ne convient pas aux voyageurs âgés (sous prétexte qu'ils apprécient moins que les jeunes de vivre à la dure), parce que les infrastructures haut de gamme sont rares et les voyages en transport public redoutables. Toutefois, le Sénégal fait exception : il compte de grands hôtels, de même que des stations balnéaires s'adressant avant tout à des groupes de touristes européens de tous âges et en voyage organisé. Les personnes souhaitant découvrir un autre continent et une autre culture pourront ainsi conserver un mode de vie confortable. En outre, cette industrie touristique en plein essor compte d'autres aspects attrayants : circuits en bus ou en taxi, location de voitures (avec ou sans chauffeur) et services médicaux de qualité. Des retraités voyagent même dans les régions les plus reculées du Sénégal et de l'Afrique de l'Ouest dans des conditions qui feraient fuir des jeunes de vingt ans. En réalité, l'âge entre moins en ligne de compte que l'état d'esprit.

VOYAGER AVEC DES ENFANTS

Au Sénégal, la plupart des grands hôtels du littoral s'adressent aux groupes, lesquels viennent souvent en famille. Si la plage ou la piscine perd de son intérêt, ils organisent des jeux, des manifestations et d'autres attractions pour les enfants, ainsi que des services de garde en soirée.

Dans les régions touristiques ou les grandes villes, certains établissements ou hôtels de luxe disposent de chambres familiales avec 3 ou 4 lits, pour un prix un peu plus élevé que celui d'une double. Vous pouvez aussi demander qu'on installe un lit ou un matelas supplémentaire dans votre chambre.

Cela mis à part, les infrastructures destinées aux enfants sont rares dans la région. Les hôtels classiques ne pratiquent pas de réductions pour les enfants – un lit est un lit. De la même manière, les enfants paient leur place dans les transports publics. Les petits Sénégalais ne paient pas dans les bus ou les taxis-brousse, mais ils voyagent sur les genoux de leur mère.

Ce que les adultes apprécient ici (marchés, mosquées, architecture, étendues sauvages) n'exerce pas toujours le même attrait sur les enfants. En outre, les distances entre les sites sont parfois longues, surtout en transports en commun, et les parents devront faire preuve d'imagination pour distraire leur progéniture.

Néanmoins, selon certaines familles ayant voyagé en Afrique de l'Ouest, l'expérience est enrichissante : les enfants étrangers viennent rarement dans ces pays, et grâce à eux on peut plus facilement engager la conversation.

Le guide Lonely Planet *Travel with Children*, de Maureen Wheeler, disponible en anglais seulement, offre quantité de conseils et d'idées, dont certaines pour amuser les enfants dans le bus.

DÉSAGRÉMENTS ET DANGERS

Par rapport à d'autres régions du monde, le Sénégal est un pays relativement sûr. La criminalité n'existe quasiment pas en dehors de Dakar. Même dans la capitale, les vols sont relativement rares et les vols avec violence encore davantage. Mieux vaut néanmoins rester vigilant, en particulier à Dakar et dans les villes de Saint-Louis et de Ziguinchor. D'autre part, la possibilité de se faire arrêter par la police en Casamance

---

Les escroqueries

Les arnaqueurs de Dakar et des autres endroits touristiques (notamment Saint-Louis et Ziguinchor) ont perfectionné une multitude de techniques. Certaines sont pleines d'imagination et amusantes, d'autres vraiment dangereuses. Leur objectif est toujours de voler votre argent.

Le livre des voyageurs

Le "livre des voyageurs" est devenu au Sénégal l'un des moyens les plus répandus et les plus efficaces pour tirer de l'argent des touristes. Il en existe plusieurs variantes, mais celle-ci est un classique du genre. Vous vous baladez au marché votre appareil de photo à la main quand un homme s'approche pour vous raconter qu'il vient d'avoir un enfant. Puis il vous demande si cela ne vous dérangerait pas de venir jusque chez lui le prendre en photo avec son bébé. C'est tout près, ce ne sera pas long et ce serait tellement fabuleux pour lui et pour sa femme qui est malade. Quand vous arrivez chez lui, il vous présente sa "femme" malade. Mais de bébé, point. Le papa explique que l'enfant est également souffrant et qu'il a fallu l'emmener à l'hôpital, mais puisque vous êtes là vous prendriez bien un Coca – il vous l'offre ! "C'est notre devoir d'être accueillants", dit-il, "Il y a des quantités de touristes ici et nous ne prenons jamais d'argent pour une boisson". L'absence de tout bébé dans les parages a déjà éveillé un instant vos soupçons… mais vous vous sentiriez vraiment trop grossier de partir alors qu'ils vous bombardent de questions sur votre pays. Quand vous vous levez pour partir surgit alors le "livre des voyageurs", sur lequel figurent des dizaines de noms d'autres touristes occidentaux censés avoir donné de l'argent pour aider la famille à s'acheter du riz – le "don" moyen étant de 19 000 CFA . À ce stade, rares sont ceux qui réchappent. Votre seule chance de vous en sortir c'est de partir dès que vous comprenez qu'il n'y a pas de bébé, ou mieux, de dire dès le départ que vous ne voulez pas donner d'argent.

Les vendeurs de chaussettes

Un jeune vous accoste dans la rue avec une paire de chaussettes à vendre. Même si cela ne vous intéresse pas, il vous suit quelques minutes, pour vous évaluer. Un comparse s'approche et tente de vous persuader d'acheter les chaussettes. Il se penche et commence à tripoter votre pantalon et vos chaussures, pour vous montrer à quel point les chaussettes iraient bien avec vos vêtements. Vous vous laissez distraire, vous vous penchez pour tenter de l'éloigner et, pendant ce temps, le premier vous déleste de votre portefeuille, placé dans la poche de votre pantalon.

La solution ? Soyez ferme, marchez de façon résolue, restez calme et ne vous laissez pas distraire. Et n'achetez jamais de chaussettes dans la rue.

n'est pas exclue. Renseignez-vous aux chapitres concernés.

Précautions

En prenant des précautions simples, vous passerez des vacances paisibles. Les conseils recensés ci-dessous s'appliquent surtout aux grandes villes, mais pas exclusivement.

Évitez de constituer une cible facile. Prenez le minimum avec vous ; laissez votre sac à l'hôtel, ainsi que votre appareil photo et votre baladeur. Les passeports, chèques de voyage et cartes de crédit peuvent eux aussi rester à l'hô-

tel. Si vous craignez des vols dans l'hôtel, demandez au gérant de placer vos objets de valeur dans le coffre (s'il y en a un). En Casamance, il faut avoir son passeport sur soi à tout moment, en raison des nombreux points de contrôle. Prenez une photocopie ou un papier d'identité de moindre importance.
• Dissimulez votre argent et autres signes extérieurs de richesse. Ne portez pas de bijoux ou de montre, même s'ils n'ont pas de grande valeur. Prévoyez deux portefeuilles, l'un pour les achats quotidiens et l'autre que vous cacherez sous des vêtements amples. Les voyageurs arborant une banane de couleur vive ou, pire encore, un sac à bandoulière, ou encore une

---

Les escroqueries

Vous vous souvenez de moi ?
Dans les régions touristiques, les jeunes usent d'une technique qui consiste à vous aborder dans la rue et à vous dire : "Salut, c'est moi, de l'hôtel, vous me reconnaissez ?" Vous n'êtes pas sûr. Vous ne vous souvenez pas de lui, mais vous ne désirez pas faire preuve d'impolitesse. Vous vous arrêtez donc pour discuter. Peut-il vous accompagner un instant ? Bien sûr. Et la conversation suit son cours. Ensuite, il tente de vous emmener dans la boutique de son frère, de vous proposer de l'herbe, de vous trouver un taxi, de vous faire visiter les lieux. Vous êtes pris au piège et finissez par accepter quelque chose.

Il existe une variation sur ce thème. L'arnaqueur prétend être un employé de l'hôtel, ou le "fils du patron", sorti faire des courses pour le bar ou le restaurant. Mais il y a eu un problème à la boutique et il vous demande de lui prêter de l'argent, que vous déduirez de votre note d'hôtel. Il connaît votre nom et le numéro de votre chambre, et vous donne même un reçu. Mais, surprise, quand vous rentrez à l'hôtel, personne n'a entendu parler de lui, et vous n'avez aucun moyen de récupérer votre argent.

Pour éviter ce piège, montrez-vous poli, mais ferme : dites que vous ne vous souvenez pas de lui et que vous aimeriez rester seul. Vous pouvez aussi lui demander "quel hôtel ?", mais il travaille peut-être vraiment dans l'établissement, ou vous aura vu en sortir.

L'invitation chez des particuliers
Vous pouvez rencontrer des personnes qui vous inviteront à séjourner chez eux moyennant un repas et quelques boissons, mais l'appétit de votre hôte risque de vous coûter plus cher qu'une chambre d'hôtel. Pendant que vous serez sorti, quelqu'un dans la maison de votre "ami" fouillera votre sac. Cette technique est surtout employée dans les régions touristiques – elle a été employée à Saint-Louis –, mais, dans les régions rurales reculées, on vous offrira l'hospitalité de manière désintéressée.

Police et voleurs
Si vous achetez de l'herbe ou d'autres drogues à un dealer, ne vous étonnez pas qu'il soit de mèche avec la police locale, qui vous retrouvera à votre hôtel et vous arrêtera pour possession de substances illégales. Il vous faudra alors produire de fortes sommes d'argent pour éviter l'arrestation ou l'emprisonnement. La solution est simple : n'achetez pas d'herbe.

Un peu de réalisme

Pour éviter la paranoïa, gardez ceci à l'esprit : eu égard à l'opulence de la plupart des touristes et à l'incroyable niveau de pauvreté d'une grande partie de la population, l'incidence des vols dans cette région s'avère insignifiante. Même un voyageur à petit budget disposant de 12 € par jour possède davantage d'argent que le Sénégalais moyen. Tout en sirotant votre soda à 50 centimes à la gare routière – où un vieil homme tente de vendre pour moitié moins cher des éventails confectionnés avec des feuilles de palmier et où un jeune vous offre, pour cette même somme, de nettoyer vos chaussures –, n'oubliez pas que les Sénégalais travaillent dur pour gagner leur vie et qu'ils méritent votre respect.

poche de pantalon laissant deviner un portefeuille rebondi, cherchent les ennuis.

Ne flânez pas, n'ayez jamais l'air perdu (même si c'est le cas) et évitez de ressembler à un touriste. Marchez de manière résolue et déterminée. Pour éviter de vous perdre, photocopiez les cartes de ce guide. Si vous devez consulter une carte, faites-le discrètement, en entrant dans une boutique par exemple, afin que l'on ne voit pas trop facilement que vous cherchez votre chemin.

N'empruntez pas les ruelles et certaines grandes artères la nuit. Prenez un taxi. Mieux vaut dépenser quelques dizaines de francs pour la course et éviter ainsi les ennuis.

Enfin, louez les services d'un Sénégalais si vous devez parcourir une zone ou un quartier à risque. Votre hôtel pourra vous indiquer quelqu'un, prêt à gagner quelque argent pour vous guider.

Mendicité

Dans presque toute l'Afrique, il n'existe aucune protection sociale pour les chômeurs, les malades, les invalides, les sans-abri ou les personnes âgées. Sans famille pour les aider, ces personnes sont obligées de mendier, et vous les rencontrerez inévitablement lors de votre voyage. L'aide de la famille est cependant très efficace, et les mendiants sont finalement très peu nombreux si l'on considère que l'Afrique occidentale est une des régions les plus pauvres du globe.

Aider les miséreux fait partie de la tradition africaine et constitue l'un des piliers de l'islam donnant aux musulmans accès au paradis ; vous verrez donc des gens eux-mêmes assez pauvres tendre une pièce aux nécessiteux. De votre part, même une petite pièce sera très appréciée. Si vous n'avez pas de monnaie, dites simplement : "la prochaine fois" ou une phrase similaire.

Cadeaux et pourboires

Les habitants qui quémandent un cadeau (à ne pas confondre avec les mendiants) constituent une plaie pour les visiteurs. Où que vous alliez, vous entendrez toujours : "Donnez-moi un cadeau." Il s'agit le plus souvent d'enfants, mais aussi de jeunes et d'adultes, aux yeux desquels tous ceux que Dieu a favorisés devraient distribuer leurs richesses. Les étrangers non africains étant censés être riches (et ils le sont, en un sens), on s'attend à ce qu'ils se montrent généreux. On vous demandera souvent de l'argent, mais aussi peut-être, après quelques minutes de conversation, votre chapeau, vos chaussures, votre appareil photo ou votre vélo. Vous n'êtes pas obligé de donner quoi que ce soit : pour ces jeunes, cela ne coûte rien d'essayer et un refus poli les offensera rarement.

La situation est différente lorsqu'il s'agit de faire un cadeau en échange d'un service rendu, ce qui s'apparente davantage à un pourboire. Au Sénégal, le mot cadeau est utilisé aussi dans le sens de pourboire, ce qui ajoute à la confusion. Il n'existe pas de règle en la matière : vous montrer du doigt la direction de l'arrêt du bus n'est pas un grand service, mais passer dix minutes à vous aider à trouver un hôtel en est un. Si vous cherchez combien donner, pensez au prix d'une bouteille de soda ou de bière. Permettre à votre interlocuteur d'aller "boire un verre" se révèle suffisant. Si vous ne souhaitez pas donner de pourboire, ne demandez pas de grand service. Souvenez-vous, toutefois, que certaines personnes vous aideront par simple gentillesse, sans rien attendre en échange.

Sachez néanmoins que, dans les endroits touristiques, certains habitants ont fait profession d'engager la conversation avec les touristes et de leur proposer des services "amicaux" (du renseignement à la carte postale, en passant par la drogue et le sexe) en échange d'argent. Les autres Africains méprisent généralement ces importuns. Évitez ceux-ci autant que possible, sauf si vous avez absolument besoin de quelque chose et que vous êtes prêt à payer.

Dessous-de-table
Une certaine forme de corruption fait partie des mœurs africaines. La plupart des fonctionnaires arrondissent leurs maigres fins de mois en soutirant de l'argent à la première occasion, et les étrangers doivent s'attendre à ce type de désagrément. À l'aéroport ou à la frontière, par exemple, le douanier peut fouiller vos bagages et vous demander : "Vous n'avez rien d'autre ?", ce qui signifie que, si vous ne lui faites pas un petit cadeau, la fouille va se poursuivre pendant des heures.

Les voyageurs ont le choix entre plusieurs attitudes. La meilleure est de feindre l'ignorance. Si la manœuvre échoue, spécifiez clairement que vous ne donnerez rien. Parfois, la requête peut se muer en menace, telle que le refus d'entrée sur le territoire. Il ne s'agit bien souvent que d'un bluff, mais cela peut durer plusieurs minutes. Il faut absolument rester poli. Vous pouvez demander à parler à un supérieur, mais ne proférez jamais de menace en retour. Laissez toujours à la personne avec qui vous traitez une marge de manœuvre suffisante pour faire marche arrière et sauver la face. Dans presque tous les cas, on vous laissera partir.

Si vos papiers ne sont pas tous en règle, vous êtes plus vulnérable. Renseignez-vous bien sur les formalités à accomplir, car certains fonctionnaires peuvent aller jusqu'à en inventer pour vous soutirer de l'argent. Parfois, vous serez obligé de jouer le jeu – par exemple, si les responsables traînent pour vous délivrer un visa, votre seule possibilité est de donner une petite somme ou un cadeau, mais procédez avec précaution : n'offrez jamais simplement de payer, et vérifiez que la personne attend bel et bien un petit supplément. Le cas échéant, demandez si une "taxe particulière" est exigée pour accélérer la procédure.

SUBSTANCES ILLÉGALES
La marijuana se trouve facilement au Sénégal, mais sa consommation y est interdite. Si l'on vous arrête en possession de substances illégales, vous risquez jusqu'à deux ans d'incarcération dans une prison africaine... ce qui est loin d'être réjouissant. Cependant, à moins d'être arrêté par un policier particulièrement intègre ou de transporter une quantité particulièrement importante de drogue, on vous "persuadera" plutôt de payer le prix de votre tranquillité. Un prix assez peu négociable. En tout état de cause, vous serez dans de beaux draps si vous vous faites prendre.

EN CAS D'URGENCE
Pour joindre la police en cas d'urgence, faîtes le ☎ 17 et pour les pompiers le ☎ 18. Pour appeler SOS Doctor il faut faire le ☎ 821 32 13, mais ce service risque de ne fonctionner que sur Dakar.

HEURES D'OUVERTURE
Les commerces ouvrent du lundi au vendredi de 8h à 12h et de 14h30 à 18h. Les bureaux de l'administration observent les mêmes horaires. La plupart des banques travaillent de 8 h 30 à 11 h 30 ou 12 h et de 14 h 30 à 16 h 30. Certaines ouvrent le samedi jusqu'à 11 h. La banque à l'aéroport de Dakar reste ouverte jusqu'à minuit.

JOURS FÉRIÉS ET MANIFESTATIONS ANNUELLES
Fêtes catholiques et fêtes musulmanes sont célébrées au Sénégal. Ces dernières dépendent du calendrier islamique – voir l'encadré *Islam*. Parmi les autres fêtes, citons :

Nouvel An :	1er janvier
Jour de :	4 avril
l'Indépendance	
Lundi de Pâques :	mars ou avril
Dimanche :	7e dimanche après Pâques
de Pentecôte	
Lundi de Pentecôte :	le lendemain

Ascension :	40 jour après Pâques
Fête du travail :	1er mai
Assomption :	15 août
Noël :	25 décembre

Autre grande manifestation annuelle, le pèlerinage et les cérémonies du grand Magal qui se déroulent à Touba 48 jours après le Nouvel An, pour commémorer le retour d'exil du fondateur de la confrérie islamique des mourides. Citons, enfin, le rallye Paris-Dakar qui se termine mi-janvier au lac Retba (appelé aussi lac Rose).

ACTIVITÉS SPORTIVES
Bicyclette
Le cyclotourisme constitue un excellent moyen de visiter le Sénégal. Dans certaines régions, en particulier le littoral et la Casamance, il existe des agences de location de bicyclettes. Le choix est vaste : il va des VTT ultralégers aux vieux vélos de route. Pour de plus amples informations ou encore si vous désirez apporter votre propre bicyclette, consultez le chapitre *Comment circuler*.

Pêche
À Dakar, vous pourrez organiser des excursions de pêche en haute mer, ainsi que des sorties plus décontractées dans les anses et les cours d'eau des alentours. Selon la saison, on trouve notamment des barracudas, des thons, des marlins, des espadons et des bars.

Football
Le football est le sport le plus pratiqué et le plus populaire d'Afrique. Si vous souhaitez jouer, vous pourrez participer à des matchs de qualité dans les universités et les stades municipaux; Cependant, toutes les villes d'Afrique possèdent un terrain et des matchs se déroulent presque tous les soirs (sur la côte, les équipes se rencontrent sur la plage). Le ballon ressemble parfois à une balle de tennis et les buts, pas toujours bien alignés, sont marqués par des piquets. Même si elles demandent parfois de zigzaguer entre les flaques d'eau, les fossés, les chèvres et les ânes, les parties sont prises très au sérieux. Elles se jouent avec rapidité et vigueur, le ballon restant près du sol. Les Sénégalais accueillent chaudement

les étrangers, et c'est là un excellent moyen de rencontrer des gens. Si vous apportez votre ballon, vous serez la vedette du jour.

Baignade et sports aquatiques
Dans les régions touristiques du Sénégal, la plupart des grands hôtels possèdent une piscine ouverte au public. À défaut, faites votre choix parmi les nombreuses plages – certaines présentent cependant des risques (grosses vagues, corniches abruptes et courants puissants). Renseignez-vous avant de vous baigner dans l'océan.

Dans les zones touristiques comme la Petite-Côte, vous avez la possibilité de louer des voiliers, de pratiquer le ski nautique et d'autres sports mécaniques. À Dakar, vous pouvez faire de la plongée et du kayak. Pour plus de détails, voir les chapitres sur les régions.

COURS ET LEÇONS
Divers lieux proposent des cours de percussions et d'instruments de musique locaux. Il est également possible de suivre des cours de danse, de techniques narratives, d'artisanat, de batik et de cuisine.

Pour apprendre à jouer du tam-tam, rendez-vous à Malika et à l'île de Gorée, près de Dakar, ainsi qu'à Kafountine et Saint-Louis. Reportez-vous aux chapitres correspondants.

TRAVAILLER AU SÉNÉGAL
En France, quelques organismes offrent des opportunités de travail bénévole sur des projets de développement ou d'environnement.

Comité de coordination pour le service volontaire international
Unesco, 1 rue Miollis, 75015 Paris
(tél. 01 45 68 49 36, fax 01 42 73 05 21, ccivs@unesco.org, www.unesco.org/ccivs)

Délégation catholique pour la coopération (DCC)
9 rue Guyton-de-Morveau, 75013 Paris (tél. 01 45 65 96 65, ladcc@worldnet.fr, www.cef.fr/dcc)

HÉBERGEMENT
Le Sénégal compte un large éventail d'établissements, depuis les hôtels internationaux de Dakar jusqu'aux maisons modestes

des régions reculées ou des quartiers mal famés, en passant par la catégorie moyenne, confortable. Généralement, les prix reflètent la qualité. Les hôtels de luxe possèdent des chambres propres et bien conçues, avec clim., s.d.b., douche et toilettes en état de marche. Dans la catégorie moyenne, les chambres disposent d'une s.d.b., parfois sans eau chaude, et d'un ventilateur. Si vous louez une chambre ventilée, n'utilisez pas la clim., le cas échéant, car celle-ci sera facturée. Dans la catégorie petits budgets, les chambres, pas toujours propres (voire répugnantes), sont dotées de s.d.b. communes dans un triste état et pour tout système de climatisation un trou dans une fenêtre.

De nombreux hôtels, en particulier les meilleur marché, font aussi office de maison de passe. C'est parfois également le cas des établissements de luxe – la qualité de la chambre reflète les moyens du client.

Dans toutes les catégories, vous pouvez marchander le prix des chambres, particulièrement en basse saison. Les gérants préfèrent une chambre occupée à une chambre vide ; si les tarifs ne sont pas dans vos moyens, n'hésitez pas à demander une réduction.

La plupart des villes sénégalaises possèdent un campement, qu'on peut comparer à une auberge ou à un motel, mais qui n'a rien à voir avec un camping. Traditionnellement, les campements offrent un hébergement simple, moins élaboré que les hôtels. Néanmoins, si certains campements sont bon marché et rudimentaires, d'autres proposent des services de qualité à des tarifs comparables à ceux des hôtels de catégorie moyenne. Il existe également des auberges et des gîtes, de

La taxe touristique

Tous les hôtels et campements au Sénégal, mis à part les campements du CRI en Casamance, font payer une taxe touristique de 600 CFA par personne, parfois incluse dans les tarifs affichés. Dans ce guide, les prix mentionnés comprennent généralement la taxe.

qualité très variable. Les maisons de passage (ou cases de passage), spartiates et souvent situées près des marchés ou des gares routières, disposent simplement de chambres qui sont presque toutes louées à l'heure.

La majorité des hôtels s'adressant aux touristes proposent des tarifs de haute et de basse saison. Dans ce guide, nous mentionnons les prix pratiqués en haute saison (décembre à avril). En basse saison, comptez de 25 à 50% moins cher. Si vous négociez, vous pourrez encore faire baisser les prix, mais quantité d'établissements ferment pendant cette saison. Si le petit déjeuner est compris, sa qualité dépend de celle de l'établissement : buffet dans les hôtels les plus chers, café et pain dans les moins onéreux.

Certains hôtels font payer la chambre, et le prix est le même, que vous soyez seul ou non (mise à part la taxe touristique). Les couples ont parfois la possibilité de partager une simple.

La nuit, l'électricité est souvent coupée (les grands hôtels possèdent généralement un groupe électrogène) ; nous vous conseillons donc de vous munir d'une lampe de poche et de bougies.

Le Sénégal compte peu de terrains de camping, et les rares qui existent accueillent principalement les camping-cars. Toutefois, certains hôtels et campements autorisent le camping ou disposent d'un terrain sur lequel on peut planter sa tente. Les sites sont rarement recouverts d'herbe, et il faut le plus souvent enfoncer les piquets dans un sol compact et dur.

ALIMENTATION

Le Sénégal est un véritable paradis culinaire. La nourriture locale est très bonne et la cuisine internationale, en particulier dans les grandes villes, offre un choix varié à des prix raisonnables. Les voyageurs à l'estomac sensible pourront même goûter aux nombreux plats succulents du pays, à condition qu'ils s'habituent progressivement au changement. Les troubles intestinaux sont le plus souvent dus à une mauvaise hygiène, mais ils peuvent survenir n'importe où et ne sont pas si fréquents.

En Afrique de l'Ouest, la cuisine se fait et se vend généralement à l'extérieur. Les plats locaux présentent peu de danger, car ils

La récolte du vin de palme

En voyageant sur les petites routes du Sénégal du Sud, vous verrez des hommes récoltant le "vin de palme". Cette boisson alcoolisée, très prisée, qui est la sève du palmier à huile, remplace la bière ou le vin en bouteille là où les habitants ne peuvent se les offrir. Chaque récoltant grimpe au palmier en s'aidant d'une sangle (*kandab* en diola), attachée autour de la taille et du tronc. Sous les feuilles, il perce un trou dans l'écorce jusqu'à la sève. Le liquide s'écoule dans un récipient (autrefois une gourde ou une calebasse, mais aujourd'hui une bouteille en verre récupérée), par le biais d'un entonnoir (ceux en plastique remplacent désormais les entonnoirs traditionnels faits avec des feuilles de palmier). Quelques heures plus tard, le récoltant retrouve sa bouteille pleine d'un liquide sucré, épais et blanc, prêt à être bu. À ce stade, la sève est plus forte que de la bière, mais pas autant que le vin. Parfois, on y ajoute de la levure ou du sucre, et le mélange fermente pendant la nuit ou quelques jours. On pourrait comparer le vin de palme au Chardonnay (sans la saveur raffinée), en plus fort quelquefois.

Le vin de palme se récolte en perçant un trou dans l'écorce, juste en dessous des feuilles.

mijotent plus longtemps (parfois la journée entière) et les ingrédients sont toujours frais. En revanche, dans les restaurants haut de gamme, les aliments peuvent avoir séjourné longtemps dans le réfrigérateur, victime de nombreuses coupures de courant.

Le végétarisme n'est pas une coutume africaine, mais on trouve néanmoins des plats sans viande – dont se nourrissent généralement les gens peu fortunés. Sachez que le poulet n'est pas considéré comme de la "vraie" viande et que même les sauces les plus simples contiennent parfois un peu de viande ou de graisse animale.

Dans la rue
Si vous vous déplacez beaucoup en Afrique de l'Ouest, ou si vous mangez peu et souvent, la "nourriture de rue", peu chère, fera parfaitement votre affaire. Rarement servie sur une assiette avec des couverts, elle est plutôt présentée sur une brochette ou enveloppée dans du papier ou dans un sac plastique.

Aux coins de rue et autour des gares routières, plus particulièrement le matin, des échoppes vendent des morceaux de baguette avec du beurre, de la pâte à tartiner au chocolat, de la mayonnaise ou des sardines. Le prix dépend de la taille du morceau de pain et de la garniture : si vous demandez une tranche à 100 CFA avec 75 CFA de mayonnaise, un sandwich vous coûtera donc 175 CFA.

Nous vous conseillons les stands à café, où les clients, assis sur un banc autour d'une table, sirotent du Nescafé mélangé à du lait condensé sucré et servi avec des tartines beurrées – le tout pour 300 CFA. Vous pouvez aussi commander du thé (en sachet). Certains stands proposent aussi des œufs frits ou des sardines. Le thé ou le café sont parfois confectionnés à partir d'un mélange d'herbes locales appelé *kinkilaba*, qui teinte l'eau en marron et donne à la boisson un goût "boisé" assez agréable. Il existe aussi un café épicé appelé *café Touba* ou *café saf*.

Le matin, les femmes vendent, dans de grands bols fermés par un couvercle en osier, un genre de yaourt appelé *sow* en wolof ou *kossam* en peul. Elles le mélangent souvent avec du mil pilé (*cheri* ou *latcheri*) et du sucre, pour obtenir ainsi du *chacori*. Comptez 150 CFA la portion. Quand le mil est bouilli avant d'être intégré au yaourt, on obtient une sorte de porridge, appelé *fanday* en wolof et *monaye* en peul.

Le soir, les femmes proposent du *kaako/mboom*, ou mil pilé mélangé à de la sauce, pour 200 à 300 CFA la portion. Autre ingrédient usuel : les haricots, surtout les *niebe*, pilés et frits, ou encore écrasés et servis en sandwich - le plus souvent au petit déjeuner, mais pas exclusivement. Le *cheri bassi* se compose d'une pâte de haricots, de mil et d'arachides pilés.

Le soir, vous pourrez acheter, pour environ 150 CFA pièce, des brochettes constituées de petits morceaux de bœuf, de mouton ou de chèvre cuits sur le grill. Des vendeurs ambulants, équipés de fours sur roulettes, proposent des morceaux de viande rôtie, plus consistants. Essayez également les boules de manioc frites.

Les *dibiteries*, sortes de cabanes – quelques murs autour d'un four – servent de la viande grillée et rôtie, généralement mélangée à des oignons et des épices. Vous pouvez consommer sur place (on vous offrira peut-être un banc) ou emporter votre repas. Demandez une portion en fonction de la somme que vous êtes disposé à payer. Par exemple, une part de 1 000 CFA peut nourrir une ou deux personnes. Si cela ne vous suffit pas, réclamez un supplément de 500 CFA.

En ville, vous trouverez aussi des *chawarmas*, identiques aux kebabs libanais : de fines tranches d'agneau grillé servies avec de la salade dans du pain pita, avec de la sauce aux pois chiches, pour environ 800 CFA.

Pour les en-cas, essayez les arachides – avec ou sans la cosse, bouillies, grillées, salées ou sucrées. Certaines échoppes vendent également des beignets.

Les repas

Les repas ouest-africains typiques se composent d'un plat de base servi avec de la sauce, dont l'intérêt réside dans la variété des ingrédients. Le Sénégal a la réputation d'offrir la meilleure cuisine d'Afrique de l'Ouest, et on trouve ses plats les plus classiques dans tous les restaurants, modestes ou plus sophistiqués, à des prix modiques. Les plats africains vont du plus simple au plus complexe en fonction du talent du cuisinier, des ingrédients disponibles et du budget des clients.

Si vous avez la chance de séjourner chez des Sénégalais, remerciez-les de leur hospitalité en offrant un repas à toute la famille. De cette manière, vous verrez comment se préparent les plats. Pour vous faire une meilleure idée encore, accompagnez votre hôtesse au marché (ce sont toujours les femmes qui s'occupent de la nourriture à la maison) pour voir quelles denrées elle choisit.

Le riz constitue la nourriture de base. Le mil, également très consommé, se pile avant la cuisson. Dans les zones rurales, les femmes concassent le mil dans des mortiers en bois à l'aide de pilons, parfois pendant des heures. En certains endroits, un entrepreneur, ou une association, a installé un moulin mécanique, mais cela reste financièrement hors de portée de nombreux habitants. La farine de mil est ensuite cuite à la vapeur et humidifiée jusqu'à ce qu'elle forme une sorte de pâte épaisse, que l'on mange ensuite avec les doigts.

L'arachide, cultivé partout, entre dans la composition du *mafé*. Le *domonah*, également à base d'arachides, contient de la viande ou des légumes. Parfois, on ajoute de l'huile de palme, épaisse et de couleur orange, à la préparation.

Le *tiéboudienne* (également orthographié "thieboudjenne" ou "thieboudjen"), plat national du Sénégal, se compose de riz additionné de sauce au poisson et aux légumes. Il en existe deux variétés : le *thieb khonkhe (chebhonk)*, à la sauce tomate, et le *thieb wekh*, sans tomate. Également réputé, le *yassa de poulet* est constitué de poulet grillé mariné dans une sauce aux oignons et au citron. Le yassa se cuisine aussi avec du poisson et de la viande. Essayez aussi le *riz yollof*, ou *thieb yape*, un plat de légumes et/ou de viande mijotés dans une sauce à l'huile et aux tomates.

Tous ces plats sont habituellement servis avec du riz. Dans le *bassi-salété* ("couscous" sur certains menus), à la semoule de mil s'ajoutent des légumes et de la viande ; on le sert souvent le soir ou pour les occasions spéciales. On utilise aussi en cuisine les feuilles de manioc. Parmi les autres légumes courants, citons les oignons, les tomates, les pommes de terre, les patates douces, l'okra (ou gombo) et les haricots verts. Les *jaxatu* (prononcez "jakatou") sont un genre de tomates vertes ou orange, extrêmement amères.

Pour assaisonner les plats, les Sénégalais emploient des piments et des bouillons cubes, le plus souvent de la marque Maggi.

Où se restaurer

Nous vous conseillons vivement – si vous avez la chance de vous faire inviter – de partager le repas d'une famille. Néanmoins, vous prendrez certainement le plus souvent vos repas au restaurant. Les établissements les plus modestes portent le nom de *gargote*. La plupart n'ont pas d'enseigne, mais on les identifie facilement aux portières multicolores qui pendent à l'entrée. Comptez environ 300 CFA pour un plat de riz en sauce, un peu plus pour un plat plus élaboré (avec du poisson ou de la viande). Les gargotes ne proposent qu'un ou deux plats chaque jour.

Si vous prenez vos repas dans les petits restaurants, sachez que le tiéboudienne est seulement servi au déjeuner et les plats de mil le soir.

Dans les établissements plus chic, le menu comporte parfois des plats "internationaux", comme du poulet ou du poisson grillé avec des frites. Les restaurants de catégorie moyenne reçoivent principalement des Sénégalais aisés et des étrangers et sont souvent assez chers s'ils ne servent que des plats internationaux, en particulier si certains ingrédients sont importés d'Europe.

Nombreux sont les endroits abritant des "fast-foods" spécialisés dans les pizzas, les hamburgers, les hot-dogs ou les sandwiches libanais.

Fruits

Les fruits dépendent de la saison, mais on peut généralement trouver des oranges, des mandarines, des pamplemousses (mûrs en dépit de leur peau verte), des bananes (de couleur et de taille variées), des goyaves et des mangues. Dans les grandes villes, on trouve aussi des fruits importés d'autres pays africains, comme les pommes et les ananas. Étrangement, les papayers, qui poussent dans toute la région, sont pratiquement considérés comme de mauvaises herbes : ce sont les chèvres qui se nourrissent des fruits tombés au sol.

BOISSONS
Boissons sans alcool

Les sodas de marques internationales et locales sont en vente virtuellement partout. Dans les minuscules échoppes des villages les plus reculés, vous ne trouverez peut-être que fort peu à manger mais toujours quelques bouteilles de Coca, recouvertes de poussière. L'eau minérale en bouteille est disponible dans les grandes villes, les villages et les régions touristiques.

Comme pour la bière, le prix des sodas varie considérablement : très bon marché aux étals des bords de route à très cher dans les restaurants chics. En règle générale, un soda vaut moitié moins qu'une bière.

Le *bisap* est une boisson locale de couleur violette, faite d'eau et de feuilles d'hibiscus. Vous verrez les enfants en vendre dans la rue, dans des sacs en plastique. Cette boisson est rafraîchissante, mais mieux vaut ne pas en consommer, car l'eau utilisée n'est pas toujours propre.

Le thé existe sous deux formes : à l'occidentale, en sachets (appelé "Lipton", même s'il s'agit d'une autre marque) et le thé local – souvent appelé *attaya*, fait avec des feuilles de thé vert (souvent importé de Chine) et servi avec beaucoup de sucre dans de petits verres. On y ajoute parfois de la menthe ; le thé peut n'être parfois qu'une simple tisane de menthe. Si vous êtes invité chez l'habitant vous vous verrez sûrement offrir l'attaya. Sachez toutefois qu'accepter le premier verre vous entraîne dans un rituel qui dure une bonne heure. Le thé est en effet infusé trois fois, donnant à chaque fois des breuvages au goût différent (généralement plus doux), qu'il convient de savourer successivement. Refuser les verres suivants passerait donc pour une offense.

En matière de café, on vous proposera presque exclusivement du Nescafé, mais l'endroit où vous le prendrez déterminera sa saveur. Dans les stands à café, on y ajoute du lait condensé sucré, tandis que, dans les restaurants plus sélects, on vous servira une tasse d'eau chaude avec un sachet de Nescafé, auquel vous ajouterez du lait et du sucre à volonté.

Alcools

Au Sénégal, on peut consommer des bières importées d'Europe et d'Amérique, mais il existe aussi des marques brassées localement. La Gazelle, en bouteille de 630 ml, coûte entre 500 et 900 CFA. La Flag, plus forte et meilleure, se vend dans des bouteilles de 330 ml et vaut 500 CFA dans les établissements bon marché et 1 500 CFA dans les hôtels et restaurants de catégorie supérieure, qui ne proposent d'ailleurs jamais de Gazelle. La Flag existe aussi dans des bouteilles de 650 ml et à la pression.

Vous pouvez aussi essayer une "bière" à base de mil, de couleur marron et d'aspect granuleux, mais la boisson la plus réputée de la région est le vin de palme.

MANIFESTATIONS SPORTIVES

Comme partout en Afrique, le sport le plus populaire au Sénégal est le football. Des matchs se déroulent à tout moment, plus particulièrement le soir et le week-end durant la saison sèche.

Chaque ville et village possède un terrain et les rencontres avec les bourgades voisines attirent un large public, certains jeunes n'hésitant pas à monter dans les arbres pour profiter du spectacle. Renseignez-vous auprès des habitants pour connaître le lieu et l'heure des matchs.

En ville, on a construit de grands stades, notamment le stade Senghor, au nord de Dakar. Les matchs opposant le Sénégal à ses voisins jouissent d'une large couverture médiatique et attirent des foules immenses. Le football sénégalais a considérablement évolué ces dernières années, pour atteindre

La coupe du Monde 2002

Nul n'aurait pu imaginer un tel scénario. Le Sénégal a causé dès l'ouverture du Mondial 2002, au Japon et en Corée, une des plus grandes déceptions qu'ait jamais connu l'équipe de football française – qui défendait son titre de champion du monde – en la battant 1 à 0. Comble du paradoxe : les Lions de Teranga, nom sous lequel est connue l'équipe de football sénégalaise, étaient exclusivement composés de joueurs établis en France et habilement entraînés par Bruno Metsu, un Français qui considère Dakar comme sa patrie.

Dans la capitale sénégalaise, les supporters qui avaient tout juste espéré que leur équipe nationale ne soit pas trop mauvaise, laissèrent déferler leur joie. Des foules jubilantes s'attroupèrent devant le palais présidentiel et l'on vit le président Wade lui-même en train de frapper un ballon du pied avant de s'avancer dans la foule.

La victoire sur la France ne fut que le début de l'excellente performance réalisée par le Sénégal. Des joueurs tels que El Hadji Diouf, Pape Bouba Diop, Ferdinand Coly, Khalilou Fadiga et Salif Diao, qui étaient donnés perdants, sont devenus de véritables héros quand les Lions ont marqué 1 à 1 face au Danemark avant qu'un match nul 3 à 3 contre l'Uruguay les qualifie pour le second tour.

Deux buts superbes de Henri Camara, le second étant un but en or en période supplémentaire, ont permis au Sénégal de battre la Suède 2 à 1 et de s'imposer comme le seul pays d'Afrique, après le Cameroun en 1990, à se retrouver en quart de finale dans la coupe du Monde. Cependant, le rêve s'est brisé quand la Turquie a remporté ce dernier match grâce, elle aussi, à un but en or.

son heure de gloire au Japon et en Corée lors des rencontres de 2002 (voir l'encadré *La coupe du Monde 2002*).

Les marchés sénégalais

Les marchés sénégalais, très étendus, pleins de vie, pittoresques et toujours fascinants, méritent une visite même si vous ne souhaitez rien y acheter.

Il existe deux types de marchés. Le premier s'adresse aux Sénégalais qui font le commerce de biens de consommation courante, comme les fruits et les légumes, les vêtements et l'outillage, ainsi que, dans les grandes villes, les radios, les lecteurs de cassettes et autres équipements électriques, les chaussures importées et les pièces détachées. Le second type de marché, plutôt destiné aux touristes, présente de l'artisanat. Ces endroits portent souvent le nom de "village artisanal". Dans certaines bourgades, ces deux types de marchés ne font qu'un et sont très intéressants à visiter.

Les marchés les plus importants se trouvent dans les grandes villes, comme Dakar et Kaolack, mais ceux des villages méritent

Les marchés, qui sont des lieux d'échange uniques, vous permettent de côtoyer la population locale.

aussi le détour. Dans les zones rurales, en particulier à la frontière de la Gambie et au Sénégal du Sud, le marché hebdomadaire, appelé *lumo*, attire commerçants et clients de toute la région, de même que des pays voisins comme la Mauritanie, le Mali, la Guinée et la Guinée-Bissau.

La plupart des voyageurs adorent visiter les marchés. Cependant, il peut-être pénible de traiter avec des vendeurs qui prennent un malin plaisir à vous harceler. Comment garder le sourire quand ils vous attrapent par le bras et vous attirent sans ménagement vers leur étal "juste pour voir" ? Ne vous croyez pas obligé de céder à la pression, sous prétexte que vous venez d'un pays plus riche. Si le commerçant devient trop insistant dites simplement "non merci" et poursuivez votre chemin.

Vous serez moins souvent abordé sur les marchés des petites villes, mais si vous voulez visiter un grand marché traditionnel à Dakar, allez-y de préférence tôt le matin, quand les échoppes viennent d'ouvrir et que les vendeurs ne sont pas encore complètement échauffés ; en outre, il fait plus frais que dans la journée.

Sur quelques marchés, ces désagréments deviennent également passablement dangereux : des pickpockets opèrent dans la foule, et on court aussi le risque de se trouver aux prises avec une bande de voyous se faisant passer pour des commerçants, et qui cernent les touristes pour leur voler sacs et appareils photo. Pour plus de détails, reportez-vous à la rubrique *Désagréments et dangers* de ce chapitre.

La lutte traditionnelle (*boreh*, *buray* ou *beauré* en wolof et dans les autres langues locales) est une manifestation sportive très populaire, qui attire un large public de Sénégalais et d'étrangers. Le spectacle constitue une expérience amusante. Les préliminaires s'avèrent aussi divertissants que les combats : les lutteurs entrent dans l'arène revêtus d'un pagne multicolore, doté d'une queue à l'arrière, le corps et les bras couverts de gris-gris en cuir ; ils font lentement le tour du ring en gardant un œil sur le public. Les vrais champions reçoivent quantité de cadeaux de la part de leurs admirateurs, certains étant même précédés par des griots jouant du tam-tam.

Chaque quartier a ses héros. Entre chaque match retentissent tambours, flûtes, sifflets et chants. Les rencontres se composent de nombreux matchs, chacun durant quelques minutes seulement et se terminant quand l'un des deux adversaires touche le sol (si l'un des lutteurs pose un genou au sol, le match prend fin). Parfois, jusqu'à quatre matchs se déroulent en même temps. Les prises sophistiquées, les jetés techniques ou les points n'existent pas ; pour vaincre l'adversaire, on accepte les morsures, les coups de pied et les coups de poing.

Les matchs se déroulent tout au long de l'année, mais plus particulièrement en novembre et en décembre. Le chapitre *Dakar* recense les arènes où se déroulent les rencontres.

ACHATS

Les boutiques, les échoppes et les marchés feront la joie de plus d'un voyageur. Dans tous les lieux touristiques, on trouve des étals de sculptures en bois, de qualité variable et pas toujours originales. On peut dédaigner cet art pour touristes mais, en cherchant bien, on déniche parfois des choses intéressantes. Les sculptures sont badigeonnées de teinture marron ou noire, le plus souvent avec du cirage à chaussures.

Outre les sculptures, vous trouverez un vaste choix de bijoux, en particulier des colliers et des boucles d'oreilles confectionnés avec des perles en verre aux couleurs vives. Les orfèvres mauritaniens créent traditionnellement de la bijouterie délicate en argent filigrané. Ils travaillent principalement à Dakar, près du marché Sandaga.

Tous les marchés du Sénégal proposent une large gamme de tissus aux couleurs chatoyantes (qui déteignent parfois) et aux motifs spectaculaires. De nombreux voyageurs achètent un pan de tissu et demandent à un tailleur de confectionner un vêtement en s'appuyant sur un modèle existant. Les tailleurs, dont les échoppes se situent le plus souvent les unes à côté des autres, près des marchés, peuvent exécuter la commande en un ou deux jours,

pour un prix très raisonnable. Vous pouvez aussi acheter les pantalons larges et les chemises multicolores que portent les Sénégalais ; très abordables, ces vêtements ont cependant une durée de vie assez courte.

Pour les amateurs de musique africaine, il existe quantité de cassettes de fabrication locale, vendues sur les marchés ou dans la rue. Des artistes internationaux comme Youssou N'Dour produisent fréquemment des albums à usage "interne" qui ne voient jamais le jour en Europe. La qualité n'est pas toujours des meilleures avec des prix s'échelonnant entre 2 et 6 € le CD.

De nombreux voyageurs viennent dans cette région pour apprendre à jouer des percussions. On trouve des djembés traditionnels sur tous les marchés touristiques, surtout sur le littoral. Ils resteront pour vous un très beau souvenir de voyage – certes encombrant. Leur prix reflète leur qualité, très variable. Les koras sont moins faciles à dénicher, mais vous pourrez faire un saut au monastère de Keur Moussa, près de Dakar, où les moines bénédictins doivent leur réputation à la fabrication de ces instruments.

En vente partout, les peintures sur tissu prendront encore moins de place dans vos bagages. Les batiks, produits en série, ne sont pas toujours de bonne qualité.

Les collectionneurs d'art africain s'intéresseront plus particulièrement aux sculptures en bois, comme les masques, les coiffes et les tabourets provenant de toute l'Afrique centrale et occidentale, exposés dans les galeries de Dakar. Certaines de ces pièces sont des originaux – ce qui amène à se demander si l'on devrait encourager les Africains à vendre le meilleur de leur héritage culturel –, tandis que d'autres sont des répliques réalisées pour la vente.

Certaines échoppes dans les marchés vendent de l'ivoire. Si on a le droit d'acheter de l'ivoire au Sénégal, il est illégal d'en exporter en Europe (et ailleurs). Si les douaniers découvrent de l'ivoire dans vos bagages, vous encourez une arrestation, une amende, voire une peine de prison. En achetant de l'ivoire, vous encouragez le braconnage des éléphants.

Comment s'y rendre

VOIE AÉRIENNE

La transformation de plusieurs compagnies européennes a eu une incidence sur le nombre de vols réguliers vers le Sénégal, moins nombreux qu'auparavant. L'accroissement du nombre de vols charters compense un peu cet état de fait mais pas entièrement car ces derniers ne fonctionnent souvent qu'en haute saison, de novembre à avril. Toujours est-il qu'il existe des vols pour Dakar (la capitale du Sénégal) depuis Paris, bien sûr, et un certain nombre de grandes villes d'Europe et d'Afrique. Si l'on vient d'Amérique de Nord, il faut obligatoirement passer par l'Europe. Les vols charters partent de France ou de Belgique.

Billets

Grâce à la concurrence, les voyages en avion reviennent moins cher que jamais. Encore faut-il savoir dénicher les tarifs les plus compétitifs et, en ce domaine, Internet s'avère l'un des moyens les plus efficaces.

En général, il n'est pas très avantageux d'acheter son billet directement auprès des compagnies, en particulier sur leurs sites web. Pour bénéficier des meilleurs tarifs mieux vaut se tourner vers certaines agences, notamment celles qui sont spécialisées dans les billets à prix réduits. Commencez votre recherche le plus tôt possible : certains billets bon marché doivent s'acheter des mois à l'avance et certains vols très prisés sont vite complets.

Les charters, généralement directs et meilleur marché que les vols réguliers, constituent une option intéressante. De fait, une importante proportion de voyageurs arrivent par charter au Sénégal. Certains vols charters sont inclus dans un forfait comprenant l'hébergement et d'autres services plus ou moins intéressants. De plus en plus de compagnies de charters vendent aussi des vols secs, souvent très avantageux.

Si vous utilisez Internet, vous apprécierez sans doute la rapidité et la facilité avec laquelle on peut comparer les tarifs des dif-

---

ATTENTION !

En raison de l'évolution constante du marché et de la forte concurrence régissant l'industrie du tourisme, les renseignements présentés dans ce chapitre restent purement indicatifs. En particulier, les tarifs des vols internationaux et les horaires sont toujours susceptibles d'être modifiés.

De plus, l'administration et les compagnies aériennes semblent prendre un malin plaisir à concevoir des formules relativement complexes. Assurez-vous, auprès de la compagnie aérienne ou d'une agence de voyages, que vous avez bien compris les modalités de votre billet.

Avant de vous engager, nous vous recommandons de vous renseigner auprès de votre entourage et de faire le tour des compagnies et des agences, en comparant les tarifs et les conditions proposés par chacune.

---

férentes agences de voyages qui ont un site ; certaines même n'offrent pas exclusivement leurs services sur le Web. Acheter son billet en ligne s'avère pratique quand on a besoin d'un simple billet aller ou d'un billet aller-retour à des dates déterminées. Toutefois, cela ne remplace pas une bonne agence de voyages dès qu'il s'agit de mettre au point un itinéraire plus compliqué. Une bonne agence peut vous informer sur les moyens de réduire le nombre d'escales et de connaître les compagnies offrant un bon service à bord et/ou une assurance fiable.

Aussi est-il est prudent de prévoir une assurance dès que possible. Si vous la contractez une semaine avant votre départ, vous vous apercevrez peut-être qu'elle ne couvre pas, par exemple, les retards causés par des mouvements de grève.

Services particuliers

Si vous avez des requêtes particulières concernant votre voyage – vous avez une jambe cassée, vous êtes végétarien, vous voyagez avec un bébé ou en fauteuil roulant, vous devez en aviser la compagnie aérienne puis rappeler vos desiderata au moment de confirmer votre billet et à l'enregistrement des bagages à l'aéroport. Compagnies aériennes et aéroports internationaux sont généralement aptes à répondre à tous vos besoins. Ce n'est pas le cas des aéroports au Sénégal. À bord des compagnies locales, les toilettes peuvent parfois poser problème. Renseignez-vous à l'avance.

Les enfants de moins de deux ans ne paient que 10% du prix d'un billet classique (ils voyagent même gratuitement sur certaines compagnies) s'ils n'occupent pas de siège. Ils ne peuvent pas avoir de bagage. La compagnie fournit parfois des couffins spéciaux pouvant accueillir un enfant de moins de 10 kg, si vous en faites la demande à l'avance. Les enfants âgés de 2 à 12 ans paient la moitié ou les deux tiers du prix normal et peuvent avoir leur bagage. Les poussettes sont souvent acceptées en bagage à main.

Depuis/vers l'Europe francophone

Les meilleurs tarifs que vous obtiendrez auprès de votre agent de voyages pour un aller/retour Paris-Dakar devraient se situer entre 450 et 550 €. Air France assure un vol quotidien à 449/928 € aller simple/ aller-retour et la compagnie belge SN Brussels Airlines un vol promotionnel (*via* Bruxelles) à 599 €.

À partir de la France et de la Belgique, les agences de voyages à prix forfaitaires disposent de tarifs plus intéressants que ceux des vols réguliers. Certaines, par exemple, proposaient, au moment de nos recherches, des forfaits comprenant le vol, l'hébergement et certains repas à partir de 400 € pour une durée allant jusqu'à deux semaines – un prix qui reste avantageux même pour qui ne voudrait pas loger à l'hôtel prévu ni prendre les repas compris.

Au Sénégal, la meilleure agence reste Nouvelles Frontières à Dakar (voir *Renseignements* dans le chapitre *Dakar*), qui propose des allers simples pour Paris aux environs de 380 €.

Cherchez le meilleur tarif sur Internet

Voici une sélection non exhaustive des sites les plus visités :

www.anyway.com
www.ebookers.fr
www.lastminute.com (dont font désormais partie Dégriftour et Réductour).
www.travelprice.com
www.sncf.com (en partenariat avec Expedia)
www.voldiscount.com
www.c-mesvacances.fr/vol
www.karavel.com
www.onparou.com

La liste des agences citées ci-dessous est indicative et ne présente aucun caractère exhaustif. Faites jouer la concurrence et comparez les tarifs, les prestations et les conditions. Certaines ne vendent que des vols secs, d'autres des séjours ou des circuits (en groupe ou à la carte) uniquement, ou encore proposent les deux formules.

VOLS SECS

Air France (☎ 0 820 820 820) 119 av. des Champs-Élysées, 75008 Paris, www.airfrance .fr , 3615/16 AF

Air Senegal International (☎ 01 56 64 14 00) 21 rue Vernet, 75008 Paris

Comptoir des déserts (☎ 01 53 10 21 60, fax01 53 10 21 61) 344 rue Saint-Jacques, 75005 Paris, www.comptoirs.fr, 3615 Comptoirs Afrique, Maroc

Fleuves du Monde (☎ 01 44 32 12 85, fax 01 44 32 12 89) 17 rue de la Bûcherie, 75005 Paris, www.fleuves-du-monde.com. Tourisme fluvial, charme et aventure !

Fuaj (Fédération unie des auberges de jeunesse), ☎ 01 48 04 70 40, fax 01 42 77 03 29) 9 rue Brantôme, 75003 Paris, www.fuaj.org, 3615 Fuaj

Handi Cap Evasion (☎/fax 04 78 42 38 51) 27 quai Tilsitt, 69002 Lyon, http://hce.free.fr ou www.hce.asso.fr. Organise des voyages pour les voyageurs handicapés.

Havas Voyages (☎ 01 53 29 40 00, fax 01 47 03 32 13) 26 avenue de l'Opéra, 75001 Paris, www.havasvoyages.fr, 3615 Havas Voyages

I.care (☎ 01 55 20 23 86, fax 01 55 20 23 93, www.icare.net) 220-224 bd Jean Jaurès, 92773 Boulogne Cedex. Spécialisé dans les voyages pour les handicapés.

Nouvelles Frontières (Réservations et informations au ☎ 0 825 000 825). Nombreuses agences en France et dans les pays francophones (☎ 01 45 68 70 00), 87 bd de Grenelle, 75738 Paris cedex 15, www.nouvelles-frontieres.fr, 3615 NF.

OTU (☎ 0820 817 817 ou 01 44 41 38 50) 39 avenue Georges Bernanos, 75005 Paris, www.otu.fr

Voyageurs Associés (☎ 04 91 47 49 40, fax 04 91 47 27 68) 39 rue des Trois-Frères-Barthélémy, 13006 Marseille (☎ 03 88 24 97 00, fax 03 88 24 97 01) 1 rue de Zurich, 67000 Strasbourg

Voyageurs en Afrique (☎ 01 42 86 16 60) 55 rue Sainte-Anne, 75002 Paris

Voyageurs du Monde (☎ 01 42 86 16 00, fax 01 42 86 17 88 par fax, indiquer votre destination) 55 rue Sainte-Anne, 75002 Paris, www.vdm.com, 3615 Voyageurs. Leurs départements couvrent différentes régions du monde.

Usit Connections (☎ 01 42 44 14 00, n° Indigo : 0 825 08 25 25, fax 01 44 55 32 60, www .usitconnections.fr www.usitworld.com, 3615 Usit) 14 rue Vivienne, 75002 Paris, (☎ 01 42 34 56 90, 01 42 44 14 00, fax 01 42 34 56 91) 6 rue de Vaugirard, 75006 Paris

Wasteels (☎ 08 03 88 70 04, fax 01 43 25 46 25, www.voyages-wasteels.fr , 3615 Wasteels) 11 rue Dupuytren, 75006 Paris,

En Belgique

Airstop (☎ 70 23 31 88) 28 Wolvengracht, 1000 Bruxelles, www.airstop.be

Connections (☎ 2 550 01 00, fax 2 512 94 47) rue du Midi 19-21, 1000 Bruxelles (☎ 2 647 06 05, fax 02 647 05 64, www .connections.be), avenue Adolphe-Buyl 78, 1050 Bruxelles, (☎ 9 223 90 20, fax 09 233 29 13) Nederkouter 120, 9000 Gand, (☎ 4 223 03 75, fax 04 223 08 82) rue Sœurs-de-Hasque 7, 4000 Liège. Le spécialiste belge du voyage pour les jeunes et les étudiants.

Éole (☎ 2 227 57 80, fax 2 219 90 73) chaussée de Haecht 43, 1210 Bruxelles

Joker Toerisme (☎ 02 502 19 37, brussels @joker.be) bd Lemonnier 37, 1000 Bruxelles. Une agence affiliée au café Via-Via, à Yoff, au Sénégal.

En Suisse

Jerrycan (☎ 22 346 92 82, fax 22 789 43 63) 11 rue Sauter, 1205 Genève.

STA Travel (☎ 21 617 56 27, fax 021 616 50 77) 20 bd de Grancy, 1006 Lausanne, (tél. 22 329 97 33, fax 022 329 50 62) 3 rue Vigner, 1205 Genève, (☎ 22 818 02 20, fax 22 818 02 29) 8 rue de Rive, 1204 Genève. Coopérative de voyages suisse. Propose des vols à prix négociés pour les étudiants jusqu'à 26 ans et des vols charters pour tous (tarifs un peu moins chers au départ de Zurich).

Depuis/vers le Canada

Les Canadiens bénéficieront de tarifs plus intéressants *via* l'Europe. Des vols à tarifs très attractifs relient Montréal à Paris. Vous pouvez contacter certaines agences de voyages citées dans le paragraphe *Depuis/vers l'Europe francophone.* Mieux vaut téléphoner ou envoyer un message par e-mail, car la plupart ne répondent pas au courrier ni aux télécopies de l'étranger. Au Canada, les offres des agences suivantes méritent également d'être étudiées :

Funtastique Tours (☎ 514-270-3186 fax 270 8187) 8060 rue Saint-Hubert, Montréal, Québec H2R 2P3

Travel Cuts – Voyages Campus (☎ 514-281 66 62, fax 281 8090) 225 Président Kennedy PK-R206, Montréal, Québec H2X 3Y8 (☎ 514-284 1268, boîte vocale) 2085 av. Union, suite L-8, Montréal, Québec H3A 2C3 (☎ 416-979 2406), 187 rue College, Toronto, Ontario M5T 1P7

Depuis/vers d'autres pays africains

Si votre séjour au Sénégal fait partie d'un périple africain, vous devrez sans doute quitter le pays en avion. La plupart des capitales de l'Afrique de l'Ouest sont d'ailleurs reliées à Dakar.

Pour les voyageurs se rendant dans l'Est ou le Sud de l'Afrique, bonne chance ! Malgré la proximité géographique apparente, cela revient plus cher et plus long d'aller dans ces régions en partant de Dakar que de passer par l'Europe. Les vols sont souvent reportés et les escales dans les aéroports interminables. Pour prendre un long-courrier en Afrique, mieux vaut aimer l'aventure et avoir son temps. Il n'existe aucun vol direct entre Dakar et l'Afrique de l'Est ou l'Afrique australe. On trouve des billets sur plusieurs compagnies pour rejoindre Nairobi (Kenya), Harare (Zimbabwe) ou Johannesburg (Afrique du Sud), mais ils sont très onéreux. Il faut généralement passer par au moins une autre capitale ouest africaine, généralement Lagos (Nigeria), Accra (Ghana) ou Abidjan (Côte d'Ivoire).

Gambie. Air Sénégal International propose cinq vols par semaine entre Dakar et Banjul pour 48 000 CFA l'aller simple. Gambian International Airlines opère les autres jours au même prix.

Autres pays d'Afrique occidentale.
Dakar est reliée à la plupart des capitales d'Afrique occidentale, mais le nombre de compagnies assurant ces liaisons et le nombre de vols proposés ont diminué ces dernières années. Ghana Airways relie Dakar à Accra *via* Banjul le dimanche et le mercredi. L'aller simple/aller-retour coûte 280 000/ 338 600 CFA. Air Mali offre un vol pour Bamako le lundi et le vendredi à 83 800/154 800 CFA. TACV Cabo Verde Airlines assure trois liaisons hebdomadaires avec Praia (115 000/145 500 CFA). Le mardi, Air Guinée dessert Conakry *via* Banjul et Labé (environ 125/165 €).

Maroc. De nombreux voyageurs font le trajet en avion entre Dakar et Casablanca pour éviter de traverser la Mauritanie et le Sahara occidental par voie terrestre. Le tarif aller simple habituel Dakar-Casablanca sur Royal Air Maroc est de 530 €, le tarif jeune de 370 €.

Taxe de sortie
Au Sénégal, il n'y a pas de taxe de sortie à l'aéroport.

VOIE TERRESTRE
Passage de frontières
Le Sénégal possède des frontières communes avec quatre autres pays d'Afrique occidentale. Au nord se trouve la Mauritanie, dont le principal poste-frontière se situe à Rosso, où un ferry traverse le fleuve Sénégal. On trouve d'autres passages secondaires le long du fleuve.

Depuis le Mali, à l'est, la plupart des voyageurs rejoignent le Sénégal en train. Toutefois, l'état des routes s'est amélioré dans la région et le taxi-brousse est de plus en plus utilisé. Le principal passage se situe entre Kidira (Sénégal) et Diboli (Mali).

Au sud-est, toutes les liaisons terrestres entre la Guinée et le Sénégal se font depuis/vers Koundara ou Labé. La route la plus fréquentée en direction de Labé passe par Kédougou (dans le Sud-Est du pays) ou par la petite ville de Mali (que l'on appelle généralement Mali-ville, pour la distinguer du pays du même nom).

De la Guinée-Bissau, au sud du Sénégal, le principal point de passage se situe à São Domingos, entre Ziguinchor et Ingore. Il existe également des petites routes tranquilles plus à l'est.

Si vous voyagez au Sénégal par vos propres moyens, que ce soit en stop, à bicyclette, par les transports publics ou avec votre propre véhicule, la route généralement empruntée arrive du nord, traversant le Sahara. Vos trouverez ci-dessous quelques brefs détails.

Bus et taxi-brousse
Pour en savoir plus sur les divers types de bus et de taxi-brousse du Sénégal, consultez plus loin le chapitre *Comment circuler*.

Gambie. Vous trouverez ci-dessous les différentes possibilités pour franchir la frontière.

Le principal poste-frontière se situe à Karang, entre le Nord du Sénégal et la Gambie, pas très loin en voiture au nord de Barra, où l'on peut prendre un ferry qui effectue la traversée vers Banjul. Au départ de Dakar, vous pouvez soit prendre un bus pour Barra (3 000 à 3 500 CFA, 6 à 9 heures) puis de là le ferry, soit un taxi-brousse Peugeot (4 500 CFA, 6 heures) jusqu'à la frontière à Karang.

Depuis la région de la Casamance au sud du Sénégal, des taxis-brousse (Peugeot ou minibus) assurent une liaison régulière entre Ziguinchor et la ville frontière de Séléti (2 000 CFA, 1 heure 30), où l'on change pour Serekunda (1 000 CFA, 1 heure). On peut également se rendre de Kafountine à Brikama (1 200 CFA, 1 heure). Entre Dakar et Ziguinchor, l'autoroute transgambienne passe par l'intérieur des terres à partir de Kaolack et traverse la Gambie en passant par Farafenni et Soma. Un ferry franchit le fleuve Gambie.

La Gambie est aussi accessible depuis l'Est du Sénégal, en passant par Tamba-counda, Vélingara et Basse Santa Su, et en franchissant la frontière à Sabi.

Guinée. La majeure partie de la circulation entre le Sénégal et la Guinée s'effectue depuis/vers Labé, une grande ville du nord-ouest de la Guinée. La route la plus fréquentée passe par Koundara, mais il y a également un peu de circulation sur celle de Kédougou (dans le Sud-Est du Sénégal) et celle de Mali (petite ville généralement appelée Mali-ville, pour la différencier du pays du

Par voie terrestre à travers le Sahara occidental

Il existe trois routes principales traversant le Sahara vers l'Afrique occidentale : la route de Hoggar (par l'Algérie et le Niger), la route de Tanezrouft (par l'Algérie et le Maroc) et la route du Sahara occidental (par le Maroc et la Mauritanie). Depuis l'apparente accalmie de la rébellion fondamentaliste en Algérie, le trafic a repris régulièrement dans les deux sens en 2001 sur la route du Hoggar. C'était la première fois depuis les années 1980. Cette adoucissement ne concerne visiblement pas les contrebandiers (ou bandits, selon la personne qui vous en parle) qui continuent de s'en prendre à ceux qui passent dans la partie nord malienne de cette route de Tanezrouft, autrefois très fréquentée. Au moment de la rédaction de ce guide, la route du Sahara occidental demeurait la seule ouverte ; c'est la plus directe pour se rendre au Sénégal. Si vous envisagez de voyager au Sahara, n'hésitez pas à consulter l'excellent site Internet du spécialiste du désert, Chris Scott : www.sahara-overland.com. Parmi les autres sites utiles, citons celui du Club 153 (dont le nom vient du numéro de l'ancienne carte Michelin du Nord de l'Afrique occidentale) : www.manntaylor.com/153.html ; et le site français jmt.ch-hyeres.fr.

La route de l'Atlantique – vers le sud

La traversée du Maroc est assez directe (reportez-vous au guide Lonely Planet *Maroc*). À environ 500 kilomètres au sud d'Agadir, on pénètre dans ce territoire très disputé qu'est le Sahara occidental, puis la route continue le long de la côte jusqu'à Dakhla.

Vous découvrirez quelques hôtels bon marché et un terrain de camping (qui loue également des chambres) à Dakhla, endroit idéal pour trouver d'autres véhicules avec qui faire route. Si vous pratiquez l'auto-stop, les conducteurs arrivant d'Europe (particulièrement de France et d'Allemagne) dans une voiture d'occasion, dans le but de la vendre en Afrique occidentale, vous prendront peut-être à bord, mais vous demanderont de partager avec eux les frais d'essence et de formalités. Les véhicules mauritaniens ne sont pas autorisés à prendre des auto-stoppeurs. On a signalé plusieurs fois que des auto-stoppeurs risquaient d'être abandonnés dans le désert, à moins de payer une "taxe" importante.

Pendant des années, un convoi partait deux fois par semaine de Dhakla vers le sud, mais depuis 2002 ce n'est plus le cas. Tous les services de douane et d'immigration ont été transférés vers le sud à la hauteur de Fort Guergarrat, à la frontière. Une fois passé en Mauritanie, il reste encore 100 km à parcourir pour rejoindre Nouâdhibou. N'oubliez pas d'emporter du ravitaillement pour les deux derniers jours. Si vous n'avez pas l'habitude de ce type de parcours ou ne disposez que d'un véhicule à deux roues motrices, joignez-vous à un groupe susceptible de vous porter secours en cas de besoin. La route est bien indiquée et, si mauvaise soit-t-elle, ne la quittez pas. Les épaves tordues sont la preuve que les champs de mine sont tout proches.

même nom). Si vous quittez le Sénégal, Tambacounda est le meilleur endroit pour trouver un moyen de transport. Presque tous les jours un taxi-brousse brinquebalant part en effet de là pour Koundara *via* Medina Gounas et Sambaïlo (où vous risquez d'avoir à en changer). Pour ce trajet rude, chaotique et lent, il faut compter 8 000 CFA.

Guinée-Bissau. Des taxis-brousse relient plusieurs fois par jour Ziguinchor et Bissau (4 000 CFA, 147 km) *via* São Domingos (la

frontière) et Ingore. La route est en bon état, mais en raison des ferries entre Ingore et Bissau, le trajet peut prendre entre quatre et huit heures. Il arrive que la frontière ferme à São Domingos, apparemment sur un simple coup de tête des gardes-frontières, mais généralement c'est de courte durée. Sinon, les autres possibilités consistent à aller de Tanaf à Farim ou de Tambacounda à Gabú *via* Vélingara.

Mali. Traditionnellement, les voyageurs se rendent de Dakar à Bamako en train sur toute,

Par voie terrestre à travers le Sahara occidental

De Nouâdhibou, la plupart des véhicules suivent la côte vers le sud en direction de Nouakchott. La route traverse le parc national du Banc d'Arguin et parcourt 160 kilomètres le long de la plage, à marée basse, avec, d'un côté, le sable mou et, de l'autre, les vagues s'écrasant sur votre pare-brise. Quelques véhicules, ainsi que la plupart des motos et des auto-stoppeurs, continuent en train vers l'est, à destination de Choûm, puis reprennent la route vers Nouakchott, *via* Atar et Akjout. Le train va de Nouâdhibou vers l'est en direction de Choum le lundi. Il revient le samedi. Pour être sûr d'avoir de la place, d'un côté comme de l'autre, il faut être présent la veille. De Nouakchott à Rosso, à la frontière sud, la route est droite et bien goudronnée. Rosso est un paradis de l'arnaque, mais si vous êtes motorisé vous pouvez pénétrer au Sénégal par une autre voie moins pénible. À l'entrée dans Rosso, tournez à droite (vers l'ouest) sur une piste de sable qui suit le fleuve Sénégal pendant 97 km jusqu'à Maka-Diama. Il y a des postes-frontières des deux côtés du fleuve et la traversée vous coûtera 5 000/10 000 CFA en hiver/été. Une fois sur l'autre rive, vous serez tout près de Saint-Louis, de son confort et de ses boissons fraîches. Pensez à emporter quelques paquets de cigarettes qui constituent les meilleurs des "pots de vin", pas trop chers et généralement efficaces.

La route de l'Atlantique – vers le nord

Il est maintenant permis de suivre cette route qui passe par la Mauritanie pour se rendre vers le nord. Néanmoins, c'est difficile de le faire sans être motorisé car l'essentiel du trafic sur cette route se réduit au trajet à sens unique vers le purgatoire des véhicules qu'est l'Afrique occidentale. Mieux vaut donc prévoir son moyen de transport au départ de Nouakchott. Si vous ne trouvez rien, vous pouvez encore opter pour une autre solution de plus en plus pratiquée (et plus aventureuse) : vous rendre à Choum *via* Atar par le premier moyen de transport possible, puis emprunter le train qui transporte le minerai de fer jusqu'à Nouâdhibou.

Arrivé à Nouâdhibou, il vous faut trouver un autre moyen de transport, ce qui n'est pas facile. Le mieux reste d'aller voir dans les terrains de campings. Si vous disposez de votre propre véhicule, prenez vers le nord et faite tamponner votre passeport au petit poste, puis continuez jusqu'à Fort Guergarrat où vous compléterez les formalités douanières pour entrer au Maroc. Même si tout est beaucoup plus facile qu'auparavant, il reste préférable d'attendre d'autres véhicules à Nouâdhibou pour former un mini-convoi avant de rejoindre Dakhla. Les conducteurs sans expérience du terrain auront également intérêt à prendre un guide pour aller de Nouâdhibou à Nouakchott, ce qui devrait coûter autour de 150 € pour cinq véhicules.

ou presque, la durée du trajet. Désormais, une nouvelle grande route, sans doute la meilleure du pays, relie Tambacounda et Kidira, à la frontière, ce qui rend le trajet en taxi-brousse beaucoup plus intéressant. De Tambacounda à Kidira (3 heures, 184 km) comptez 4 000 CFA en taxi-brousse Peugeot, 2 700 CFA en minibus et 2 300 CFA en grand bus express. À Kidira, il suffit de franchir le pont pour se retrouver à Diboli, d'où des taxis-brousse vous emmènent à Kayes pour 2 500 CFA. Une fois arrivé à Kayes, le trajet se poursuit généralement à bord du train qui dessert Bamako presque tous les jours.

Mauritanie. La ville de Rosso constitue le principal point de passage frontalier. Un ferry traverse à cet endroit le fleuve Sénégal. Vous pouvez rejoindre Rosso directement au départ de Dakar par un taxi-brousse Peugeot (4 600 CFA, 6 heures, 384 km), mais la plupart des voyageurs s'arrêtent à Saint-Louis. Au départ de cette ville, le trajet pour Rosso coûte 1 540 CFA (2 heures, 106 km) en taxi-brousse Peugeot. La traversée du fleuve s'effectue soit en ferry (gratuit pour les passagers), soit en pirogue (650 CFA). Depuis le poste d'immigration mauritanien il y a 500 m jusqu'à la gare routière, d'où partent des taxis-brousse pour Nouakchott.

Voiture et moto

Il vous est possible de circuler en voiture entre le Sénégal et les pays voisins, mais l'état des routes varie d'un pays à l'autre.

Pour le Mali, la route de Tambacounda jusqu'à Kayes est directe mais, au-delà, elle suit la voie ferrée et se dégrade nettement, et ceci jusqu'à Kita. L'Union européenne s'est engagée à améliorer cette route, mais pour le moment le mieux reste encore de se diriger sur Diamou, puis de là, sur Bafoulabe, et de faire un détour par Manatali pour rejoindre Bamako par des chemins de terres corrects.

En direction de la Mauritanie, n'hésitez pas à faire un détour pour éviter le principal poste-frontière de Rosso. Même si l'Atlantique se trouve à 100 km en aval, la région est infestée de "requins". Plusieurs lecteurs nous ont rapporté des histoires terribles de harcèlement, d'extorsion de fonds et autres frus-

trations – et c'est mieux aujourd'hui que ça n'était ! Si vous êtes dans un véhicule à deux roues motrices et que vous ne pouvez pas éviter de passer par là, mieux vaut arriver tôt et éviter le plus possible d'attirer l'attention des douanes mauritaniennes. Si des gardes vous demandent un pot-de-vin, offrez des cigarettes. S'ils vous réclament davantage, dites simplement non. Si vous arrivez au Sénégal, le ferry coûte 2 000 CFA pour une voiture et 3 000 CFA pour un 4x4 ou un camion.

Afin d'éviter tout cela, passez par le barrage de Maka-Diama, à 97 km au sud-ouest de Rosso et juste au nord de Saint-Louis, même si la piste entre le barrage et la grand-route menant du côté mauritanien est une piste de sable très meuble. Ici, la traversée coûte 5 000/10 000 CFA en hiver/été et le poids maximum autorisé pour les véhicules est théoriquement de 2,8 tonnes. Il existe également plusieurs autres possibilités de traversée du fleuve Sénégal en ferry à l'est de Rosso.

Si vous souhaitez vous déplacer au Sénégal (puis dans d'autres pays d'Afrique occidentale, voire en Afrique centrale, de l'Est et du Sud) avec votre voiture ou votre moto, il vous faudra préparer votre voyage avec soin. Ce guide n'a certes pas la prétention de couvrir la totalité des préparatifs nécessaires.

Expédier votre véhicule. Il est possible de faire expédier votre véhicule par bateau, généralement en le chargeant dans un port européen et en le récupérant à Dakar.

Les tarifs varient de 500 à 1 000 € selon la taille du véhicule et sa destination. Outre le coût, le problème majeur est la sécurité. De nombreux propriétaires ont signalé avoir été victimes de vols commis dans et sur leur voiture (rétroviseurs, phares...). Les véhicules ne sont généralement pas fermés pendant leur transport, ni pendant leur stockage au port de destination ; mieux vaut dissimuler ou cadenasser tout votre équipement.

Il vous faudra ensuite récupérer votre véhicule : ce véritable cauchemar vous conduira de bureau en bureau afin d'obtenir de mystérieuses autorisations et de payer des taxes au détour de chaque couloir. Engagez éventuellement un agent, officiel ou officieux, pour vous guider dans ce dédale.

Les trains entre le Sénégal et le Mali

Le *Mistral International* (le train sénégalais) part de Dakar le mercredi à 10h. Les billets s'achètent le lundi et le mardi de 8h à 12h et de 13h à 17h. L' *Express International* (le train malien) part de Dakar le samedi à 10h. Il faut acheter son billet le vendredi entre 8h et 12h ou entre 13h et 17h. Le tableau ci-dessous donne l'indication des horaires et des tarifs de l'*Express International* au départ de Dakar. Les horaires du *Mistral International* sont identiques, mais ses tarifs sont 15% plus chers, une différence tout à fait justifiée. Dans le sens Bamako-Dakar les trains partent à 9h15 le mercredi et le samedi.

Destination	Heure d'arrivée (en CFA)	1re classe (en CFA)	2e classe (en CFA)	Couchettes
Thiès	11h30	6 685	4 900	–
Tambacounda	19h05	12 330	9 035	–
Kidira	23h23	17 050	12 495	–
Kayes	03h55*	19 800	14 515	33 320
Bamako	15h20*	34 250	25 100	51 390

* Indique le jour suivant le départ.

On nous a rapporté qu'un motard a pu éviter ces embûches en envoyant sa moto par avion de Dakar à Paris en passant par Air France Cargo (☎ 820 07 43). Il s'est rendu au service d'Air France Cargo de l'aéroport international Léopold Senghor à Yoff ; là, il a rempli des formulaires grâce à l'aide d'un agent local (recommandé par Air France) ; puis il a chargé son engin (environ 200 kg) sur un stand à vélo – en prenant des photos pour plus de sécurité. L'ensemble de l'opération lui a demandé un peu moins d'une journée et lui a coûté environ 500 €.

Train

Théoriquement, des trains relient Dakar et Bamako deux fois par semaine dans chaque sens en mettant environ 35 heures. Dans la pratique, c'est une galère : souvent l'un des trains ne marche pas, le trajet dure 40 heures ou davantage, de nombreux voleurs hantent les wagons, et les rails cassés et déraillements ne sont pas rares au Mali. Malgré tout, ou de ce fait même, ce trajet sera l'un des plus mémorables de votre vie, en particulier côté malien. Au départ de Dakar, on peut aussi monter ou descendre à Tambacounda (à l'est du Sénégal) ou à Kayes (à

l'ouest du Mali), mais entre Kayes et Bamako il n'y a pas vraiment d'autre choix que le train. Les places sont numérotées, cependant quand on voyage en seconde clase, il vaut mieux s'installer dans le train deux heures avant le départ. Les premières classes sont spacieuses et confortables, les secondes plus chargées mais néanmoins très correctes et plus amusantes. Les couchettes sont rudimentaires mais convenables. Vous pourrez vous restaurer sans vous ruiner dans les gares pendant les arrêts et le *Mistral International* (le train sénégalais) comporte une voiture-restaurant. De fait, le *Mistral International* (qui part de Dakar le mercredi) est pratiquement supérieur en tous points à son homologue malien (qui part le samedi). Tous ceux qui en ont l'habitude le recommandent vivement. (Pour les horaires et les tarifs, voir l'encadré *Les trains entre le Sénégal et le Mali*).

S'il ne reste plus de places disponibles au guichet, adressez-vous à un revendeur au marché noir sur le quai. À défaut, vous pouvez vous rendre par la route à Tambacounda et y acheter votre billet. Cela vous permettra aussi d'économiser de l'argent, quoiqu'il ne reste généralement plus dans cette ville que des billets de première classe.

Voiture et moto dans le train

Il est possible de mettre sa voiture sur le train entre Dakar et Bamako, mais cela revient si cher et s'avère si compliqué que les gens préfèrent en général aller par la route, du moins jusqu'à Kayes. Néanmoins, si vous roulez en deux roues et que vous n'en pouvez plus d'avaler de la poussière, c'est une autre affaire. Allez jusqu'à Kayes, car la route est facile, puis mettez votre véhicule sur le train, n'importe lequel, jusqu'à Bamako. Officiellement, les tarifs se situent autour de 12 000 CFA pour une moto et son conducteur. À quoi il faut ajouter quelque 8 000 CFA pour les faux frais tels que le soulèvement et le chargement. À Bamako, il ne manque pas de gros bras pour vous aider à décharger le véhicules moyennant un millier de francs CFA.

À chaque passage de frontière, il vous faut vous rendre aux bureaux de l'immigration. Les inspecteurs de l'immigration relèvent parfois le passeport des étrangers dans le train, mais il faut dans ce cas aller soi-même le récupérer en descendant à la frontière. À défaut d'informations, si l'on vous prend votre passeport, demandez aussitôt quand et où aller le récupérer.

Les vols sont fréquents dans ce train, les ruses dépassant l'imagination. Restez vigilants : gardez une lampe électrique à portée de main ; si vous quittez votre couchette, en particulier la nuit, demandez à un passager de surveiller vos affaires. Vous êtes une cible idéale dès que les lumières s'éteignent (ce qui est fréquent dans le train et dans la gare). Bonne chance !

VOIE MARITIME

L'époque où l'on pouvait payer sa traversée en travaillant sur un cargo est aujourd'hui révolue. Cependant, quelques veinards réussissent encore à embarquer sur des yachts privés quittant l'Espagne, le Maroc ou les îles Canaries pour voguer vers certains pays d'Afrique de l'Ouest, tels le Sénégal, la Gambie et au-delà.

Une autre possibilité consiste à louer une cabine à bord d'un cargo. Plusieurs cargos partent de ports européens tels que Bordeaux, Hambourg ou Rotterdam, à destination de certains ports d'Afrique occidentale (notamment Dakar) et disposent de cabines confortables, semblables à celles qu'occupent les officiers. Ces possibilités sont très peu nombreuses au départ de l'Amérique du Nord.

Une traversée classique entre l'Europe et Dakar dure environ 8 jours. Son coût varie en fonction de la qualité du bateau, mais constitue rarement une solution économique.

Pour plus de détails, consultez le très pratique *Nouveau guide du voyage en Cargo* (Lattès, 1998), de Hugo Verlomme. À Paris, vous pouvez également contacter le Cargo Club qui se réunit chaque premier mercredi du mois à la librairie Ulysse :

Librairie Ulysse
(☎ 01 43 25 17 35) 26 rue Saint-Louis en l'Île

Des pirogues naviguent entre le delta du Siné-Saloum et Banjul, en Gambie. Vous pouvez vous reporter aux rubriques *Djifer* et *Palmarin* dans le chapitre *Petite-Côte et delta du Siné-Saloum*.

VOYAGES ORGANISÉS

Vous pouvez vous rendre au Sénégal en voyage organisé comprenant notamment le transport, l'hébergement, les repas, les excursions et les guides locaux. Ces séjours durent généralement une ou deux semaines. Outre les adresses des agences de voyages citées sous la rubrique *Voie aérienne*, vous pouvez étudier les offres des prestataires suivants, qui proposent des circuits associant la découverte du pays et des excursions :

Zig Zag (☎ 01 42 85 13 93, fax 01 45 26 32 85, www.zig-zag.tm.fr, Minitel 3615 Zig Zag Voyage) 54 rue de Dunkerque, 75009 Paris. L'agence propose des circuits, dont un de 8 jours en VTT et en pirogue dans le delta du Siné-Saloum et un de 16 jours au pays bassari et au parc national de Niokolo-Koba, où vous ferez de la randonnée à pied et un safari pour voir les grands mammifères.

Voyageurs en Afrique (☎ 01 42 86 16 60, www.vdm.com) La Cité des Voyageurs, 55 rue Sainte-Anne, 75002 Paris. Voyageurs en Afrique organise des voyages individuels de 9 jours avec escales à Saint-Louis, l'île de Gorée, Dakar et Saly-Portugal.

Vie Sauvage (☎ 01 44 51 08 00, fax 01 44 51 08 09, www.viesauvage.fr) 24 rue Vignon, 75009 Paris. L'agence organise des voyages de 9 ou 10 jours à la découverte des oiseaux du Sénégal dans la réserve du Djoudj et le parc national de la Langue de Barbarie, ainsi que des circuits dans le delta du Siné-Saloum à pied et en pirogue, avec excursions dans les *bolongs*.

Republic Tours (☎ 01 53 36 55 55, www.republictours.com) 1 bis av. de la République, 75011 Paris. Republic Tours programe des circuits de 9 jours, de Saint-Louis à Saly-Portugal avec visite du Lac Rose et de l'île de Gorée, et des excursions en 4X4.

Au Canada, vous pouvez commencer vos recherches par les adresses suivantes :

Adventures Abroad (☎ 604-303 1099) 20 800 Westminster Hwy, Richmond, Colombie-Britannique V6V 2W3

The Adventure Centre/Trek Holidays (☎ 416-922 7584) 25 rue Bellair, Toronto, Ontario M5R 3L3

Comment circuler

AVION

Les vols entre le Sénégal et la Gambie voisine se limitent à des liaisons quotidiennes entre Banjul et Dakar, assurées par les compagnies Air Sénégal International et Gambia International Airlines.

Air Senegal International assure des vols quotidiens entre Dakar et Ziguinchor (44 000 CFA aller simple), deux fois par semaine vers Cap-Skirring (59 500/ 110 500 CFA aller simple/aller-retour) et deux vols hebdomadaires vers Tambacounda (64 500 CFA aller simple). Les vols pour Ziguinchor et Cap-Skiring sont à prix raisonnables et valent le coup si vous êtes pressé. Sinon, vous devrez faire le trajet de 12 heures dans un taxi-brousse.

Pour louer un avion charter, contactez de préférence Senegalair Avion Taxis (☎ 821 34 25) à Dakar, qui vous emmènera à Simenti pour aller visiter le parc national de Niokolo-Koba, ou ailleurs si vous le désirez.

BUS EXPRESS

Les bus express sont de grands cars comportant 50 à 60 places, comme on en voit sur les routes reliant les grands villes dans le monde entier. Ceux du Sénégal ne comptent pas parmi les plus luxueux, mais en dehors des taxis-brousse ils offrent le moyen de transport le plus rapide, et souvent le plus fiable, pour aller d'un point à un autre. Ils portent différents noms – tels que *grand car* ou même *très grand car* – mais le type plus répandu est le *car mouride*, sachant qu'ils appartiennent tous aux dirigeants de la puissante confrérie mouride. Sur le côté du bus, vous verrez indiqué le nom de la compagnie, Transport Alzhar, mais, répétons-le, il est rare qu'on les appelle par ce nom. De toute façon, pour réduire les risques de confusion, nous les appellerons tous "bus express". Nous vous conseillons de réserver votre place un ou deux jours à l'avance.

TAXIS-BROUSSE

Les taxis-brousse offrent encore davantage de complexité. Sous cette dénomination se regroupent en effet toutes sortes de véhicules (qui ont généralement l'air d'avoir parcouru des millions de kilomètres, même si on ne voit jamais un compteur kilométrique en état de marche), qui partent quand ils sont pleins et s'arrêtent régulièrement (le nombre d'arrêts variant avec le nombre de passagers).

Le meilleur moment pour prendre un taxibrousse est entre 6h30 et 8h30 le matin, mais les départs dépendent parfois des jours de marché. Ainsi, si vous êtes dans une localité

Les rabatteurs à la gare routière

Dans la plupart des gares routières, les taxis-brousse ne se mettent en route que lorsqu'ils sont pleins, ce qui peut poser un problème quand plusieurs véhicules effectuent le même trajet. Dès que vous arrivez, vous pouvez être à peu près sûr de voir un rabatteur (ou *cotiman*) s'approcher pour vous convaincre de prendre "sa" voiture. En fait il sert de rabattteur au chauffeur qui lui donne une commission pour chaque passager qu'il trouve. Tous les arguments sont bons pour vous inciter à monter : "celle-ci est très rapide", "ce minibus part bientôt" ou "ce bus ne vaut vraiment pas cher". Une autre astuce consiste à placer vos bagages sur le toit de la voiture pour vous empêcher d'en prendre une autre. Ces rabatteurs finissent par être assez agaçants et les gens du pays, qu'ils harcèlent autant que les visiteurs, ne les apprécient guère non plus. Bref, vous n'avez pas besoin d'un guide ni d'une aide quelconque pour vous débrouiller dans une gare routière. Il suffit de dire suffisamment souvent le nom de votre destination pour vous retrouver au bon endroit et n'avoir plus qu'à obtenir un peu de place pour vos bagages.

---

où ce jour-là se tient un marché, prévoyez de le prendre en fin d'après-midi.

Les tarifs des transports publics sont fixés par le gouvernement. En taxi-brousse Peugeot depuis Dakar, le trajet coûte 2 200 CFA (de 3 à 4 heures) jusqu'à Kaolack, 3 100 CFA (de 4 à 5 heures) pour Saint-Louis et 6 500 CFA (de 9 à 10 heures) pour Ziguinchor. En minibus, comptez 20 à 25% de moins et de 30 à 35% en bus Alham.

Après paiement, vous n'obtiendrez pas toujours un billet en échange – le plus souvent d'ailleurs un simple morceau de papier. Les passagers qui arrivent le plus tôt choisissent leur siège, tandis que les derniers se retrouvent à l'arrière sur les sièges les moins confortables.

Taxis Peugeot

Le plus rapide, le taxi Peugeot, porte souvent le nom local de *sept-place* (car il peut accueillir sept passagers) mais aussi parfois de *taxi-brousse*. Ces taxis Peugeot – vous verrez les modèles 503, 504 et 505 – sont généralement confortables, fiables et aussi rapides qu'un véhicule privé une fois qu'ils ont démarré.

Dans les régions reculées, les véhicules transportent parfois une douzaine d'adultes au moins avec enfants et bagages, d'autres passagers s'installant sur le toit avec leurs propres sacs. Ces véhicules effectuant des centaines de milliers de kilomètres sur les pires routes du monde, saluons la qualité de la marque et l'ingéniosité des mécaniciens.

Si vous pensez que le taxi-brousse risque d'accueillir plus de passagers que prévu, achetez 2 places (ce qui revient deux fois plus cher). Parfois, 2 voyageurs partagent 3 places. Si vous désirez louer la totalité du taxi-brousse, multipliez le tarif de la place par sept, puis ajoutez le prix des bagages.

Quand les voyageurs ont attendu longtemps et qu'il ne reste plus que 2 ou 3 places à pourvoir, ils se regroupent parfois pour les acheter. Si vous décidez de le faire, n'espérez pas pour autant que le chauffeur vous fera payer moins parce que vous lui aurez évité de chercher d'autres clients – en Afrique, le temps n'est pas de l'argent. Si le taxi prend quelqu'un en

Le supplément bagages

Quelle que soit votre destination à bord d'un taxi-brousse, vous devrez payer un supplément pour vos bagages, fixé en fonction de leur taille. La raison en est que les tarifs du taxi-brousse, fixés par l'État, ne reflètent pas toujours les frais réels, et qu'il s'agit donc de la seule manière pour les chauffeurs de gagner un peu d'argent. Les Sénégalais acquittent ce supplément, et il doit donc en être de même pour les voyageurs sauf si la somme semble prohibitive.

Pour un sac à dos de taille moyenne, le tarif s'élève à environ 10% du prix du billet, mais il vous faudra déjà beaucoup négocier pour vous en tirer à moins de 20%. Le prix varie souvent en fonction de l'encombrement des bagages. De fait, il n'est pas rare, notamment à l'approche de la fête musulmane de Tabaski, de se retrouver assis au-dessous de plusieurs moutons qui bêlent et pissent sur le toit où ils sont attachés avec une vieille corde. Si c'est le cas, remontez bien la fenêtre jusqu'en haut !

Si vous avez le sentiment qu'on vous demande une somme trop élevée, restez poli mais ferme et le prix baissera rapidement.

route, le prix de son billet revient alors aux passagers qui ont acheté la place et non au chauffeur.

Minibus

Nettement plus lent – et donc plus sûr – vient ensuite le minibus (appelé aussi *petit car*), généralement un Nissan Urvan pouvant transporter 20 personnes assises.

Environ 25% moins chers que les taxis Peugeot, les minibus sont moins confortables que les voitures. Le passage des frontières ou des barrages routiers prend plus de temps, car les passagers à fouiller sont plus nombreux.

Enfin, les *cars rapide*, d'anciens minibus français, sont généralement peints en orange et bleu. Ils sont cabossés, bondés et n'ont de rapide que le nom mais ne manquent pas d'animation. Ils sillonnent essentiellement les zones urbaines.

Ambiance dans les minibus

"Pour aller de Dakar à Foundiougne, on a pris le taxi-brousse jusqu'à Fatick, puis un minibus de 20 places... L'ambiance des minibus est une expérience à ne pas manquer, remplie de situations insolites : communications gestuelles entre chauffeur et client potentiel sur le bord de la route, cochons attachés sur le toit au milieu des bagages, musique à fond..."

Murielle Charpin et Nicolas Jurdit

Bus Mercedes

Encore plus lent, le bus Mercedes blanc, que l'on voit partout, véhicule environ 35 personnes et semble s'arrêter tous les 200 m. Résultat, il peut mettre deux fois plus de temps qu'un taxi Peugeot, mais heureusement, tous les passagers disposent d'une place assise. À Dakar il porte souvent le nom de N'Diaga N'Diaye. Ce nom étant souvent inconnu en dehors de Dakar, il vaut mieux parler de bus Alham (abréviation de Alhamdoulilahi, qui signifie "Grâce à Dieu", comme il est marqué à l'avant de chacun de ces véhicules); Si on ne vous comprend pas, dites *grand car*, dénomination apparemment interchangeable avec les grands bus express. Dans cette rubrique, nous les appellerons des Alham.

Ces bus ne respectent aucun horaire : ils partent quand ils sont pleins ou quand le chauffeur en a envie. On les voit circuler partout et s'arrêter, apparemment , partout pour prendre ou pour déposer des passagers. Aussi, il n'est pas rare que pour un même trajet ils mettent deux fois plus longtemps qu'un taxi Peugeot. Les pannes ne sont pas rares non plus. Reste que ces bus sont d'importants lieux de vie, en particulier dans les régions reculées, et si vous n'êtes pas pressé, ce sont des endroits parfaits pour rencontrer les gens du pays.

Pick-ups

Les pick-ups couverts – que l'on appelle les bâchés –, avec leurs bancs en bois de chaque côté, constituent parfois le seul type de taxi-brousse disponible, particulièrement dans les régions reculées. Ils peuvent officiellement transporter jusqu'à 16 personnes, mais souvent bien davantage : les passagers partagent souvent l'espace disponible avec les bagages et les poulets, se retrouvent parfois dans des positions inconfortables, les pieds surélevés reposant sur de gros sacs de mil. En outre, sur le toit peuvent s'empiler des bagages, des régimes de bananes ou bien des chèvres. Les bâchés roulent très lentement, et les contrôles de police peuvent durer des heures, car il manque fréquemment un document indispensable soit au chauffeur, soit aux clients. Un voyage désagréable vous est absolument garanti, à moins d'adopter une "attitude africaine" : à chaque fois que le véhicule heurtera un nid-de-poule et que votre tête ira cogner le plafond, joignez-vous à l'hilarité générale. Rien ne vaut l'humour africain pour transformer un trajet abominable en une expérience tolérable, voire agréable.

Ralentissez, j'ai mal au cœur !

Par rapport à d'autres pays d'Afrique, la conduite reste assez sage au Sénégal. La plupart des chauffeurs sont conscients de leurs responsabilités. Dans certains cas, il faut même dire au chauffeur de taxi-brousse d'appuyer un peu sur le champignon. Toutefois, il existe ici comme ailleurs ce genre de fou du volant qui fonce avec son vieux tacot à une vitesse à vous faire dresser les cheveux sur la tête, ou encore qui double sans visibilité et traverse comme un bolide les villages, dans l'espoir de se retrouver en tête de file sur le trajet de retour.

Qu'ils sentent leur vie menacée ou non, rares sont les passagers qui se plaignent. Si vous n'en pouvez plus, insistez et dites que vous avez mal au cœur. L'idée de voir son véhicule couvert de vomi aura beaucoup plus d'effet sur le chauffeur que la perspective de rentrer de plein fouet dans un camion chargé d'arachides.

Avertissement

Si vous n'avez jamais conduit en Afrique, ne prenez pas la location d'une voiture ou d'une moto à la légère. Les routes à l'extérieur des villes sont généralement en mauvais état et dangereuses : prenez bien garde aux nids-de-poule, ainsi qu'aux personnes et animaux traversant la chaussée sans prévenir. Les routes secondaires n'étant pas goudronnées, vous devez savoir conduire sur piste. En l'absence de panneaux indicateurs, vous devez aussi savoir lire une carte. Si vous tombez en panne, mieux vaut posséder quelques connaissances en mécanique, et au minimum savoir changer une roue.

CAMION ET STOP

Plus vous vous aventurerez dans les zones rurales, moins les taxis et les taxis-brousse seront fréquents. Le seul moyen de se déplacer consistera alors à emprunter les camions, à l'instar des Sénégalais eux-mêmes. Il faut donner quelque chose au chauffeur, ce qui revient au même prix qu'un taxi-brousse, mais vous n'aurez pas le choix s'il s'agit du seul moyen de transport disponible. Généralement, le voyage s'effectue sur la cargaison ; les sacs de coton ou de riz sont assez confortables, mais il en va autrement du bois ou des barils de pétrole.

Le stop à l'occidentale (qu'on pratique le plus souvent pour faire des économies) est également possible, mais il prend du temps : les chauffeurs disposant de place dans leur voiture espèrent toujours se faire payer l'équivalent d'un ticket de bus. Les véhicules les plus couramment utilisés pour le stop sont des Toyota Land Cruisers blanches conduites par des Sénégalais employés par le gouvernement, les organisations internationales ou les ONG.

Comme dans d'autres parties du monde, le stop n'est jamais entièrement sûr, et nous vous le déconseillons. Les auto-stoppeurs doivent bien comprendre qu'ils prennent un risque ; faible, certes, mais potentiellement grave. Si vous avez l'intention de vous déplacer de la sorte, renseignez-vous d'abord auprès d'autres voyageurs faisant de même (sénégalais ou étrangers). Mieux vaut faire du stop à deux.

TRAIN

Au Sénégal, il n'existe qu'une ligne de chemin de fer, reliant Dakar à Bamako (Mali). De nombreux visiteurs l'empruntent pour se rendre au Mali, mais très peu utilisent cette ligne pour voyager à l'intérieur du Sénégal, bien qu'il soit possible, par exemple, de se rendre de Dakar à Tambacounda. Le seul train de banlieue du Sénégal relie Dakar à Thiès (600 CFA) *via* Rufisque (300 CFA) du lundi au samedi. Curieusement, la ligne de chemin de fer que les Français ont eu tant de mal à établir pour relier Dakar à Saint-Louis, Mbaké et Linguère n'est guère utilisée.

VOITURE ET MOTO

La rubrique *Voie terrestre* du chapitre *Comment s'y rendre* traite de ces modes de transport, que l'on voyage avec son propre véhicule ou un véhicule de location. L'état des routes revêt une importance considérable : certaines pistes sont praticables toute l'année, mais d'autres disparaissent complètement pendant la saison des pluies ; quelques routes goudronnées sont en parfait état, mais d'autres abritent tellement de nids-de-poule que mieux vaut encore emprunter une piste. La situation évoluant d'une année sur l'autre, nous vous conseillons de vous renseigner auprès d'autres conducteurs.

Location

Les locations de voiture coûtent cher. En additionnant le prix de la voiture, le kilométrage, l'assurance et la taxe, on atteint facilement 1 000 € et plus par semaine. Vous devrez en outre acquitter un dépôt de garantie élevé à l'aide d'une carte de crédit. Vous trouverez des agences – Hertz, Avis, Budget, de même que des opérateurs indépendants – dans la capitale et les principales zones touristiques.

Il est généralement interdit de passer les frontières à bord d'une voiture de location, mais le règlement est moins strict en ce qui concerne la frontière Sénégal-Gambie. Pour voyager du nord au sud du Sénégal, il faut en effet le plus souvent traverser la Gambie, ce que les agences comprennent parfaitement.

Apporter sa bicyclette au Sénégal

Si vous arrivez au Sénégal en avion, vous pouvez démonter votre vélo et placer les pièces dans un grand sac ou une caisse, mais il est beaucoup plus simple de le laisser tel quel et de le faire passer comme bagage (certaines compagnies ne l'incluent même pas dans le poids autorisé). De cette manière, les bagagistes, voyant qu'il s'agit d'un deux-roues, n'empilent pas les valises dessus. Selon certains voyageurs, si le vélo ne résiste pas aux manipulations des bagagistes, il est fort probable, de toute façon, qu'il ne résistera pas non plus aux routes africaines. Si vous choisissez de ne pas le démonter, vous devrez cependant enlever les pédales, dégonfler en partie les pneus et tourner le guidon de côté. Malheureusement, certaines compagnies aériennes font désormais payer le transport des vélos, même si la bicyclette et les bagages ne dépassent pas la limite du poids autorisé, pour la simple raison qu'ils n'ont pas des dimensions standard. Si vous vous trouvez dans ce cas, démontez partiellement votre deux-roues et emballez-le. Renseignez-vous auprès de la compagnie bien avant votre départ, de préférence avant d'acheter votre billet.

Plusieurs d'entre elles proposent les services d'un chauffeur, moyennant un petit supplément : cela diminue le prix de la location, car l'assurance coûte moins cher.

La plupart des agences de location de voiture se trouvent à Dakar. Pour en savoir plus sur les tarifs, les conditions et les adresses, reportez-vous à la rubrique *Comment circuler* du chapitre *Dakar*. Il existe aussi des possibilités de location à Saint-Louis. L'essence vaut 450 CFA le litre, le diesel 350 CFA.

TAXI
Avant de louer une voiture, pensez à louer un taxi à la journée : cela vous reviendra moins cher (entre 20 et 50 € par jour) et, en cas de panne, ce sera au chauffeur de se débrouiller, et non à vous. Vous pouvez louer un taxi ou un taxi-brousse, mais assurez-vous que le véhicule soit en bon état avant de vous décider.

Si vous choisissez un taxi de ville, il faut que le prix proposé au chauffeur en vaille la peine. Si vous réclamez un forfait incluant le prix de l'essence, le chauffeur roulera à très petite vitesse et se plaindra au moindre détour, aussi est-il préférable de s'accorder sur un tarif à la journée pour la voiture seule (en payant l'essence directement à la pompe), quoique la jauge fonctionne rarement. Comptez en moyenne 1 litre pour 10 km sur les bonnes routes, davantage sur celles en mauvais état.

BICYCLETTE
Le cyclisme constitue un moyen de voyager agréable, peu cher, bon pour la santé et respectant l'environnement ; il donne en outre une idée plus juste du Sénégal, car il permet de s'arrêter plus souvent dans les petites bourgades, d'échanger avec les habitants et de goûter la cuisine locale. En général, plus on s'enfonce dans les zones reculées, plus les conditions de voyage sont difficiles, mais plus on vit une expérience enrichissante.

Si vous n'avez jamais circulé auparavant à bicyclette dans cette partie du monde, certaines régions du Sénégal constitueront un excellent point de départ : le paysage est plat, et les distances entre les sites restent raisonnables.

Mieux vaut louer un VTT ou une bicyclette à pneus larges pour sillonner les routes du Sénégal. Cependant, certains sentiers sont tellement ensablés qu'aucun type de pneu ne convient ; il ne reste plus alors qu'à pousser. En dehors des zones urbaines, la circulation est peu dense sur les principales routes goudronnées.

Si vous croisez d'autres véhicules, sachez qu'ils constituent pour vous un plus grand risque que le mauvais état du revêtement routier. En Afrique, les cyclistes sont considérés comme des citoyens de seconde classe ; si un véhicule s'approche de trop près, préparez-vous donc à mordre sur le bas-côté. Pensez également à vous munir d'un petit rétroviseur qui se fixe sur le casque.

Le meilleur moment pour le vélo s'étend de la mi-novembre à fin février. La température reste raisonnable, mais il faut emporter au moins 4 litres d'eau par jour. Si vous ressentez un coup de chaleur ou de fatigue, ou souhaitez simplement vous éviter un trajet ennuyeux, embarquez votre vélo à bord d'un car ou d'un taxi-brousse. Pour camper près d'un lieu d'habitation, en zone rurale, demandez au chef du village l'endroit où vous pouvez vous installer ; si vous ne possédez pas de tente, ce dernier vous trouvera un endroit où dormir.

Il est important d'emporter suffisamment de pièces de rechange et de savoir réparer votre vélo. Pour remédier aux fréquentes crevaisons, prenez au moins 4 chambres à air, un pneu de rechange et de nombreuses rustines.

Si vous ne possédez pas de vélo mais souhaitez pratiquer le cyclotourisme, vous trouverez des deux-roues à louer dans les régions touristiques, notamment en Casamance. Le choix est très diversifié : du VTT ultra léger à la vieille bicyclette en acier, à une vitesse. Les tarifs s'échelonnent entre 1 et 10 € par jour. À défaut, les habitants acceptent souvent de louer le leur à la journée ; renseignez-vous à votre hôtel ou mettez-vous en quête du réparateur de cycles (il y en a un sur chaque marché).

BATEAU

On peut naviguer le long de la côte entre le nord et le sud du Sénégal à bord de pirogues. Certaines de ces excursions peuvent être fort dangereuses. On peut également partir en excursion sur les trois grands fleuves de la région – le Sénégal, le Gambie et le Casamance, mais il n'y a pas de service maritime régulier.

Le *Joola* effectuait la traversée entre Dakar et Ziguinchor *via* Carabane. Toutefois, on ne pouvait comptez sur ce ferry pour l'organisation de son périple car il y avait de fortes chances qu'il soit toujours en réparation. Néanmoins, sachez que la traversée durait environ 20 heures. il partait de Dakar le mardi et le vendredi pour revenir de Ziguinchor le jeudi et le dimanche. Le tarif de l'aller simple au départ de Dakar était le même si on s'arrêtait à l'Île de Carabane ou si l'on poursui-

vait jusqu'à Ziguinchor : 3 500 CFA en classe économique, 6 000 CFA en deuxième classe, 12 000 CFA en cabine à quatre lits, 15 500 CFA en cabine à deux lits, 18 000 CFA en cabine à un lit. En classe économique, on ne pouvait pas réserver de place assise, en deuxième on pouvait réserver un fauteuil inclinable. Le trajet de Ziguinchor à Carabane coûtait 1 500 CFA.

Le *Joola* a été mis à la retraite – en fait, il a fait naufrage – et remplacé par un nouveau bateau plus rapide. Pour obtenir les dernières informations, appelez Sentram à Dakar (☎ 821 5852) ou à Ziguinchor (☎ 852 5443).

TRANSPORTS LOCAUX
Bus de ville
Dakar possède un bon réseau de bus, auquel s'ajoutent les grands cars et les minibus

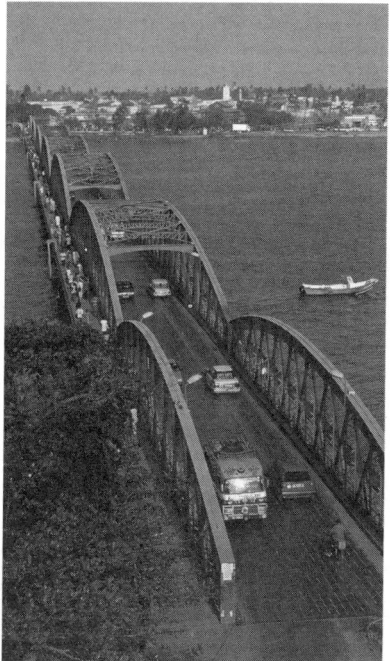

Le pont Faidherbe, du nom d'un gouverneur français du XIXe siècle, relie Saint-Louis à la terre ferme.

reliant le centre-ville aux quartiers périphériques. Les autres villes ne disposent le plus souvent que de minibus.

Taxi collectif

Dans de nombreuses villes, les taxis s'arrêtent pour prendre des clients, même s'ils transportent déjà un ou plusieurs passagers. Certains d'entre eux suivent des itinéraires fixes et correspondent davantage à des petits bus, en plus rapide et plus confortable. Les autres chargent un passager, puis n'en prennent d'autres que s'ils vont dans la même direction. Les clients crient généralement le nom de leur quartier de destination au moment où le taxi passe devant eux. Quand vous aurez saisi la technique, vous pourrez, vous aussi, utiliser cette méthode de déplacement, qui est rapide, sûre et assez bon marché. Vérifiez néanmoins le montant de la course auprès du chauffeur avant de grimper : le prix n'est pas toujours fixe, et le compteur ne tourne pas dans les taxis collectifs. Si vous êtes le premier passager, spécifiez clairement au chauffeur qu'il peut s'arrêter pour prendre d'autres clients.

Taxi

Seuls les taxis de Dakar possèdent des compteurs. Ailleurs, vous devrez marchander ou payer un prix fixe et non négociable (comme pour le trajet de l'aéroport de Dakar au centre-ville). Pour plus de détails, reportez-vous aux chapitres sur les villes. Le tarif comprend toujours les bagages, à moins que vous ne transportiez un sac particulièrement volumineux.

CIRCUITS ORGANISÉS

Vous pourrez atteindre la plupart des sites dignes d'intérêt en transport public ou en voiture, mais, si vous manquez de temps, vous pouvez visiter le pays en circuit organisé. Nous ne mentionnons ici que quelques-uns des tour-opérateurs du pays : ainsi, pour effectuer un circuit au nord du Sénégal, reportez-vous à la rubrique *Saint-Louis* dans le chapitre *Le Nord* ; pour une excursion dans le parc national de Niokolo-Koba, reportez-vous à la rubrique *Tambacounda* du chapitre *Le Sénégal oriental*.

La plupart des circuits doivent comporter 6 ou 8 personnes, mais il existe des options s'adressant à 2 ou 4 visiteurs.

Inter Tourisme (☎ 822 45 29), au 3 av. Allée Delmas, où travaille un personnel extrêmement sympathique, est l'une des agences les moins chères. Elle propose des excursions d'une journée au lac Retba (lac Rose) pour 20 000 CFA par personne, 2 jours au delta du Siné-Saloum pour 85 000 CFA par personne. Une visite de 5 jours au parc national du Niokolo-Koba et en pays bassari revient à 200 000 CFA (6 personnes minimum).

Motor Dakar (☎ portable 646 86 83, www.motordakar.com). Si vous avez envie de vous imaginer dans le Paris-Dakar, adressez-vous à Charly. Après avoir monté une entreprise sur Internet, ce polyglotte organise des randonnées en moto Honda XR600 allant de la journée dans le désert (en 250 cc) au raid d'une semaine le long du littoral (en 1 800 cc). Il se charge de tout : moto, équipement, 4x4 de soutien, ravitaillement et hébergement.

Nouvelles Frontières (☎ 823 34 34, fax 822 28 17), 3 bd de la République, programme une vaste gamme d'excursions et s'occupe des réservations d'hôtel.

Safari-Évasion (☎ 849 52 52) 12 av Albert Sarraut. Safari-Evasion est surtout spécialisé dans les avions charters mais il propose aussi quelques circuits vers des destinations prisées tels qu'une excursion de 4 jours à Saint-Louis (135 000 FCFA par personne) ou une excursion d'une journée au lac Retba et à Joal-Fadiout (environ 25 000 CFA par personne).

Dakar

Certains affirment que Dakar ne représente pas l'Afrique. Ils ont tort. En arrivant dans cette ville étendue, surpeuplée, chaotique, pleine de vitalité et d'enthousiasme, c'est bel et bien le continent noir qui vous étreint. Point n'est besoin d'aller plus loin pour pressentir l'atmosphère des villes africaines. Cosmopolite, jouissant d'un climat tempéré, offrant un fascinant mélange d'architecture et de cultures africaine et française, coloniale et moderne, et abritant d'innombrables bars, discothèques et restaurants, Dakar est une ville à découvrir.

Le centre se visite facilement à pied et de nombreux bus relient le centre-ville aux quartiers périphériques.On y trouve en outre, à de courtes distances, plusieurs bonnes plages, des communautés de pêcheurs traditionnels, ainsi que des îles présentant un intérêt historique ou écologique.

C'est clair, Dakar ne plaira pas à tout le monde. Le bruit, la pollution et la foule sont certes désagréables, mais l'inconvénient majeur vient des vendeurs qui harcèlent les visiteurs et des voleurs dont vous attirerez bien involontairement la convoitise. Pour savoir comment répondre au mieux aux racoleurs et autres agresseurs éventuels, lisez dans ce chapitre la rubrique *Désagréments et dangers*. Si vos tactiques de survie échouent, il ne vous reste alors qu'à fréquenter davantage les quartiers habituellement peu visités par les touristes et, par conséquent, par les personnes peu recommandables.

ORIENTATION

Dakar se situe sur la péninsule du Cap-Vert, qui comporte deux caps principaux : au nord se situe la pointe des Almadies, avec, à l'est, les plages de N'Gor et de Yoff (décrites dans le chapitre *Presqu'île du Cap-Vert*) ; au sud, apparaît le cap Manuel, au nord duquel commence la ville de Dakar.

Le cœur de Dakar est la place de l'Indépendance, d'où l'avenue Léopold-Senghor (l'ancienne avenue Roume généralement surnommée, plus simplement, avenue Sen-

À ne pas manquer

- **Soumbédioune** – Admirez le coucher du soleil sur Soumbédioune, tandis que des centaines de bateaux de pêche rentrent au port.
- **Marché Sandaga** – Donnez libre cours à votre fringale d'achats sur ce marché où l'on trouve de tout.
- **Musée de l'IFAN** – Découvrez les racines de l'art et de la culture d'Afrique de l'Ouest en visitant ce fameux musée.
- **Restaurants, bars et discothèques** – Profitez du meilleur choix dans le genre de toute l'Afrique de l'Ouest pour vous restaurer, boire et danser.

ghor) part vers le sud en direction du palais Présidentiel et de l'hôpital principal. L'avenue Pompidou (ancienne avenue Ponty) se dirige vers l'ouest et traverse le plus grand marché de la ville, le marché Sandaga, à son extrémité ouest. Le centre comporte une foule de boutiques, hôtels, restaurants, cafés, bars et discothèques.

À l'est de la place de l'Indépendance débute l'avenue Albert-Sarraut, une voie très commerçante dont l'extrémité est tra-

DAKAR

DAKAR

Vers Yoff (15 km) et
l'aéroport
international
Léopold Sédar
Senghor (17 km)

Vers la Pointe
de Bel-Air
(plages, 2 km)

Note : voir la carte du Grand Dakar (chap. Presqu'île du Cap-Vert)
pour les lieux situés dans Point E, Mermoz, Ouakam, Liberté VI, à la
Pointe des Almadies, N'Gor, Yoff et Bel-Air

La Médina
Marché de
Tilène
Vers Point E (2 km),
Mermoz et Liberté VI (4,5 km),
Ouakam (6 km), la Pointe
des Almadies (11 km)
et N'Gor (12 km)

Stade Iba
Mar Diop

Route d'Oukam

Vers Soumbédioune,
le village artisanal (2 km)
et Fann (2,5 km)

Port

Vers l'Île
de Gorée
(2,5 km)

0   250   500 m

Av. Faidherbe
Gare
ferroviaire
Rue Escarfait
Rue
Grasland
Rue Fall

Voir la carte du centre de Dakar

Rue Galandou Diouf
Bd de la Libération
Rue el Haji M'Baye Gueye (Sandiniéri)
Av. Pompidou (Ponty)
Av. Albert Sarraut
Rue Carnot
Rue Jules Ferry
Bd de la République
Rue Kléber
Place de Soweto
Rue Zola
Av. Nelson Mandela
Plage des
Enfants

Plage de l'Anse
Bernard

Plage de
l'Institut Pasteur

Plage de l'Anse
Bernard

1 Gare routière Pompiers
2 Station-service et
   départ des
   cars mouride
3 Grande Mosquée
4 Budget
5 Europcar
6 Espace culturel VEMA
7 Ferries pour
   l'Île de Gorée,
   Assurcar,
   West Africa
   Sport Fishing et
   Le Niwa
8 Ferries pour la Casamance
9 La Cour des Mours
   (orfèvres)
10 Minibus vers Point E,
   Ouakam, N'Gor et Yoff
11 Ambassade de Tunisie
12 Ambassades du Canada et
   d'Égypte et
   théâtre Daniel Sorano
13 Ambassade de Suisse
14 Ambassade d'Italie
15 British-Senegalese
   Institute
16 Pharmacie Mandela
17 L'Océanium et
   le Cercle de l'Union
18 Hôpital principal
19 Ambassade d'Allemagne
20 Ambassade
   du Royaume-Uni
21 Ambassade de Belgique
22 Hôpital le Dantec
23 Hôtel Le Savana
24 Terminal des bus DDD
25 Clinique du Cap
26 Palais de Justice
27 Phare

Noms de rues

Ancien nom	Nouveau nom
Rue Blanchot	Rue Moussé Diop
Avenue Ponty	Avenue Pompidou
Avenue Roume	Avenue Léopold Senghor
Rue Sandiniéri	Rue el Haji M'Baye Guéye
Avenue Pinet Laprade	Boulevard el Haji Djily Mbaye

OCÉAN
ATLANTIQUE

Cap Manuel

DAKAR

verse le marché Kermel. L'est de la ville est bordé par l'océan et la route de la Corniche-Est (ou Petite Corniche), qui serpente au-dessus des falaises et des plages pour relier le port principal au cap Manuel, vers le nord.

À l'ouest, se trouvent la place de Soweto, le musée IFAN, l'Assemblée nationale et de nombreuses ambassades. De la place de Soweto, l'avenue Lamine-Gueye se dirige vers le nord, la gare routière Pompiers et l'autoroute principale qui sort de la ville et débouche à la Patte-d'oie.

L'avenue Blaise-Diagne mène au nord-ouest depuis le centre ; elle jouxte la Grande Mosquée et la Médina, pour prendre le nom d'avenue Cheikh Anta Diop (appelée aussi route d'Ouakam). Celle-ci passe entre Fann, où se trouve l'Université de Dakar, et le quartier chic de Point E (aux restaurants et bars tendance), pour atteindre Mermoz, Ouakam, la pointe des Almadies et N'Gor. La route de la Corniche-Ouest (ou Grande Corniche) longe l'océan Atlantique, parallèlement à l'avenue Cheikh Anta Diop ; vous y verrez des coureurs à pied, des résidences d'ambassadeurs et les plus belles maisons de la ville.

Cartes
Le meilleur plan de Dakar apparaît au dos de la *Carte du Sénégal,* imprimée sur place et vendue environ 3 500 CFA. C'est une bonne carte du pays.

RENSEIGNEMENTS
Pour connaître la programmation culturelle, consultez les magazines gratuits comme le *Dakar Tam Tam* et *l'Avis,* disponibles dans les hôtels, les restaurants et les agences de voyages. Vous y trouverez les numéros de téléphone appropriés, ainsi qu'une liste complète des ambassades et des hôpitaux (une liste non exhaustive des ambassades figure dans le chapitre *Renseignements pratiques*). Pour les photos d'identité, il existe plusieurs endroits à Dakar, notamment les magasins de photographie de la place de l'Indépendance.

Argent
Du côté ouest de la place de l'Indépendance se situent la BICIS, la CBAO et la Citibank, qui changent toutes les devises. La SGBS se

Heures d'ouverture des banques

banque	jours	heures d'ouverture
BICIS	lun-jeu	7h45 à 12h15
		13h40 à 15h45
	vend	7h45 à 13h
		14h40 à 15h45
CBAO	lun-ven	7h45 à 15h45
	vend	7h45 à 13h
		14h40 à 15h45
	sam	9h à 11h
Citibank	lun-jeu	8h30 à 14h30
		13h40 à 15h45
	ven	8h-13h
		14h30-15h30
CBAO	lun-ven	7h45 à 15h45
	sam	9h à 11h
Citibank	lun-jeu	8h30-14h30
	ven	8h-13h
		14h30-15h30

trouve du côté sud de la place. C'est à la CBAO que les opérations se font le plus rapidement, suivie par la BICIS. Chaque banque propose des taux différents, et les commissions varient selon le change, espèces ou chèques de voyage (voir la rubrique *Questions d'argent* du chapitre *Renseignements pratiques*). À l'exception de la Citibank, qui n'accepte même pas ses propres cartes, tous ces établissements disposent de DAB à l'extérieur, surveillés par des vigiles 24h/24.

Si toutes les banques sont fermées, certaines agences de voyages changent parfois des espèces (en prenant au passage une petite commission). L'Hôtel de l'Indépendance dispose aussi d'un bureau de change. Si vous n'avez plus d'autre recours, vous pouvez changer de l'argent au marché noir. Pour ce faire, il vous suffit de rester 30 secondes immobile devant l'une ou l'autre des banques. Les changeurs au noir ont la réputation de rouler sans scrupules leurs clients. Ne lâchez pas votre argent avant d'avoir soigneusement recompté la somme qui vous a été remise.

Pour les transferts d'argent, adressez-vous à la Western Union de la CBAO Pompidou. Ses bureaux se trouvent rue du Docteur Thèze, juste derrière l'avenue Pompidou. Ils ouvrent du lundi au samedi de 7h30 à 17h30.

Poste et communications

La poste principale est située boulevard El-Haji-Djily-Mbaye, près du marché Kermel. Elle ouvre du lundi au vendredi de 7h à 19h et le samedi de 8h à 17h. La poste restante, qui s'y trouve également, ne garde le courrier que 30 jours et facture chaque lettre 250 CFA ; ce service n'est pas fiable selon certains lecteurs.

Vous trouverez un bureau de poste plus petit à l'extrémité est de l'avenue Pompidou, qui semble mieux fonctionner. Les bureaux de DHL (☎ 823 13 94) sont installés 2 avenue Albert Sarraut. Ils ouvrent de 8h à 18h30 du lundi au jeudi, de 8h à 17h le vendredi et de 8h à 12h le samedi.

Pour vos appels téléphoniques, Sonatel dispose d'un bureau boulevard de la République (ouvert du lundi au samedi de 7h à 23h) et il existe des dizaines de télécentres pratiquant pour la plupart des tarifs similaires. Reportez-vous à la rubrique *Poste et communications* dans le chapitre *Renseignements pratiques*.

E-mail et accès Internet

Dakar compte une multitude de cybercafés, qui proposent généralement des services corrects pour un prix allant de 500 à 1 000 CFA l'heure. C'est au GSM Cybercafé (☎ 823 73 26), avenue Pompidou, que vous trouverez la meilleure connection, facturée au tarif le plus élevé ; il ouvre tous les jours de 8h à minuit. Juste à l'angle, NTIC (tél. 823 09 80), 77 rue Gomis, ouvert tous les jours 24h/24, ne demande que 500 CFA l'heure. Autre possibilité : le Cyber-Business Centre (☎ 823 32 23), avenue Léopold Senghor, ouvert tous les jours de 8h à minuit, où l'heure de connection vous coûtera 1 000 CFA.

Plusieurs centres Internet bordent l'avenue Cheikh Anta Diop, à la limite du Point E et de Mermoz. Tout près de là, le Cyber Espace (rue D), offre des services de qualité pour 500 CFA l'heure ; il ouvre tous les jours de 9h30 à minuit.

Agences de voyages

Si vous devez reconfirmer votre vol, sachez que la plupart des compagnies aériennes ont des bureaux à Dakar (voir la rubrique *Comment s'y rendre* plus loin dans ce chapitre). Si vous désirez acheter un billet, sachez également que les tarifs pratiqués par les agences de voyages sont standard et souvent identiques à ceux des compagnies, voire moins onéreux. Il existe néanmoins quelques forfaits, le plus souvent vers ou depuis Paris.

Parmi les agences, citons : Sénégal Tours (☎ 839 99 00, fax 823 26 44), 5 place de l'Indépendance (agent American Express) ; SDV Voyages (☎ 839 00 81, dkrsdvagv@sdvsen.net), 51 avenue Albert-Sarraut (agent Diners Club) ; M'Boup Voyages (☎ 821 18 63, mboup@telecomplus.sn), place de l'Indépendance, près des banques ; et Planète Tours Voyages (☎ 823 74 23), près de l'Hôtel de l'Indépendance. Nouvelles Frontières (☎ 823 34 43, fax 822 28 17), 3 boulevard de la République, dispose parfois de places bon marché sur des vols charters à destination de Paris.

Librairies

La librairie Clairafrique, à l'angle nord-ouest de la place de l'Indépendance, et la librairie Aux Quatre Vents (☎ 821 80 83), rue Félix-Faure, disposent d'un vaste éventail de livres et de magazines, ainsi que de quelques cartes. Toutes deux vous accueillent de 8h45 à 12h30 et de 15h à 18h45 du lundi au samedi. Vous dénicherez d'autres ouvrages auprès des vendeurs de livres d'occasion installés autour du marché Sandaga.

Universités

Le campus principal de la ville est l'Université de Dakar, rebaptisée Université Cheik-Anta-Diop. Elle est située dans le quartier de Fann, au nord-ouest du centre-ville.

Centres culturels

Très dynamique, le Centre culturel français (Alliance franco-sénégalaise, ☎ 823 03 20, ccf@sentoo.sn), qui occupe tout un pâté de maisons rue Gomis, est l'initiateur de nombreux événements artistiques et culturels. Il publie régulièrement un programme des manifestations à venir et dispose d'une salle accueillant régulièrement des spectacles et des projections de films. L'American Cultural Centre (☎ 823 11 85) est installé rue Abdoulaye Fadiga, près de la poste centrale. Vous trouverez le British Council (☎ 822 20 15) boulevard de la République et le British-Senegalese Institute rue du 18 Juin, près de la place de Soweto. Tous deux possèdent une bibliothèque. Le Goethe Institut (☎ 823 04 07) se situe avenue Albert Sarraut.

Services médicaux

Pour les urgences, adressez-vous aux établissements publics, tels l'hôpital principal (☎ 839 50 50), à l'extrémité sud de l'avenue Senghor, ou l'hôpital Le Dantec (☎ 822 24 20), avenue Pasteur, où vous serez très certainement conduit en cas d'urgence, après un accident de la route par exemple.

En cas de légère blessure ou de maladie, adressez-vous plutôt aux cliniques privées (dont le coût est normalement couvert par votre assurance). Votre ambassade doit pouvoir vous fournir une liste de médecins habitués à soigner les non-résidents et qui parlent votre langue.

À défaut, renseignez-vous auprès de la clinique du Cap (☎ 821 36 27), au sud de l'hôpital Le Dantec, ou auprès de la clinique Pasteur (☎ 822 13 13), 50 rue Carnot, à l'ouest de la place de l'Indépendance, le meilleur endroit où aller en cas d'accès de paludisme.

Dakar compte de nombreuses pharmacies dont certaines sont ouvertes 24 h/24 : la pharmacie de la Nation (☎ 823 40 01), avenue du Président-Lamine-Gueye, et la pharmacie Mandela (☎ 821 21 72), avenue Nelson-Mandela, près de l'hôpital principal.

Désagréments et dangers

Dakar est malheureusement le théâtre de multiples agressions, escroqueries et petits larcins, commis bien souvent en plein jour. Moins inquiétants, mais néanmoins agaçants sont les vendeurs ambulants et autres rabatteurs. Pour profiter pleinement de Dakar, préparez-vous à les affronter. Vous trouverez quelques suggestions au paragraphe *Précautions* de la rubrique *Désagréments et dangers* dans le chapitre *Renseignements pratiques*.

À cet égard, les plages proches de Dakar ont triste réputation, tout comme les alentours des marchés, l'avenue Pompidou et la place de l'Indépendance (particulièrement dans les environs immédiats des banques). Les pickpockets opèrent – parfois à plusieurs – partout où les touristes sont entourés par la foule, comme la gare ferroviaire et le ponton du ferry pour l'île de Gorée.

Le scénario est le suivant : le premier vous tape sur l'épaule ou vous demande l'heure, vous obligeant ainsi à vous arrêter. Le deuxième vous bouscule et essaie de vous arracher votre sac ou votre portefeuille. Il prend ensuite la fuite, tandis qu'un troisième homme vous empêche de le poursuivre. Ne vous laissez jamais encercler par plusieurs vendeurs, car il est probable qu'ils cherchent à vous dévaliser ; dégagez-vous alors au plus vite. Méfiez-vous aussi des "vendeurs" qui proposent de petits "cadeaux de l'amitié", qui seront tout sauf gratuits. Naturellement, tous les vendeurs des rues ne sont pas des escrocs. Certains sont cependant de mèche avec des voleurs chargés de faire ralentir les cibles potentielles. Dans tous les cas, si vous n'avez aucune intention d'acheter, opposez-leur un non" poli" mais ferme.

Malgré ces multiples mises en garde, rappelons que seul un nombre infime de touristes sont victimes de vols et que jamais nous n'avons eu vent d'agressions physiques à leur encontre. Aucun des lieux évoqués ici ne constitue une "zone interdite". Simplement, certains quartiers requièrent une vigilance accrue. En général, l'agressivité s'accommode mal au caractère sénégalais. La plupart des habitants de ce pays font preuve d'un grand sens de l'hospitalité et ne songent pas une seconde à harceler les étrangers venus visiter leur pays.

À VOIR

Le **musée de l'IFAN** (*Institut fondamental d'Afrique noire, place de Soweto ; entrée 2 200 CFA ; ouvert tlj 8h-12h30 & 14h-18h30*), est l'un des meilleurs musées d'Afrique de l'Ouest ; il témoigne de l'intérêt du président Senghor pour la culture et l'art africains. Des masques et des costumes traditionnels de la région (y compris du Mali, de la Guinée-Bissau, du Bénin et du Nigeria) y sont présentés de manière vivante et pleine d'imagination. Sans aucunement submerger le visiteur sous une masse d'objets trop grande à découvrir, ces expositions donnent un excellent aperçu des différents styles. Vous y verrez également de magnifiques tissus et sculptures, des tambours, des instruments de musique et des outils agricoles, dont peu, malheureusement, proviennent du Sénégal même.

À l'**Assemblée nationale** toute proche, vous pourrez vous mêler aux hommes politiques une fois achevée la réfection du bar et du restaurant.

Le **palais Présidentiel**, bel édifice blanc, est ceint de somptueux jardins et gardé par des sentinelles en uniforme de style colonial. Il fut érigé en 1907 par le gouverneur de l'époque, le général Roume, qui donna son nom à la rue adjacente, rebaptisée depuis avenue Léopold-Senghor.

La **cathédrale**, boulevard de la République, date des années 1920 ; son architecture est des plus banales. Les bâtiments coloniaux, en revanche, sont plus intéressants : la **Gouvernance** et la **chambre de commerce**, sur la place de l'Indépendance, le vieil **hôtel de ville**, à proximité, et, un peu plus au nord, la **gare ferroviaire**, aux allures d'église.

L'impressionnant **Espace Culturel VEMA** (☎ 821 70 26 ; *ouvert pendant les expositions 9h-13h & 15h-19h*), qui occupe un ancien entrepôt près de l'embarcadère des ferries pour l'Île de Gorée, présente des expositions mensuelles. Pendant ces périodes, le **café-bar** vous accueille à l'intérieur ou en plein air.

Le minaret de la **Grande Mosquée** (construite en 1964) est illuminé la nuit. Celle-ci est fermée au public, mais le quartier alentour, la **Médina**, vaut néanmoins le détour : il n'est pas à franchement parler pittoresque, bien que l'effervescence qui y règne contraste avec les tours de bureaux du centre-ville. Les touristes y sont peu nombreux, aussi les vendeurs s'y font-ils moins pressants.

Le **parc forestier de Hann** est un espace paisible, à environ 5 km au nord du centre-ville ; sentiers, bancs et snack-bars en font un lieu populaire de promenade familiale, le week-end. À moitié abandonné, le **zoo du parc de Hann**, quant à lui, ne mérite pas la visite.

À l'ouest du centre, la plage des pêcheurs et le marché de **Soumbédioune**, un ancien village aujourd'hui englobé dans l'agglomération, valent le détour. Allez-y de préférence en fin d'après-midi, à l'heure où les bateaux reviennent avec leur prise. Soumbédioune est également un centre important de fabrication de pirogues : derrière le marché, on peut observer les charpentiers transformer les planches et les troncs d'arbre en grandes pirogues adaptées à la navigation en haute mer. Le **Village artisanal** tout proche attire de nombreux touristes.

Plages

Dakar compte plusieurs plages proches du centre-ville, notamment la plage des Enfants, près de l'hôtel Lagon II, et celle de l'Anse-Bernard, près de l'hôtel Le Savana. Deux autre plages de sable, plus petites, s'étendent derrière la route de la Corniche-Ouest, à 1,5 km environ au nord-ouest du centre-ville, près d'une vilaine sculpture représentant un homme assis. Elles sont très fréquentées par les Dakarois. Un petit conseil toutefois : veillez à vos affaires personnelles et méfiez-vous des courants dangereux.

Les plages de **Pointe de Bel-Air** se trouvent à environ 3 km au nord-est du centre-ville (en taxi, 1 000 CFA). Deux plages privées, ouvertes au public, offrent aux baigneurs la sécurité de leur clôture côté terre. Sans être d'une transparence cristalline, l'eau y est propre, mais la vue manque singulièrement de charme (d'un côté, une base militaire, de l'autre, d'énormes citernes à pétrole). La **plage Monaco** (*ancienne Plage Tahiti*, ☎ 832 22 60 ; *entrée 650 CFA*) est la préférée des habitants de Dakar, les européns semblant fréquenter plus volontiers la **plage de la Voile d'Or** (☎ 832 86 48 ; *entrée 650 CFA*). Toutefois, ces deux plages comptent une clientèle mixte. Vous y trouverez des bars, des restaurants et des cabines accueillant jusqu'à 6 personnes.

Près de Dakar, les meilleures plages sont celles de N'Gor et de Yoff – voir le chapitre *Presqu'île du Cap-Vert* pour plus de détails.

ACTIVITÉS SPORTIVES
Natation

La plupart des hôtels de catégorie supérieure disposent de **piscines** ouvertes aux non-rési-

CENTRE DE DAKAR

51 Alitalia
52 Le Viking
55 Air Guinée
57 GSM Cybercafé et NTIC
58 Disco Star
62 TACV Cabo Verde Airlines
63 Western Union
64 Citibank
65 Senegal Tours et AmEx
66 TAP Air Portugal
67 Ambassade de France
68 Noprola et Afrique Location
69 Cinéma Le Paris
70 Banque SCBS
71 Banque BICIS (DAB)
72 Iberia
74 Clinique Pasteur
75 Centre culturel français
78 Senecartours
80 Bar Colisée 9
82 Hertz
83 Black & White
84 Librairie aux Quatres Vents
90 Piscine de l'Hôtel Teranga
91 Tunis Air
92 Iguane Café et Mezzo
96 Kuer Samoa
97 Cyber-Business Centre
98 King's Club
100 British Council
101 Sonatel
103 Cathédra,e
104 Ambassade des Etats-Unis
105 Ambassade des Pays-Bas
106 Pharmacie de la Nation
107 Nouvelles Frontières et Aeroflot
108 Palais présidentiel
109 Musée de l'IFAN
110 Assemblée nationale

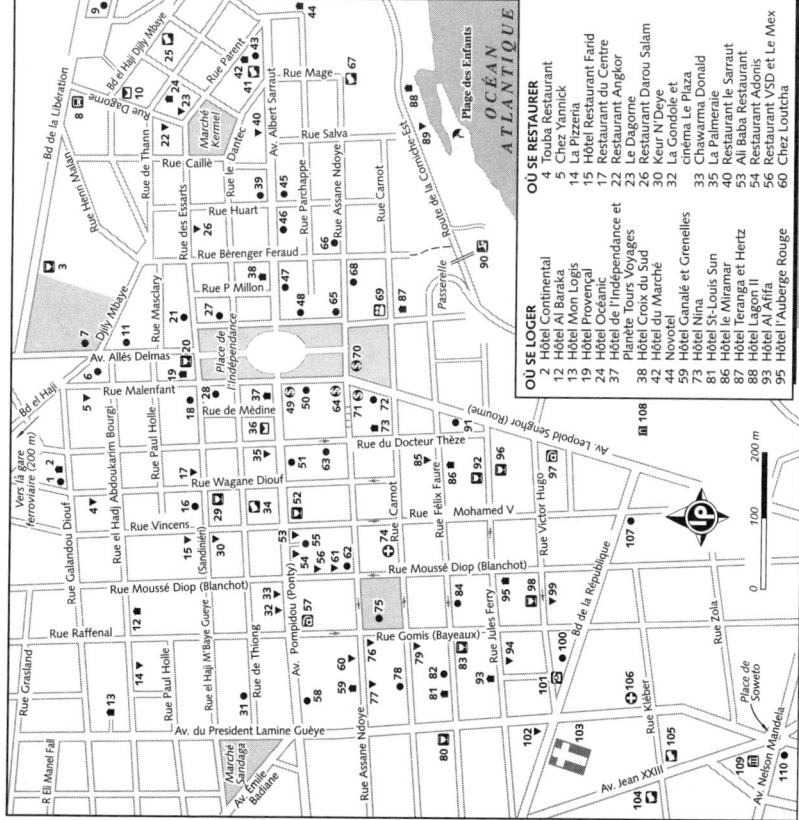

61 Restaurant "?" 2
76 Restaurant "?" 1
77 Le Seoul
79 Bar Resto Le Hanoi
85 Jaipur
89 Restaurant-Bar Lagon I
94 Le Dragon
99 Le Bambou
102 Pâtisserie Laeticia

DIVERS
1 Afrikars
3 Bar Gorée
6 Le Supermarché
7 Hôtel de Ville
9 Terminal des bus DDD
9 American Cultural Center
10 Poste principale
11 Inter Tourisme
16 Air Mali
18 Librairie Clairafrique
20 Bar l'Impérial
24 Ghana Airways
25 Ambassade du Cap-Vert
27 Gouvernance
28 Chambre de Commerce
29 Snooker Palace
31 Métissacana
34 Gambian High Commission
36 Petit bureau de poste
39 Safari-Evasion
41 Ambassade de Côte-d'Ivoire
43 Goethe Institut et DHL
45 Supermarché Score
46 Air Senegal International
47 Air France, SDV Voyages et Diners Club
48 Royal Air Maroc et photos d'identité
49 Banque CBAO (DAB)
50 SN Brussels Airlines, Air Mauritanie et M'boup Voyages

OÙ SE LOGER
2 Hôtel Continental
12 Hôtel Al Baraka
13 Hôtel Mon Logis
19 Hôtel Provençal
24 Hôtel Océanic
37 Hôtel de l'Independance et Planète Tours Voyages
38 Hôtel Croix du Sud
42 Hôtel du Marché
44 Novotel
59 Hôtel Ganalé et Grenelles
73 Hôtel Nina
81 Hôtel St-Louis Sun
86 Hôtel le Miramar
87 Hôtel Teranga et Hertz
88 Hôtel Lagon II
93 Hôtel Al Afifa
95 Hôtel l'Auberge Rouge

OÙ SE RESTAURER
4 Touba Restaurant
5 Chez Yannick
14 La Pizzeria
15 Hôtel Restaurant Farid
17 Restaurant du Centre
22 Restaurant Angkor
23 Le Dagorne
26 Restaurant Darou Salam
30 Keur Deye
32 La Gondole et cinéma Le Plaza
33 Chawarma Donald
35 La Palmeraie
40 Restaurant Sarraut
53 Ali Baba Restaurant
54 Restaurant Adonis
56 Restaurant VSD et Le Mex
60 Chez Loutcha

OCÉAN ATLANTIQUE

Plage des Enfants

Vers la gare ferroviaire (200 m)

DAKAR

La lutte traditionnelle

La lutte traditionnelle (boreh, buray ou beauré en wolof et dans les autres langues locales) est une manifestation sportive très populaire et attire un large public de Sénégalais et d'étrangers. Le spectacle constitue une expérience amusante. Les préliminaires s'avèrent aussi divertissants que les combats : les lutteurs entrent dans l'arène revêtus d'un pagne multicolore doté d'une queue à l'arrière, le corps et les bras couverts de gris-gris en cuir ; ils font lentement le tour du ring en gardant un œil sur le public. Les vrais champions reçoivent quantité de cadeaux de la part de leurs admirateurs, certains étant même précédés par des griots jouant du tam-tam.

Chaque quartier a ses héros. Entre chaque match retentissent tambours, flûtes, sifflets et chants. Les rencontres se composent de nombreux matchs, chacun durant quelques minutes seulement et se terminant quand l'un des deux adversaires touche le sol (si l'un des lutteurs pose un genou au sol, le match prend fin). Parfois, jusqu'à quatre matchs se déroulent en même temps. Les prises sophistiquées, les jetés techniques ou les points n'existent pas ; pour vaincre l'adversaire, on accepte les morsures, les coups de pied et les coups de poing.

Les matchs de lutte traditionnelle, très pittoresques, constituent l'un des clous d'un voyage au Sénégal.

Les matchs se déroulent tout au long de l'année, mais plus particulièrement durant la saison sèche, à partir d'octobre. Les arènes qui attirent le plus large public se trouvent à Dakar.

dents. Celle de l'Hôtel Teranga, qui domine l'océan, est gratuite si vous mangez au restaurant. Dans le cas contraire, vous devrez acquitter un droit d'entrée de 4 500 CFA (7 000 CFA le dimanche). L'Hôtel de l'Indépendance fait payer 3 000 CFA l'accès à la piscine installée au sommet du bâtiment, d'où l'on découvre une vue superbe sur Dakar (mais vous ne paierez rien si vous y prenez votre repas). Une piscine olympique devrait ouvrir prochainement dans un vaste complexe aménagé au centre du grand "œuf" du Point E (énorme complexe baptisé ainsi par les chauffeurs de taxi en raison de sa forme). Le public y accédera moyennant un droit d'entrée nettement inférieur à celui pratiqué par les hôtels.

Lutte

La principale arène de lutte traditionnelle à Dakar se trouve dans la Médina, près du grand stade Iba Mar Diop, avenue Blaise Diagne (pour en savoir plus sur ce sport, lisez l'encadré *La lutte traditionnelle*). Les

combats opposant des champions célèbres se déroulent dans le stade même. La plupart des rencontres n'étant annoncées qu'à la radio, il n'est pas toujours facile d'en connaître les dates. Elles ont lieu généralement le samedi ou le dimanche, à partir de 16h30 ou 17h.

Plongée et kayak

Parmi les sites de plongée sous-marine, citons les récifs et îlots autour de la pointe des Almadies, ainsi que les îles de Gorée et de N'Gor. Tenu par des Français, **L'Océanium** (☎ *822 24 41, oceanium@arc.sn ; ouvert lun-sam)*, sur la route de la Corniche-Est, propose des sorties en tous genres. Une demi-journée de plongée à 25 m de profondeur vous reviendra à 13 500 CFA. Si vous descendez au-delà de 25 m, il vous en coûtera 17 500 CFA ; le baptême de plongée revient à 15 000 CFA. Tous ces prix comprennent la location du matériel. Vous pouvez aussi louer des kayaks (3 000/5000 CFA l'heure/la demi-journée).

Pêche

Si vous souhaitez participer à des sorties de pêche en haute mer, adressez-vous à **West Africa Sport Fishing** *(☎ 823 28 58, fax 823 48 37)*, à côté de la jetée des ferries à destination de l'Île de Gorée. Pendant la haute saison (mai à octobre), comptez 280 000 CFA pour la journée.

Le **Restaurant-Bar Lagon I** *(☎ 821 53 22, route de la Corniche-Est)*, détenteur de plusieurs records de pêche au gros, propose lui aussi des sorties en haute mer.

Course et gymnastique

Le chemin préféré des coureurs à pied est la route de la Corniche-Ouest, de la pointe de Fann jusqu'à Mermoz. Sur la plage de Fann, du côté nord de la pointe de Fann (voir la carte de Dakar et celle du Grand Dakar, au chapitre *Presqu'île du Cap-Vert*), on peut suivre un cours public de gymnastique, tout en regardant s'entraîner les équipes sportives. La plupart des grands hôtels possèdent des salles de sport ouvertes à tous. Le restaurant-bar Lagon I dispose également d'une petite salle de gym.

Tennis et squash

Les grands hôtels possèdent des courts de tennis ouverts à tous, moyennant un droit d'entrée. Il existe aussi des clubs privés, tels le **Cercle de l'Union** (☎ 821 41 69), sur la route de la Corniche-Est, qui dispose également de courts de squash (2 000 CFA l'heure), et l'**Olympic Club**, à l'extrémité nord de la route de la Corniche-Ouest, à Mermoz.

OÙ SE LOGER

Dakar compte de nombreuses possibilités d'hébergement (l'éventail va des asiles de nuit répugnants aux gigantesques hôtels), mais tout est très cher comparé à d'autres capitales africaines. Malgré le choix, la demande est supérieure à l'offre et il s'avère parfois ardu de trouver un lit – surtout dans la catégorie moyenne ou petit budget. Il est vivement déconseillé de chercher un hôtel avec un sac bien visible sur le dos, surtout à la nuit tombée. En conséquence, si vous trouvez une chambre à un prix à peu près abordable, prenez-la pour une nuit, puis cherchez le lendemain quelque chose de moins onéreux.

Seuls sont recensés ici les hôtels du centre-ville. Il en existe aussi sur l'île de Gorée (à une courte distance en bac de Dakar), à N'Gor (près des meilleures plages), à Yott (près de l'aéroport), à Malika et à Rufisque (qui conviennent également aux voyageurs avec tente ou camping-car). Ces hébergements sont mentionnés dans le chapitre *Presqu'île du Cap-Vert*.

OÙ SE LOGER – PETITS BUDGETS

Les hôtels pour petits budgets de Dakar sont victimes d'une invasion de punaises des lits particulièrement agressives. Lorsque nous avons demandé au gérant d'un hôtel s'il avait des chambres sans punaises, il nous a répondu, avec un haussement d'épaules : "Je suis désolé, mais c'est partout pareil." Quoi qu'il en soit, lorsque vous visiterez Dakar, elles seront peut-être parties pour le Mali ou ailleurs ! Tous les prix concernant les établissements de la catégorie économique incluent la taxe.

Dans une ruelle derrière l'avenue du Président Lamine Gueye, l'hôtel **Mon Logis** *(☎ 821 85 25 ; chambres 6 000 CFA)*, sans enseigne, est situé à l'étage. Cet établissement, le moins cher de la ville, a tout de l'hôtel de passe. Les cloisons sont si minces que vous aurez du mal à dormir sans être gênés par les ébats dans les chambres voisines. À n'utiliser qu'en dernier recours.

Près du marché Kermel, l'**Hôtel du Marché** *(☎ 821 57 71, 3 rue Parent ; simples/doubles 8 600/11 600 CFA)* abrite de grandes chambres rudimentaires avec ventil. entourant une paisible cour ombragée. L'adresse n'est pas mauvaise.

Bien situé, le vieil **Hôtel l'Auberge Rouge** *(☎ 823 86 61, rue Moussé Diop ; doubles 9 500 CFA)* recueille des avis partagés. Certains voyageurs ont apprécié son calme, d'autres se sont plaint d'allées et venues bruyantes en pleine nuit.

Très populaire, l'**Hôtel Provençal** *(☎ /fax 822 10 69, 17 rue Malenfant ; simples/ doubles/ triples à partir de 9 400/ 11 800/ 14 200 CFA)*, situé à proximité de la place de l'Indépendance, se transforme à l'occasion, comme de nombreux hôtels de cette catégorie, en hôtel de passe, assez discret toutefois.

Soumbédioune

Les habitants de Soumbédioune sont presque tous des Lébous, une petite ethnie qui vit principalement ici et dans la ville de Yoff, au nord de Dakar. Farouchement indépendants, les Lébous refusent de se laisser submerger par leurs voisins wolofs, qui les encerclent de toutes parts.

Pêche
En semaine, la plage de Soumbédioune déborde d'activité. Les pêcheurs prennent la mer à l'aube dans de grandes pirogues de 10 à 15 m de long et ne rentrent qu'en fin d'après-midi. Les femmes s'attellent alors à trier, préparer et vendre les poissons sur le marché de la plage. Des camions réfrigérés transportent immédiatement les plus belles prises en Europe et en Asie, tandis que le deuxième choix est vendu aux restaurateurs sénégalais ; le reste

La course de pirogues, événement important à Soumbédioune, fait ressortir l'esprit de compétition du peuple lébou.

finit sur les étals des marchés. On trouve une grande variété de poissons et crustacés : barracudas, carpes de mer, capitaines, crevettes, crabes, thons, etc. Les pêcheurs attrapent aussi des requins et des murènes, mais les musulmans ne les mangent pas, car ces poissons attaquent les hommes.

Les pêcheurs se plaignent de devoir aller pêcher à 25 km de la côte alors que, par le passé, il leur suffisait de naviguer jusqu'aux îles de la Madeleine, à 5 km seulement de Dakar. Cette pénurie est attribuée à l'afflux de gros chalutiers, venus principalement des pays d'Asie orientale, accusés de dépasser régulièrement les quotas qui leur ont été attribués.

Construction de pirogues
Près du marché au poisson de Soumbédioune se trouve le chantier de construction de pirogues des Lébous : la base de la pirogue est creusée dans le tronc d'un fromager. Ce bois, léger et spongieux, reste jusqu'à 8 mois à l'extérieur, afin d'absorber l'eau tombée pendant la saison des pluies, après quoi les charpentiers peuvent l'aplanir complètement de manière à former le fond du bateau. Pour les longues planches des côtés, ils utilisent un bois plus dur, comme le kola, puis enduisent le fond avec du goudron. Traitée de la sorte, la base en fromager peut résister des années durant ; lorsque la pirogue tombe en décrépitude, le fond peut ainsi être réutilisé pour d'autres bateaux.

Les Lébous possèdent généralement de petites pirogues. Les plus grandes demandent des mois de construction et coûtent environ 12 millions de CFA (environ 17 000 €). Rares sont les pêcheurs à pouvoir se les offrir, aussi les grands bateaux appartiennent-ils à des hommes d'affaires sénégalais qui les louent à des équipes de pêcheurs, ou emploient ces derniers. Quelle que soit la formule, les propriétaires empochent jusqu'à 60% des profits réalisés sur la pêche.

La course de pirogues
Les Lébous de Soumbédioune avaient coutume d'organiser une grande régate annuelle, le clou du spectacle étant une course de pirogues. Chaque village de pêcheurs de la côte envoyait à Dakar une équipe de 25 membres dans une pirogue de compétition. Les équipes faisaient preuve d'un esprit de compétition si intense que la course dut être annulée en 1996 et 1997, les équipes s'étant écharpées en pleine mer, avant même d'avoir rejoint Dakar. À l'heure où nous rédigeons ce guide, ces régates ne sont plus qu'un souvenir. Toutefois, si la bonne entente devait revenir entre les participants, la régate se déroulerait le jour de l'Indépendance (4 avril).

Huppe

Barbican pie

Perroquet du Sénégal

Guêpier carmin

Amarante du Sénégal

Pélicans

Héron goliath

Jacana à poitrine dorée

Grue couronnée

ARIADNE VAN ZANDBERGEN

FRANCES LINZEE GORDON

FRANCES LINZEE GORDON

La musique est le domaine réservé des griots. Partout au Sénégal, vous verrez des musiciens jouer du *balafon* (en haut), du *djembe*, le plus populaire des tambours, constitué de bois et de peau de chèvre (en bas, à gauche), et d'une multitude d'autres tambours, certains moins traditionnels (en bas, à droite).

ERIC L WHEATER

ARIADNE VAN ZANDBERGEN

ERIC L WHEATER

Selon les dernières estimations, la population du Sénégal se chiffre à 10,3 millions d'habitants. Une grande variété d'ethnies peuple ce territoire, qui demeure un véritable carrefour humain.

ERIC L WHEATER

ARIADNE VAN ZANDBERGEN

ANDREW BURKE

ERIC L WHEATER

Bonnet, turban et autres couvre-chefs protègent du soleil et tiennent lieu de parure colorée. Dans un pays où 90% de la population est islamique, ils revêtent également une signification religieuse.

ARIADNE VAN ZANDBERGEN

ANDREW BURKE

ARIADNE VAN ZANDBERGEN

DAVID ELSE

L'Europe coloniale a laissé de nombreuses traces. En témoignent la statue du gouverneur Faidherbe (en haut, à gauche) et cette maison à l'architecture coloniale (en haut, à droite) à Saint-Louis, la gare de Dakar (au centre) et le fort d'Estrées sur l'île de Gorée (en bas).

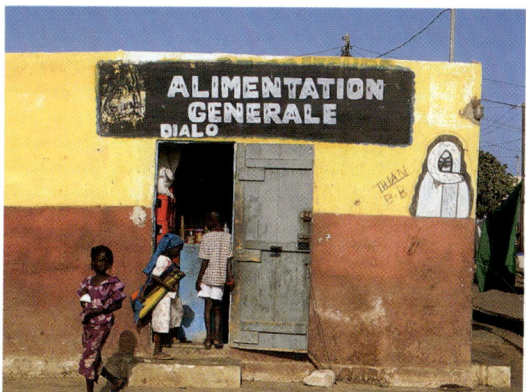

Préparée et cuisinée à l'extérieur, la nourriture est souvent vendue sur les marchés et les étals de rue. La cuisine locale est succulente ; les aliments mijotent longtemps (parfois la journée entière) et les ingrédients sont habituellement frais.

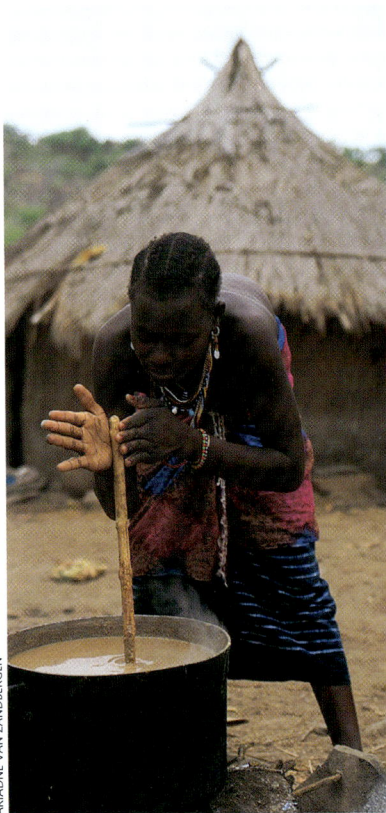

Les femmes s'occupent des victuailles et préparent les repas, telle cette villageoise bédik du pays bas-sari (en bas, à droite) ; elles vendent aussi les fruits et les légumes au marché (en haut et en bas, à gauche). La pêche, cependant, reste une activité essentiellement masculine.

Les chambres à l'étage sont plus calmes et aérées, avec ventil. et s.d.b. communes (nettoyées tous les jours). Au rez-de-chaussée, un snack-bar bon marché vous permettra de rencontrer d'autres voyageurs.

La meilleure adresse reste sans aucun doute l'**Hôtel Continental** (☎ *822 10 83, 10 rue Galandou Diouf ; simples/doubles 13 000/15 000 CFA*), correct et bien géré, au personnel fort sympathique. Les chambres sont vastes et disposent de la clim. (et certaines d'un balcon). La douche se trouve dans la chambre, les toilettes sur le palier. Un petit bar agréablement décontracté vous attend au rez-de-chaussée.

OÙ SE LOGER – CATÉGORIE MOYENNE

Tous les hôtels de cette catégorie proposent des chambres avec s.d.b. Sauf mention contraire, les prix sont indiqués hors taxe (600 CFA par personne). La plupart de ces établissements acceptent les cartes de crédit.

Au nord du marché Kermel, l'**Hôtel Océanic** (☎ *822 20 44, hotel-oceanic@ sentoo.sn, 9 rue de Thann ; simples/doubles avec clim 21 600/25 800 CFA, appartements 33 000/36 800 CFA, petit déj 2 000 CFA*) est un agréable établissement à l'ancienne qui loue des chambres et de grands appartements impeccables. Un rapport qualité/prix appréciable pour Dakar. Vous y trouverez un bon bar-restaurant où vous pourrez prendre vos repas pour 2 000 à 2 500 CFA ou le menu du jour à 4 800 CFA.

L'**Hôtel Al Baraka** (☎ *822 55 32, fax 821 75 41, 35 rue el Hadj Abdoukarim Bourgi ; simples/doubles 25 600/31 200 CFA*) dispose de chambres modernes immaculées avec clim., TV, réfrigérateur et téléphone pour un prix très correct.

L'**Hôtel Al Afifa** (☎ *823 87 37, fax 823 88 39, gmbafifa@telecomplus.sn, 46 rue Jules Ferry ; simples/doubles 35 000/ 39 600 CFA*) a perdu un peu de son éclat, mais dispose au rez-de chaussée d'un bar et d'un restaurant. La discothèque vous réservera d'agréables moments.

Plus ancien, l'**Hôtel St-Louis Sun** (☎ *822 25 70, fax 822 46 51, 68 rue Félix Faure ; simples/doubles/triples 22 000/ 28 000/ 34 000 CFA*) comporte d'agréables chambres avec clim. donnant sur une cour arborée et peut garer votre voiture dans un endroit sûr.

À l'autre bout de la rue, l'**Hôtel Le Miramar** (☎ *849 29 29, fax 823 35 05, 25 rue Félix Faure ; simples/doubles avec petit déj 25 600/31 200 CFA*), très animé, propose des chambres colorées avec clim., douche chaude et TV. Demandez de préférence une chambre au 6ᵉ étage.

Plus calme que son voisin Le Miramar, l'**Hôtel Nina** (☎ *821 22 30, fax 821 41 81, 43 rue du Docteur Thèze ; simples/doubles avec petit déj 24 600/30 200 CFA*) loue de petites chambres avec clim. et TV.

L'élégant **Hôtel Ganalé** (☎ *821 55 70, fax 822 34 30, hganale@sentoo.sn, 38 rue Assane Ndoye ; simples/doubles 25 000/ 30 000 CFA, appartements 32 000/ 38 000 CFA, petit déj 3 000 CFA*) représente le meilleur rapport qualité/prix de cette catégorie, avec des chambres, un bar et un restaurant plutôt chics.

En plein centre-ville, l'**Hôtel Croix du Sud** (☎ *889 78 78, fax 823 26 55, 20 ave Albert Sarraut ; simples/doubles 31 500/36 000 CFA*), dans un style très années 1970, n'est plus ce qu'il était. Le service semble aujourd'hui aussi fatigué que le décor, mais son restaurant reste très apprécié.

OÙ SE LOGER – CATÉGORIE SUPÉRIEURE

Tous les hôtels de cette catégorie disposent de chambres avec s.d.b., acceptent les cartes de crédit et proposent excursions, location de voitures, etc. Les tarifs mentionnés sont des tarifs standard, mais si vous réservez par le biais d'une agence de voyages, sur place ou chez vous, vous pouvez habituellement bénéficier d'une réduction. Les prix sont indiqués hors taxe (600 CFA par personne).

Plutôt morne, l'**Hôtel de l'Indépendance** (☎ *823 10 19, fax 822 11 17, hotelhi@sentoo .sn, place de l'Indépendance ; simples/ doubles 50 000/55 000 CFA*) est le plus central de sa catégorie. Toutefois, la vue superbe ne suffit pas à justifier les tarifs. La piscine sur le toit constitue son principal atout.

Récemment rénové, l'**Hôtel Teranga** (☎ *823 10 44, fax 823 50 01, place de l'Indé-*

pendance ; chambres 95 000-120 000 CFA, petit déj 10 000 CFA), de la chaîne Sofitel, accueille principalement des groupes. Vous disposerez d'une grande piscine, de courts de tennis, d'un sauna, de boutiques et d'une discothèque. Le cadre est des plus agréables, avec des chambres superbes. Mais faut-il vraiment payer 120 000 CFA pour une nuit avec vue sur la mer ? À vous de juger.

Le **Novotel** (☎ 849 61 61, fax 823 89 29, novotel@metissacana.sn ; simples/doubles 72 000/78 000 CFA, petit déj 8 000 CFA), près de l'extrémité est de l'avenue Albert Sarraut, offre un cadre moderne sans surprise. L'hôtel s'agrémente d'une piscine et de courts de tennis.

L'**Hôtel Lagon II** (☎ 889 25 25, fax 823 77 27, lagon@tpsnet.sn, route de la Corniche-Est ; simples/doubles 72 000/ 80 000 CFA, suites 120 000 CFA) baigne dans une ambiance très années 1970. Les chambres, construites sur pilotis au bord de l'océan, bénéficient d'une vue superbe.

L'**Hôtel Le Savana** (☎ 849 42 42, fax 849 42 43, www.hotelsavana.com, route de la Corniche-Est ; simples/doubles de 74 000/ 80 000 CFA à 140 000 CFA). Si vous souhaitez fréquenter la bonne société de Dakar, installez-vous dans l'une des 100 chambres de cet hôtel merveilleusement situé, avec vue sur l'océan. Vous y découvrirez une piscine, un centre d'affaires, un ponton de pêche, une jetée privée, des courts de tennis, une discothèque, un sauna, une salle de gym et des planches à voiles à louer.

OÙ SE RESTAURER

Vous êtes rassasié de riz accompagné de sauce aux arachides ? Vous aimeriez déguster autre chose que du *yassa* de poulet (poulet grillé et mariné) ? Que vous soyez fraîchement débarqué ou depuis un certain temps déjà en Afrique, vous allez apprécier l'éventail culinaire proposé par les restaurants de Dakar, qui ne cesse de s'étoffer. La cuisine française, réminiscence du passé colonial, occupe une place de choix. Vous découvrirez également des établissements servant des spécialités cap-verdiennes, indiennes, vietnamiennes, thaïlandaises, libanaises, italiennes, coréennes ou mexi-

caines, ainsi qu'un choix remarquable de préparations à base de fruits de mer ; sans oublier bien entendu la cuisine sénégalaise.

Restaurants

La plupart des restaurants mentionnés ci-dessous se trouvent en plein centre-ville ou dans les rues avoisinantes, à l'exception de deux d'entre eux, installés dans le quartier du Point E.

Cuisine africaine. Dakar compte des dizaines de restaurants africains. Nous vous recommandons tout particulièrement :

Le **Keur N'Deye** (☎ 821 49 73, 68 rue Vincens ; plats à partir de 1 500 CFA), qui prépare des spécialités sénégalaises savamment mitonnées et un bon choix de plats végétariens. En soirée, un griot vient très régulièrement jouer de la kora : l'occasion idéale pour assister de près à une représentation. Chaudement recommandé !

Chez Loutcha (☎ 821 03 02, 101 rue Moussé Diop ; plats 2 500-3 500 CFA ; ouvert lun-sam 12h-15h & 19h-23h), oubliez la première salle climatisée pour passer directement dans le jardin où sont installés des ventilateurs et des fontaines égrennant leur douce mélodie aquatique. On y sert de copieuses et délicieuses préparations cap-verdiennes et "euro-africaines". L'établissement accueille souvent un griot s'accompagnant à la kora. "Le Loutcha est l'un des endroits au monde où j'ai le mieux mangé", nous a écrit un lecteur. À essayer d'urgence, surtout à ce prix !

Lieu intime, le **Restaurant VSD** (Chez Georges ; ☎ 821 0980, 91 rue Moussé Diop ; plats 3 500 CFA ; ouvert tlj 7h-24h) ne diffuse plus guère de jazz mais continue de servir des spécialités ouest-africaines et internationales d'un très bon rapport qualité/prix.

Caché dans les ruelles du Point E, **Les Gourmandises Africaines** (☎ 824 87 05, rue 3, Point E ; plats 3 000 CFA ; ouvert tlj 12h-15h & 19h-23h) vaut bien le déplacement. Vous y dégusterez un *thiouf* (riz accompagné de poisson, 3 000 CFA) préparé à la perfection, tout comme diverses spécialités sénégalaises.

Cuisine européenne. Du fait de l'héritage culturel du Sénégal, Dakar offre un large choix de bars, bistrots, cafés et restaurants servant de la cuisine européenne et plus particulièrement française.

Le restaurant **Le Sarraut** (☎ *822 55 23, avenue Albert Sarraut ; menu du jour lunven 6 500 CFA ; ouvert lun-sam 8h-24h)*, avec son bar contigu, aurait presque un petit air de France profonde. Sa cuisine a bonne réputation.

Chez Yannick (☎ *823 21 97, rue Malenfant ; plats 5 000 CFA ; ouvert tlj midi et soir)* propose des spécialités françaises et quelques plats internationaux, servis en extérieur. L'endroit est particulièrement couru à l'heure du déjeuner.

Près du marché Kermel, **Le Dagorne** (tél. *822 20 80 ; plats 5 000-10 000 CFA ; ouvert lun-sam 7h-14h30 & 19h30-22h30)* est l'un des meilleurs restaurants français de Dakar. L'atmosphère y est trépidante, du moins à l'intérieur. Vous pouvez vous installer dans la cour pour faire votre choix parmi les propositions fort alléchantes du menu.

Si vos moyens financiers sont au beau fixe, offrez-vous **Le Bambou** (☎ *822 06 45, 19 rue Victor Hugo ; plats 6 000-10 000 CFA ; ouvert lun-ven midi et soir, sam 20h-24h).* Cet établissement situé à l'est de la cathédrale est réputé pour la qualité de son service et de sa cuisine. Le chateaubriand flambé (7 900 CFA), préparé à la table, vaut à lui seul le détour.

La Pizzeria (☎ *821 0926, 47 rue el Hadj Abdoukarim Bourgi ; pizzas et pâtes 3 500 CFA ; ouvert tlj 19h-1h)* prépare d'excellentes pizzas et pâtes et une fort onctueuse soupe de poisson (2 500 CFA).

Produits de la mer. Étant donné les quantités de poissons et de fruits de mer qui y sont débarquées quotidiennement : on déguste à Dakar d'excellentes spécialités de la mer (voir aussi le paragraphe *Pointe des Almadies* dans le chapitre sur la *Presqu'île du Cap-Vert)*.

Si l'**Hôtel Croix du Sud** (☎ *823 29 47, fax 823 26 55, 20 av. Albert Sarraut ; repas environ 5 000 CFA)* est un peu décrépi, son restaurant reste excellent.

Sélect et très cher, le **Restaurant-Bar Lagon I** (☎ *821 53 22, route de la Corniche-Est ; plats à partir de 7 000 CFA ; ouvert*

tlj 12h-15h & 19h30-23h) ressemble à un paquebot d'antan, avec voiles, bastingages et canots de sauvetage. L'impression sera parfaite si vous décidez de savourer de succulents fruits de mer sur le pont monté sur pilotis, au-dessus de l'océan.

Le Niwa (☎ *822 20 29, embarcadère pour l'Île de Gorée ; plats 3 000-6 000 CFA ; ouvert tlj 8h-21h)*, juste au-dessus de la salle d'embarquement des ferries, dispose de tables à l'intérieur et à l'extérieur. Il est très couru à l'heure du déjeuner.

Cuisine asiatique. À Dakar, vous trouverez un grand choix de restaurants asiatiques.

Installé près du marché Kermel, le **Restaurant Angkor** (☎ *637 57 78, 12 rue Dagorne ; plats 2 500-4 000 CFA ; ouvert lun-sam midi et soir)*, en dépit de son nom et d'une immense représentation criarde du célèbre temple cambodgien, est en fait un restaurant chinois bon marché, qui sert des plats copieux.

À l'angle des rues Carnot et Gomis, le **Bar Resto le Hanoi** (☎ *821 32 69 ; plats 3 500 CFA)* prépare des spécialités vietnamiennes d'un bon rapport qualité/prix. Son bar est animé.

Plus cher que Le Hanoi, **Le Dragon** (☎ *821 66 76, 35 rue Jules Ferry ; plats 3 000-5 000 CFA ; ouvert lun-sam 18h-23h)* mitonne une excellente cuisine vietnamienne.

Le Séoul (☎ *822 90 00, 75 rue Assane Ndoye ; plats 5 000-8 000 CFA ; ouvert tlj 12h-15h & 19h30-23h)* sert une délicieuse cuisine coréenne dans un cadre assorti. Le *sam ae tang (*soupe de poulet au ginseng, 8 000 CFA) et le *yook gae jang* (soupe épicée au bœuf et aux légumes, 5 000 CFA), délicatement préparés, sont particulièrement savoureux.

Restaurant indien annoncé ici et là jusqu'à Mbour, le **Jaipur** (☎ *823 36 46, rue Félix Faure ; plats 4 000 CFA ; ouvert lunsam 19-23h)* recueille des avis mitigés. Essayez de préférence les curries et les baltis végétariens.

Dans un agréable jardin du quartier chic de Point E, **Le Jardin Thaïlandais** (☎ *825 58 33, 10 bd du Sud ; plats 8 000 CFA environ ; ouvert lun-sam midi et soir)* faisait fureur parmi la communauté des expatriés lors de notre passage. Il concocte la meilleure cuisine thaïlandaise de toute l'Afrique de l'Ouest, qui compte, il est vrai, peu de restaurants comparables. Les prix sont un peu excessifs.

Divers. Voici quelques restaurants que nous qualifierons d'inclassables :

L'**Hôtel-Restaurant Farid** *(51 rue Vincens ; plats 2 500-4 000 CFA ; fermé mer)* propose des spécialités libanaises traditionnelles. Un établissement connu de longue date, dont la façade ne paie pas de mine, contrairement à sa délicieuse cuisine.

Juste derrière la rue Jules Ferry, près de l'Iguane Café, le **Mezzo** *(☎ 822 58 88 ; plats 8 000 CFA)* contraste avec le modeste Farid. Dans un cadre élégant, on y sert une cuisine internationale créative et d'excellentes salades. Demandez le fondant, qui ne figure pas au menu. L'endroit est connu pour ses excellentes glaces du pays, dont une spécialité sénégalaise : le corossol.

Le **Mex** *(☎ 823 67 17, 91 rue Moussé Diop ; plats 3 500 CFA ; ouvert tlj 9h-2h).* Nous ne sommes pas à El Paso, mais les tapas (500 CFA) et autres spécialités proposées constituent une agréable diversion. À partir de 23h, la lumière tamisée crée l'ambiance et la piste de danse s'anime.

Cafés et pâtisseries

Dakar possède d'excellentes pâtisseries et salons de thé à la française, où vous pourrez échapper à la chaleur et à l'effervescence de la ville, tout en dégustant un gâteau accompagné d'une boisson. Ces établissements vendent également des glaces, des crêpes, des sandwiches et des en-cas.

L'avenue Pompidou compte plusieurs lieux très fréquentés, dont **La Palmeraie** *(☎ 821 15 94),* en face d'Alitalia, célèbre dans tout le pays pour ses petits déjeuners, et **La Gondole** *(☎ 821 8858),* près du cinéma Le Plaza, réputée pour ses glaces.

Face à la cathédrale, vous trouverez la **Pâtisserie Laeticia** *(☎ 821 75 48, bd de la République),* plus tranquille, mais dont le service manque parfois d'efficacité. La plu-

part des pâtisseries ouvrent pour le petit déjeuner et ferment vers 19h30. Certains établissements de l'avenue Pompidou ferment tard le soir.

Dans la rue et sur le pouce

Partout dans Dakar, vous trouverez des échoppes où prendre un café accompagné de pain et de beurre pour environ 350 CFA. Pour vous restaurer plus substantiellement, allez du côté de la rue Assane Ndoye, où des femmes préparent des plats chauds dans de grandes marmites, à même le trottoir, comme du riz en sauce, pour environ 500 CFA ; la plupart de ces endroits ferment en milieu d'après-midi.

Vous pourrez acheter un peu partout des chawarmas pour quelque 800 CFA. Les meilleures adresses de l'avenue Pompidou sont le **Chawarma Donald**, où les ouvriers forment une longue file d'attente tandis que Donald s'affaire dans une véritable fournaise ; l'**Ali Baba Restaurant** *(☎ 822 52 97)* qui, dans un cadre plus raffiné, propose un choix varié de spécialités libanaises ; et le **Restaurant Adonis** *(☎ 822 40 86).* L'Ali Baba et l'Adonis accueillent les clients de 8 h à 2h, tandis que le Chawarma Donald n'ouvre que pendant la journée.

Voici quatre établissements représentatifs des nombreux restaurants sénégalais où vous pourrez déguster des plats copieux et savoureux pour une somme modique.

Le **Touba Restaurant** *(☎ 823 76 46, 20 rue Wagane Diouf ; plats 600-1 000 CFA),* au nord de l'avenue Pompidou, se distingue par ses plats substantiels et son service efficace. Le *mafé* est succulent.

À l'angle du Touba, le **Restaurant du Centre** *(☎ 822 01 72, 7 rue el Haji M'Baye Gueye ; plats 1 500-2 000 CFA ; ouvert tlj 8h-24h),* plus haut de gamme, affiche une carte très variée. Une salle sélect vous attend à l'étage.

De l'autre côté du centre-ville, le **Restaurant Darou Salam** *(rue des Essarts ; plats 800-1 000 CFA ; ouvert lun-ven 8h-18h)* sert des spécialités américaines consistantes. L'endroit est très prisé à l'heure du déjeuner.

Les deux **Restaurant "?"** *(☎ 822 5072, rue Assane Ndoye ; plats 1 500 CFA),* qui affichent l'enseigne "Restaurant ? 2", offrent le meilleur rapport qualité/prix de leur catégorie. Demandez les "Restaurants point d'interrogation". Propres et accueillants, vous pourrez vous y attabler toute la journée et en soirée pour déguster des spécialités africaines généreusement servies et particulièrement savoureuses.

Faire son marché

C'est au **Supermarché Score** (☎ *821 86 12, 31 av. Albert Sarraut)* que vous trouverez le meilleur choix de marchandises importées, alimentaires ou non, ainsi que des produits d'hygiène féminine.

Vous pouvez aussi essayer **Le Supermarché** *(av. Allées Delmas)*, trois pâtés de maisons au nord de la place de l'Indépendance, un peu moins cher, mais offrant un choix plus restreint. Des vendeurs de fruits et légumes installent leurs étals devant le magasin. Si vous ne souhaitez acheter que des produits alimentaires, allez plutôt faire un tour au marché Sandaga, autrement plus distrayant (et plus abordable). Certains visiteurs montrent toutefois quelques réticences à l'idée de manger de la viande exposée à la chaleur et aux nuées de mouches.

Si vous passez par le Point E, vous trouverez l'**Écomarché** (☎ *824 40 95)* à l'angle de l'avenue Cheikh Anta Diop et de la Rocade Fann Bel Air (tout de suite au nord du canal). Sans conteste, il représente la meilleure adresse.

OÙ SORTIR
Bars

Tous les grands hôtels abritent un bar. L'**Hôtel de l'Indépendance** occupe la vedette, avec son bar installé au sommet du bâtiment, au bord de la piscine. On y pratique des tarifs élevés (1 000 CFA une petite bière), mais la vue est splendide au coucher du soleil, même si vous devez vous asseoir sur la table pour en profiter étant donné la hauteur du parapet.

Vous découvrirez également quelques-uns des nombreux bars de l'avenue Pompidou toute proche, notamment **Le Viking** *(angle av. Pompidou et rue Mohamed V ; ouvert 10h-3h)*, qui propose, dans une ambiance très

européenne, des retransmissions sportives à la TV, et le **Snooker Palace** (☎ *822 94 87, 44 rue Wagane Diouf)*, qui vibre au rythme de la musique jusqu'à une heure tardive.

Élégants et beaucoup plus tranquilles, le **Bar l'Impérial** (☎ *822 2663),* au nord de la place de l'Indépendance, et le **Bar Colisée 9** (☎ *821 2217, angle av. du Président Lamine-Gueye et rue Félix Faure)*, servent de petites bières pression pour 800 CFA. D'autres établissements sont installés rue Félix Faure.

Au sous-sol de l'Hôtel Ganalé, le **Grenelles**, décoré avec élégance et imagination, est fréquenté par de nombreux expatriés et bénévoles qui apprécient son *happy hour* entre 18h et 20h.

Près de l'embarcadère des ferries pour l'île de Gorée, boulevard de la Libération, **le Bar Gorée** baigne dans une ambiance plus joyeusement africaine que les établissements de l'avenue Pompidou. Vous y trouverez de la bière à prix modique (600 CFA), du vin rouge qui vous requinque pour 180 CFA, des en-cas et des plats. L'établissement accueille régulièrement des groupes musicaux et les DJ ne sont jamais en reste. L'endroit est généralement plein à craquer. Évitez de tenter la clientèle, en majorité peu fortunée, en étalant vos richesses.

Salles de concert et clubs

Dakar est l'une des villes les plus intéressantes d'Afrique de l'Ouest en matière de musique live, et plusieurs clubs présentent des groupes sénégalais le week-end, particulièrement le samedi soir. Les jeudi, vendredi et dimanche, ils passent de la musique enregistrée. La plupart de ces établissements font payer un droit d'entrée de 1 000 à 2 000 CFA (l'entrée est souvent libre pour les femmes) et jusqu'à 5 000 CFA les soirs de concert. Parfois, l'entrée donne droit à une boisson gratuite. Consultez les journaux et les magazines, notamment *Dakar Tam Tam* et *L'Avis*, pour connaître le programme. Les concerts ne commencent pas avant minuit, et les clubs ne se remplissent jamais avant 23 heures.

Les amateurs de world music ne résisteront pas au charme du très animé et très couru **Club Thiossane** (☎ *824 6046, Sicap rue 10)*,

Discothèques

Nous sommes vendredi soir. Vous avez revêtu vos plus beaux atours, prêt à vous élancer pour une nuit sur la piste de danse, façon africaine. Préparez-vous à faire la fête, mais aussi à être témoin d'un choc des cultures. Comme partout ailleurs, les discothèques sénégalaises ont chacune leur style. La plupart se conforment au modèle occidental : miroirs, jeux de lumières, énormes amplis et, bien entendu, grosses boules discos. C'est dans le choix de la musique et sur la piste de danse que s'affirment les différences.

En règle générale, le DJ commence par des musiciens africains connus et reconnus, comme Youssou N'Dour, par exemple, histoire de chauffer la salle. Viennent ensuite des morceaux de *rythm & blues*, selon les titres importés des États-Unis que le DJ a réussi à se procurer, avant un nouveau set africain, à connotation plus congolaise, par exemple. La pop occidentale prend la relève, suivie de nouveaux rythmes africains et de quelques morceaux technos, qui ne laissent sur la piste que les plus acharnés. Une évidence saute aux yeux : les musiques africaines sont de très loin les plus populaires. Lorsqu'arrive leur tour, les visages des danseurs s'illuminent, contrastant largement avec l'expression de concentration (ou tout simplement d'ennui ?) qui accompagne les rythmes technos. Lorsqu'ils se mettent à danser, les Sénégalais déploient une énergie à faire rêver, qu'ils soient en groupe ou tout seuls. Il arrive à des danseurs, hommes ou femmes, de se livrer à des performances en solitaires pendant des heures face aux miroirs... jusqu'à ce que le bon partenaire viennent les chercher.

installé dans la Médina, au nord du marché Sandaga. Il appartient au légendaire Youssou N'Dour qui, lorsqu'il n'est pas en tournée, y joue en personne le vendredi et le samedi soir. Vous aurez sans doute du mal à trouver cet établissement, surtout si vous vous y ren-

dez à une heure tardive. Prenez donc un taxi. Votre chauffeur vous y conduira sans hésiter. Si vous décidez malgré tout d'y aller par vos propres moyens depuis le centre de Dakar, suivez la route de la Corniche-Ouest jusqu'à Soumbédioune, tournez à droite dans le boulevard de la Gueule-Tapée, puis prenez la cinquième rue à droite. Vraiment, vous aurez plus vite fait de prendre un taxi !

Tout aussi apprécié des Dakarois, **Le Sahel** *(☎ 821 2118, centre commercial Sahm)* se situe à l'angle nord-est du croisement de l'avenue Blaise Diagne et du boulevard de la Gueule-Tapée, environ 3 km au nord-ouest du marché Sandaga.

Dans le centre de Dakar, vous découvrirez un certain nombre de clubs et de discothèques branchés, parmi lesquels le **King's Club** *(32 rue Victor Hugo)*, le très new-yorkais **Kuer Samba** *(☎ 821 2296, rue Jules Ferry)* et l'**Iguane Café** *(☎ 822 6553)*, fort populaire, installé juste en face. Pour passer un moment agréable sans trop dépenser, allez au **Black & White** *(☎ 821 5054, rue Gomis)*, où l'entrée et les boissons sont meilleur marché.

Le **Metissacana** *(☎ 822 20 43, rue de Thiong ; petite bière 800 CFA, plats 3 500 CFA)* est tout à la fois un bar, un cybercafé et un club musical qui accueille à l'occasion des groupes en direct (Baaba Maal s'y est notamment produit).

Au nord du centre-ville, **Planète Culture** *(☎ 824 1655, av. Cheikh Anta Diop, Point E ; ouvert lun-sam 18h-3h)* privilégie la musique accoustique locale. Cet établissement, très populaire, appartient au groupe local des Frères Guissé, qui y joue en plein air au moins une fois par semaine.

Pour connaître la programmation de ces établissements, passez dans la journée afin de consulter les affiches.

Théâtre

Le **théâtre Daniel-Sorano** *(☎ 822 17 15, bd de la République)*, énorme bâtiment qui abrite également l'ambassade du Canada, accueille quantité de manifestations. Pour en connaître le programme, consultez les affiches à l'extérieur ou au guichet. L'Ensemble instrumental, le Ballet national du Sénégal, la troupe de danse Mudra et le Théâtre national du Sénégal y donnent des représentations. Si vous séjournez à Dakar lors des Semaines culturelles, vous pourrez ainsi assister à des spectacles d'artistes venus d'autres pays africains. Les centres culturels recensés dans la rubrique *Renseignements,* plus haut dans ce chapitre, sont également très actifs.

Cinéma
Dakar compte plusieurs bons cinémas, parmi lesquels **Le Plaza** *(☎ 823 8575, av. Pompidou),* près de La Gondole, et **Le Paris** *(rue Carnot),* face à l'Hôtel Teranga. L'un et l'autre projettent des films à grand spectacle en version française (1 000 à 2 000 CFA). Le **British-Senegalese Institute** *(☎ 822 4023, rue du 18 Juin)* programme à l'occasion des films en version originale anglaise.

ACHATS
Les deux principaux marchés de Dakar, le **marché Sandaga** et le **marché Kermel**, sont très animés et attirent de nombreux visiteurs. Ces deux marchés sont malheureusement envahis par des démarcheurs coriaces qui se proposent comme "guides" ou "assistants". Si vous ne parvenez pas à vous en débarrasser, dites aux marchands que ces personnes vous dissuadent d'acheter. Sinon, louez les services d'un "guide", qui empêchera les autres de vous harceler.

Le marché Sandaga, le plus grand des deux, attire une clientèle essentiellement locale. On y trouve de tout, mais ne comptez pas trop sur les échoppes de souvenirs. Les nombreux étals de tissus constituent en soi une attraction. Vous trouverez partout des pantalons larges et des chemises multicolores, mais vous pouvez aussi acheter du tissu et vous faire confectionner le vêtement de votre choix. Nous vous conseillons de demander aux couturiers de copier un de vos vêtements. Le prix du tissu commence à 1 000 CFA le mètre ; les couturiers demandent environ 2 500 CFA pour confectionner une chemise.

Si vous désirez acheter des enregistrements musicaux, allez faire le tour des étals installés vers le marché Sandaga ou dans l'avenue Émile Badiane. De nombreux jeunes arpentent également les trottoirs de Dakar avec des boîtes de disques et de cassettes à vendre. Les prix dépendent de la célébrité du musicien et de la qualité de l'enregistrement. Comptez autour de 1 500 CFA pour une cassette et environs 5 000 CFA pour un CD. Vous ferez peut-être une riche découverte chez **Disco Star** *(☎ 822 27 91, 59 av. Pompidou),* qui vend des cassettes de fabrication locale à 2 000 CFA, des cassettes d'importation de 5 000 à 13 000 CFA et des CD importés entre 13 000 et 20 000 CFA.

Outre les fleurs et les fruits, le marché Kermel comporte différentes échoppes vendant des sculptures, des paniers, de la maroquinerie et toutes sortes de souvenirs. La superbe halle que vous découvrirez a été construite en remplacement de la précédente, détruite en 1993 par un incendie.

Le **marché de Tilène**, construit à l'époque coloniale au cœur de la Médina, mérite le détour. La Médina faisait alors office de ghetto pour les Africains. Dans ce lieu riche en images et en bruits propres à tout marché traditionnel africain, relativement épargné par les touristes (et les démarcheurs), vous devrez peut-être recourir aux services d'un guide, car la halle est difficile à dénicher au milieu des boutiques et des maisons modernes au toit de tôle ondulée.

Au **marché de Castors**, un quartier résidentiel au nord de la ville, à mi-chemin entre le centre et l'aéroport, vous pourrez aussi déambuler plus tranquillement. L'itinéraire de nombreux autobus se termine à l'ouest de ce marché.

L'un des endroits les plus courus pour l'achat de souvenirs est le **Village artisanal**, près de la plage des pêcheurs de Soumbédioune, sur la Corniche-Ouest. Il expose des sculptures en bois, de la ferronnerie, des bijoux en or et en argent, de l'ivoire, des nappes, des couvertures, de la maroquinerie et des vêtements, mais ces produits, de piètre qualité, sont pour la plupart fabriqués en série. On vous demandera très probablement plusieurs fois le prix réel de l'objet que vous convoitez. Si vous n'avez pas spécialement envie de marchander, allez faire vos achats dans la petite boutique de souvenirs qui jouxte le guichet vendant les billets pour les ferries à destination de l'île de Gorée. Vous y dénicherez des sculptures et des tissus plutôt jolis, à prix fixes. Même si vous n'achetez rien, vous aurez au moins une idée des prix pratiqués.

Pour trouver de beaux objets d'art africain, rendez-vous rue Mohamed V, entre l'avenue Pompidou et la rue Assane-Ndoye, où plusieurs échoppes vendent des masques, des sculptures et autres objets d'Afrique occidentale et centrale. Dans la même rue, plusieurs magasins se spécialisent dans les tapis de style marocain ou algérien, la maroquinerie, la poterie et les vêtements du Maghreb.

Pour l'orfèvrerie, essayez **La Cour des Mours** (69 av. Blaise-Diagne), nichée dans une petite allée, au nord du marché Sandaga. L'endroit doit son nom à des orfèvres mauritaniens, revenus au Sénégal après en avoir été expulsés il y a quelques années et qui œuvrent ici aux côtés de marchands sénégalais. Même si les bijoux ne vous intéressent pas, nous vous recommandons vivement la visite de ce vieux quartier tout à fait fascinant. On peut trouver des orfèvres dans d'autres quartiers de Dakar, en particulier dans la rue Victor-Hugo. L'argent y est généralement vendu au poids ; renseignez-vous sur les tarifs en vigueur avant d'en acheter.

COMMENT S'Y RENDRE
Avion

L'aéroport international Léopold Sédar Senghor se trouve à Yoff. Pour plus de détails sur les vols régionaux et internationaux au départ de Dakar, reportez-vous au chapitre *Comment s'y rendre* au début de ce guide. Au Sénégal même, il n'existe que deux liaisons : Dakar-Ziguinchor et Cap-Skirring-Tambacounda, assurées par Air Sénégal International. Reportez-vous au chapitre *Comment circuler*.

Pour obtenir des renseignements sur les vols internationaux, reconfirmer un vol ou réserver, sachez que toutes les compagnies suivantes ont des bureaux à Dakar :

Aeroflot (☎ 822 48 15) 3 bd de la République
Air Algérie (☎ 823 55 48) place de l'Indépendance
Air France (☎ 839 77 77) 47 av. Albert-Sarault
Air Guinée (☎ 821 44 42) av. Pompidou
Air Mali (☎ 823 24 61) 14 rue El Haji-M'Baye-Gueye, près de la rue Vincens

Air Mauritanie (☎ 822 81 88) place de l'Indépendance
Air Sénégal International (☎ 823 56 29) 45 av. Albert-Sarraut
Alitalia (☎ 823 38 74) 5 av. Pompidou
Ghana Airways (☎ 822 28 20) 21 rue des Essarts, à côté de la place de l'Indépendance
Iberia (☎ 823 34 77) place de l'Indépendance
Royal Air Maroc (☎ 843 47 52) place de l'Indépendance
SN Brussels Airlines (☎ 823 04 60) place de l'Indépendance
TACV Cabo Verde Airlines (☎ 821 39 68) 105 rue Moussé Diop
TAP Air Portugal (☎ 821 0065) immeuble Faycal, rue Assane Ndoye, à côté de la place de l'Indépendance
Tunis Air (☎ 823 14 35) 24 av. Senghor

Bus et taxis-brousse

Les bus et les taxis Peugeot desservant des destinations éloignées partent de la gare routière Pompiers, à 3 km au nord de la place de l'Indépendance. Depuis le marché Sandaga, prenez un Alham, un car rapide ou un taxi (depuis ce marché ou la place de l'Indépendance, un taxi devrait vous coûter 500 à 750 CFA). Vous trouverez ci-dessous quelques exemples de prix (en francs CFA) au départ de Dakar. Les tarifs sont identiques pour l'aller et le retour.

Il est impossible d'indiquer avec précision la durée des trajets, mais à titre indicatif, comptez 4 heures pour aller de Dakar à Saint-Louis en taxi Peugeot, 7 heures pour Tambacounda et de 9 à 11 heures pour Ziguinchor, selon le temps d'attente pour prendre le ferry qui traverse le fleuve Gambie. En bus, multipliez la durée du voyage par une fois et demie, et par deux en minibus.

Si vous souhaitez un taxi Peugeot, ignorez les rabatteurs qui vous affirment que les taxis sont tous partis et tentent de vous faire grimper dans un Alham (voir l'encadré *Les rabatteurs à la gare routière* au chapitre *Comment circuler*). Derrière les minibus et les Alham, vous découvrirez une file de taxis Peugeot affichant chacun leur destination. Il y a *toujours* des taxis Peugeot, mais, l'après-midi, vous risquez d'attendre longtemps avant qu'ils ne se remplissent ; par conséquent, partez plutôt le matin.

Si vous allez à Tambacounda, Kaolack, Touba ou Saint-Louis, une compagnie privée, "Bus Express" assure un service rapide, sûr et fiable. Pour le confort, préférez les sièges aux strapontins latéraux. Les tarifs sont de 30% inférieurs à ceux des taxis Peugeot : par exemple, 4 000 CFA pour Tambacounda. Les bus partent de la station-service, qui fait également office de gare routière, à un croisement dans l'avenue Malik-Sy, près de la gare routière Pompiers. Allez-y la veille pour réserver une place et vérifiez l'heure du départ, ou appelez le ☎ 821 85 05.

Certains bus, mais c'est plutôt rare, arrivent à la gare routière Kolobane, à environ 2 km au nord de la gare routière Pompiers, de l'autre côté de l'autoroute.

Train
Le train relie Dakar à Bamako, au Mali, *via* plusieurs villes dont Thiès, Diourbel et Tambacounda. Pour ces destinations, la plupart des voyageurs choisissent les transports routiers, plus rapides et moins chers. Pour plus de renseignements sur les trains pour Bamako, reportez-vous au chapitre *Comment s'y rendre*. Il n'existe plus de trains de passagers entre Dakar et Kaolack, et seule Saint-Louis est desservie en période de vacances.

Bateau
Le ferry MS *Joola* est censé relier Dakar à Ziguinchor deux fois par semaine dans chaque direction, en passant par l'île de Carabane. Reportez-vous au chapitre *Comment circuler*.

COMMENT CIRCULER
Depuis/vers l'aéroport
Les taxis de Dakar possèdent des compteurs mais ne les utilisent jamais. Les tarifs officiels pour la course aéroport/centre-ville sont affichés sur des écrans dans le hall des arrivées de l'aéroport – 3 000 CFA en journée et 3 500 CFA de minuit à 6 heures. Les chauffeurs jurent tous par Allah que les tarifs indiqués ne sont plus valables, aussi devrez-vous marchander. Vous pouvez changer de l'argent ou en retirer à un distributeur dans l'aéroport.

Les transports publics à partir de Dakar

destination	taxi Peugeot (CFA)	minibus (CFA)	Alham (CFA)
Karang (Gambie)	4 500	3 500	3 000
Kaolack	2 600	1 500	1 250
Mbour	950	750	670
Richard Toll	4 950	3 880	3 440
Rosso	4 950	3 880	3 440
Saint-Louis	3 100	2 445	2 150
Tambacounda	6 800	5 100	4 400
Thiès	900	700	600
Ziguinchor	6 500	5 000	4 500

La course de l'aéroport à Yoff ou N'Gor devrait coûter 1 500 CFA, mais les chauffeurs de taxi vous demanderont quand même 3 000 CFA, ce qui se comprend puisqu'ils devront, après cette petite course, aller se replacer dans la file devant l'aéroport. Si vous ne parvenez pas à vous entendre avec un chauffeur de taxi et souhaitez économiser de l'argent, sortez de l'aéroport, marchez jusqu'à la route principale, puis hélez un taxi à cet endroit. Cela vaut surtout si vous n'allez pas dans le centre-ville. La course centre-ville/aéroport vous reviendra à environ 2 500 CFA.

Vous pouvez aussi prendre le bus DDD N°8, *via* Yoff (200 CFA). Pour aller jusqu'à l'arrêt, tournez à droite en sortant de la gare routière et dépassez la file de taxis. Les départs ont lieu toutes les demi-heures mais le service s'interrompt entre 21h et 6h.

Bus
De grands bus bleus DDD (Dakar Dem Dikk, ancienne Sotrac) desservent le centre-ville et la périphérie de Dakar. Le billet vous coûtera 140 CFA pour les petits trajets et jusqu'à 200 CFA pour les distances plus longues. La montée s'effectue par l'arrière et vous devez acheter votre titre de transport auprès du conducteur. Pour les petits déplacements en ville, les cars rapides ou les Alham sont souvent plus pratiques. Pour vous rendre dans les villes et villages des environs de Dakar, prenez de préférence les bus DDD.

Parmi les lignes qui vous seront les plus utiles depuis le centre-ville, citons la n°5 qui va jusqu'à Guédiawaye, la n°6 pour Cambérène, la n°7 à destination d'Ouakam, la n°8 desservant Yoff et l'aéroport, la n°9 jusqu'à Liberté VI, la n°15 pour Rufisque et la n°16 à destination de Malika. Le principal terminus desservant l'est de Dakar, et notamment Rufisque, se situe boulevard de la Libération. D'autres bus traversent le centre-ville jusqu'à l'ancien palais de Justice, près de la pointe de Cap Manuel.

Le service des bus municipaux a été interrompu pendant presque un an, à l'issue de l'audit commandé par le président Wade nouvellement élu. Il en est ressorti que la Sotrac avait plus de 40 millions d'euros de dettes. Depuis, la DDD a pris la relève et les numéros des lignes ont changé. Vérifiez avant de monter dans un bus qu'il va bien là où vous le souhaitez.

Taxi-brousse
Des bus privés empruntent les mêmes itinéraires que les bus DDD. Il s'agit généralement de véhicules Mercedes blancs offrant 30 places assises, connus sous le nom d'Alham ou de N'Diaga N'Diaye. Les tarifs sont de l'ordre de 50 ou 100 CFA, selon la longueur du trajet. Ni les destinations ni les itinéraires ne sont indiqués. Vous devrez donc demander ou écouter attentivement les annonces faites par le contrôleur.

Pour aller vers le nord du centre-ville, à N'Gor et Yoff, par exemple, des bus Alham partent de la place Lat Dior, près de l'avenue Peytavin, à l'ouest du marché Sandaga.

Car rapide
Si vous n'apercevez aucun bus allant dans votre direction, vous pouvez toujours grimper à bord d'un car rapide – un de ces minibus bleu et jaune, bondés et en mauvais état. Certains sont vraiment (terriblement) rapides, mais d'autres se traînent comme des tortues. Ils coûtent environ 25% de moins que les bus Alham et desservent la plupart des destinations, mais celles-ci ne sont pas indiquées. Vous n'avez donc plus qu'à tendre l'oreille, les contrôleurs hurlant le nom des arrêts au fur et à mesure que les

Escroquerie au taxi

À votre arrivée à l'aéroport de Dakar, attendez-vous à un déferlement de démarcheurs impatients de vous offrir leurs services. Un truc éculé consiste à vous "trouver" un taxi (alors qu'ils sont toujours très nombreux à attendre le client, garés devant le terminal) et de vous accompagner en ville. En chemin, ils vous diront que l'hôtel sur lequel vous aviez jeté votre dévolu affiche complet et que vous pouvez loger chez eux, moyennant une somme dérisoire. Il peut s'agir d'une offre honnête, mais aussi d'une escroquerie. On nous a également rapporté des incidents isolés au cours desquels des démarcheurs et des chauffeurs de taxi étaient de mèche pour dévaliser les passagers. Le meilleur moyen d'éviter tout cela consiste à trouver votre propre taxi.

cars les dépassent à vive allure. Lorsque vous souhaitez descendre, frappez le toit ou la vitre avec une pièce de monnaie.

Taxi
Les taxis ne manquent pas à Dakar. Les véhicules sont équipés de compteurs ancien modèle, que personne n'utilise : chaque course est précédée d'une courte négociation permettant de fixer le prix. Dans un premier temps, vous paierez peut-être un peu plus que le prix réel, mais vous vous ferez vite une idée des tarifs correspondant aux différents trajets. La plupart des chauffeurs préféreront ajuster leur prix plutôt que de vous laisser partir.

Pour un court trajet dans le centre-ville, le prix devrait être de 300 à 400 CFA. De la place de l'Indépendance à la gare routière Pompiers, les Dakarois paient 500 CFA et les touristes 750 CFA. La nuit (entre minuit et 6 heures), les tarifs doublent. Les chauffeurs garés devant les grands hôtels essaieront de facturer davantage et certains refuseront même de vous conduire pour le tarif normal, de peur de perdre leur place dans la file et donc une chance de conduire un riche client. Où que vous alliez, sachez que les Sénégalais ne laissent pas de pourboire, contrairement aux touristes.

Pour les courses plus longues, il vous en coûtera environ 3 500 CFA de l'heure dans le centre-ville, mais cela dépend du nombre de déplacements. Si vous avez besoin d'un taxi à la journée, prévoyez une heure de négociation. À moins que vous ne sachiez exactement où vous allez, refusez d'inclure le prix de l'essence dans la rétribution globale, car cela conduit alors le chauffeur à spéculer. Mettez-vous d'accord sur un tarif journalier pour la voiture seule et payez l'essence à part, tout en vérifiant avant de partir que la jauge fonctionne bien, ce qui vous évitera des problèmes en fin de journée.

Voiture

Toutes les grandes agences de location de voitures pratiquent des tarifs similaires. Pour les plus petits modèles, vous paierez entre 17 000 et 20 000 CFA par jour, plus 160 à 190 CFA du kilomètre. À quoi, il faut ajouter environ 4 000 CFA par jour pour l'assurance et 20 % de taxe. Les principales agences de location de voitures de Dakar sont :

Avis (☎ 849 77 57), qui dispose d'agences à l'aéroport et à l'Hôtel Méridien Président
Budget (☎ 822 25 13, fax 822 25 06), avec des bureaux à l'angle de l'avenue du Président Lamine-Gueye et l'avenue Faidherbe, ainsi que des agents à l'aéroport et à l'Hôtel Méridien Président
Europcar (☎ 822 06 91, fax 822 34 77), installé à l'angle du boulevard de la Libération et de l'allée Delmas
Hertz (☎ 822 20 16, fax 821 17 21), qui compte des agences à l'aéroport, à l'Hôtel Teranga et rue Félix Faure, dans le centre-ville

Parmi les agences de location indépendantes, citons :

Africars (☎ 823 18 50), 14 rue Galandou Diouf, implanté dans différentes villes du pays
Afrique Location (☎ 823 88 01) ; 28 rue Assane Ndoye
Assurcar (☎ 823 72 51, portable 638 48 55, www.assurcar.sn), installé près de l'embarcadère des ferries pour Gorée, pratique des tarifs inférieurs à ceux de Senecartours. Une 205 Peugeot ne vous coûtera que 11 000 CFA par jour (16 500 CFA pour le week-end), plus 110 CFA du kilomètre, et un 4x4 Suzuki 20 000 CFA par jour, plus 200 CFA du kilomètre
Noprola (☎ 821 73 11) 29 rue Assane Ndoye, près de l'Hôtel Taranga
Senecartours (☎ 822 42 86, fax 821 83 06, www.senecartours.com) 64 rue Carnot. Un prestataire de confiance, qui propose de bons véhicules à des prix légèrement inférieurs à ceux des compagnies internationales. Vous bénéficierez de tarifs préférentiels pour le week-end et de forfaits. À titre d'exemple, une petite voiture coûte 250 000 CFA la semaine, assurance comprise, avec kilométrage illimité. Selon cette formule, un 4x4 vous revient à 55 000 CFA avec 1 200 km gratuits et 350 CFA du kilomètre au-delà. Vous trouverez une agence à l'aéroport (☎ 820 17 34)

Il n'est généralement pas possible de passer la frontière avec un véhicule de location, mais la plupart des agences permettent à leurs clients de se rendre en Gambie. Assurez-vous néanmoins que tous les papiers de la voiture sont en règle, car la police gambienne adore passer en revue les voitures de location sénégalaises. Pour une liste complète de tous les loueurs, consultez le site www.au-senegal.com/transport_en/location.htm.

Presqu'île du Cap-Vert

Au-delà du centre-ville de Dakar, la presqu'île du Cap-Vert s'élargit, ponctuée de villes satellites et de villages de pêcheurs qui se sont développés en même temps que la capitale et se fondent désormais dans ce que l'on appelle le Grand Dakar.

À l'est du centre-ville, à environ 3 km de la rive, se trouve l'île de Gorée, l'un des premiers foyers de la colonisation européenne sur cette partie de la côte et aujourd'hui havre de paix tout proche de la trépidation urbaine. À l'ouest se trouve le parc national des îles de la Madeleine qui ne compte aucun site historique mais de nombreux endroits pour observer les oiseaux de mer. L'endroit est idéal pour se détendre au bord des criques rocheuses.

Au nord du centre-ville, à l'extrémité ouest de la presqu'île du Cap-Vert, la pointe des Almadies forme l'extrémité occidentale du continent africain. Le long de la côte s'étendent N'Gor, à la fois village de pêche et station balnéaire très prisée des Dakarois le week-end, et Yoff, une ville traditionnelle dotée d'un héritage culturel fascinant, mais pauvre en infrastructures touristiques.

À l'est, la vaste zone de Dagoudane-Pikine (ou plus simplement Pikine) touche quasiment les côtes nord et sud. Théoriquement, Pikine est une entité distincte, mais il s'agit en réalité d'une banlieue ouvrière de Dakar, qui s'est développée si rapidement qu'elle compte d'ores et déjà plus d'habitants que la capitale.

Au-delà de Pikine, la presqu'île du Cap-Vert s'élargit et se fond avec le continent. À une courte distance de Dakar, vous pourrez visiter plusieurs sites intéressants, en particulier les plages de Malika, le monastère de Keur Moussa et le grand lagon du lac Retba (appelé souvent lac Rose).

ÎLE DE GORÉE

L'île de Gorée, qui s'étend seulement sur 28 ha, est un merveilleux havre de paix : 1 000 habitants, aucune route goudronnée, pas de voitures et pas de bicyclettes. Avec

À ne pas manquer

- **Île de Gorée** – Flânez dans les rues chargées d'histoire de l'île, qui fut le premier comptoir européen au Sénégal et un centre du trafic d'esclaves.

- **Malika** – Venez découvrir les petits campements de Malika et les immenses étendues de plages de l'Atlantique, loin de l'effervescence de la capitale.

- **Pointe des Almadies** – Gagnez le point le plus occidental d'Afrique, et savourez un succulent repas de poisson sur la plage.

- **Lac Retba (lac Rose)** – Laissez-vous porter par les eaux salées de ce grand lagon rose, où l'on récolte traditionnellement le sel.

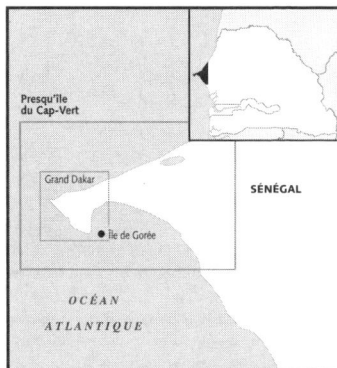

ses maisons de style colonial, ses balcons en fer forgé, ses rues étroites et ses bougainvillées, Gorée ressemble à un petit port tranquille de Méditerranée. Elle attire de nombreux visiteurs, de même que les Dakarois désireux d'échapper aux foules de la ville. La petite plage proche du débarcadère est souvent bondée le week-end.

Des guides du **Syndicat d'initiative** (☎ *822 97 03, ouvert 9h-13h et 14h30-18h mar-dim*))

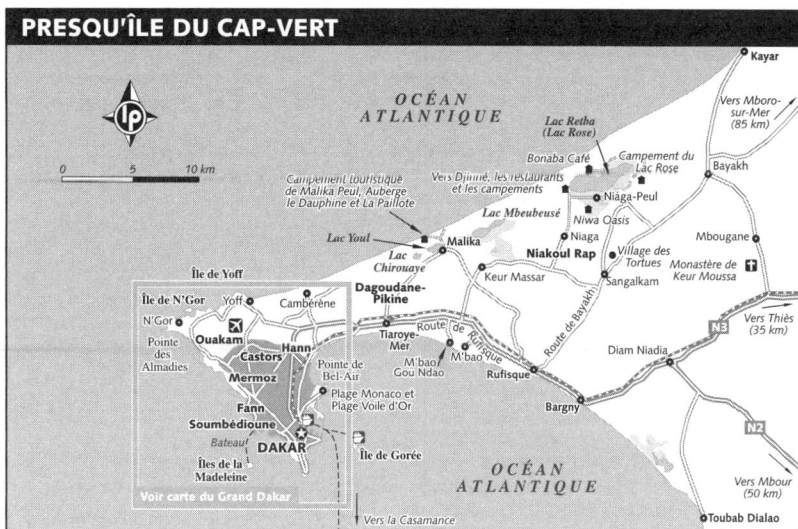

PRESQU'ÎLE DU CAP-VERT

OCÉAN ATLANTIQUE

Kayar

Vers Mboro-sur-Mer (85 km)

Lac Retba (Lac Rose)

Bonaba Café
Campement du Lac Rose
Bayakh

Campement touristique de Malika Peul, Auberge le Dauphine et La Paillote
Vers Djimé, les restaurants et les campements
Niaga-Peul
Niwa Oasis

Lac Mbeubeusé

Lac Youl
Malika
Niaga
Mbougane

Lac Chirouaye
Niakoul Rap
Village des Tortues
Monastère de Keur Moussa

Île de Yoff
Dagoudane-Pikine
Keur Massar
Sangalkam

Île de N'Gor
Yoff
Cambérène
Route de Rufisque
Route de Bayakh
Vers Thiès (35 km)

N'Gor
Ouakam
Tiaroye-Mer
Diam Niadia
N3

Pointe des Almadies
Castors
Hann
M'bao Gou Ndao
M'bao
Rufisque

Mermoz
Pointe de Bel-Air

Fann
Plage Monaco et Plage Voile d'Or
Bargny
N2

Soumbédioune
DAKAR
Île de Gorée

Bateau
Îles de la Madeleine
OCÉAN ATLANTIQUE
Vers Mbour (50 km)

Voir carte du Grand Dakar
Vers la Casamance
Toubab Dialao

0   5   10 km

proposent une visite guidée de l'île pour 2 500 CFA par personne la demi-journée.

À voir

Cependant, il faut bien plus d'une journée pour visiter Gorée. Le **musée historique de l'IFAN** *(200 CFA, ouvert 10h-13h et 14h30-18h mar-sam),* installé dans le fort d'Estrées, qui fut construit par les Français en 1850 à la pointe nord de l'île, retrace à travers diverses expositions et reconstitutions l'histoire du Sénégal jusqu'à nos jours.

N'hésitez pas à découvrir le **musée de la Femme** *(300 CFA, ouvert 10-17h mar-dim)* qui évoque le rôle des femmes sénégalaises dans la société traditionnelle et moderne. Une visite des plus vivantes grâce à l'enthousiasme de son guide (350 CFA). L'île compte également un **musée Maritime**, guère passionnant, ainsi que l'incontournable **maison des Esclaves** (voir l'encadré à ce sujet), tous deux ouverts matin et après-midi, sauf le lundi, et affichant un droit d'entrée de 300 CFA.

Le Castel est un plateau rocheux recouvert de fortifications datant de différentes époques et offrant une belle vue sur l'île et, au loin, sur Dakar. Vous y verrez deux canons qui coulèrent un navire britannique dans le port pendant la Seconde Guerre mondiale. Depuis, le *Tacoma* repose sous l'eau ; une bouée, que les ferries doivent contourner à l'approche de l'île, en marque l'endroit. Le Castel est aujourd'hui habité par un groupe de disciples de Baye Fall (pour en savoir plus, lisez l'encadré intitulé *Marabouts et confréries* dans le chapitre *Présentation du Sénégal*).

Canons dans un couloir du fort d'Estrées.

ÎLE DE GORÉE

1 Fort d'Estrée, musée historique de l'IFAN
2 Poste
3 Hostellerie du Chevalier de Boufflers et Ann Sabran
4 Musée Maritime
5 Hôtel de ville
6 Relais de l'Espadon
7 Hôpital de la Marine
8 Police
9 Auberge Keur Beer
10 Syndicat d'initiative
11 Maison des Esclaves
12 Musée de la Femme
13 Église Saint-Charles
14 Mosquée
15 Chez Madame Siga

Vers Dakar (3 km)

Épave du Tacoma

Débarcadère des ferries

Bars et Restaurants

Marché touristique

Jardin public

Marches

Le Castel

0   50   100 m

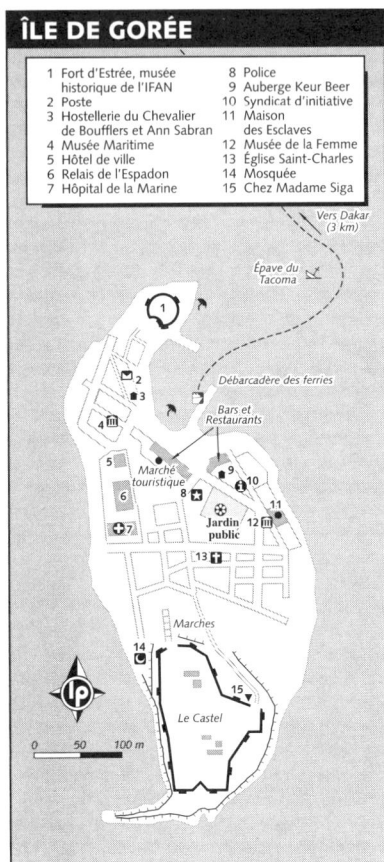

Derrière la rangée de bars et de restaurants faisant face au débarcadère se tient un petit **marché touristique**, où vous pourrez marchander des souvenirs et du tissu de manière beaucoup plus détendue qu'à Dakar.

En face du marché se dresse le **Relais de l'Espadon** (l'ancienne demeure du gouverneur français), hôtel colonial fermé en 1975 et laissé à l'abandon pendant de nombreuses années. Jusqu'à présent, les rumeurs concernant sa prochaine transformation en hôtel haut de gamme sont restées lettre morte. Au sud, l'ancien **hôpital de la Marine** sert de résidence de nombreux habitants de l'île, tandis qu'au nord se dresse l'ancien **hôtel de ville**.

Où se loger et se restaurer

Pour une **chambre chez l'habitant**, renseignez-vous aux bars et aux restaurants en face du débarcadère. Les tarifs démarrent à 7 500 CFA la chambre.

Syndicat d'initiative (☎ *822 97 03, s.i.goree@metissacana.sn*). Établissement officiel le moins cher, il propose d'excellentes chambres de 10 000 à 15 000 CFA.

L'**Auberge Keur Beer** (*☎/fax 821 38 01, keurgeergie@yahoo.fr ; doubles sans/avec sdb 23 000/25 000 CFA*) toute proche, est très stylée et gérée par un couple franco-sénégalais de manière amicale et efficace. Les s.d.b. communes sont immaculées et le petit déjeuner, compris dans le prix de la chambre, très copieux. Si l'hôtel affiche complet, le personnel vous aidera à trouver en ville une chambre chez l'habitant.

L'**Hostellerie du Chevalier de Boufflers** (☎ *822 53 64, goreeboufflers@ns.arc.sn ; plats 4 000-6 000 CFA*) doit son nom à un gouverneur colonial et sa réputation, à son restaurant. Les prix reflètent tiennent à la fois compte de l'emplacement historique et la terrasse qui domine le port que de qualité de la cuisine. L'établissement, qui possède un bâtiment séparé, demande de 18 000 à 23 000 CFA par chambre.

Ann Sabran (☎ *826 94 29, plats 2 500 CFA*). Juste à côté de l'Hostellerie, vous y trouverez l'atmosphère chaleureuse des quartiers portuaires à l'intérieur et des tables ombragées à l'extérieur. Les repas sont corrects et les sandwiches, excellents (1 000 CFA).

La plupart des restaurants, qui se trouvent tous dans un rectangle faisant face au débarcadère, proposent des repas à environ 2 000 CFA. Les menus sont affichés à l'extérieur. Meilleur marché, **Chez Madame Siga** est installé dans une petite maison bleu ciel, presque au bout de la montée vers Le Castel. On vient y déguster du *tiéboudienne* (riz cuit dans une épaisse sauce au poisson et aux légumes) pour 1 000 CFA (à commander de préférence à l'avance).

Comment s'y rendre

Un ferry relie fréquemment Dakar, depuis le quai juste au nord de la place de l'Indépendance, à Gorée. Le trajet dure 20 minutes et l'aller-retour coûte 5 000 CFA pour les étrangers.

ÎLES DE LA MADELEINE

Les îles de la Madeleine, situées à l'ouest du centre de Dakar à environ 4 km du continent, ont été aménagées en parc national – que complète une réserve ornithologique – en 1985. Elles se composent d'une île principale, Sarpan, et de deux îlots, ainsi que de plusieurs rochers volcaniques qui apparaissent à marée basse. Contrairement à Gorée, les Madeleines ne sont pas habitées – du moins pas par des humains. Sur Sarpan poussent des baobabs nains et les îles hébergent des oiseaux marins, en particulier des colonies de cormorans, des fous de Bassan, des sternes et des oiseaux des tropiques à bec rouge – magnifiques spécimens dotés d'ailes étroites coiffées en arrière et de longues pennes lors de la saison des amours. Vous verrez peut-être aussi des balbuzards pêcheurs.

Même si les oiseaux ne vous intéressent que modérément, vous apprécierez de consacrer une journée à la visite des îles, assortie d'une baignade et d'un peu de plongée, dans un merveilleux bassin naturel et d'une promenade sur Sarpan (le seul endroit où les bateaux peuvent accoster). Allez-y en semaine et pensez surtout à emporter un chapeau, car l'ombre y est inexistante, ainsi que de l'eau et de la nourriture. Les îles sont parfois surnommées les "îles aux Serpents", une déformation du mot Sarpan, mais cette interprétation est erronée, car aucun reptile n'y a élu domicile.

Si vous souhaitez mieux connaître ces îles, vous pouvez louer les services d'un garde en convenant avec lui d'un prix.

Comment s'y rendre

Pour atteindre le parc national des îles de la Madeleine par vos propres moyens, il vous faut d'abord acheter un billet d'entrée auprès du bureau des Eaux et Forêts, sur la route de la Corniche-Ouest, près du casino Terrou-Bi et de la pointe de Fann. Comme il se trouve dans un petit bâtiment du côté de la route, il est assez difficile à trouver. Après quoi, la procédure est désormais on ne peut plus simple. Vous devez acquitter un droit d'entrée de 1 000 CFA auprès d'un garde du parc, plus 3 000 CFA par personne pour les 20 minutes de traversée en pirogue (2 000 CFA pour les groupes de 4 personnes et plus). Les enfants de moins de 10 ans ne paient pas. Les liaisons sont assez régulières, une dizaine de personnes embarquant pour chaque traversée. Précisez lors de l'achat de votre billet l'heure à laquelle vous souhaitez rentrer pour que la pirogue vienne vous chercher. Simple comme bonjour !

Autre solution : l'Océanium (voir la rubrique *Plongée et kayak* dans le chapitre *Dakar*), qui organise des visites des îles de la Madeleine pour 5 000 CFA par personne. Téléphonez au préalable pour vous joindre à un groupe.

N'GOR ET POINTE DES ALMADIES

La pointe des Almadies se trouve à 13 km du centre de Dakar. Quiconque connaît le cap de Bonne-Espérance ou toute autre extrémité continentale sera surpris par la sobriété du lieu. Pour vous tenir au point le plus occidental du continent africain, vous devrez monter sur des rochers noirs à fleur d'eau.

À proximité se trouvent une bande de sable sale, un parking couvert de détritus, un village artisanal décati et une rangée de restaurants fort peu engageants, qui servent cependant de la bonne nourriture et s'animent le week-end et en soirée. Le reste du temps, les Almadies, battues par les vents, semblent abandonnées.

À l'est de la pointe, la **plage de N'Gor**, abritée, se prête à la baignade et bénéficie d'une atmosphère autrement plus agréable, avec deux campements de plus en plus populaires et toute une série de restaurants installés dans de petites cahutes où vous pourrez déguster à peu de frais des fruits de mer accompagnés d'une boisson bien fraîche. La courte traversée jusqu'à l'**île de N'Gor** vous mènera à la plus belle des plages. L'île offre une côte rocheuse sur l'océan et deux belles plages tout à fait

La maison des Esclaves

Aux XVIIIe et XIXe siècles, l'île de Gorée était un important comptoir commercial. De nombreux marchands se firent alors construire des maisons à double fonction : habitation et lieu de travail à l'étage, stockage des cargaisons au rez-de-chaussée. La maison des Esclaves est l'un des derniers bâtiments de ce type encore existants à Gorée : construite en 1786, elle fut rénovée en 1990 avec l'aide de la France. Avec sa fameuse porte donnant directement de la réserve sur l'océan, cette bâtisse revêt une puissante signification spirituelle aux yeux de certains visiteurs, tout particulièrement les Noirs américains, dont les ancêtres, réduits en esclavage, furent amenés d'Afrique.

En entrant dans les cachots, vous commencerez, surtout après une visite au Musée historique, à imaginer toutes les horreurs qui s'y sont déroulées, d'autant que le conservateur de la maison des Esclaves vous fournira des détails plus épouvantables encore. En réalité, et en dépit de son nom, il est cependant peu vraisemblable que la maison des Esclaves ait pu accueillir de nombreux captifs, excepté ceux qui "appartenaient" au propriétaire de la maison, plus quelques autres qui attendaient d'être vendus. En fait, certains historiens estiment que, certes, l'esclavagisme existait bel et bien et que l'île constituait à la fois un comptoir commercial absolument vital et un port stratégique, mais que Gorée n'a jamais été, en soi, un lieu important d'embarquement des esclaves : les problèmes purement matériels liés au manque de place et à l'absence d'eau potable auraient singulièrement compliqué le transfert d'un si grand nombre de personnes. Sur les 20 millions d'esclaves arrachés au sol africain, seuls 300 seraient passés par Gorée chaque année. Même dans ce cas, ils n'auraient pas franchi l'impressionnante porte : les navires ne se seraient pas approchés des récifs, alors qu'ils disposaient non loin de là d'une excellente jetée. En outre, selon certains documents, cette maison appartenait à une famille métissée, celle d'un chirurgien de la marine française, du nom de Jean Pépin, et non (comme on l'a affirmé) à des marchands hollandais – lesquels furent chassés de Gorée par les Français en 1677.

Ces historiens, sceptiques quant au véritable rôle de Gorée, veulent néanmoins se laver à tout prix de l'accusation de révisionnisme. Ainsi, ils mettent l'accent sur les millions d'esclaves arrachés d'Afrique de l'Ouest dans des circonstances abominables et affirment combien la traite des Noirs fut une entreprise indéniablement cruelle et inhumaine ; mais ils considèrent, par ailleurs, que la place accordée à Gorée dans l'histoire de l'esclavagisme constitue une simple manœuvre commerciale, reposant sur des faits inexacts. Le but cynique de l'opération serait d'attirer des touristes qui, mieux informés, se rendraient à Jufureh, en Gambie, ou aux forts aux esclaves du Ghana. Il semblerait donc, en résumé, que certaines agences de voyages et responsables du gouvernement sénégalais aient souhaité manipuler ces touristes, américains et autres, venus là avec émotion retrouver leurs racines culturelles.

Remerciements à Chris De Wilde, spécialiste de l'histoire ouest-africaine du XIXe siècle, pour sa contribution à cette rubrique

sûres face au continent. La traversée aller-retour vous coûtera 500 CFA, avec port obligatoire du gilet de sauvetage.

Où se loger et se restaurer
Pointe des Almadies. Caché derrière de hauts murs et néanmoins omniprésent, le **Club Med** domine en grande partie le site.

La plupart des clients arrivent directement d'Europe, mais si vous souhaitez y séjourner, certaines agences de voyages de Dakar se chargeront de votre réservation.

Impossible de manquer l'**Hôtel Méridien Président** (☎ *869 69 69, fax 869 69 99, www.lemeridien-dakar.com ; chambres à partir de 86 000 CFA*), sans conteste le meilleur

GRAND DAKAR

OÙ SE LOGER
1 Campement le Poulagou
2 Via Via
5 Hôtel-Restaurant L'Océan
9 Hôtel N'Gor Diarama
12 Surf Camp Colé, Waly's Surf Camp
13 Hôtel Méridien Président, Avis et Budget
15 Club Med

OÙ SE RESTAURER
3 Le Toucan
6 Chez Carla
10 Sao Brasil, Station-service Shell
11 La Brazzerade, Le Grand Bleu
14 La Pointe des Almadies, La Récif des Almadies
22 Le Jardin thaïlandais, Les Gourmandises africaines, Le Sargane, CyberEspace et Planète Culture
26 Écomarché

DIVERS
4 Hôtel de ville, bureau Internet
8 Casino du Cap-Vert
16 Ambassades de Guinée-Bissau et de Guinée
17 Ambassade du Maroc
18 Piscine olympique
19 Monument de l'Indépendance
20 Gare routière Kolobane
21 Consulat de Mauritanie
23 Hôpital de Fann
24 Ambassade du Mali
25 Université Cheikh Anta Diop
27 Le Sahel
28 Gare routière Pompiers
29 Thiossane
30 Bureau Eaux et Forêts (billets et bateaux pour les îles de la Madeleine), Casino Terrou-Bi

établissement de l'agglomération de Dakar ; il offre toute une kyrielle de prestations (y compris un terrain de golf et un héliport).

Vous trouverez les meilleures **échoppes** servant de la cuisine locale sur la plage. Plusieurs petites cahutes préparent des crêpes ou des poissons grillés valant le détour.

Non loin de là, quelques restaurants plus sophistiqués proposent leurs spécialités de fruits de mer. Le **Récif des Almadies** (☎ 820 11 60 ; ouvert midi et soir sauf mer) prépare également des plats français et vietnamiens pour moins de 4 000 CFA et bénéficie de bonnes critiques. **La Pointe des Almadies**

(☎ 820 01 40 ; ouvert mar-dim) est réputé depuis des années ; ses plats coûtent environ 3 500 CFA.

Plage de N'Gor. Vous trouverez à vous loger dans le dédale de ruelles du village. Le **Waly's Surf Camp** (☎ 820 27 57) affiche des chambres sommaires à 8 000 CFA. Nettement supérieur, le **Surf Camp Colé** (☎ 820, 29 39) vous offre des doubles avec clim. à 10 000 CFA et une immense chambre familiale au dernier étage pour 20 000 CFA, avec aux commandes madame Colé, pleine d'entrain. Vous devrez demander votre chemin pour trouver ces établissements. Mais ne vous laissez pas embringuer par ceux qui souhaitent vous faire assister au soi-disant "baptême" quotidien, à moins que vous n'ayez suffisamment d'argent pour en faire don à vos prétendus guides. Cette remarque vaut également pour le très ancien baobab sacré qui se trouve à proximité de la mosquée.

Le grand édifice monolithique qui se dresse à l'est sur le cap, n'est autre que l'**Hôtel N'gor Diarama** (☎ *820 10 05, fax 820 27 23 ; chambres 40 000 CFA)*. Juste à côté, le **Club Le Calao** (☎ *820 05 40, fax 820 11 80)*, fréquenté par de nombreux groupes, s'apparente à un complexe hôtelier et propose à prix raisonnable de confortables bungalows couverts de toit de chaume à partir de 12 250 CFA par personne, petit déjeuner compris.

La meilleure partie de la plage regroupe des **restaurants**, d'où vous pouvez, à peu de frais, déguster des fruits de mer et une boisson fraîche en admirant la vue sur l'île de N'Gor.

Les petits restaurants se sont agrandis et multipliés ces dernières années. **Le Grand Bleu**, à l'extrémité est de la plage, réserve un service chaleureux, prépare d'excellents sandwiches aux crevettes à 1 000 CFA et des crevettes roses grillées pour 3 500 CFA. Nettement plus élégant, **La Brazzerade** (☎ *820 03 64)*, spécialisé dans les fruits de mer grillés, affiche un menu du jour à 7 000 CFA. Il abrite également quelques chambres plaisantes mais un peu chères.

Légèrement en retrait de la plage, à côté de la station-service Shell, le **Sao Brasil** (☎ *820 09 41)*, bar-restaurant installé dans un jardin, sert de savoureuses pizzas et de bons plats de fruits de mer pour quelque 4 000 CFA.

Plus près de l'aéroport se trouve le **Casino du Cap-Vert** (☎ *820 09 74)*, où vous pourrez jouer au blackjack, à la roulette et aux machines à sous, commander le menu du soir à l'élégant restaurant pour 8 000 CFA, puis tester la piste de danse et la discothèque (ouverte tous les soirs).

Île de N'Gor. En l'absence de leurs propriétaires qui viennent le week-end, vous pourrez peut-être louer pour quelques nuits

un **cottage** privé. Quoi qu'il en soit, nombre de résidants vous proposeront avec plaisir une chambre. Demandez autour de vous sur la plage.

Sur place, vous aurez le choix entre deux **restaurants**, où les repas coûtent entre 2 500 et 5 000 CFA, ou encore des **cahutes** vendant des boissons et des plats à moindres frais, tels que du poisson grillé à 1 000 CFA ou un bol de riz et de poisson à 500 CFA. Vous pouvez aussi louer des cabines et du matériel de sports nautiques. À l'extrémité de la plage occidentale, **Chez Carla** (☎ *820 15 86)* est réputé pour servir la meilleure cuisine italienne de toute la région de Dakar, avec des plats autour de 3 000 CFA. Vous y trouverez également quelques chambres doubles à 15 000 CFA ou 20 000 CFA avec petit déjeuner, ce qui est un peu excessif.

Comment s'y rendre

Pour atteindre la pointe des Almadies ou N'Gor, prenez le bus n°8 dans le centre de Dakar, jusqu'à l'aéroport, puis demandez à un chauffeur de taxi de vous y conduire (700 CFA). Sinon, les bus Alham suivent l'avenue Cheikh Anta Diop jusqu'à N'Gor (100 CFA). Un taxi à partir du centre de Dakar vous coûtera environ 2 000 CFA.

YOFF

À une courte distance à l'est s'étend la ville de Yoff, qui forme avec N'Gor un contraste saisissant. Sur la carte, elle ressemble à une banlieue, mais le sens communautaire très puissant de ses habitants (qui sont presque exclusivement des Lébous) la distingue des autres bourgades entourant Dakar. Parfois classé comme une branche de la famille wolof, ce groupe farouchement indépendant occupe la région depuis des siècles. Malgré la relative faiblesse de leurs effectifs (les Lébous ne sont que quelques milliers, les Wolofs se comptant, eux, par millions) – ou peut-être grâce à elle –, leur culture est restée intacte. La ville jouit d'une administration indépendante, sans délégués du gouvernement, sans police "sénégalaise" et apparemment sans délits. Par ailleurs, les autorités coloniales françaises ont toujours considéré Yoff comme un État distinct.

Guérisons

L'un des aspects les plus intéressants de la vie à Yoff est le *ndeup*, cérémonie traditionnelle au cours de laquelle sont traitées et soignées les personnes atteintes de maladie mentale. On vient ici se faire soigner de toutes les régions du Sénégal et de la Gambie, voire d'autres pays voisins tels que le Mali et la Guinée-Bissau. Malgré l'omniprésence de l'islam à Yoff, les cérémonies sont animistes : elles reposent sur la croyance selon laquelle les affections psychologiques résultent de la possession par les esprits. Les dirigeants de la confrérie des layènes ferment les yeux sur ces cérémonies "païennes", de sorte que les deux croyances coexistent sans heurts.

Ces cérémonies durent généralement une journée, mais peuvent se prolonger dans le cas de maladies graves. Elles ont lieu habituellement deux fois par mois. Les guérisseurs traditionnels sacrifient des animaux (un poulet ou une vache, selon la gravité de la maladie) pour invoquer l'intervention des esprits gardiens, et plongent les malades dans une transe pour permettre aux esprits maléfiques de quitter leur corps. Au dire de certains observateurs, elles se déroulent de la même manière que les cérémonies vaudou pratiquées dans d'autres parties d'Afrique de l'Ouest. Les services des guérisseurs coûtent cher : pour leurs proches, les familles doivent dépenser de très grosses sommes (l'équivalent de plusieurs années de salaire), et il arrive souvent que plusieurs malades soient traités en même temps.

Les cérémonies se tiennent au centre de Yoff et attirent souvent des foules nombreuses. Les touristes y sont tolérés, mais le spectacle, parfois pénible, ne convient pas aux personnes sensibles. La meilleure formule consiste à accompagner un habitant et à rester à l'écart. Brandir un appareil photo en de telles circonstances est à proscrire absolument.

Les Lébous de Yoff appartiennent presque tous à la confrérie des layènes, la plus petite des quatre confréries islamiques qui régentent la vie des Sénégalais (pour plus de détails, voir l'encadré *Marabouts et confréries* dans le chapitre *Présentation du Sénégal*). Son fondateur, Saidi Limamou Laye, serait une réincarnation du prophète Mahomet et son **mausolée**, un lieu de pèlerinage profondément révéré lors des fêtes islamiques, en particulier à la fin du Ramadan. Le mausolée – une grande bâtisse blanche au sommet de laquelle trône un dôme vert – domine la plage à l'extrémité est de la ville.

Au nord de Yoff, à environ 1 km du mausolée, se déploie une plage où de grandes pirogues de pêcheurs s'élancent dans les rouleaux ; les prises de la journée sont vendues à même le sable. Les pêcheurs lébous respectent la mer et croient en l'esprit qu'elle renferme, représenté par un grand serpent. Si les vagues sont trop fortes, les bateaux restent sur la plage.

Même si les rouleaux étaient moins dangereux et le sable moins sali par les détritus, la plage de Yoff ne conviendrait ni à la baignade ni au bronzage : les tenues légères vont à l'encontre des principes de cette communauté résolument musulmane. Oubliez aussi le clubs et les bars et, même en privé, il est malvenu de boire à outrance. Yoff est un endroit à visiter tranquillement, habillé de manière décente, et sans appareil photo.

L'électricité semble une denrée rare, à Yoff. Chaque jour est marqué par une, voire deux coupures. Vous disposez de deux accès Internet, le meilleur se trouvant à la mairie, dans la rue parallèle à la route de l'aéroport – vers la sortie est de la ville – où 1 heure de connexion sur un bon terminal vous coûtera 1 000 CFA.

Où se loger et se restaurer

Le **Campement le Poulagou** (☎ 820 23 47, ☎ portable 657 41 67 ; chambres 6 000 CFA/pers, demi-pension 9 000 CFA), installé de longue date, offre des chambres doubles ou triples, petit déjeuner compris. Situé au nord de la ville, il possède une belle terrasse en surplomb de la plage, d'où vous pouvez voir s'élancer les bateaux de pêche.

Si vous téléphonez au campement dès votre arrivée à Dakar (de l'aéroport, par exemple), le propriétaire viendra vous chercher. Assurez-vous cependant que votre interlocuteur est bien le patron. À défaut, la course en taxi vous reviendra à 1 500 CFA. Si le chauffeur ne connaît pas le campement, dites-lui qu'il se trouve près de la plage des pêcheurs.

Vers la sortie est de Yoff, le **Via Via** (*☎/fax 820 54 75, ☎ portable 656 05 01, viavia@sentoo.sn, route des Cimetières ; simples/doubles 9 000/16 000 CFA, quadruples 7 500 CFA/pers)* constitue l'établissement pour routards le plus proche de Dakar. Une excellente adresse si vous cherchez confort et renseignements utiles à votre descente d'avion. Concernant les chambres, propres et joliment décorées, la note se révèle un peu salée (les s.d.b. sont communes). La nourriture est toutefois très bonne et l'ambiance, chaleureuse et décontractée. Le personnel vous donnera toutes sortes de renseignements sur le Sénégal, organisant même des cours d'initiation au wolof et au *djembe*, pour apprendre à confectionner cet instrument et à en jouer. Le prix des en-cas et des repas servis au bar-restaurant varie de 1 000 à 4 000 CFA. Si vous désirez y séjourner pendant une période de forte fréquentation, pensez à réserver.

Plus chic, l'**Hôtel-Restaurant l'Océan** (*☎ 820 00 47, hotelocean@sentoo.sn, rue de l'Océan ; simples 12 000 CFA, doubles 14 000-30 000 CFA)*, qui donne sur la mer du côté ouest de Yoff, dispose d'un restaurant servant des spécialités françaises, libanaises et sénégalaises à environ 4 500 CFA. La piscine surplombe la mer et, à marée haute, les vagues se brisent jusque dans la piscine.

Il vous suffit de suivre les indications depuis la route principale pour trouver **Le Toucan** (*☎/fax 820 90 39 ; plats 3 000 CFA)*, un restaurant situé sur le toit d'un bâtiment, où le service est lent mais les spécialités sénégalaises, savoureuses.

Comment s'y rendre

Yoff se trouve près de l'aéroport et vous pourrez vous rendre aisément en taxi aux hôtels mentionnés ci-dessus (1 500 CFA). Du centre-ville, un taxi pour Yoff devrait coûter environ 2 000 CFA. En transport public, prenez le bus DDD n°8. Il fait une boucle à travers la ville, mais pour rejoindre l'Hôtel-Restaurant l'Océan, le Campement le Poulagou ou Via Via, vous devrez descendre sur la route principale et emprunter une rue en direction de la plage. Ces établissements sont signalés par des panneaux.

MALIKA

Ce village, surnommé Malika-sur-Mer, est à environ 15 km à l'est de Yoff et à 25 km du centre de Dakar. À une courte distance du village se trouvent trois établissements très appréciés à la fois des voyageurs motorisés et de ceux qui souhaitent profiter de la superbe plage. Pour un peu d'exercice, vous pouvez marcher le long de la plage jusqu'au lac Retba (voir plus loin dans ce chapitre). Prévoyez environ 3 heures l'aller et autant pour le retour. Les vagues qui déferlent sur la plage comptent parmi les plus belles de la côte. Soyez prudent si vous vous baignez, car les courants sont très puissants et plusieurs noyades ont eu lieu ces dernières années.

Quelques voyageurs nous ont signalé avoir été harcelés, tandis qu'ils marchaient sur cette plage. Évitez donc d'emporter des objets de valeur.

Où se loger et se restaurer

Sur la plage, le **Campement touristique de Malika Peul** (*☎ portable 658 48 67 ; emplacements 2 000 CFA/tente, cases 4 000 CFA)* est très prisé des Dakarois qui souhaitent s'échapper pour le week-end. Vous y trouverez un petit bar-restaurant servant à déjeuner pour 1 000 CFA, à dîner pour 1 500 CFA et proposant des bières à 500 CFA, mais si vous préférez faire vous-mêmes vos emplettes, des boutiques vous attendent près du terminus des bus de Malika. Vous rêvez d'apprendre à jouer du djembe ou de la kora (instrument à corde) ? On pourra vous trouver un professeur.

Le long de la plage, vers l'est, apparaissent deux établissements plus petits. L'**Auberge le Dauphin** (*☎ 837 96 73, ☎ portable 643 57 71)* dispose de chambres sommaires à 7 000 CFA avec petit déjeuner et d'un personnel extrêmement détendu. N'hésitez pas à parcourir 100 m de plus jusqu'à **La Paillotte**

(☎ *portable 634 78 28)*, installée juste au-dessus du repère signalant le niveau des hautes eaux. Il vous en coûtera 5 000 CFA pour une case toute simple, plus 3 000 CFA par personne en demi-pension. Les s.d.b. communes sont propres et vous découvrirez une belle vue sur la côte depuis le superbe balcon.

Comment s'y rendre

Depuis Dakar, vous devez prendre le bus n°16 jusqu'à Malika et, en face de la gare routière, emprunter la route sablonneuse qui descend vers l'océan (cherchez les petits panneaux indiquant les campements). Au bout de 15 minutes de marche, vous passerez devant un terrain de football entouré d'une enceinte ; empruntez la rue qui part vers la gauche (vous n'aurez plus que 15 minutes encore à faire à pied). Sinon, prenez un taxi à Dakar (4 500 CFA).

Si vous êtes motorisé, la route la plus directe – mais la plus difficile – consiste à tourner à gauche sur la route principale entre Dakar et Rufisque, au niveau de Tiaroye-Mer. Sinon, poursuivez sur 6 km après Tiaroye-Mer, puis empruntez, à gauche, une route goudronnée (le panneau indique "Sedima") qui mène à Keur Massar. À environ 3 km, vous arriverez à un croisement : continuez tout droit pour Keur Massar, Niaga et le lac Retba, ou tournez à gauche pour Malika.

VILLAGE DES TORTUES

Sur la route de Bayakh, juste au nord du village de Sangalkam, vous découvrirez le fascinant village des Tortues (☎ *portable 658 99 84 ; ouvert tlj 9h-17h30, adulte/enfant 3 000/2 000 CFA)*. Il s'agit d'une réserve à but non lucratif créée pour protéger les tortues menacées et qui en compte aujourd'hui plus de 600, de différentes espèces. Ses grandes vedettes restent sans conteste les tortues géantes sillonnées (*Geochelone sulcata)*, les plus grosses tortues continentales du monde, qui se comptent ici par dizaines – depuis les minuscules bébés tortues jusqu'aux doyens, un paisible mâle pesant 92 kg et une femelle qui semble dédaigner tout autant les employés du village que les visiteurs. Les spécialistes du centre organisent des visites pédagogiques, expliquant

notamment les particularités de leur carapace et pêchent régulièrement de petites tortues (dont certaines mordent) dans les eaux troubles des étangs. Cet endroit mérite sans nul doute une visite d'une heure ou deux.

Pour vous y rendre, prenez un bus ou un Alham jusqu'à Rufisque, puis un second en direction de Kayar. Demandez au chauffeur de vous déposer à l'entrée du village (vous verrez un grand panneau sur votre gauche). À partir de Rufisque, la course revient à 2 000 CFA en taxi.

LAC RETBA (LAC ROSE)

Le lac Retba est plus connu sous le nom de lac Rose, et les agences de voyages de Dakar aiment le surnommer "la mer Morte du Sénégal". Il doit également sa célébrité au rallye Paris-Dakar, qui se termine à cet endroit. Ce grand lagon peu profond et entouré de dunes, dix fois plus salé que l'océan, prend une teinte rosée quand le soleil est au zénith. Cette couleur, qui est due à la forte concentration de minéraux, est plus impressionnante encore durant la saison sèche, lorsque le niveau de l'eau est au plus bas. On peut y nager, maintenu à flot par le sel.

Si la baignade ne vous attire pas, peut-être serez-vous tenté, en revanche, d'aller observer la récolte du sel, côté sud (consultez à cet effet l'encadré *La récolte du sel au lac Retba)*. Si vous n'êtes pas motorisé, vous devrez parcourir 5 km sous le soleil depuis le village de Niaga, puis, en milieu de journée, jouer des coudes autour du lac avec les touristes venus en car, et en grand nombre, de Dakar. Après leur départ, cet endroit intéressant retrouve son calme.

Où se loger et se restaurer

Sans conteste la meilleure adresse pour se loger, et d'après certains, se restaurer, le **Bonaba Café** (☎ *portable 638 75 38)* se cache à l'autre bout du lac. Tenu par un sympathique couple britannique, cet établissement très décontracté propose des bungalows rudimentaires en demi-pension pour 9 000 CFA, avec s.d.b. très propre à l'extérieur. Vous y découvrirez une piscine, des hamacs, des boissons et une délicieuse cuisine. Pour vous y rendre, vous devrez parcourir quelque 2 km

La récolte du sel au lac Retba

Sur la rive sud du lac Retba (lac Rose), dans la zone de Niaga-Peul, les habitants récoltent du sel. Plongés jusqu'à la taille dans l'eau peu profonde, ils grattent le fond pour ramasser le sel, qu'ils chargent ensuite dans des embarcations à fond plat. Lorsque les canots sont pleins et que l'eau n'est plus qu'à quelques millimètres du bord, les ouvriers poussent leurs embarcations vers le rivage, où le sel est transvasé sur la berge à l'aide de seaux. Chacun amasse son propre tas, qu'il marque de ses initiales. Les membres d'une même famille participent souvent à la récolte, les femmes assurant en fait une grande partie du transvasement. Le sel de bonne qualité est placé dans des sacs de 25 kg et vendu à des intermédiaires de Dakar, qui se déplacent tous les matins en camion. Le sel de moins bonne qualité est chargé en vrac et amené à des usines de traitement. Les ouvriers sont payés 400 CFA par sac de 25 kg, moins pour le sel de qualité moyenne.

à pied dans les dunes à partir de la zone touristique, en laissant le lac sur votre droite, emprunter une pirogue depuis le lieu de récolte du sel pour 3 000 CFA ou si vous êtes en voiture, contourner le lac dans le sens contraire aux aiguilles d'une montre, jusqu'au bout de la route. En cas de doute, faites-vous accompagner par un jeune des environs qui vous montrera le chemin en échange d'une petite contribution pour l'achat de son prochain ballon de foot. Voisin du Bonaba, **Chevaux du Lac** *(☎ portable 630 02 41)* vous propose des promenades à cheval de 2 heures (6 000 CFA) à 6 jours pour les plus expérimentés (400 000 CFA) en compagnie d'une Française nommée Véronique.

Pour la plupart, les établissements du lac accueillent surtout des groupes venus de Dakar. L'animation bat son plein à l'heure du déjeuner et le calme revient le soir. **Ker Djinné** *(tél. 826 71 41)* est des plus agréables, avec ses bungalows rustiques à 3 000 CFA par personne et son yassa de pou-

let (4 000 CFA) servi tous les jours au déjeuner. Autour du lac, près des sites où l'on récolte le sel, **Niwa Oasis** *(☎ 822 20 29)* affiche des chambres avec s.d.b. à 10 000 CFA, mais l'endroit nous a semblé un peu négligé lors de notre passage. En face, vous apercevrez l'endroit où les vainqueurs du rallye Paris-Dakar reçoivent leur trophée.

Un peu plus loin, le **Campement du Lac Rose** *(☎ portable 638 10 19)*, plus confortable et haut de gamme, propose des chambres climatisées.

Tous les campements servent des repas. Vous pouvez également les prendre dans l'un des **restaurants** autour de Ker Djinné, où les gens viennent nager – ou faire la planche.

Comment s'y rendre

Aucun bus direct ne dessert le lac Retba depuis Dakar. Vous devez vous rendre à Keur Massar (à ne pas confondre avec le monastère de Keur Moussa – voir plus loin dans ce chapitre) par les bus DDD n°11, ou les bus Alham qui suivent le même trajet. Les bus DDD s'arrêtent à Malika, mais des minibus locaux se rendent ensuite à Keur Massar, d'où vous devrez emprunter un autre minibus jusqu'au village de Niaga (300 CFA), lequel se trouve à 5 km du lac. Sinon, allez jusqu'à Rufisque et, de là, prenez le minibus pour Keur Massar. Si vous avez de la chance, vous tomberez peut-être sur un véhicule reliant directement Rufisque à Niaga.

En taxi, l'aller-retour, y compris une halte de 1 heure environ sur les bords du lac, revient à 20 000 CFA. Vous pouvez aussi envisager de participer à un circuit organisé depuis Dakar – voir la rubrique *Circuits organisés* dans le chapitre *Comment circuler.*

Si vous êtes motorisé, prenez la route principale de Dakar jusqu'à Rufisque, puis, 6 km après Tiaroye-Mer, tournez à gauche sur une route goudronnée (le panneau indique "Sedima") qui mène jusqu'à un carrefour et à Keur Massar (à 5 km de la route principale). Environ 3 km après le village, dans une localité appelée Niakoul Rap, prenez sur la gauche (il n'y a pas de panneau, mais les vendeurs de fruits au croisement semblent habitués à servir de guide) pour atteindre Niaga et le lac Retba.

RUFISQUE

Rufisque, autrefois important comptoir colonial, est une ville de transit pleine d'animation à 28 km environ à l'est de Dakar. À travers les nuages de poussière et les gaz d'échappement, vous apercevrez une rue principale bordée d'imposants bâtiments à l'architecture coloniale. La ville présentant peu d'intérêt, autant ne pas s'y attarder à moins de se retrouver coincé tard le soir sur la route de Dakar.

Deux campements sont installés à proximité de Rufisque, à conseiller tout particulièrement aux personnes se déplaçant en voiture. Le couple d'Allemands qui dirige l'**Hippo Camp** *(☎ portable 646 05 41, hippo-tours@gmx.de ; emplacements tente 2 500 CFA, simples/doubles 5 000/ 7 500 CFA)* semble connaître comme sa poche toutes les pistes des environs. Les automobilistes seront ravis de pouvoir échanger des pièces ou de faire une vidange. Installé au bord de la plage, le campement est bien indiqué. Le **Campement l'Oasis** *(☎ 836 16 48, tél. portable 643 86 58, ecm@sentoo.sn, Km 24 route de Rufisque)* vous attend sur la route principale, à l'ouest de Rufisque, avec des emplacements à 2 500 CFA et des chambres à partir de 10 000 CFA.

Comment s'y rendre

Rufisque se situe sur la route principale menant à Dakar et de nombreux véhicules assurent la liaison : bus DDD n°15, bus Alham et *cars rapides* plus fréquents. La route étant souvent embouteillée, pensez au train de banlieue local, qui fait l'aller-retour plusieurs fois par jour.

MONASTÈRE DE KEUR MOUSSA

Par un dimanche matin tranquille, on peut aller visiter le monastère bénédictin de Keur Moussa, au sud-est du lac Retba et à environ 50 km de Dakar sur la route de Kayar. La messe de 10 heures, au cours de laquelle quelques touristes et expatriés se mêlent à la foule des paroissiens, se caractérise par une musique originale mêlant instruments africains et chants grégoriens. L'église n'a rien

d'extraordinaire, mais les fresques derrière l'autel font penser à l'art copte éthiopien. Après la messe, les moines vendent notamment leurs CD et cassettes (respectivement 10 000 et 3 000 CFA), et des livres de prière.

Comment s'y rendre

En bus, vous devez aller à Rufisque, puis, de là, prendre un minibus en direction de Bayakh ou de Kayar. Demandez au chauffeur de vous déposer au croisement qui se trouve 2 km après avoir quitté la route principale, où une piste poussiéreuse conduit au monastère, 1,5 km plus loin. Il est indiqué par des panneaux, et tous les chauffeurs le connaissent. Se faire raccompagner à Dakar ne devrait pas poser de problème, de nombreux fidèles rentrant chez eux en voiture après la messe.

Si vous avez vous-même une voiture, prenez la route principale jusqu'à Rufisque, puis continuez sur la route principale en direction de Thiès et de Saint-Louis. Environ 21 km après Rufisque, tournez à gauche vers Bayakh et Kayar. Continuez encore sur 2 km, puis empruntez à gauche (vers l'est) la piste menant au monastère.

KAYAR

Au nord de Keur Moussa, la route passant par Mbougane et Bayakh mène à Kayar, un village de pêcheurs où le littoral remonte vers le nord, marquant ainsi le début de la Grande-Côte. Son emplacement pittoresque et sa proximité de Dakar en font une destination très prisée des groupes (souvent incluse dans les circuits du lac Retba). Par voie de conséquence, les "guides" et autres marchands de souvenirs le fréquentent également.

Deux établissements sont prêts à vous héberger : l'**Auberge des Cocotiers** *(☎ 953 50 41)*, assez facile à trouver à l'entrée du village – à conseiller si vous êtes en voiture. Sinon, installez-vous à l'**Auberge de l'Océan Bleu** *(☎ 953 50 58)* plutôt sommaire, mais doté de jolies chambres, à quelque 500 m à pied vers le nord de la ville, sur la plage (l'accès n'est pas possible en voiture). Ces deux auberges affichent des prix allant de 6 000 à 10 000 CFA la chambre.

Petite-Côte et delta du Siné-Saloum

La Petite-Côte s'étend sur 70 km au sud de Dakar, entre Rufisque et Joal-Fadiout. De par leur orientation sud-ouest, qui leur confère un climat agréable, et la proximité de Dakar, les plages immaculées de la Petite-Côte sont les plus réputées du Sénégal après celles du cap Skirring, en Casamance, et les plus fréquentées.

Les visiteurs apprécient plus particulièrement Saly-Portugal, près de Mbour, où les hôtels accueillent presque exclusivement des groupes de touristes en voyage organisé, français pour la plupart. Le nombre de touristes transitant simplement par Dakar avant de rejoindre Saly est tel qu'un aéroport international va être construit sur la Petite-Côte. Le gouvernement voit dans cette région l'axe qui présidera au développement touristique du Sénégal.

Ailleurs, tout le long de la côte, de petits campements (voir l'encadré *Les campements villageois* dans le chapitre *Casamance*) et des maisons d'hôtes accueillent les voyageurs indépendants, à des tarifs variés.

À une soixantaine de kilomètres au sud de Mbour, la côte est entaillée par l'embouchure du fleuve Saloum. Lagunes et mangroves succèdent à la plage, même si l'on trouve encore, çà et là, quelques bandes de sable. De nombreuses criques, formées par le delta du Siné-Saloum découpent la côte. Le paysage change, offrant au regard des étendues miroitantes, parsemées de palmeraies, de lagunes et de villages traditionnels.

Petite-Côte

La Petite-Côte commence dès Rufisque, là où la route principale reliant Dakar à Mbour s'éloigne de la côte. Par des routes secondaires, on accède à des villages côtiers, tels que Toubab Dialao, Popenguine et Somone, qui ont chacun leur plage et quelques hôtels de type local. Apparemment, les voyageurs

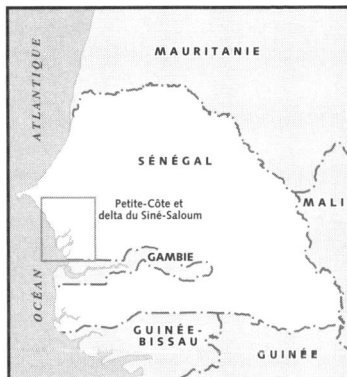

s'y arrêtent rarement, ce qui fait de la région le lieu idéal pour oublier la folie de Dakar, loin de l'enfer des tour-opérateurs de Saly-Portugal. Mbour, la capitale de la Petite-Côte, située à 80 km au sud de Dakar, constitue un bon point de départ pour visiter la côte et le nord du delta du Siné-Saloum.

À Saly-Portugal, environ 8 km au nord de Mbour, une dizaine d'hôtels, tous face à

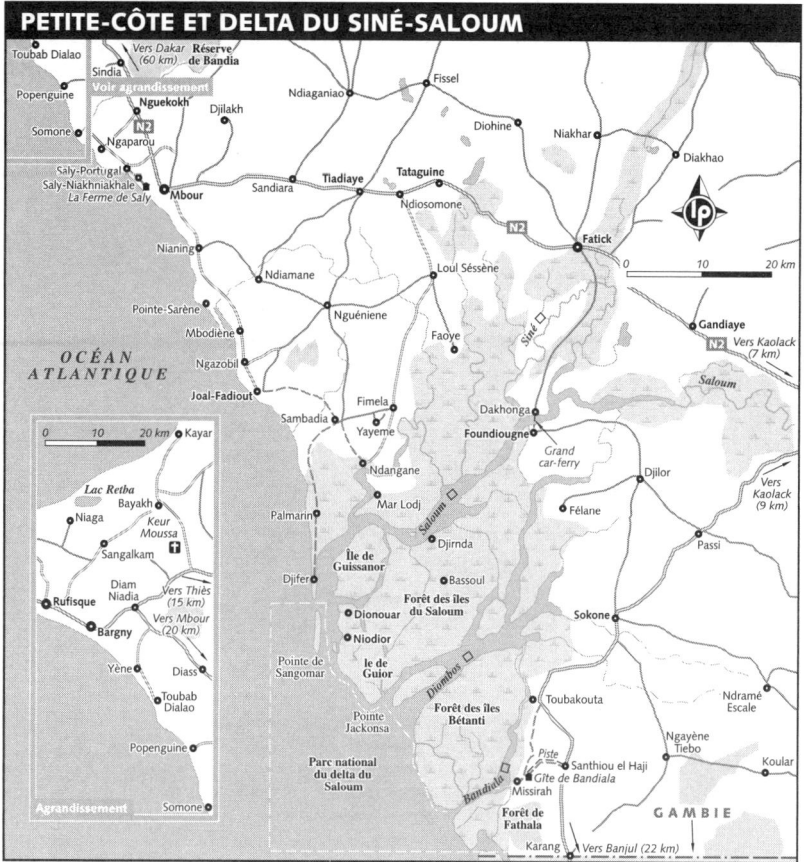

PETITE-CÔTE ET DELTA DU SINÉ-SALOUM

l'océan, sont pris d'assaut l'hiver (surtout à Noël), ainsi qu'à Pâques, par les touristes européens. Pour être sûr de trouver un lit, mieux vaut donc y séjourner entre mai et octobre. Les tarifs sont alors bien moins élevés, mais attention, certains établissements ferment complètement pendant la basse saison. Toutefois, si vous préférez la solitude, mieux vaut éviter Saly-Portugal.

Vous trouverez d'autres bons hôtels à Nianing et à Joal-Fadiout, au sud de Mbour, ainsi que dans les petits villages paisibles de Palmarin et Djifer, entre l'océan et la partie nord du delta.

La description ci-après suit la côte du nord au sud.

TOUBAB DIALAO
Les hôteliers semblent avoir voulu faire de ce village de pêcheurs une sorte d'œuvre d'art. Cette veine artistique fut lancée par un Français prénommé Gérard, propriétaire du très coté **Sobo-Bade** (☎/fax 836 03 56, sobobade@sentoo.sn) qui s'élève au sommet d'une petite falaise, entouré de magnifiques jardins surplombant la plage et l'océan. Vous y trouverez tout un éventail de chambres et de prix, depuis des qua-

druples toute simples à 5 000 CFA par personne jusqu'à des bungalows doubles avec s.d.b. et vue sur la mer pour 17 000 CFA. Pour les repas, comptez un minimum de 2 500 CFA, avec quelques plats végétariens et un menu du jour à 5 500 CFA. Sobo-Bade est en perpétuelle évolution. Pour vous imprégner de ce souffle artistique, vous pourrez participer à d'excellents ateliers de danse, d'écriture, de percussion et de sculpture.

Juste à côté, **La Source Ndiambalane** *(☎ 836 17 03, boulang@telecomplus.sn)* s'inspire également du thème des coquillages et propose des chambres similaires dans un même ordre de prix. De l'autre côté, l'**Auberge Le Mimosa** *(☎/fax 826 73 26 ; doubles 10 000 CFA)* ne bénéficie pas de la vue mais propose de confortables chambres avec coin cuisine. Des pizzas et des pâtes vous seront servies pour 2 500 CFA.

Plus élaboré, rendez-vous au **Rocher**, un petit restaurant sans prétention sur la plage, au nord du Sobo-Bade. Vous pourrez y déguster des plats de poisson ou de viande et des spécialités africaines servis sur une table recouverte d'une nappe et boire dans des verres à pied. À six, vous paierez 2 000 CFA par personne.

Comment s'y rendre

Depuis Dakar, vous pouvez prendre n'importe quel véhicule en partance pour Mbour et descendre à Diam Niadia, grand carrefour d'où part une bifurcation à destination de Thiès et de Kaolack. Des minibus locaux vous conduiront jusqu'à Toubab Dialao pour 250 CFA. Depuis Bargny, vous trouverez peut-être un moyen de transport direct.

RÉSERVE DE BANDIA

Cette petite réserve *(entrée 7 000 CFA ; ouvert 8h-18h)* se situe à l'est de la route reliant Dakar à Mbour, à environ 5 km au sud de Sindia. Impossible de manquer la grande entrée, flanquée de deux girafes. La réserve, financée par des fonds privés, est très bien gérée et vaut le détour, quoiqu'on ne puisse, malheureusement, s'y déplacer

qu'en voiture. Si vous n'êtes pas motorisé, joignez-vous aux visites organisées par les grands hôtels de Saly-Portugal (c'est l'option choisie par la plupart des visiteurs).

La réserve abrite différentes espèces, notamment des rhinocéros, des singes, des girafes, des buffles, des chacals, des autruches, de même que des antilopes et une grande variété d'oiseaux. Vous découvrirez également des tumulus sérères et un baobab, au creux duquel furent enterrés des griots.

Vous trouverez un plan et une brochure d'information à l'entrée principale.

POPENGUINE

Il y a de cela 20 ans, Popenguine était le lieu de villégiature préféré des Dakarois aisés, mais la mode change et Popenguine est aujourd'hui un endroit fort plaisant où goûter un peu de fraîcheur. À l'extrême sud de la ville, une rue derrière la plage, le **Ker Cupaam** *(☎/fax 956 49 51 ; bungalows avec s.d.b. 10 000 CFA, petit déjeuner inclus)* constitue le meilleur choix en matière d'hébergement. Il s'agit d'un campement rural géré par une coopérative de femmes du village. Vous pourrez y manger, mais nous vous conseillons plutôt **L'écho-Côtier** *(☎ 637 87 72 ; plat du jour 5 000 CFA)*, un restaurant de la plage affichant une carte variée. Pour une solution plus économique ou simplement pour boire un verre après dîner, passez le promontoire qui se trouve plus au nord, avant de déboucher sur une autre plage et de vous installer **Chez Ginette** *(☎ 957 71 10 ; fermé mar)*, un petit bar rustique où vous savourerez une boisson à prix très raisonnable, tout en vous trempant les pieds dans l'eau. Ginette dispose également de quelques chambres spartiates.

En venant de Dakar, prenez la direction de Mbour puis descendez à Sindia, d'où quelques rares taxis-brousse vous emmèneront jusqu'à Popenguine pour 200 CFA.

SALY-PORTUGAL

À **Saly-Portugal**, vous finirez peut-être par oublier que vous êtes en Afrique. L'endroit ressemble à toutes ces stations balnéaires qui accueillent de par le monde des touristes en voyage organisé, venus profiter de plages bordées de cocotiers au pied de vastes complexes hôteliers. Restaurants, banques, magasins et casino complètent le décor. La plage est réservée aux clients des hôtels qui envahissent la station en hiver. Les seuls Sénégalais que vous rencontrerez seront donc ceux qui travaillent ici. Néanmoins, vous pourrez passer d'agréables moments à Saly. La vie nocturne est fort animée et vous trouverez un grand nombre de restaurants africains et européens.

La BICIS et la SGBS disposent, près du King Karaoke, d'agences équipées d'un DAB. Il existe également deux établissements offrant un accès à Internet : Planet.Saly, dans le centre commercial, qui pratique des tarifs exorbitants, et un lieu anonyme au centre du village, plus intéressant dans tous les sens du terme. Vous pourrez vous y procurer un plan gratuit de Saly-Portugal, réalisé de façon humoristique, qui se révèlera fort utile.

Voici un petit choix d'hôtels. La plupart des établissement accueillent des groupes et n'affichent même pas de tarifs pour les voyageurs individuels. Si vous téléphonez à l'avance, vous obtiendrez peut être une réduction. Passer par une agence de voyages de Dakar vous permettra de bénéficier de tarifs préférentiels.

Installé sur la plage, l'hôtel **Les Cocotiers** (☎ *957 14 91, fax 957 30 39, www .hotel-cocotiers.com ; simples/doubles 22 500/ 27 000 CFA)* est moins luxueux que la plupart des hôtels de Saly, mais il offre un bon rapport qualité/prix. Malheureusement, la vue est gâchée par un monstrueux pavillon en béton et des passerelles construites au-dessus de l'eau. N'hésitez pas à leur faire savoir que l'effet est désastreux.

Énorme complexe de 110 chambres, le **Village Club des Filao** (☎ *957 11 80, nffilaos@sentoo.sn ; demi-pension 33 360 CFA/ pers)* manque sans doute de charme, mais ses animateurs ne ménagent pas leurs efforts pour distraire les clients.

Le **Savana Saly** (☎ *939 58 00, fax 957 10 45, savana@telecomplus.sn ; simples/ doubles en demi-pension 45 000/ 55 000 CFA)* est un établissement haut de gamme. Malheureusement, les animations ont un côté un peu artificiel.

Comment s'y rendre

Les hôtels de Saly-Portugal se situent à 3 km de la route principale, à environ 5 km au nord de Mbour. Il n'existe aucun transport public, et la course en taxi revient à 1 000 CFA.

SALY-NIAKHNIAKHALE

Pour découvrir un vrai petit coin de Sénégal, visitez ce village situé juste au sud des complexes hôteliers, à peu près au niveau de l'hôtel Les Cocotiers. Petite et fort appréciée, à 200 m de la mer, l'**Auberge Khady** (☎*/fax 957 25 18 ; simples/doubles avec s.d.b. 14 400/21 600, petit déj inclus, et bungalows 21 600/27 300 CFA)* est un établissement très coloré dirigé par une équipe belgo-sénégalaise. Vous y trouverez des chambres sommaires mais confortables. Les prix baissent de 25 % environ en basse saison. L'établissement héberge un excellent restaurant où les amateurs de poisson ne résisteront pas à la succulente dorade grillée (3 500 CFA).

N'oubliez pas de vous renseigner sur la soirée sénégalaise qui a lieu le vendredi. Pour vous rendre à Saly-Niakhniakhale, traversez le domaine touristique de Saly-Portugal en direction du sud, jusqu'à la limite des grands hôtels, puis prenez une piste non goudronnée et franchissez le portail. L'Auberge Khady est bien indiquée.

Environ 1 km plus au sud, sur la piste parallèle à la plage, la **Ferme de Saly** (☎ *957 50 06*, ☎ *portable 638 47 90, farmsaly@yahoo.fr ; cases avec s.d.b. en demi-pension 15 000 CFA/pers ou 12 000 CFA juin-nov, simples/doubles 8 000/14 000 CFA, petit déj compris)* s'intègre à merveille dans son environnement. Il s'agit d'un gîte rural alimenté à l'énergie solaire, tenu depuis 30 ans par un sympathique globe-trotteur français prénommé Jean-Paul. Ses photos du Saly des années 1970 sont étonnantes, sans le moindre hôtel à la ronde. Un service de restauration est proposé (avec de nombreux produits du jardin) dans un bar rustique, sur la plage. Le bonheur !

Si vous recherchez l'authenticité sénégalaise à petit prix, allez jusqu'à la **Dibiterie**

Black & White (☎ *551 29 97 ; ouvert 10h-24h)*, sur la piste qui mène à la Ferme.

L'Auberge Khady et la Ferme de Saly organisent des excursions et des sorties de pêche, et certains établissements de Saly-Portugal proposent des activités nautiques aux non-résidents. Un taxi de Mbour à Saly vous coûtera environ 1 500 CFA.

MBOUR

À quelque 80 km au sud de Dakar et 5 km au sud de Saly, Mbour est un port de pêche important. Le marché qui s'étend sur 200 m de plage et tous les commerces maritimes du coin valent le coup d'œil. C'est l'une des étapes obligées des excursions organisées au départ de Saly, qui attire inévitablement une foule haute en couleurs de rabatteurs, moins insistants toutefois que leurs collègues de Dakar. Mbour est un carrefour important en matière de transports : de là, vous pourrez rejoindre nombre de localités de la côte.

La gare routière est installée vers la sortie nord de la ville, dans une rue qui mène au marché aux poissons. Dans le centre-ville, plus au sud, vous trouverez une banque BICIS, un cyberespace (tél. 956 47 87 ; ouvert 9h-24h ; 1 500 CFA/l'heure) et le cinéma Hollywood (250 CFA) qui projette tous les soirs à 21h des films français.

Où se loger

La ville compte quelques établissements disséminés au sud du marché aux poissons.

En plein centre, sur la place de l'église, **Les Citronniers** (☎ *957 24 57 ; simples 20 000 CFA, lit chambre quadruple 12 000 CFA)* est tenu par une équipe sympathique, mais ses chambres simples restent un peu chères, bien que les tarifs incluent le petit déjeuner.

Sur la plage, non loin du précédent, le **Centre Touristique Coco Beach** (☎ *957 10 04, fax 957 10 77 ; chambres 15 000 CFA)* est le plus grand hôtel de Mbour. L'entretien laisse à désirer, mais toutes les chambres disposent d'une s.d.b. et de la clim., pour un excellent rapport qualité/prix. Vous bénéficierez d'une multitude de services, avec une préférence pour la piscine (2 000 CFA pour les non-résidents).

Un peu plus au sud, sur la piste sablonneuse proche de l'océan, **Le Bounty** (☎/fax *957 29 51, bounty@sentoo.sn ; simples/doubles 15 000/20 000 CFA)* est un petit établissement coloré où règne une atmosphère tout à fait conviviale, avec un bar animé. Comptez un supplément de 2 000 CFA pour la clim. Des excursions sont organisées vers le delta du Siné-Saloum.

Dans ce même secteur, un certain nombre de chambres se louent chez l'habitant. Ainsi, **Chez Charley** propose quelques doubles rudimentaires dans une maison familiale pour 10 000 CFA, petit déjeuner compris, ou des bungalows avec cuisine et s.d.b. à 15 000 CFA. Demandez à l'un des gamins du village de vous indiquer le chemin.

L'**Hôtel Club Safari** (☎ *957 19 91, fax 957 38 38 ; simples/doubles/triples 14 000/28 000/36 000 CFA, petit déj compris)*, cinq rues au sud du Bounty, comporte de confortables chambres avec clim. donnant sur une piscine. L'établissement reçoit de nombreux groupes.

Où se restaurer et boire un verre

Dans le centre, près du marché, le **Café Rest Luxembourg** (☎ *portable 636 88 39)* constitue une valeur sûre. Vous pourrez y prendre un repas pour 2 000 à 4 000 CFA. Son patron polyglotte est une mine d'informations et vous aurez plaisir à bavarder avec lui autour d'une boisson (700 CFA). À l'angle, un **snack-bar** sert des chawarmas à 700 CFA.

À l'écart de la côte, derrière l'avenue Demba Diop (grand-rue) et à côté de la station-service Total, le **Kalom's Jakbah** semble très apprécié pour ses chawarmas, son *dibi* (chèvre ou mouton grillé), son *mafé* (plat accompagné d'une épaisse sauce à base d'arachides) et ses diverses spécialités dont le prix varie de 500 à 2 000 CFA. **Le Kassoumaye** (☎ *957 35 24 ; ouvert 9h-23h sauf mer)* vous servira de la bonne cuisine européenne sur la plage, derrière Le Bounty. Pour 3 000 CFA, vous pourrez savourer des portions pantagruéliques et la carte des desserts est impressionnante. À l'étage, deux chambres confortables offrent un bon rapport qualité/prix à 15 000 et 20 000 CFA.

Environ 700 m au nord de la ville, sur la route de Dakar, **Le Massai** *(☎ 664 92 9 ; ouvert 9h-22h)* change régulièrement sa carte. Nous y avons savouré un délicieux curry de poulet (2 000 CFA), des calmars à la marocaine (1 800 CFA) et des crêpes au chocolat (1 500 CFA). Un peu plus loin, à 300 m, **l'Escale** *(☎ 957 16 46 ; ouvert 8h-24h)* est une référence de longue date, à juste titre. Des repas à la française vous seront servis entre 3 000 et 4 000 CFA et une assiette de pâtes à 1 500 CFA.

Le meilleur endroit pour danser est **Le Djembé**, au centre-ville. Les nombreux vendeurs de pain, de viande et d'œufs devant l'entrée témoignent de sa popularité. Inutile de songer à arriver avant 1h.

Comment s'y rendre

Le trajet de Mbour à Dakar coûte 950 CFA en taxi Peugeot, 770 CFA en minibus et 670 CFA en bus Alham. Si vous allez vers le sud, le long de la Petite-Côte ou dans le delta du Siné-Saloum, il vous en coûtera 400 CFA en minibus à destination ou au départ de Joal-Fadiout.

NIANING

Nianing se situe à 10 km au sud de Mbour et dispose de plusieurs hôtels, plus petits et plus plaisants que ceux de Saly. En outre, le village est bien plus calme que Mbour.

Près de la plage, l'hôtel **Les Bougainvillées** *(☎ 957 52 41 ; doubles/quad 10 000/15 000 CFA, petit déj 1 500 CFA)* figure parmi les établissements de catégorie moyenne du centre du village.

Parmi les autres établissements de la ville, citons l'**Hôtel Campement Le Ben'Tenier** *(☎ 957 14 20, bentenier@ telecomplus.sn ; simples/doubles 10 600/ 16 000 CFA, petit déj 2 000 CFA)*, propre et sympaghique, où vous logerez dans des bungalows, au calme, dans le jardin. Pour 5 000 CFA, vous pourrez y déguster des spécialités françaises. Plus chère mais dans le même esprit, l'**Auberge des Coquillages** *(☎/fax 957 14 28, tidiane@telecomplus .sn ; simples/doubles 26 000/28 100 CFA)*, qu'agrémentent une petite piscine (ouverte aux personnes extérieures pour 1 000 CFA)

et une plage privée. Pour savourer de délicieuses spécialités locales, installez-vous aux tables de **Chez Annick**, dans la grand-rue. Vous aurez le choix entre une bonne dizaine de plats de poissons grillés affichés à 1 500 CFA.

Plus au sud, le **Club Aldiana** et le **Domaine de Nianing**, de catégorie supérieure, accueillent presque exclusivement des groupes, sur réservation.

Comment s'y rendre

Nianing se trouve sur la route principale reliant Mbour et Joal. Tous les moyens de transport publics s'y arrêtent.

MBODIENE

Dans ce petit village côtier, à mi-chemin entre Nianing et Joal, les bâtiments traditionnels se mêlent aux résidences secondaires des Dakarois aisés. À environ 2 km de la route principale, le **Gîte de Fasna** est composé de cases au toit de chaume, installées dans un joli jardin. Les cases sont vraiment bon marché : celles pour deux personnes se louent 7 500 CFA, celles pour 3 personnes, 10 000 CFA, toutes avec douche (toilettes communes). Le petit déjeuner est servi pour 1 500 CFA et les autres repas pour 4 500 CFA.

En direction du sud, prenez une piste sur la droite, juste avant d'arriver au village de Mbodiene.

JOAL-FADIOUT

À 110 km au sud de Dakar, les villages jumeaux de Joal et de Fadiout apparaissent au bout de la route goudronnée qui longe la côte. Joal (lieu de naissance de l'ancien président Léopold Senghor) se situe sur le continent, alors que Fadiout est édifié sur une petite île reliée à la terre ferme par une longue passerelle de bois. Il est facile de venir de Dakar y passer la journée, et tous les tour-opérateurs y amènent leurs clients.

L'île de Fadiout s'est constituée sur des amoncellements de coquilles d'huîtres et de palourdes, déposées là au fil des siècles : elles recouvrent ainsi la chaussée des rues étroites et sont également incrustées dans les façades. Si certaines parties de l'île apparaissent un peu sordides, le centre-ville dégage un charme indéniable.

Les habitants de Joal et de Fadiout sont fiers, à juste titre, de leur tolérance religieuse. Chrétiens et musulmans vivent ici en harmonie. On y compte plusieurs lieux saints dédiés à la Vierge Marie, une grande église et une mosquée tout aussi importante. Il s'en dégage une impression d'harmonie et de sérénité.

Une autre passerelle en bois permet de rejoindre le très ancien tertre de coquillages où sont installés les cimetières chrétien et musulman. On aperçoit matin et soir des chevaux et des charrettes qui traversent les mangroves, sur la longue chaussée surélevée, en direction des champs. Non loin, à l'extérieur du village, on aperçoit de curieux **greniers** sur pilotis, semblables à des paniers. Ceux-ci furent érigés voilà plusieurs années, après qu'un grand incendie eut ravagé l'île, détruisant les greniers d'origine. À présent, dans le cas où Fadiout serait de nouveau menacé par les flammes, la nourriture pour le reste de l'année serait au moins préservée.

Où se loger et se restaurer
Joal. Le *Relais 114* (☎ *957 61 78 ; chambres 7 500 CFA)* appartient au sympathique Mamadou Baldé, un ancien acrobate, aujourd'hui très fier de ses pélicans savants. Les chambres sont simples mais propres, avec ventil., pour 1 à 3 personnes. Le prix du petit déjeuner s'élève à 1 500 CFA et vous pourrez prendre un repas simple à partir de 2 500 CFA. Le menu complet vous sera facturé 5 000 CFA et la bière 600 CFA. L'établissement dispose d'un parking privé.

Plus haut de gamme, mais sans le charme du Relais, l'**Hôtel Le Finio** (☎*/fax 957 61 12 ; chambres avec sdb 6 000 CFA/pers, 12 000 CFA avec clim)* propose, près de la passerelle qui mène à Fadiout, un petit déjeuner à 1 500 CFA (2 000 CFA pour les autres repas).

Au bout de cette même passerelle, **Le Sénégalois** (☎*/fax 957 62 41 ; chambres 14 000 CFA)* dispose de chambres bien tenues mais un peu chères, ainsi que d'un bar. Vous pourrez changer de l'argent auprès d'Olivier, son propriétaire.

Fadiout. Au **Campement des Palétuviers**, *(☎/fax 957 62 05 ; simples/doubles 4 800/9 000 CFA ; repas 2 500 CFA)* installé dans les rues sinueuses du village (demandez votre chemin), le petit déjeuner est compris. La terrasse, à l'arrière de l'établissement, surplombe une crique. Comptez 600 CFA pour une bière. L'endroit, très plaisant à marée haute, dégage des odeurs quelque peu nauséabondes à marée basse.

Comment s'y rendre
Le trajet en minibus au départ et à destination de Mbour coûte 500 CFA. Si vous descendez plus au sud le long de la côte, il vous faudra débourser 800 CFA de Joal à Palmarin. Un taxi Peugeot assure la liaison directement (sans changement à Mbour) vers Dakar pour 1 500 CFA, presque tous les matins.

PALMARIN
Ce village (qui en regroupe en fait quatre) se situe à 20 km au sud de Joal-Fadiout, à l'endroit même où les plages de la Petite-Côte se fondent dans le labyrinthe de *bolongs* du delta du Siné-Saloum. La route qui vient de Sambadia serpente, en suivant des chaussées – dont certaines sont infranchissables à marée haute –, à travers un paysage plat ponctué de palmeraies, de villages traditionnels, de lagunes peu profondes, de hauts fonds marécageux, boueux ou salins, qui attirent des nuées d'échassiers.

Près du village de Sessene, le superbe **Campement de Palmarin** (☎ *635 87 89 ; bungalows simples/doubles 5 000/ 8 500 CFA),* situé sur une plage de palmiers, propose la demi-pension dans des bungalows de style local sans ventilateur. Il est géré par des villageois et tous les bénéfices sont réinvestis dans des projets locaux tels que les écoles et les centres de santé. Derrière le campement, côté terre, la grande lagune constitue un site parfait pour observer les échassiers. Tout près de là, la **Gîte touristique l'Eden** (☎ *portable 668 79 68),* sorte de complexe hôtelier, vous demandera 15 000 ou 19 000 CFA par personne en pension complète, selon la saison.

Comment s'y rendre

La route la plus facile part de Mbour, *via* Joal-Fadiout et Sambadia (où il faudra peut-être changer). Le prix du trajet en *car rapide* s'élève à 400 CFA (moins cher que les bus Alham) entre Joal et Sambadia et à 300 CFA de Sambadia à Palmarin.

DJIFER

Ce petit village de pêcheurs (également orthographié Djiffer ou Djifere) se trouve sur la pointe de Sangomar, à 15 km au sud de Palmarin. La pointe est une bande de sable longue et étroite séparant l'océan Atlantique de l'embouchure du fleuve Saloum – ce qui en fait un point de départ pour se promener dans le delta du Siné-Saloum – protégeant l'embouchure des tempêtes venues de l'océan. Tout au bout du village se profilent un grand marché aux poissons et un petit port où les bateaux de pêche multicolores sont remontés sur le sable.

Vivre à l'extrême pointe d'une bande sablonneuse présente néanmoins quelques inconvénients. La majeure partie du village n'a ni électricité, ni eau courante, ni tout-à-l'égout. Pour certains, Djifer n'en est que plus pittoresque. Pour d'autres, ce village ressemble ni plus ni moins à un cloaque. À dire vrai, les plages de part et d'autre de Djifer sont jonchées de détritus et, plus désagréable, de déjections humaines. Les habitants sont les premiers à en pâtir. Inutile de préciser que la baignade n'est guère recommandable.

Des promenades en bateau à travers le delta sont organisées au Campement La Mangrove, pour des tarifs démarrant à 25 000 CFA par bateau, jusqu'à 35 000 CFA pour une journée entière. Le Campement Pointe de Sangomar programme également plusieurs excursions. Une promenade de 4 heures vers les îles voisines et le village de pêcheurs de Dionouar coûte de 15 000 à 20 000 CFA par bateau.

Où se loger et se restaurer

Djifer comporte deux campements, le plus chic étant le **Campement Pointe de Sangomar** (☎ *835 61 91 ; bungalows 6 000 CFA/pers, doubles avec s.d.b. 13 000 CFA)*, qui reçoit de nombreux

Sables mouvants

La pointe de Sangomar protège l'embouchure du fleuve Saloum des grands rouleaux de l'Atlantique. Il semblerait cependant que cette péninsule soit une formation géologique provisoire. Dans les années 1980, une tempête a détaché la partie sud de la pointe, formant ainsi une île, encore reliée à la pointe, à marée basse, par un mince filet de terre. Le terme "presqu'île" s'avère donc plus approprié. Plus récemment, en décembre 1997, l'océan déchaîné a brisé la pointe entre Palmarin et Djifer et englouti la route, inondant le village et transformant Djifer en presqu'île. Beaucoup ont accusé El Niño, d'autres la montée du niveau des océans, affirmant que celle-ci provoquerait d'autres catastrophes similaires. Si Djifer a disparu à l'heure où vous lisez ces lignes, vous saurez pourquoi !

groupes de chasseurs français. Vous pouvez choisir la demi-pension. Plus paisible et rudimentaire, le **Campement la Mangrove** *(☎ 956 42 32 ; cases avec sdb commune 5 000 CFA/personne)* est tenu par des gens de la région et occupe un site tranquille à 2 km au nord de Djifer. Vous pouvez y planter la tente.

Ces deux campements assurent un service de restauration. Vous trouverez en outre plusieurs gargotes sans prétention, comme le **Café Ponti** et **Chez Marco**, servant toutes deux de copieuses portions pour 600 CFA.

Comment s'y rendre

En venant de Mbour, il faut emprunter la route passant par Joal-Fadiout et Sambadia. (pour plus de détails, reportez-vous au paragraphe *Comment s'y rendre* concernant *Palmarin*, dans ce chapitre).

Si vous devez vous rendre en Gambie, des pirogues surchargées, inconfortables et notoirement dangereuses, quittent Djifer plusieurs fois par semaine pour Banjul (3 000 CFA par personne). Le voyage dure

5 heures, avec parfois une escale pour la nuit sur une île à mi-parcours. Vous êtes prévenu ! À votre arrivée à Banjul, présentez-vous au bureau de l'immigration du port et non à celui du centre-ville.

Les environs de Djifer

Belles, tranquilles et presque entièrement dénuées d'infrastructures touristiques, les îles de **Guior** et de **Guissanor** se situent de l'autre côté de l'embouchure, face à la pointe de Sangomar. Sur l'île de Guior se nichent les petits villages de pêcheurs de **Niodior** et de **Dionouar**, où s'est installé un gîte de catégorie supérieure.

Les campements de Djifer organisent des excursions dans les îles. Vous pouvez également louer une pirogue à un pêcheur local pour atteindre Dionouar. Comptez entre 10 000 et 15 000 CFA, selon le temps d'attente et l'efficacité de votre marchandage. Un bateau de service public relie Djifer et Dionouar pour seulement 500 CFA par personne, mais il ne fonctionne qu'une fois par jour au départ de chaque village, et quitte généralement Djifer vers 13h.

Delta du Siné-Saloum

Au sud de la Petite-Côte, entre Kaolack et la frontière gambienne, les 180 000 ha du delta du Siné-Saloum constituent l'un des plus remarquables sites du Sénégal. Cette zone marécageuse de mangroves, de lagunes, de forêts, de dunes et d'îles sableuses est formée par la rencontre des fleuves Siné et Saloum avec les marées de l'océan Atlantique.

Le parc national du delta du Saloum en occupe une partie. On y rencontre peu de grands mammifères, à l'exception des phacochères et, peut-être, de quelques vaches marines dans les lagunes. Le parc regorge de singes de plusieurs espèces, notamment le rare colobe rouge, mais la diversité de son habitat le rend propice à la prolifération des oiseaux. Même si vous n'êtes pas amateur d'animaux sauvages, vous apprécierez le

parc pour la beauté de ses paysages. Une promenade en pirogue sur l'un des bras du fleuve permet d'observer les pélicans et les flamants roses, ou encore de visiter l'un des villages de pêcheurs de l'île.

Plusieurs hôtels et campements proposent des excursions le long des rives du delta, permettant d'explorer la région en voiture, à pied ou en pirogue. Attention, les routes non goudronnées sont parfois difficile d'accès durant la saison des pluies.

NDANGANE ET MAR LODJ

Au nord du delta, sur un bras du fleuve Saloum, Ndangane, auparavant une petite ville tranquille, est devenue un centre touristique florissant abritant de nombreux hôtels. Elle se divise en deux parties : le quartier touristique, où aboutit la route goudronnée qui mène à Dakar, près de la jetée, et le village lui-même, à l'ouest. De ces deux quartiers, on peut se rendre à Mar Lodj (ou Mar Lothie), véritable havre de paix coupé par le delta du reste du pays. Plusieurs campements de style local contribuent à faire de ce village une halte idéale.

Il n'existe ici aucune banque. En revanche, le centre commercial Le Siné, à 400 m environ sur la route de Fimela, met à votre disposition un accès Internet de 8h à 12h et de 16h à 21h. La plupart des hôtels et des campements organisent des sorties de pêche et des promenades en bateau, les traversées en pirogue vers Mar Lodj et l'île des Oiseaux revenant à quelque 4 500 CFA par personne pour un groupe de quatre minimum. Sur les rives du fleuve, on vous proposera toutes sortes d'excursions. Nous vous recommandons tout particulièrement deux guides : Jimmy (☎ 936 39 84/5), très professionnel et parlant 8 langues, et Lamine Sarr, que vous pourrez contacter au restaurant Le Baobab. Ils se chargeront d'organiser une sortie en pirogue. Les prix se négocient.

Où se loger et se restaurer

Ndangane. La plupart des établissements proposant un hébergement ou un service de restauration se trouvent vers le bout de la route de Fimela, d'où partent également un grand nombre d'excursions en bateau. Tout près de l'eau, **Chez Mbake** (☎ *936 39 85*, ☎ *portable 669 35 25 ; bungalows 5 000 CFA/pers)*, un établissement familial, loue cinq bungalows rudimentaires.

Un peu à l'écart du fleuve, l'**Hôtel le Pelican du Saloum** (☎ *949 93 30, snpelican@sentoo.sn ; chambres 27 000 CFA/pers en demi-pension)* dispose de 68 chambres somptueuses. En face, le **Gîte rural Le Cormoran** (☎/fax *949 93 16, www.chez.com/lecormoran ; simples/doubles 12 000/18 000 CFA, petit déj inclus)*, de dimensions plus modestes et plus chaleureux, tenu par des Français, propose des bungalows soignés dans un cadre agréable. Des repas vous seront servis pour 3 500 CFA environ.

En continuant vers le nord en direction du carrefour, divers établissements jalonnent la piste qui bifurque sur la droite. **L'Anacardier** (☎ *949 93 13 ; chambres 7 500 CFA/pers avec ventil et sdb)* offre un excellent rapport qualité/prix avec des chambres propres, avec s.d.b. Quelques mètres plus loin, l'**Hôtel Cordons Bleus** (☎ *949 93 12, cordons.b@sunumail.sn ; simples/doubles 28 600/49 600 CFA en demi-pension)* est doté de splendides bungalows que complètent toutes sortes d'installations.

Pour vous restaurer, outre les hôtels, vous disposez d'un certain choix de restaurants tels **Le Petit Paradis,** dans la rue principale, qui mitonne des spécialités locales (800 CFA) et occidentales (3 000 CFA) agrémentées d'agréables conversations. Essayez aussi **Le Baobab** (☎ *portable 541 84 34)*, juste après le Cordons Bleus, tenu par des Sénégalais de la région qui préparent notamment de délicieux fruits de mer (3 000 CFA) et des pizzas (5 000 CFA), dans un cadre plus traditionnel.

Mar Lodj. Ici, les campements se sont constitués en association et pratiquent les mêmes tarifs. Les simples/doubles avec petit déjeuner vous coûteront 10 600/ 19 200 CFA. Hors saison, vous bénéficierez de tarifs plus intéressants. Aucun ne dispose encore de l'électricité.

Le **Mbine Diam** (☎ *portable 636 91 99)* aligne des cases doubles ombragées. Le **Bazouk** (☎ *portable 690 58 00)*, petit établissement décontracté, vous louera des pirogues. Plus vaste, le **Limboko** (☎ *portable 647 41 66)* propose quant à lui, des sorties de pêche et des promenades en bateau à partir de 2 000 CFA par personne. Au **Nouvelle Vague** (☎ *936 39 76*, ☎ *portable 634 07 29)*, bénéficiez du meilleur rapport qualité/prix. Faisant honneur à son nom, il loue dix bungalows récents, dont six avec vue sur le fleuve. La plupart de ces établissements enverront quelqu'un vous chercher gratuitement à Ndangane si vous prévenez de votre arrivée. Tous organisent des sorties en bateau ou des promenades vers les villages des environs, vivement recommandées.

Plus loin, le long de la rivière, les **campements Mar Setal** et **Hakuna Matata** accueillent principalement des groupes et nécessitent une réservation.

Où sortir

Le **Bar/Restaurant Les Piroguiers** vous sert un verre sous des abris au toit de chaume, à siroter en contemplant la jolie vue sur le fleuve. Le **Pothio Nightclub**, sur la route de Fimela, s'anime le soir.

Comment s'y rendre

Prenez n'importe quel bus effectuant le trajet Kaolack-Mbour et descendez à Ndiosomone. De là, de nombreux taxis-brousse assurent la navette vers Ndangane. Vous pouvez aussi venir directement de Dakar jusqu'à Ndangane en taxi-brousse. La course vous reviendra à 1 500 CFA environ. De Mbour, des taxis-brousse rallient Ndangane *via* Sambadia et Fimela.

Un bateau public effectue de temps à autre la liaison Ndangane-Mar Lodj. L'aller simple revient à 250 CFA. Ultime solution : vous pouvez louer un bateau pour 4 000 CFA, mais vous devrez payer 1 000 CFA supplémentaires par personne si vous êtes plus de quatre.

Des pirogues se louent également pour aller de Ndangane à Djifer, au prix de 15 000 CFA environ. Au départ ou à destination de Foundiougne, il vous en coûtera quelque 25 000 CFA.

YAYEME

Le long d'une piste sablonneuse, à environ 1,5 km de Fimela, vous atteignez le minuscule village de Yayeme. Au premier abord, il ne semble rien avoir de bien extraordinaire. Les habitants vous guideront jusqu'au **Daan Sa Doole** (☎ *portable 635 52 74, aloukum@hotmail.com*), en plein cœur du village. Ce campement écologique est l'œuvre d'un couple de jeunes globe-trotters. Installé autour d'un immense manguier, il offre un cadre idéal pour découvrir la vie du Sénégal rural, en toute quiétude, loin des bus surchargés de touristes. Vous pourrez loger dans des bungalows avec s.d.b. pour 9 000 CFA par personne ou dans des chambres plus simples, meilleur marché. Les campeurs sont les bienvenus. N'oubliez pas de réserver entre juin et octobre.

Le trajet depuis Fimela ne pose guère de problèmes. Il vous suffit de suivre la route de Sambadia, puis de prendre la bifurcation sur la gauche 200 m plus loin. N'hésitez pas à vous renseigner avant de partir en téléphonant de Fimela ou de Sambadia.

FOUNDIOUGNE

Situé à l'extrémité nord-ouest du delta, là où un ferry assure la traversée du fleuve Saloum, le paisible village de Foundiougne est facile d'accès. Ancien avant-poste français, il constitue un bon point de départ pour des promenades en pirogue sur le delta.

Le Campement Le Baobab (Chez Ismail) propose des voyages en pirogue et des sorties de pêche pour 25 000 CFA la demi-journée ou 30 000 CFA la journée (par bateau). Les prix se négocient selon la quantité d'essence et le temps nécessaires. Le trajet jusqu'à Djifer ou Ndangane revient à 30 000 CFA et pour aller jusqu'à Toubakouta/Missirah, vous devrez débourser 30 000/38 000 CFA. Le Campement Le Baobab (Chez Anne-Marie), l'Auberge les Bolongs et l'Indiana organisent des excursions pour un prix similaire.

Sinon, renseignez-vous à la jetée du ferry. Pour 25 000 CFA la journée ou 14 000 CFA la demi-journée, vous aurez une pirogue avec un capitaine. Les prix sont négociables selon la quantité de carburant requise.

Le ferry de Foundiougne

Le ferry qui traverse le fleuve Saloum entre Foundiougne et Dakhonga est un "cadeau" des États-Unis (en échange de l'aide que lui apporta le Sénégal pendant la guerre du Golfe, selon les gens du pays). Il est administré par l'armée, avec une précision toute militaire.

Le ferry part de Foundiougne et de Dakhonga, tous les jours (sauf exception indiquée), aux horaires suivants :

Foundiougne	Dakhonga
7h30	8h30
9h30	10h30
11h30	12h30
15h00	15h30
	(sauf le mercredi)
17h00	18h30

Le trajet coûte 100 CFA par passager et 2 000 CFA par véhicule. La traversée en pirogue (lorsque le ferry ne fonctionne pas) se monte à 125 CFA, ou 1 500 CFA minimum pour l'embarcation entière.

Où se loger et se restaurer

Vous découvrirez une succession de campements à l'ouest de l'embarcadère du ferry, où vous pourrez également vous restaurer.

Le **Saloum Saloum** (☎/*fax 948 12 69 ; chambres avec sdb 1-3 pers 15 000 CFA*), géré par le village, dispose de quelques chambres confortables avec vue sur le fleuve. Cet endroit sympathique offre un très bon rapport qualité/prix.

Juste à côté, vous trouverez les deux versions du **Campement Le Baobab**, devenues ennemies jurées depuis une certaine querelle familiale. Le plus récent, **Chez Anne-Marie** (☎ *948 12 62 ; simples/doubles/triples 8 000/14 000/18 000 CFA*), au bord du fleuve, loue à bon prix de belles chambres (avec vue sur le baobab). Le petit déjeuner est compris si vous séjournez plus d'une nuit. Selon deux lectrices, l'endroit est idéal pour les femmes qui voyagent seules ; le personnel, fort accueillant, étant essentiellement composé de femmes. Vous pourrez y prendre vos repas pour 2 000 à 3 000 CFA.

En face, le **Campement Le Baobab N°1** *(Chez Ismail,* ☎*/fax* 948 11 08 ; *bungalows 10 000 CFA en demi-pension)*, occupe le vieux bâtiment français d'origine, construit sur deux étages. Les bungalows disposent de douches et de moustiquaires.

Un peu plus loin, **L'Indiana Club** *(*☎*/fax 948 12 13 ; chambres 8 500 CFA/ pers petit déj inclus, demi-pension 12 000 CFA)*, tenu par des Suisses, ne dispose que de s.d.b. communes. L'établissement est réputé pour sa bonne cuisine européenne et sénégalaise. Comptez environ 4 000 CFA pour un repas. Vous vous rafraîchirez dans la seule piscine du village.

La vaste **Auberge Les Bolongs** *(Chez Daniel et Jany,* ☎*/fax 948 11 10, www .lesbolongs.com ; bungalows 1-3 pers 10 000 CFA)*, proche du Campement Indiana, n'offre guère d'ombre pour l'instant. La cuisine est bonne (2 plats 3 500 CFA, menu complet 5 000 CFA) et l'établissement, qui dispose d'un bar sur la plage, organise des pique-niques.

Haut de gamme, le **Foundiougne Hôtel** *(*☎ *948 12 12, fax 948 12 10 ; simples/ doubles/triples 25 000/38 000/39 000 CFA, doubles avec demi-pension 53 200 CFA)* bénéficie d'un superbe emplacement au bord du fleuve et de bungalows propres et confortables avec clim., mais ses prix sont un peu élevés. Comptez 3 500 CFA pour le petit déjeuner et 7 500 CFA pour le déjeuner ou le dîner. Vous aurez tout le loisir de nager dans la piscine, naviguer sur un voilier, faire de la planche à voile, chasser ou pêcher.

À côté de l'embarcadère du ferry, **La Cloche,** un charmant petit restaurant italien d'une blancheur immaculée, s'est adjoint le talent d'un véritable chef italien. Le rapport qualité/prix reste inégalé, avec un menu complet pour 4 000 CFA. Seul inconvénient : la proximité du fleuve, aux odeurs pas toujours délicates à marée basse. Le **Bar Ronier,** tout proche, vous attend pour boire un verre.

Comment s'y rendre

Vous pouvez vous rendre à Foundiougne en partant de Passi par la route principale reliant Kaolack à Karang, à la frontière gambienne. Le minibus de Kaolack à Foundiougne coûte 600 CFA. Si vous n'en trouvez pas de direct, prenez n'importe quel transport reliant Kaolack à Karang et descendez à Passi. On vous demandera 375 CFA de Passi à Foundiougne.

Vous pouvez également partir de Fatick, à 150 km de Dakar, entre Mbour et Kaolack. Un taxi-brousse vous mènera à Dakhonga, d'où le ferry vous conduira à Foundiougne. De là, le premier ferry part à 7h30 et vous mène à Dakhonga, où un minibus rallie Dakar pour 1 300 CFA.

Pour rallier en bateau d'autres endroits du delta, joignez-vous à l'une des excursions pour Ndangane, Djifer, Toubakouta ou Missirah organisées par les hôtels, ou adressez-vous directement à un loueur de bateaux. Vous pouvez également vous renseigner sur le service public de pirogues qui relie Foundiougne à Djifer le mardi (ou d'autres jours), avec des haltes dans les villages sur le fleuve Saloum.

TOUBAKOUTA

Au sud de Sokone, le village de Toubakouta se dresse entre la route principale et un grand bras du fleuve Saloum. Facile d'accès, il constitue (à l'instar de Missirah) un bon point de départ pour explorer les canaux du côté sud du delta du Siné-Saloum ou pour observer les oiseaux. Vous apprécierez particulièrement les pélicans, les flamants roses, les aigles pêcheurs, les hérons et les aigrettes, surtout lorsque, la nuit venue, ils se perchent sur le reposoir des oiseaux, non loin du village.

L'hôtel Les Palétuviers propose un grand choix d'excursions telles que des promenades à pied dans la forêt environnante, incluant des haltes dans les villages voisins (6 500 CFA) ou des randonnées en 4x4 (12 000 à 23 000 CFA). Le meilleur choix consiste en une promenade en pirogue, dont les tarifs varient de 8 000 CFA par personne pour une visite nocturne à l'île des Oiseaux, toute proche, à 31 000 CFA pour une excursion d'une journée dans le delta, jusqu'à l'embouchure du fleuve Saloum, où nagent parfois des dauphins. Vous pouvez aussi organiser des parties de pêche ou des visites des anciens tumulus en coquillages (voir l'encadré *Les amas de coquillages* dans le chapitre *Présentation du Sénégal*).

Vous découvrirez dans le village un cybercafé financé par des Néerlandais : le CyberLynda (☎ 936 94 41), où l'on vous demandera 2 250 CFA l'heure.

Où se loger

L'**Hôtel Les Palétuviers** (☎ 948 77 76, *fax 948 77 77, www.paletuviers.com ; simples/ doubles avec petit déj 39 000/ 47 000, en demi-pension 42 000/ 55 000 CFA*) est l'un des établissements les plus sélects de tout le delta. Son vaste domaine comporte 50 cottages doubles, équipés de la clim., d'une s.d.b. et de meubles confortables. Vous apprécierez le bar avec terrasse, le restaurant climatisé et la grande piscine, ainsi que la possibilité de participer aux nombreuses excursions et activités organisées à la journée (des sorties de pêche, notamment). L'équipe belge des Palétuviers dirige également deux établissements installés en pleine nature : **L'Île des Palétuviers**, perdu sur l'île de Bétanti, à l'ouest de Toubakouta, et le **Plage d'Or**, sur la partie sénégalaise de l'île de Djinakh, à la frontière gambienne.

Non loin des Palétuviers, l'**Hôtel Keur Saloum** (☎ 948 77 15, *fax 948 77 16, www.keursaloum.com ; simples/doubles en demi-pension 36 000/58 000 CFA*) dispose de bungalows rustiques et d'un bar très plaisant surplombant la petite plage qui jouxte le fleuve. Ses principales activités sont la chasse et la pêche, comme en témoignent les photos qui le décorent. Vous pourrez y louer des bateaux.

Si votre portefeuille n'est pas à la hauteur de ces établissements, essayez donc le **Keur Youssou** (☎ 948 77 28, ☎ *portable 634 59 05*) ou **Les Coquillages du Niombatto** (*Chez Laye Loum,* ☎ *936 34 41, layoum@hotmail.com*), qui proposent l'un et l'autre des bungalows doubles, confor-

tables et propres, avec s.d.b., pour 12 500 CFA, petit déjeuner compris. Des circuits sont organisés à des prix plus avantageux que ceux des grands hôtels. Demandez à un gamin du village de vous montrer le chemin.

Comment s'y rendre

Toubakouta se situe tout près de la route principale reliant Kaolack et Karang (sur la frontière gambienne), à environ 70 km de Kaolack. Un taxi-brousse de Kaolack à Barra, *via* Karang, coûte 2 100 CFA ; il ne vous sera accordé aucune remise, même si vous partez très tôt. Le trajet en bus Alham revient moins cher : l'aller pour Toubakouta revient à 1 000 CFA.

MISSIRAH

Missirah est un petit village au sud de Toubakouta, tout proche du **parc national du delta du Saloum** (*entrée 2 000 CFA/jour*). La végétation du parc est formée de mangrove, d'étendues arides, de marécages boueux nés des marées et de bois clairsemés de la forêt de Fathala. Par conséquent, on recense une grande variété d'oiseaux et d'animaux. Les singes colobes rouges pullulent mais, très craintifs, sont plus faciles à observer durant la saison sèche, lorsque les arbres sont moins feuillus. Le village est connu pour son fromager légendaire, qui se dresse sur les bords du fleuve. Il aurait, selon les estimations, entre 200 et 1 000 ans d'âge (le premier chiffre semblant le plus exact).

L'entrée du parc national se trouve tout de suite au sud du village, mais vous n'acquitterez votre droit d'entrée que 6 km plus loin, en arrivant à l'accueil. Selon toute vraisemblance, lorsque vous lirez ce guide, un bureau aura ouvert ses portes à Missirah même.

À 2 km environ à l'est du village, le **Gîte de Bandiala** (☎ *948 77 35, gitedubandiala @sentoo.sn ; bungalow 13 000 CFA/pers demi-pension, 18 500 CFA/pers pension complète*) est un endroit tranquille, discret et bon marché. Il constitue un bon point de départ pour explorer cette partie du delta. Le personnel, très sympathique, peut vous conseiller sur les promenades en forêt. Dans le bar-restaurant sont affichés les noms d'oiseaux. Le gîte possède une source, au-dessus de laquelle on peut observer les singes, les phacochères et d'autres animaux venus s'abreuver. On vous demandera 20 000 CFA par personne pour une promenade en pirogue d'une demi-journée jusqu'aux criques voisines. On peut également vous organiser des parties de pêche.

Comment s'y rendre

Au départ de Kaolack, empruntez n'importe quel moyen de transport circulant sur la route principale en direction de Karang, puis descendez à Santhiou el Haji (à quelque 80 km de Kaolack). Il ne vous reste plus qu'à parcourir 8 km à pied à travers la forêt, en évitant les mouches tsé-tsé ! Une solution moins éprouvante consiste à descendre à Toubakouta, puis à prendre un taxi-brousse pour 300 CFA ou un taxi pour 4 000 CFA. Si vous allez de Missirah à Karang, sachez qu'un taxi-brousse part tous les matins vers 7h (500 CFA). Vous devrez réserver votre place la veille au soir. Autre possibilité : prendre un taxi privé de Kaolack pour 15 000/20 000 CFA.

DELTA DU SINÉ-SALOUM

Le Centre-Ouest

Ce chapitre traite la partie occidentale du Sénégal, laquelle s'étend de l'est de Dakar au nord de la Gambie. Cette zone comprend des villes importantes telles que Thiès, Kaolack, Diourbel et Touba, cœur des confréries musulmanes, ainsi que les villages de la Grande-Côte. La Petite-Côte et le delta du Siné-Saloum sont traités dans un autre chapitre. Les endroits décrits ci-après suivent une ligne ouest-est.

GRANDE-CÔTE
Le littoral qui s'étend au nord de Dakar et de la péninsule du Cap-Vert a été baptisé la Grande-Côte. Au sud de Dakar, le littoral, plus petit, se nomme donc la Petite-Côte.

La Grande-Côte commence à Kayar et remonte jusqu'à l'embouchure du fleuve Sénégal, non loin de Saint-Louis. Entre ces deux points, le littoral n'est qu'une immense plage, qu'il est possible de parcourir entièrement en voiture à marée basse – ce que font parfois les concurrents du Paris-Dakar dans la dernière étape du rallye. Néanmoins, du fait de la sécheresse du paysage, de la force des vents marins et des dangers de l'océan, la Grande-Côte est toujours restée plus sauvage que la Petite-Côte et le tourisme ne s'y est pas développé autant. La bande littorale est formée de larges dunes recouvertes d'herbes et de petits bosquets ; pour la protéger de l'érosion, plusieurs zones de reboisement ont été implantées.

Mboro-sur-Mer
Ce village de pêcheurs (parfois appelé Mboro Ndeundekat sur certaines cartes), à 60 km au nord-est de Dakar, est le plus accessible de la Grande-Côte. Au sud, un autre village de pêcheurs, Kayar, est un lieu d'excursion très prisé, tandis que Mboro-sur-Mer demeure isolé et peu visité.

Où se loger. Charmant, le **Gîte de la Licorne** *(☎ 955 77 88)* est installé sur la plage, à 500 m au sud du village. Il propose de confortables simples/doubles à

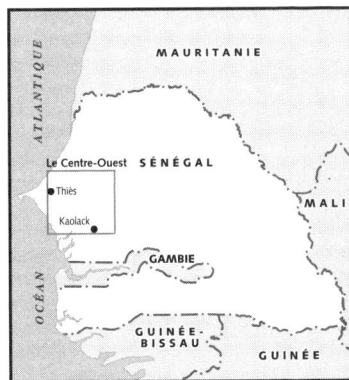

11 200/16 400 CFA , petit déjeuner inclus, ainsi que deux bungalows familiaux où chaque personne supplémentaire devra acquitter 5 200 CFA . Les repas, pris au bar-restaurant en plein air – qui dispose en outre de jeux de société et de livres –, coûtent environ 4 000 CFA. Le Gîte ferme généralement de juin à octobre et il est chaudement recommandé de réserver en toute saison. Vous pouvez également préparer vous-même vos repas, car vous n'aurez que quelques pas à faire pour trouver du poisson

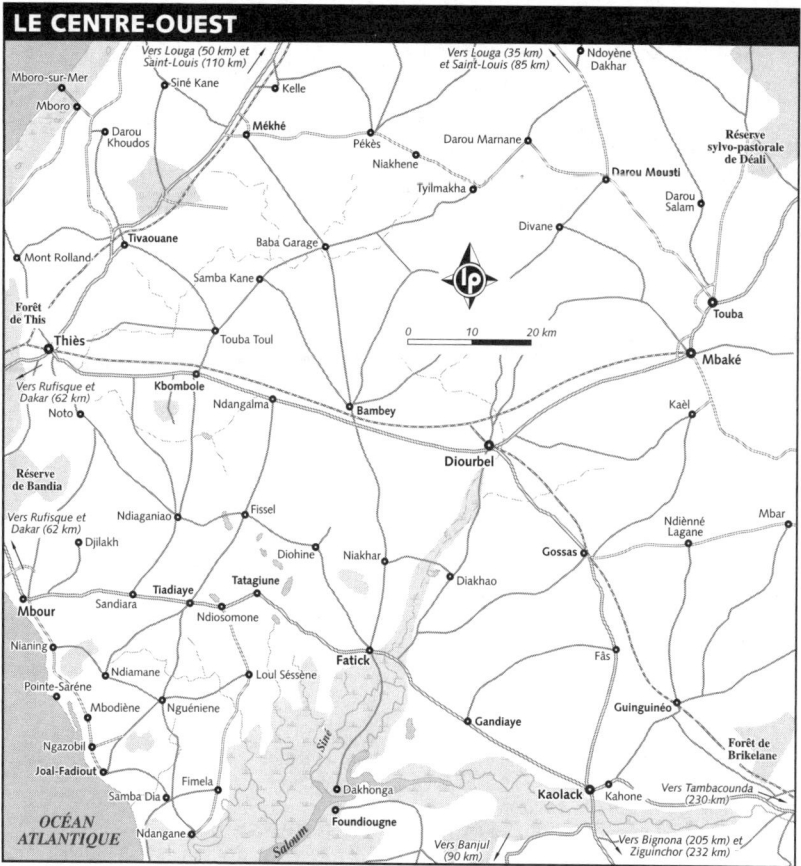

LE CENTRE-OUEST

frais. Si le gîte est complet, renseignez-vous dans le village sur les possibilités de logement chez l'habitant.

Comment s'y rendre. En transport public, l'itinéraire le plus simple au départ de Dakar passe par Thiès. Des minibus locaux rallient Mboro-sur-Mer pour 800 CFA. Vous pouvez également vous y rendre par Tivaouane. Quelque 5 km séparent Mboro de Mboro-sur-Mer, et vous devrez certainement marcher. Si vous êtes pressé, un taxi depuis Dakar vous y emmènera pour environ 20 000 CFA.

THIÈS

À 70 km de Dakar, Thiès, qui compte 260 000 habitants, est officiellement la deuxième ville du Sénégal. Au premier abord, on a pourtant peine à le croire. Le centre-ville se parcourt aisément à pied et contrairement à la capitale, la vie semble s'y écouler doucement le long des rues poussiéreuses, à l'ombre des grands arbres. C'est en vous dirigeant vers l'est que vous découvrirez toute l'étendue de l'agglomération. Thiès possède une attraction majeure : sa **manufacture de tapisseries** (lire l'encadré plus loin dans ce chapitre) de réputation

THIÈS

OÙ SE LOGER
2 Hôtel-Bar Rex
9 Hôtel Man-Gan de Thiès
18 Hôtel du Rail

OÙ SE RESTAURER
4 Restaurant Le Cordon Bleu
7 Restaurant Le Salvador
10 Restaurant Le Cailcedrat
12 Boulangerie
14 Chez Rachid
19 Restaurant Les Vieilles Marmites
20 Restaurant Le Kien-An
21 Restaurant International

DIVERS
1 Station de taxis
3 Cinéma
5 Bar Sunukeur
6 Nightclub Queen Marina
8 Station-service
11 Cybercafé Bamba
13 Supermarché Jumbo
15 Manufacture de tapisseries
16 Musée de Thiès
17 Station-service
22 Banque BICIS
23 Station-service
24 Hôtel de ville
25 Poste
26 Banque CBAO, cinéma

internationale. Toutefois, si la tapisserie ne vous passionne pas, visitez le **Musée de Thiès** (☎ 951 15 20 ; entrée 500 CFA ; ouvert 9h-18h), situé dans un bâtiment du fort construit pour la garnison française en 1864. Après avoir déniché la personne susceptible de vous ouvrir les portes, vous irez à la découverte de la fascinante histoire du chemin de fer sénégalais.

La gare routière se trouve dans les faubourgs sud de la ville, à environ 3 km du centre-ville. Si vous arrivez de Dakar, vous devrez rejoindre le centre à pied ou prendre un taxi pour 325 CFA .

Où se loger

L'**Hôtel-Bar Rex** (☎ 951 10 81, fax 951 48 89, 197 rue de Douaumont ; chambres avec/sans clim 9 600/7 000 CFA), en plein centre, trois rues au nord de l'avenue du Général-de-Gaulle, dispose de chambres avec s.d.b., propres bien que sentant un peu le renfermé. Le personnel est aimable et vous pouvez vous garer en toute sécurité.

À proximité, l'**Hôtel Man-Gan de Thiès** (☎ 951 15 26, fax 951 25 32, rue Amadou Sow ; simples/doubles avec sdb 13 600/17 200 CFA) s'agrémente d'une

agréable cour-jardin et de chambres bien tenues, avec clim.

L'**Hôtel du Rail** (☎ 951 23 13 ; simples/doubles 8 900/9 300 CFA) occupe deux étages d'un bâtiment ancien riche en souvenirs du chemin de fer colonial. Situé à 1,5 km environ du centre, il loue des chambres spacieuses et tranquilles avec clim et s.d.b. Les repas sont servis dans le restaurant en plein air.

Où se restaurer

À l'exception des hôtels-restaurants, vous trouverez dans l'avenue Léopold Senghor le **Restaurant International** (☎ 951 42 69) bon marché, le **Restaurant Les Vieilles Marmites** (☎ 951 44 40), impeccablement tenu et le **Restaurant Le Kien-An** (☎ 951 11 96), plus cher, qui sert des spécialités françaises, sénégalaises et vietnamiennes à partir de 2 500 CFA. Au nord de la voie ferrée sont installés une **boulangerie** et un **supermarché**. Des **étals** vous attendent près de la gare et, le soir, à la sortie du cinéma.

Plusieurs établissements offrent un bon rapport qualité/prix rue de Paris, au nord de l'avenue du Général-de-Gaulle. Le **Restaurant Le Salvador** (☎ 951 52 04) et le **Res-**

taurant **Le Cordon Bleu** préparent des plats sénégalais pour environ 500 CFA et des plats occidentaux à partir de 750 CFA .

Dans l'avenue du Général-de-Gaulle, **Chez Rachid** *(☎ 951 18 78)* propose, de midi à minuit, de bons chawarmas pour 850 CFA. En face, le **Restaurant Le Cailcedrat** *(☎ 951 11 30)*, plus huppé, sert de 7h à minuit boissons, cafés et en-cas pour 750 CFA, ainsi que des repas plus copieux entre 1 500 et 4 000 CFA et diverses spécialités libanaises, telles que des keftas à 2 000 CFA ou de l'houmous à 1 500 CFA.

Caché à quelque 2 km de la ville, **Le Massa Massa** *(☎ 952 12 44 ; plats 3 000 CFA, ouvert midi et soir)* est un restaurant français qui peut prétendre au titre de meilleur restaurant du pays, et bénéficie d'un excellent rapport qualité/prix. Tenu par une charmante famille française, vous y dégusterez, entre autres, une délicieuse soupe de poisson (1 800 CFA), des lasagnes (2 700 CFA) ou un steak au Roquefort (4 200 CFA). Pour vous y rendre, mieux vaut prendre un taxi (400 CFA), auquel vous devrez sans doute donner quelques indications sur la direction. Prenez la route de Dakar et guettez le panneau indiquant un embranchement à droite,

juste après la seconde station-service Shell. L'endroit s'appelle Cité Malick Sy.

Où sortir
Près du cinéma, le **Bar Sunukeur** sert des boissons bon marché. Le **Queen Marina Nightclub** *(☎ 952 15 15 ; entrée 1 000 CFA ; ouvert 23h-5h)*, plus animé, diffuse une excellente musique variée.

Comment s'y rendre
Taxis-brousse et minibus. Pour la plupart des destinations, les taxis-brousse et les minibus partent de la gare routière, dans les faubourgs sud. Du centre-ville à la gare routière, un taxi privé demande 325 CFA. En taxi Peugeot, il vous en coûtera 900 CFA pour gagner Dakar (1 heure), 1 600 CFA pour Kaolack (2 heures, 140 km) et 2 350 CFA pour Saint-Louis (4 heures, 196 km).

Train. Les billets de train sont vendus avenue du Général-de-Gaulle. Les trains express pour Bamako (Mali) arrivent à Thiès chaque mercredi et samedi matin. Le prix d'un billet de 1re classe de Thiès à Tambacounda s'élève à environ 10 000 CFA , celui de 2e classe de Thiès à Tambacounda,

Les tapisseries de Thiès

Les Manufactures sénégalaises des arts décoratifs (☎/fax 951 11 31) comptent parmi les nombreux projets artistiques mis en oeuvre dans les années 1960 par le Président Senghor. Devenue coopérative, la manufacture réalise des tapisseries à partir de cartons peints par des artistes sénégalais.

Leurs dimensions atteignent généralement 3 m de haut sur 2 m de large. La préparation du dessin est un processus passionnant et complexe, qui demande plusieurs semaines de travail. Un grand croquis est réalisé à partir de la peinture, qui servira de modèle aux tisseurs. Il s'agit d'un motif inversé, puisque les tapisseries sont tissées sur l'envers.

Les métiers sont manuels, et 1 m² de tapisserie demande un mois de labeur à deux personnes. Chaque tapisserie se fabrique en huit exemplaires seulement, généralement offerts par le gouvernement sénégalais à des dignitaires étrangers en visite. La plus célèbre est sans doute celle qui décore l'aéroport d'Atlanta ; une autre est exposée à Buckingham Palace. Toutes les tapisseries de la salle d'exposition sont à vendre mais, à 500 000 CFA le mètre carré, on se contente de les admirer... La salle est ouverte de 8 heures à 12h30 et de 15 heures à 18h30 du lundi au vendredi, et de 8 heures à 12h30 les samedi et dimanche. L'entrée coûte 1 000 CFA. En général, la manufacture n'est pas ouverte aux particuliers, mais le directeur des expositions pourra peut-être organiser une visite pour les personnes intéressées, surtout si vous téléphonez un ou deux jours à l'avance.

Amadou Bamba

Né vers 1850, Amadou Bamba, le marabout sénégalais le plus célèbre et le plus influent, est une figure charismatique de l'islam. Il appartenait à la famille du chef wolof Lat Dior, ainsi qu'au clan Mbacke – constitué de riches propriétaires terriens –, ce qui contribua à renforcer encore son influence. Dès 1887, ayant rassemblé sous son égide une importante foule de fidèles, il fonda la confrérie mouride. Celle-ci prônait l'importance du travail manuel (dans les plantations de Bamba, de préférence) pour le salut de l'âme de ses membres. Au départ, cette doctrine apportait un soutien aux autorités françaises, qui cherchaient à développer la production locale, mais les prises de position anticolonialistes et la puissance assise locale de Bamba lui valurent d'être rapidement condamné à l'exil.

Il regagna le Sénégal en 1907 et devint secrètement l'allié des Français, et ce, malgré ses discours anticolonialistes. En effet, les deux parties avaient tout à gagner en maintenant les paysans au travail dans les champs d'arachide.

Aujourd'hui encore, Bamba demeure une grande figure, et l'alliance opportune entre les confréries et le gouvernement occupe toujours une place importante sur la scène politique sénégalaise.

Kayes et Bamako coûte à peu près 6 000 CFA de moins qu'au départ de Dakar (bien que les billets de 2e classe soient difficiles à obtenir à partir de Thiès). Pour plus de détails, reportez-vous au chapitre *Comment circuler*.

Il existe également un train de banlieue à destination de Dakar (600 CFA) *via* Rufisque (300 CFA), circulant moins souvent qu'il ne le devrait, du lundi au samedi.

TIVAOUANE

Tivaouane, qui se trouve à l'est de la route principale reliant Thiès et Saint-Louis, est le cœur de la confrérie Tijaniya (pour plus de détails sur les confréries, reportez-vous à l'encadré *Marabouts et confréries* du chapitre *Présentation du Sénégal*). La **mosquée**, construite dans le style marocain, est plus modeste que celle de Touba et moins intéressante que celle de Diourbel. À moins d'être amateur d'architecture musulmane du début du XXe siècle ou de visiter la région lors d'une fête islamique (particulièrement l'anniversaire du Prophète : voir l'encadré *L'islam* dans le chapitre *Présentation du Sénégal*), vous pouvez la laisser de côté. Si vous décidez malgré tout de rester à Tivaouane, vous trouverez quelques hôtels, des restaurants et des boutiques dans la rue principale.

DIOURBEL

Diourbel est une ville d'intérêt, car elle abrita le fameux Amadou Bamba, fondateur de la confrérie islamique mouride, de 1912 à 1927, année de sa mort. Celui-ci fut contraint d'y séjourner sur ordre du gouvernement colonial, qui l'assigna à résidence, lui interdisant de se rendre dans la ville sainte de Touba, à 48 km au nord-est.

La famille Bamba habite toujours Diourbel, dans un palais dont les murs font 313 m de long – notre guide a mesuré ! – (il y a 313 prophètes dans le Coran et 313 est un nombre mystique pour les musulmans). Non loin de là se dresse la mosquée principale, construite entre 1919 et 1925. Plus petite, elle est aussi plus propre et d'aspect moins massif que celle de Touba.

La mosquée se visite en dehors des heures de prière. Demandez le responsable, ou gardien, qui vous la fera visiter. N'oubliez pas de lui verser une petite obole pour ses services, et pensez à vous déchausser à l'entrée. Il est préférable que les hommes portent un pantalon, et les femmes, une jupe et un châle couvrant la tête et les épaules.

Diourbel ne compte aucun hôtel, mais quelques restaurants bon marché ont élu domicile dans la rue principale et à proximité des gares.

Comment s'y rendre

Vous n'aurez aucune difficulté à quitter Diourbel en direction de Dakar ou de Touba. La ville compte deux gares routières situées à 10 minutes à pied l'une de l'autre, l'une desservant Thiès et Dakar, l'autre Touba et Kaolack. Des taxis Peugeot vous emmèneront également à Dakar (1 720 CFA, 3 heures, 146 km), Thiès (900 CFA, 1 heure 20, 76 km) et Touba (700 CFA, 1 heure, 50 km).

TOUBA

Touba est la ville sacrée de la confrérie islamique mouride, et le fondateur, Amadou Bamba, repose dans un mausolée de l'immense mosquée qui domine la ville et les plaines environnantes.

Les pèlerins viennent à Touba toute l'année. Cependant, le pèlerinage du grand Magal (48 jours après le Nouvel An islamique) est une date phare. Il célèbre le retour de Bamba, en 1907, après les vingt ans d'exil auxquels l'avaient condamné les autorités françaises. Près de 500 000 fidèles mourides provenant de toutes les régions du Sénégal et de Gambie se rendent à Touba à cette période. La visite de la ville au moment du Magal est fascinante, mais il est alors quasiment impossible de trouver de la place dans un véhicule à destination de Touba. Il faut également veiller à sa tenue vestimentaire et à son comportement, et demeurer vigilant : les pickpockets opèrent dans la foule de Touba tout aussi volontiers qu'ailleurs.

Les cigarettes et l'alcool sont interdits partout en ville. On trouve quelques restaurants dans la rue principale, mais pas d'hôtels, considérés comme des lieux de débauche. L'établissement le plus proche se trouve donc à Mbaké, 10 km au sud (voir la rubrique *Mbaké*, plus bas).

En dépit de cette grande ferveur religieuse, Touba est devenu le plus grand marché du Sénégal.

La mosquée

Sa construction a débuté en 1936 sous le règne du fils de Bamba, devenu calife (chef de la confrérie) à la mort de son père. Les califes suivants ont agrandi la mosquée pour accueillir des foules toujours plus nombreuses de fidèles.

Les dimensions de la mosquée sont impressionnantes et soulignées par les dif-

Le marché de Touba

Vendeurs ambulants, intermédiaires commerciaux et autres mendiants qui se bagarrent pour une place sur le marché de Touba ne devraient guère surprendre. N'oublions pas que la ville de Touba a constitué pendant longtemps l'un des principaux engrenages de la machine politique et économique sénégalaise. Après l'indépendance du Sénégal en 1960, Touba conserva officieusement son autonomie. La police sénégalaise ne s'y montre guère et les mourides ont mis en place leurs propres services sociaux. Ils entretiennent également de nombreuses relations commerciales à l'intérieur du pays et au-delà des frontières.

Ici, les percepteurs n'existent pas. Touba, en tant que centre spirituel, tire ses revenus des dons des fidèles et personne ne sait exactement combien valent les opérations d'achat, de vente ou de troc, ni quel pourcentage représente cette économie parallèle dans la vie du pays. Seule certitude : la contribution économique de Touba est loin d'être négligeable. Ici, tout s'achète au meilleur prix, notamment les produits d'importation.

En vous promenant dans les rues autour de la mosquée, vous prendrez conscience de la prospérité de la ville : le moindre espace disponible est utilisé pour vendre des marchandises. Au milieu des boutiques et des échoppes, des vendeurs ambulants proposent de tout, depuis les fruits jusqu'aux Rolex de contrefaçon, en passant par les portraits de Bamba ou les crèmes pour blanchir la peau.

férents stades de la construction (des énormes colonnes en béton jusqu'aux moulages décoratifs). Dans la bibliothèque, une exposition de photos présente les différentes étapes de sa conception. À côté, une bibliothèque coranique a la réputation d'être la plus grande du monde.

La mosquée accueille les non-musulmans en dehors des heures de prière. Il est indispensable dans ce cas de prendre un guide.

Négociez le tarif avant la visite. Un prix de 1 000 CFA l'heure semble raisonnable.

Comment s'y rendre
Le trajet Dakar-Touba coûte 3 000 CFA en taxi Peugeot et 1 200 CFA en bus Alham. Il est possible de voir Touba en une journée, mais l'endroit mérite une visite plus longue, avec la possibilité de séjourner deux nuits à Mbaké.

MBAKÉ
La ville n'a rien de très original mais elle constitue un bon point de départ pour visiter Touba. Le **Campement touristique Le Baol** (☎ 976 55 05, fax 976 84 79 ; simples/ doubles 9 500/12 700 CFA) propose des chambres spartiates (sans doute pour mettre les pèlerins en condition) dans un cadre agréable. Le personnel peut vous fournir un guide qui vous fera visiter Touba. Vous trouverez quelques **cases de passage** près du marché, ainsi que plusieurs **gargotes** et une **dibiterie** (cahute où l'on vous servira de la viande grillée). La banque SGBS dispose d'une agence juste après l'embranchement vers Touba.

KAOLACK
Capitale régionale, Kaolack constitue le pôle de l'industrie nationale de l'arachide. À mi-chemin entre Dakar, Diourbel, Tambacounda et la Gambie, la ville est souvent perçue comme un endroit de passage, pourtant elle est animée et mérite qu'on s'y arrête un jour ou deux.

Parmi les sites à ne pas manquer figurent la **Grande Mosquée**, fierté de la confrérie Tijaniya, et le **marché** couvert, le deuxième d'Afrique après celui de Marrakech. Le marché, qui se trouve au cœur de la ville, conserve un charme suranné, avec ses arcades de type oriental, son entrée monumentale et son grand patio dominé par une tour de l'horloge. Malgré tout cela, les visiteurs ne sont pas légion. L'endroit est idéal pour flâner tout en s'imprégnant de l'atmosphère.

La ville compte deux banques, la CBAO et la SGBS, chacune équipée d'un DAB, mais vous pouvez aussi changer de l'argent au supermarché Super-Service, avenue Filiatre. Le Cadicom.sn Internet Bureau (☎ 940 00 00, avenue Cheikh Ibra Fall ; 9h-24h) offre de bons services pour 1 000 CFA l'heure. Si vous êtes à la recherche d'événements culturels, renseignez-vous auprès de l'Alliance franco-sénégalaise (☎ 941 10 61, rue Galliene), installée dans un fabuleux décor.

Où se loger
Sur la route principale menant à Tambacounda, l'**Étoile du Siné** (☎ 941 44 58, avenue Valdiodio Ndiaye ; chambres 9 500 CFA avec petit déj) offre un excellent rapport/qualité prix, avec des chambres impeccables et un parking sûr.

Ouverte récemment, l'**Auberge du Carrefour** (☎ 941 90 00, auberge.carrefour@ caramail.com, avenue Valdiodio Ndiaye ; simples/doubles 8 500/12 600 CFA) se distingue par de confortables chambres avec s.d.b. et ventil. et un personnel enthousiaste.

Mission Catholique (☎ 941 25 26, rue Merlaud-Ponty ; dortoirs 2 000 CFA, simples 5 000 CFA). L'établissement est souvent complet, mais tentez votre chance. Notez que les dortoirs ne sont pas mixtes.

Caritas (☎ 941 27 30, rue Merlaud-Ponty ; simples/doubles 10 000/ 15 000 CFA). Juste en face de la mission, ce bâtiment de deux étages, surmonté d'un toit vert, abrite des chambres modernes avec s.d.b. et clim.

Résolument haut de gamme, l'**Hôtel de Paris** (☎ 941 10 19, fax 941 10 17, rue Galliene ; simples/doubles 20 000/25 000 CFA) propose des chambres avec clim. et différents services, dont une petite piscine, mais à des prix excessifs comparés à ceux pratiqués par Le Relais. Le petit déjeuner coûte 2 200 CFA et il vous faudra compter de 4 000 à 5 500 CFA pour un bon repas.

Installé au sud-ouest de la ville, au bord de la rivière, **Le Relais** (☎ 941 10 00, fax 941 10 02, horizons@sentoo.sn, plage de Kundam ; simples/doubles 22 200/27 200 CFA) est le meilleur hôtel de Kaolack. Géré de main de maître, il compte une piscine fort tentante et un bar adjacent. Les chambres, avec s.d.b. et clim., disposent de la TV, du téléphone et même d'une connexion à Internet.

KAOLACK

OÙ SE LOGER
14 Étoile du Siné
15 Auberge du Carrefour
29 Mission Catholique
30 Caritas
31 Hôtel de Paris
32 Le Relais

OÙ SE RESTAURER
5 Le Brasero
    Chez Anouar
9 Chez Mariam
11 Boulangerie
19 Chez Du Du

DIVERS
1 Hôtel de ville
2 Gouvernance
3 Hôpital
4 Cathédrale
6 Blue Bird
7 Bureau Internet
    Cadicom.sn
8 Bar Étoile du Siné
10 Cinéma Vox
12 Station-service
13 Station-service
16 Cinéma Lux
17 Le Macoumba
18 Arrêt des cars mouride
20 Alliance
    franco-sénégalaise
21 Gare routière Ville
22 Banque CBAO
23 Station-service
24 Banque SGBS
25 Tour de l'horloge
26 Station-service
27 Supermarché
    Super-Service
28 Gare Nioro (Sud)

Où se restaurer

Plusieurs **gargotes** installées autour des gares routières servent de la cuisine à petit prix et vous trouverez des **étals** à proximité du marché. L'**Hôtel-Restaurant Adama Cire** propose des plats peu chers et nourrissants : le grand bol de *mafé* (à base de sauce d'arachides) ou de riz et de poisson vous coûtera 500 CFA, le yassa de poulet 800 CFA et le poulet grillé entier 5 000 CFA.

Au nord-est du centre-ville, **Chez Mariam** (☎ 941 45 85, rue Cheikh Tidiane Cherif ; plats 2 500 CFA environ ; ouvert lun-sam) sert chawarmas et hamburgers (de 500 à 1 000 CFA). Il vous en coûtera un peu plus pour les autres plats.

Champion en matière d'ambiance et de qualité, **Chez Du Du** (☎ 941 87 67, rue des Écoles ; plats 1 500 à 2 000 CFA ; 9h-24h) vous propose des chawarmas pour 700 CFA environ, des pizzas à 3 000 CFA, des omelettes à partir de 1 000 CFA et un choix infini de repas. La bière coûte 600 CFA.

Parmi les établissements les plus appréciés de Kaolack, surtout à l'heure du déjeuner, **Le Brasero Chez Anouar** (☎ 941 16 08, avenue Valdiodio Ndiaye ; plats 3 000 CFA environ ; ouvert 7h-24h) vous servira de la bonne cuisine dans une ambiance sympathique. Nous vous conseillons tout particulièrement le mafé (750 CFA) et le poulet (2 800 CFA), mais vous y trouverez également des pizzas (2 500 CFA) et de la bière à la pression (600 CFA). Anouar vous donnera une foule de bons conseils.

Où sortir

Il existe bel et bien une vie nocturne à Kaolack, centrée autour du **Blue Bird** (☎ 941 53 50, rue Maréchal Bugeau ; ouvert 8h-3h lun-sam, 18h-2h dim) où vous pourrez, après le repas, profiter de la piste de danse de la discothèque, très courue. De l'autre côté de la route, le **Bar Étoile du Siné** (☎ 936 45 93 ; ouvert 9h-2h), plutôt bruyant, n'a rien à voir avec le petit hôtel du même nom. Un pâté de maisons plus à l'est, le **Vox Cinéma**, installé en plein air, projette des films tous les soirs à 21h. Après une petite toile, découvrez **Le Macoumba** *(☎ 941 65 59, avenue Cheikh Ibra Fall ; 10h-4h)*, un restaurant qui s'anime en fin de soirée.

Comment s'y rendre

La ville compte trois gares routières. La gare de Dakar, au nord-ouest de la ville, assure les liaisons vers le nord et l'ouest ; la gare Nioro (Sud), dans le sud-est de Kaolack, dessert Ziguinchor, la Gambie et Tambacounda. La gare routière Ville est réservée aux taxis-brousse locaux.

Vous pouvez effectuer le trajet depuis ou vers Dakar en taxi Peugeot (2 600 CFA, 3 heures), en minibus (1 500 CFA, 5 heures) ou en bus Alham (1 250 CFA, 6 heures). Les taxis Peugeot vous demanderont 2 000 CFA jusqu'à Karang, à la frontière gambienne (2 heures) et 1 600 CFA pour Thiès.

Vous pouvez également prendre un bus express *(car mouride)* (reportez-vous à la rubrique *Tambacounda*, au chapitre *Le Sénégal oriental)* qui part à l'angle de l'avenue Noirat et de la rue Maréchal Joffre, bien qu'aucun arrêt de bus ne soit indiqué.

Comment circuler

Prévoyez 400 CFA pour vous rendre du centre-ville à la gare de Dakar en taxi ou en calèche et 500 CFA pour aller de celle-ci à la gare Nioro (Sud).

Le Nord

La longue frontière nord du pays est délimitée par le fleuve Sénégal, dont le lit dessine un grand arc de cercle vers l'ouest. Celui-ci prend sa source dans le massif montagneux guinéen du Fouta-Djalon, avant de traverser le Mali et de poursuivre sa course sur 600 km entre le Sénégal et la Mauritanie. Les criques et les zones inondables du fleuve sont vitales à la région mais, à une courte distance seulement, l'aridité marque déjà le paysage. Au nord, les déserts de Mauritanie forment la limite méridionale du Sahara ; au sud, les plaines du Ferlo s'étendent jusqu'au Centre du pays, atteignant presque Kaolack et Tambacounda.

La région du fleuve est peuplée par les Toucouleurs, ainsi que par les Peuls, une ethnie de bergers présente jusque dans le Ferlo. Ces dernières années, les Peuls ont vu leurs pâturages se réduire de plus en plus, grignotés par les plantations d'arachide des fermiers, wolofs pour la plupart. Ces derniers, souvent conseillés par d'influents marabouts, empiètent sur des réserves sylvo-pastorales normalement protégées. Dans certaines zones semi-désertiques du Ferlo, difficiles d'accès et dénuées de toute infrastructure touristique, des réserves ont cependant été créées.

Les voyageurs se rendent rarement dans le Nord du Sénégal, à l'exception de la ville de Saint-Louis et de ses environs. Cette région est pourtant traversée par une bonne route reliant le Nord et l'Est du pays, qui s'avère particulièrement utile si l'on souhaite aller de Saint-Louis à Tambacounda ou rejoindre les parcs de Djoudj et de Niokolo-Koba. Les chauffeurs circulant entre le Mali et la Mauritanie apprécient beaucoup cette route directe.

À ne pas manquer

- **Saint-Louis** – Déambulez dans les rues de cette ville historique pour découvrir son architecture coloniale, sa gastronomie et sa musique de jazz, dans une ambiance décontractée, éminemment africaine.
- **Parc national des Oiseaux de Djoudj** – Partez observer les centaines d'espèces d'oiseaux dans un espace préservé.
- **Langue de Barbarie** – Admirez les myriades de bateaux de pêche qui longent les immenses plages de la Langue de Barbarie.
- **Fleuve Sénégal** – Rencontrez des bergers peuls, près des avant-postes français abandonnés, sur la route qui longe le paisible fleuve Sénégal.

Saint-Louis et ses environs

Le fleuve Sénégal coule vers l'océan Atlantique, à l'ouest, mais depuis des milliers d'années, les courants et les vents ont amassé du sable dans l'embouchure, déviant ainsi son lit. Aujourd'hui, la dernière partie du fleuve coule vers le sud, séparée de l'océan par une étroite péninsule, la Langue de Barbarie. La ville de Saint-Louis fut fondée au XVIIe siècle sur une île qui occupait une position stratégique près de l'embouchure du fleuve, entre le continent et la Langue de Barbarie. Aujourd'hui, la ville occupe une zone bien plus vaste.

LE NORD

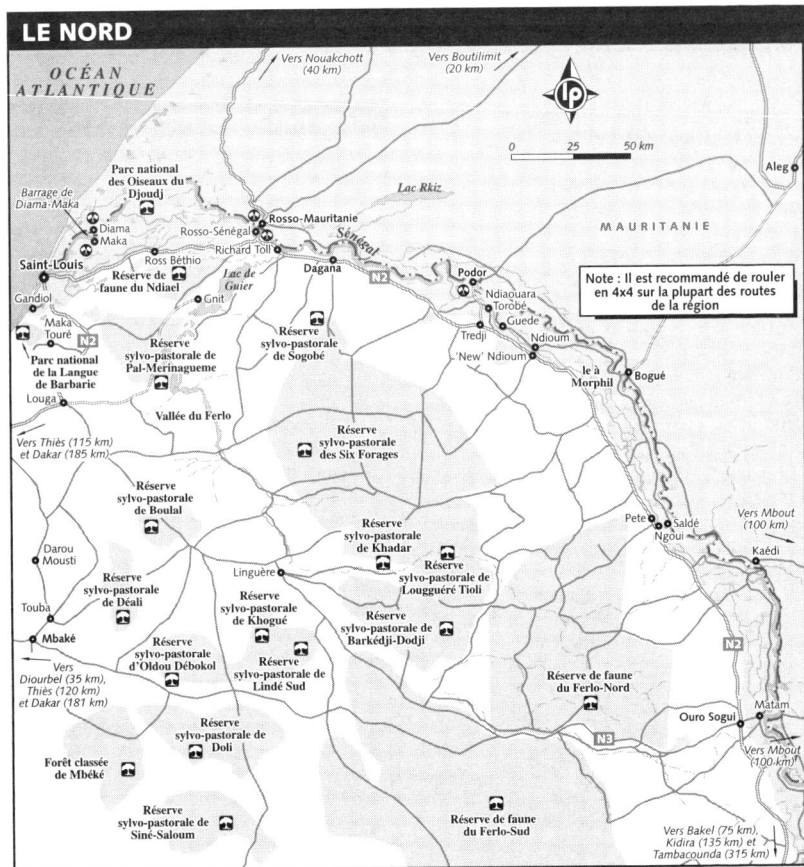

OCÉAN ATLANTIQUE

Vers Nouakchott (40 km)

Vers Boutilimit (20 km)

Barrage de Diama-Maka

Lac Rkiz

Aleg

Parc national des Oiseaux du Djoudj

0   25   50 km

Diama
Maka

Rosso-Mauritanie

Rosso-Sénégal

Sénégal

MAURITANIE

Saint-Louis

Ross Béthio

Richard Toll

Réserve de faune du Ndiael

Lac de Guier

Dagana

N2

Podor

Note : Il est recommandé de rouler en 4x4 sur la plupart des routes de la région

Gandiol

Gnit

Ndiaouara
Torobé
Guédé

Maka Touré

N2

Réserve sylvo-pastorale de Pal-Merinagueme

Réserve sylvo-pastorale de Sogobé

Tredji

'New' Ndioum

Ndioum

Parc national de la Langue de Barbarie

le à Morphil

Bogué

Louga

Vallée du Ferlo

Vers Thiès (115 km) et Dakar (185 km)

Réserve sylvo-pastorale des Six Forages

Réserve sylvo-pastorale de Boulal

Réserve sylvo-pastorale de Khadar

Pete
Ngoui
Saldé

Vers Mbout (100 km)

Darou Mousti

Réserve sylvo-pastorale de Déali

Linguère

Réserve sylvo-pastorale de Louggéré Tioli

Kaédi

Touba

Réserve sylvo-pastorale de Khogué

Réserve sylvo-pastorale de Barkédji-Dodji

Mbaké

Réserve sylvo-pastorale d'Oldou Débokol

Réserve sylvo-pastorale de Lindé Sud

N2

Vers Diourbel (35 km), Thiès (120 km) et Dakar (181 km)

Réserve de faune du Ferlo-Nord

Matam

Ouro Sogui

Réserve sylvo-pastorale de Doli

N3

Vers Mbout (100 km)

Forêt classée de Mbéké

Réserve sylvo-pastorale de Siné-Saloum

Réserve de faune du Ferlo-Sud

Vers Bakel (75 km), Kidira (135 km) et Tambacounda (315 km)

Saint-Louis constitue un excellent point de départ pour explorer le Nord-Ouest du Sénégal. Plusieurs réserves d'animaux peuvent se visiter dans la journée, notamment le parc national de la Langue de Barbarie, sur la pointe de la péninsule, et le parc national des Oiseaux du Djoudj, une réserve ornithologique de réputation mondiale.

SAINT-LOUIS
147 100 habitants
Si l'on considère l'énorme influence de la France sur ce continent, il est fascinant de se dire que l'endroit où tout a commencé n'a guère changé depuis plus d'un siècle. Fondée en 1659 sur une île occupant une position stratégique sur le fleuve Sénégal, Saint-Louis fut la première colonie française en Afrique. Dans les années 1790, la ville était un port et un centre de commerce actif de 10 000 habitants, d'origine ethnique très diverse. À cette époque y vivaient les *signares*, des femmes métisses qui s'enrichissaient et obtenaient des privilèges en "épousant" temporairement des marchands européens établis à Saint-Louis. Ce sont elles qui inventèrent la fête des Fanals, mettant en scène des lanternes décorées, que

l'on célèbre encore aujourd'hui dans la ville aux alentours de Noël et qui rythme également tous les ans le Festival international de jazz de Saint-Louis.

Au début du XIXᵉ siècle, Saint-Louis devint la capitale des nouvelles colonies françaises en Afrique. Même après 1904, date à laquelle Dakar fut élevée au rang de capitale de l'Afrique occidentale française, la ville demeura la capitale du Sénégal (et de la Mauritanie) jusqu'en 1958, lorsque l'ensemble des pouvoirs furent transférés à Dakar.

Saint-Louis s'est développée lentement, empiétant sur le continent (appelé Sor) et la péninsule formée par la Langue de Barbarie. L'île elle-même n'a guère subi de transformations au cours du XXᵉ siècle. Cette inertie a eu pour avantage d'y préserver les témoignages architecturaux anciens, ce qui a valu à l'île d'être inscrite au patrimoine mondial de l'Unesco en 2000. Aujourd'hui, les rénovations vont bon train et nous ne saurions trop vous conseiller de visiter la ville sans tarder, avant, peut-être, que son charme suranné ne disparaisse derrière les façades trop parfaites d'une ville musée.

Orientation

L'agglomération s'étend sur une partie de la Langue de Barbarie, sur l'île et sur le continent. Le pont Faidherbe, long de 500 m, permet d'atteindre l'île, que deux autres ponts, plus petits, relient à la péninsule. Autrefois quartier des Européens, l'île recèle de grandes demeures anciennes. Quelques-unes arborent encore leurs beaux balcons en fer forgé, tandis que d'autres se sont littéralement effondrées. La Langue de Barbarie, autrefois le quartier africain, abrite aujourd'hui une florissante communauté de pêcheurs nommée Guet N'Dar.

Cartes

Librairies et hôtels vendent une grande carte, *Saint-Louis et la région du fleuve Sénégal*, à mi-chemin entre une bande dessinée et une photographie aérienne, qui vaut bien son prix (3 000 CFA). Le dépliant *Saint-Louis du Sénégal – ville d'art et d'histoire*, comportant un plan de la ville où sont

Saint-Louis, ville du jazz

Le jazz est une affaire sérieuse à Saint-Louis, indépendamment du fait que la ville porte le même nom que le berceau du jazz et du blues, dans le Mississippi. Dès les années 1940, des groupes de jazz de Saint-Louis (du Sénégal) se produisaient à Paris et dans le reste de l'Europe. Le premier festival de jazz eut lieu au début des années 1990, accueillant principalement des groupes locaux. Aujourd'hui rebaptisé Festival international de jazz de Saint-Louis, cette manifestation, qui a lieu tous les ans la seconde semaine de mai, attire des musiciens et des mélomanes du monde entier. C'est bien sûr la meilleure occasion d'écouter du jazz à Saint-Louis. En effet, si vous venez à une autre période de l'année pour éviter la foule et les tarifs hôteliers fortement majorés, sachez que les concerts peuvent se faire rares. Pour plus d'informations, renseignez-vous auprès du Centre culturel français (voir plus loin la rubrique *Centres culturels*). Pour approfondir le sujet, lisez *St-Louis Jazz*, ouvrage d'Hervé Lenormond (éditions Joca Seria, Nantes), qui retrace l'histoire du jazz au Sénégal et est illustré de magnifiques photographies de musiciens africains, américains et européens se produisant à Saint-Louis.

indiquées des promenades à pied à la découverte de son histoire, s'avère très utile.

Renseignements

Jouxtant le bureau de poste de l'île, le syndicat d'initiative (☎ 961 24 55, sltourisme @sentoo.sn) affiche les manifestations locales. Son personnel, très efficace, se fera un plaisir de répondre à vos questions sans essayer de vous vendre quoi que ce soit.

Vous pouvez également consulter l'excellent site Internet de la ville (www.saintlouisdusenegal.com).

De nombreux rabatteurs et guides non officiels vous proposeront des souvenirs et des visites guidées. Osez dire non.

Argent. La banque BICIS, rue de France, dispose d'un service de change et d'un DAB (Visa uniquement). Elle ouvre du lundi au jeudi de 7h45 à 12h15 et de 13h40 à 15h45 et le vendredi de 7h45 à 13h et de 14h40 à 15h45. La CBAO compte une petite agence équipée d'un DAB à la gare routière de Sor. A défaut, adressez-vous à la réception des grands hôtels.

Poste et télécommunications. La poste, de style Art déco, se trouve rue du Général-de-Gaulle, face à l'Hôtel de la Poste. Vous pouvez téléphoner de tous les hôtels, mais les centres d'appels offrent de meilleurs tarifs. La plupart sont installés à Sor, la partie continentale de Saint-Louis. Certains hôtels équipés pour recevoir et envoyer des e-mails autorisent leurs clients à utiliser cette messagerie.

Le Champs Élysées Internet Café (☎ 961 80 29), rue du Général-de-Gaulle, ouvert tous les jours de 8h à minuit, est équipé de terminaux corrects ; la connexion vous coûtera 500 CFA de l'heure.

Agences de voyages. La principale agence, Sahel Découverte (☎ 961 42 63, fax 962 42 64, www.saheldecouverte.com), est située avenue Blaise-Diagne. Elle se charge des réservations de billets d'avion et de chambres d'hôtel, des locations de voitures, ainsi que des circuits à Saint-Louis et dans ses environs (reportez-vous plus loin à *Circuits organisés*).

Librairies. Deux librairies sur l'avenue Blaise-Diagne vendent des plans et des cartes postales.

Centres culturels. Le Centre culturel français (☎ 961 15 78, www.ccfsl.sn, avenue Jean Mermoz ; ouvert lun-ven 8h30-12h30 et 15h-18h30) comporte une bibliothèque et un café. Il publie un guide des manifestations se déroulant à Saint-Louis, organise des projections de films, des concerts et des expositions artistiques et accueille le Festival international de jazz de Saint-Louis (consultez l'encadré dans ce chapitre).

À voir et à faire

Création de Gustave Eiffel, construit à l'origine pour enjamber le Danube, le **pont Faidherbe** reliant l'île au continent fut transféré à Saint-Louis en 1897. Remarquable ouvrage du génie civil du XIXe siècle, il mesure 507 m de long et sa partie centrale pouvait autrefois pivoter pour laisser passer les bateaux à vapeur qui remontaient le fleuve. On peut traverser le pont en taxi, mais mieux vaut le faire à pied pour profiter de la vue.

En arrivant sur l'île, vous apercevrez sur la droite le vieil **Hôtel de la Poste**. La poste, d'architecture Art déco, fait face à l'hôtel. Pour une somme modique, un guide vous conduira sur le toit pour admirer la vue sur le pont et la ville. Derrière la poste se tient le **palais du Gouverneur**, un fort du XVIIIe siècle, aujourd'hui propriété de l'État. Malgré son apparence moderne, l'**église** voisine, qui date de 1828, est la plus ancienne du Sénégal.

En face du palais, la **place Faidherbe** arbore une statue du célèbre gouverneur colonial. Au nord et au sud de cette place se dressent des demeures datant du XIXe siècle, pour la plupart intactes. Vous en verrez quelques autres sur le quai Henri-Jay, au sud.

À la pointe sud de l'île, le **musée** *(entrée 500 CFA ; ouvert tlj 9h-12h et 15h-18h)* expose de surprenants clichés anciens de Saint-Louis et d'autres pièces se rapportant au Nord du pays.

De la place Faidherbe, un autre ouvrage, le pont Mustapha Malick Gaye, relie Saint-Louis à Guet N'Dar, le quartier des pêcheurs, sur la Langue de Barbarie. Après la traversée du pont, continuez tout droit jusqu'au phare et à la plage. Oubliez la séance de bronzage, car c'est de là que près de 200 pirogues prennent la mer chaque matin. Elles reviennent en fin d'après-midi, voguant sur les déferlantes de façon impressionnante, et déchargent leur pêche sur la plage. Les camions alignés là attendent de transporter le poisson à Dakar, d'où une partie est acheminée vers l'Europe.

À l'extrémité sud de Guet N'Dar, du côté de la rivière, les pirogues sont disposées côte à côte sur le sable et les poissons sèchent dans des casiers, au bord de la route. Les femmes les font bouillir dans de grandes marmites et la vapeur de la cuisson à l'odeur écœurante, se mêle à la brume marine du petit matin. Dans le **cimetière musulman**, plus au sud, les tombes des pêcheurs sont recouvertes d'un filet.

En descendant la Langue de Barbarie, vous découvrirez plusieurs hôtels et campements (auberges) ainsi que quelques jolies plages. Ce site, nommé l'Hydrobase, constitua dans les années 1930 un point de ravitaillement essentiel pour les hydravions de l'aéropostale reliant l'Europe à l'Amérique du Sud. Un **monument** dédié à Jean Mermoz se dresse au bord de la route. Mermoz s'est envolé pour la première traversée de l'Atlantique le 12 mai 1930, partant avec 130 kg de lettres et de colis pour le Brésil.

Si vous poursuivez vers le nord au-delà de Guet N'Dar, peut-être serez-vous arrêté par la police, car la frontière mauritanienne ne se trouve qu'à 3 km.

Où se loger – petits budgets

Continent. Au nord de Sor, l'**Auberge l'Union-Bool Falé** (*☎ 961 38 52 ; chambres avec ventil 4 600 CFA/pers simples/doubles avec sdb 8 100/13 200 CFA, matelas sur le toit 2 500 CFA*) reste l'une des adresses favorites des petits budgets mais n'est vraiment pas facile à trouver. Dirigez-vous vers le village artisanal et là, demandez la direction.

La **Maison de Lille** (*☎/fax 961 11 35 ; simples/doubles avec petit déj 5 000/10 000 CFA*), sorte d'auberge de jeunesse située à 2 km au sud du pont, sur le continent, est rudimentaire mais propre.

Île. L'**Hôtel Battling Siki** (*rue Abdoulaye Seck ; simples/doubles 5 000/6 000 CFA, petit déj 600 CFA*) existe de longue date et reste très bon marché, mais certains lecteurs y ont eu de mauvaises surprises. La tenue des chambres et des s.d.b. communes laisse à désirer.

Propres et accueillantes, les deux auberges ci-dessous offrent des chambres à deux, trois, six ou huit lits et des s.d.b. communes, le prix par personne restant le même quelle que soit l'option choisie. Un bon rapport qualité/prix si vous logez dans une double, mais des tarifs un peu excessifs pour des dortoirs.

L'**Auberge de Jeunesse** (*☎ 961 24 09, fax 961 56 73, rue Abdoulaye Seck, pisdiallo @yahoo.fr ; lits 5 500 CFA/pers*), nettement supérieure à l'Hôtel Battlong Siki, propose à l'étage des chambres simples mais impeccables, avec moustiquaire et ventil., donnant sur une cour rafraîchissante.

L'**Auberge de la Vallée** (*☎ 961 47 22, av Blaise Diagne ; lits avec petit déj 5 000 CFA/pers*) organise des circuits touristiques et loue des vélos. Certains lecteurs rapportent qu'ils ont fait les frais d'une direction peu scrupuleuse.

Petit mais joliment décoré, le **Café des Arts** (*rue de France ; lits-dortoirs 3 500 CFA, doubles 7 000 CFA*), situé vers l'extrémité nord de l'île, vous accueille chaleureusement, dans une atmosphère familiale. Les chambres sommaires disposent de s.d.b. communes.

Langue de Barbarie. Tous les hôtels et les campements de la Langue de Barbarie sont très proches de la plage, mais éloignés de la ville. Néanmoins, la plupart louent des bicyclettes ou peuvent vous appeler un taxi.

À 2,5 km au sud de la ville, l'**Auberge la Teranga** (*carte Environs de Saint-Louis ; ☎ 961 50 50 ; simples/doubles 6 400/ 8 400 CFA*), tenue par des Sénégalais, s'adresse de toute évidence aux routards. Les chambres accueillant deux à cinq personnes ainsi que les s.d.b. communes sont propres. Le personnel, fort sympathique, nous a affirmé que le restaurant situé sur le toit servait à manger à tout heure. Néanmoins, il ne semble pas déborder d'activité ces derniers temps. Comptez 1 500 à 2 500 CFA le repas.

Le **camping L'Océan** (*carte Environs de Saint-Louis ; ☎ 961 31 18, fax 971 57 84 ; emplacements 1 000 CFA/pers, simples/ doubles avec sdb 11 200/15 200 CFA*), voisin, offre sans doute le meilleur rapport qualité/prix, dans une ambiance détendue. L'endroit est idéal pour les voyageurs avec véhicule et/ou tente. Vous y trouverez des chambres propres avec ventil. et s.d.b. Un

SAINT-LOUIS

Vers la frontière mauritanienne (zone limitée, 2,5 km)

Vers la Maison d'Afrique (1 km)

Stade

OCÉAN ATLANTIQUE

N'Dar Tout

Pont Geole

Av. Dodds

Langue de Barbarie

Sénégal

Rue Adamson

Rue de France

Rue Khalifa Ababacar Sy

Rue Brue

Rue Abdoulaye Seck

Av. Jean Mermoz

Blaise Diagne

Quai Roume

Rue Lt PH Diop

Rue Boufflers

Rue Aynima Fall

Rue P Holle

Rue Seydou Tall

Rue Blanchot

Rue Augustin Guillabert

Rue du Général de Gaulle

Marché

Pont Mustapha Malick Gaye

Place Faidherbe

Rue de l'Église

Rue AM Javouye

Guet N'Dar

Bd Abdoulaye Mar Diop

Rue Ibrahim Sarr

Rue Blaise Dumont

Rue Babacar Seye

Rue Thevenot

Rue Chassagnol

Rue Ribet

Rue A Fall

Quai Henri Jay

Cimetière musulman

Sénégal

Rue Milles Lacroix

Pont Faidherbe

Vers l'Auberge L'Union-Bool Falé (1,5 km)

Gare ferroviaire

Sor

Route de la Corniche

Continent

Vers la Maison de Lille (1 km), la "nouvelle" gare routière (3,5 km) et Guembeul (12 km)

0   150   300 m

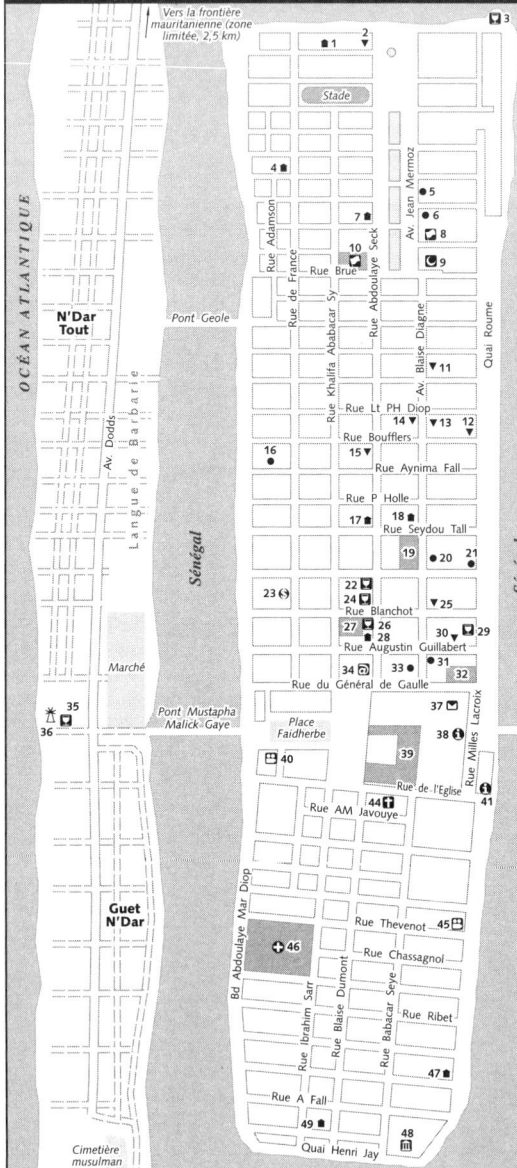

OÙ SE LOGER
1 La Louisiane
4 Café des Arts
7 Auberge de Jeunesse
17 Hôtel Battling Siki
18 Auberge de la Vallée, Restaurant Linguere
19 Hôtel de la Résidence
27 Hôtel du Palais
28 Auberge l'Harmattan
32 Hôtel de la Poste
47 Hotel Sindone
49 Hôtel Pointe Sud

OÙ SE RESTAURER
2 La Saigonnaise
11 La Signare
12 La Terrasse, Le Laser, le Casino de Saint-Louis
13 Fleuve Plus
14 Restaurant Marocain
15 Restaurant Galaxie
25 Le Snack
30 Délices du Fleuve

DIVERS
3 Le Casino Nightclub
5 Fireman's
6 Centre culturel français
8 Consulat de France
9 Mosquée
10 Consulat de Belgique
16 Château d'eau
20 Sahel Découverte
21 Location de voiture AVIS
22 Blue Note
23 Banque BICIS
24 L'Embuscade
26 Iguane Café
29 Marco Jazz
31 Libre-Service
33 Librarie Wakhatilene
34 Champs Élysées Internet Café

DIVERS (suite)
35 La Chaumière
36 Phare
37 Poste
38 Syndicat d'initiative
39 Palais du gouverneur
40 Cinéma Rex
41 Info Nature
42 Banque CBAO
43 Gare routière
44 Église
45 Cinéma Vox
46 Hôpital
48 Musée

LE NORD

supplément de 5 000 CFA vous sera facturé pour la clim. Comptez 1 000 CFA pour la location d'une tente.

Où se loger – catégories moyenne et supérieure

La plupart des établissements de catégorie supérieure acceptent les cartes de crédit.

Continent. Du côté nord de Sor, la **Maison d'Afrique** *(☎/fax 961 45 00 ; simples/doubles 9 600/12 600 CFA, triples et quadruples 7 600 CFA/pers, supp 2 000 CFA avec sdb et 1 000 CFA avec clim, petit déj 500 CFA)* est visiblement très appréciée des musiciens. Vous y verrez des photos de Youssou N'Dour, quelque peu jaunies par le temps.

À 7 km environ du pont, tout près de la route de Dakar, l'**Hôtel Coumba Bang** *(carte Environs de Saint-Louis ; ☎ 961 18 50 ; simples/doubles 21 600/26 200 CFA, petit déj 2 500 CFA)* dispose de 50 chambres, d'un paisible jardin au bord du fleuve et d'une piscine. Vous paierez entre 500 et 1 500 CFA pour venir en taxi depuis le centre-ville.

Île. À l'extrémité nord de l'île, le petit hôtel paisible **La Louisiane** *(☎ 961 42 21, fax 961 61 15, info@lalouisiane.info ; simples/doubles avec ventil et sdb 13 600/17 200 CFA, triples et quadruples 5 900 CFA)*, d'un excellent rapport qualité/prix, se niche dans un site magnifique. Deux maisons plus bas, l'annexe affiche des chambres moins chères d'environ 2 000 CFA. Charmants, les propriétaires parlent français, anglais et allemand et se chargent d'organiser des circuits. Que vous y logiez ou non, l'endroit vaut le détour : on y sert d'appétissantes spécialités locales et européennes à prix fort raisonnable. Chaudement recommandé !

Autrefois simple restaurant, l'**Auberge L'Harmattan** *(☎ 961 82 53, rue Augustin Guillabert ; simples/doubles 15 000/18 000 CFA)* constitue une excellente adresse. Les chambres situées dans le bâtiment d'origine possèdent s.d.b. et clim. Le patio est idéal pour un moment de détente et

au rez-de-chaussée, la cuisine plutôt bonne vous coûtera quelque 3 500 CFA.

L'**Hôtel du Palais** *(rue Blanchot ; simples/doubles/triples/quadruples 15 000/17 600/21 800/26 000 CFA, petit déj 1 400 CFA)* a connu des jours meilleurs, mais les immenses chambres avec balcon, à l'étage, sont assez plaisantes.

L'**Hôtel de la Résidence** *(☎ 961 12 59, fax 961 12 60, hotresid@sentoo.sn, avenue Blaise Diagne ; simples/doubles/triples avec sdb 27 600/33 600/38 600 CFA, petit déj 2 500 CFA)* se révèle supérieur au précédent, même si la clim. ne suffit pas toujours à rafraîchir les grandes chambres. Le bar, d'inspiration marine, dispose de tables en salle et en terrasse et constitue le lieu de rencontre nocturne favori des habitants aisés de Saint-Louis. Le restaurant sert de délicieuses spécialités, un peu chères, cependant. Des bicyclettes sont mises à disposition des clients gratuitement ; les non-résidents peuvent en louer.

Datant des années 1850, l'**Hôtel de la Poste** *(☎ 961 11 18, fax 961 22 13, htlposte@telecomplus.sn, rue du Général-de-Gaulle ; simples/doubles/triples 27 000/33 500/39 500 CFA)* accueillait autrefois les passagers des hydravions (et sans doute également les sacs postaux). Une page d'histoire qui peut expliquer les tarifs de élevés pour des chambres plutôt décevantes. Le Safari Bar vous replonge dans l'époque coloniale, avec ses têtes d'animaux un peu dégarnies.

Sélect, l'**Hôtel Sindone** *(☎ 961 42 45, fax 961 42 86, sindone@arc.sn, quai Henri Jay ; simples/doubles à partir de 25 600/27 200 CFA, supp 3 000 CAF avec vue sur fleuve)* constitue le meilleur établissement de l'île. Ses chambres claires avec clim., TV, s.d.b. et téléphone, dont la moitié offrant une vue splendide sur le fleuve, attirent de nombreux habitants de Saint-Louis. Le restaurant propose des plats (5 000 CFA), des crêpes (2 500 CFA) et de généreuses salades (3 500 CFA).

Tout à fait au sud de l'île, l'**Hôtel Pointe Sud** *(☎ 961 58 78, rue Ibrahim Sarr ; doubles/studios/suites 28 000/32 500/48 500 CFA)* est lui aussi très agréable. Les

Battling Siki

Battling Siki fut le premier (et le seul) boxeur africain à décrocher, en 1925, le titre de champion de la catégorie poids lourds. Né à Saint-Louis, il s'appelait en réalité M'Barick Fall et était alors âgé de 28 ans. Son règne fut des plus éphémères, puisqu'il mourut assassiné cette même année aux États-Unis. L'hôtel Battling Siki est tenu par son neveu.

studios et les suites disposent d'équipement pour faire la cuisine. Le bar-restaurant situé sur le toit offre un cadre idéal pour le petit déjeuner (2 500 CFA).

Langue de Barbarie. À environ 1 km au sud du camping l'Océan, l'**Hôtel Mermoz** *(carte Environs de Saint-Louis ; ☎/fax 961 36 68, www.hotelmermoz.com ; simples/ doubles 12 000/16 600 CFA, supp 10 000 CFA pour chambres plus spacieuses avec sdb et clim ; petit déj 2 000 CFA, menu du jour 8 000 CFA)* bénéficie de confortables bungalows, d'une piscine et d'un bar-restaurant. Vous pouvez louer des vélos, ainsi qu'un scooter des mers pour 5 000 CFA les 15 minutes. Les prix chutent généralement de 25% hors saison.

De nombreux voyageurs recommandent l'**Hôtel l'Oasis** *(carte Environs de Saint-Louis ; ☎/fax 961 42 32, nicooasissl@arc.sn ; simples/doubles avec sdb 11 200/ 17 000 CFA, 15 700/23 600 CFA)*, situé quelque 4 km au sud du centre-ville, où vous serez accueilli par un personnel sympathique, belge et polyglotte. Vous aurez le choix entre des cases simples mais de qualité (jusqu'à 33 500 CFA pour quatre) ou des bungalows haut de gamme avec s.d.b. Ces tarifs comprennent le petit déjeuner. Vous y prendrez d'excellents repas à partir de 2 500 CFA ; le menu du jour (4 500 CFA) comportant trois plats.

Juste à côté, l'**Hôtel Cap Saint-Louis** *(carte Environs de Saint-Louis ; ☎ 961 39 39, fax 961 39 09, www.hotelcapsaintlouis .com ; simples/doubles sans-avec sdb individuelle 10 400-19 000/14 800-28 300 CFA,* triples avec sdb 32 700 CFA, petit déj 2 500 CFA)*, sorte de complexe hôtelier doté de chambres simples et de bungalows avec clim, est agrémenté d'une piscine, réservée à la clientèle, et d'un court de tennis. Comptez de 3 000 à 5 000 CFA pour les repas. Le soir, un menu est affiché à 7 200 CFA. Vous bénéficierez de réductions le week-end ou si vous séjournez plusieurs nuits.

Non loin de là, le **Résid Hôtel Diamarek** *(carte Environs de Saint-Louis ; ☎ 961 57 81, fax 961 55 04, hoteldiamarek@ sentoo.sn ; doubles/bungalows à partir de 19 500/31 500 CFA ; ouvert oct.-août)*, tenu par des Français, conviendra parfaitement aux familles, avec ses bungalows comportant deux chambres, deux salles de bains et un coin cuisine. Les prix varient selon la saison, les bungalows se louant 50 000 CFA autour de Noël.

Où se restaurer

Le tourisme constituant une source non négligeable de revenus, le secteur de la restauration s'est largement développé. Les hôtels servent également des repas, certains (notamment La Louisiane) mitonnant de savoureuses préparations.

Juste au nord du pont, le **Délices du Fleuve** *(☎ 961 42 51, quai Roume)* est réputé, à juste titre, pour ses excellentes pâtisseries. Vous trouverez quelques petits restaurants à **chawarmas** avenue Blaise Diagne, dans le centre. Plus au nord, le **Restaurant Galaxie** *(☎ 961 24 68, rue Abdoulaye Seck)*, le **Restaurant Linguere** au rez-de-chaussée de l'Auberge de la Vallée et le **Fleuve Plus** *(rue du Lieutenant P. Diop)* préparent de bonnes spécialités sénégalaises s'élevant entre 1 500 et 2 000 CFA. Très couru également, le **Restaurant Marocain** *(angle av Blaise Diagne et rue du Lieutenant P. Diop)* vous servira une honorable cuisine à petit prix, dans un cadre traditionnel.

Le Snack *(av Blaise Diagne ; pizzas 3 500 CFA ; ouvert midi et soir)* a la réputation de préparer les meilleures pizzas de Saint-Louis, et les glaces sont plutôt bonnes.

La Saigonnaise *(☎ 961 64 81 ; plats 3 500 CFA ; ouvert tlj 12h-24h)* vous transportera en Asie, et plus précisément au

Vietnam. Installé à l'extrémité nord de la rue Abdoulaye Seck, dans un cadre merveilleux (tourné vers la Mauritanie), l'établissement sert de délicieuses spécialités de Saigon, dont sont originaires le patron et le cuisinier. Profitez-en pour visiter la ville en cyclo-pousse (3 000 CFA l'heure).

Considéré comme l'un des restaurants les plus chics de Saint-Louis, **La Signare** *(☎ 961 19 32, av Blaise Diagne ; repas 7 000 CFA ; ouvert tlj midi et soir sauf mer)* mitonne un succulent menu du jour à 7 000 CFA.

De l'avis de la population locale, **La Terrasse** *(☎ 961 53 98, quai Roume ; repas 7 000 CFA)*, situé dans l'enceinte du casino, est le meilleur établissement du cru en matière de cuisine française et internationale.

Pour confectionner vos propres repas à petit prix, allez du côté du marché joyeusement animé qui se tient à Guet N'Dar, au nord du pont. Pour vous procurer des produits et du vin européens, allez au Libre-Service de l'avenue Blaise Diagne.

Tous les établissements hôteliers de la Langue de Barbarie offrent des possibilités de restauration. De sympathiques **bars installés dans des huttes,** sur la plage entre les hôtels Mermoz et Oasis, servent à boire et parfois même à manger si on commande à l'avance.

Où sortir

Bars et musique live. L'Hôtel **Battling Siki** *(rue Abdoulaye Seck)* porte le nom du seul Africain champion de boxe des poids lourds, ce qui lui va à merveille car il y a de fortes chances, que vous assistiez à quelque bagarre si vous allez y prendre un verre. Pour des contacts plus paisibles avec la population locale, nous vous recommandons le **Fireman's,** au nord du Centre culturel français, où vous trouverez la bière la moins chère. Toutefois, pour reprendre l'expression de l'un de ses clients, il abrite également "les pires toilettes de tout le Sénégal".

Au nord du centre-ville, plusieurs bars proposent davantage de confort à des prix plus élevés. Le **Blue Note** *(rue Abdoulaye Seck),* un établissement vaguement contestataire, accueille une clientèle diverse. Un peu plus au sud, **L'Embuscade** *(☎ 961 77 41)* sert des bières à la pression ainsi que

des tapas. À quelques pas de là, l'**Iguane Café** *(☎ 961 52 12)* vous plongera dans une ambiance cubaine. Le **Marco Jazz** *(benedettoma@yahoo.fr, quai Roume)*, au nord du pont, bénéficie d'un cadre intime et de la meilleure scène de jazz de la ville.

Night-clubs. Pour découvrir comment se défoule la jeunesse sénégalaise, **Le Laser** *(☎ 961 53 98 ; ouvert mer-dim)* vous attend dans le casino de Saint-Louis, situé quai Roume. Les touristes doivent acquitter une entrée de 2 000 CFA comprenant une consommation. **Le Casino Nightclub** est installé sur un ponton, au nord de l'île, et n'a rien à voir avec le casino. L'endroit s'anime le vendredi et le samedi. À Guet N'Dar, le bar-boîte de nuit **La Chaumière** accueille autant de locaux que de touristes. On s'y démène dans une ambiance décontractée.

Comment s'y rendre

Bus. La gare routière se trouve sur le continent (à Sor), à 100 m au sud du pont Faidherbe (de là, la course en taxi jusqu'au centre-ville vous reviendra à 250 CFA). Le trajet pour Dakar coûte 2 150 CFA en bus Alham, 2 445 CFA en minibus et 3 100 CFA en taxi Peugeot.

Le trajet en taxi Peugeot, à destination ou au départ de Richard Toll, vous sera facturé 1 540 CFA. Un taxi Peugeot pour Gandiol, d'où vous pouvez prendre le bateau pour le parc national de la Langue de Barbarie, vous coûtera 250 CFA.

Une vaste gare routière a été construite récemment à 4,5 km au sud du pont Faidherbe, mais à ce jour, les professionnels du transport refusent de l'utiliser. Si les choses devaient changer d'ici votre venue, le prix du trajet en taxi jusqu'à l'île serait de l'ordre de 800 CFA.

Train. La gare ferroviaire, au nord de la gare routière, a fermé et n'est plus que ruines. Les trains entre Saint-Louis et Dakar ne circulent que pendant les vacances et les fêtes musulmanes, lorsque les gens rendent visite à leur famille, bien qu'il soit question d'instaurer de nouveau un service plus régulier.

Comment circuler

Voiture. Si vous souhaitez louer une voiture, adressez-vous à l'agence Avis, située à la CFAO (☎ 961 19 86, quai Roume ; fermée dim), au nord de l'Hôtel de la Poste, qui propose des petites voitures à 30 000 CFA la journée, taxe comprise et avec 100 km gratuits.

Bicyclette. Pour visiter Saint-Louis et ses proches environs, vous pouvez louer des bicyclettes auprès de différents hôtels et auberges. Comptez 2 500 CFA par jour pour un vélo de route et 5 000 CFA pour un VTT.

Circuits organisés. Sahel Découverte (voir *Agences de voyages*, plus haut dans ce chapitre) est la plus grande agence de la ville. Il faut prévoir 16 000 CFA par personne pour une excursion au parc national de la Langue de Barbarie et 20 000 CFA pour le parc national des Oiseaux du Djoudj (la journée). Comptez 5 000 CFA pour le déjeuner. Parmi les autres sorties, on vous propose un "broussard" (promenade dans la brousse) d'une demi-journée moyennant 16 000 CFA, une journée au lac de Guiers (28 000 CFA) et un voyage fascinant d'une journée jusqu'en Mauritanie (40 000) CFA. Pour des séjours plus longs en Mauritanie avec bivouac dans le désert, vous paierez environ 50 000 CFA par jour. Tous les tarifs sont fixés sur la base d'un minimum de quatre participants, mais les personnes seules peuvent également s'inscrire et les enfants de moins de 10 ans paient moitié prix.

De nombreux hôtels de Saint-Louis proposent des excursions, mais la plupart vous renverront à Sahel Découverte. **La Louisiane** organise des sorties au lac de Guiers moyennant environ 20 000 CFA par personne, selon le nombre de participants. L'Hôtel de la Poste demande 25 000 CFA par personne.

Le syndicat d'initiative organise également des circuits dans le même ordre de prix.

Pour vos promenades sur le fleuve, Cap Loisirs Nautiques (à contacter à l'hôtel Cap Saint-Louis, sur la Langue de Barbarie) possède un voilier du XVIIIe siècle, *La Nan-taise*, et organise des excursions de trois à quatre heures, en soirée. Vous débourserez 16 000 CFA, boisson comprise. Un autre bateau, *La Normande*, vous emmènera vers le sud, dans des petites criques, visiter des villages et observer les oiseaux. La promenade (2 heures 30) coûte 8 000 CFA.

Vous pouvez demander à un guide local de vous organiser un circuit dans la Langue de Barbarie ou à Djoudj. Certains guides appartiennent à un organisme professionnel, d'autres sont indépendants, mais ils pratiquent tous le même tarif (environ 4 000 CFA par personne). À cela s'ajoute le transport (généralement un bon taxi), que le guide négociera à environ 20 000 CFA pour Djoudj et 7 500 CFA pour la Langue de Barbarie (partagez les frais). Prévoyez en outre 4 000 CFA par participant pour l'entrée du parc et le coût de la promenade en bateau (3 000 CFA pour Djoudj et 2 500 CFA pour la Langue de Barbarie).

Si vous aimez observer les oiseaux, sachez que les guides officiels, tout en affirmant les connaître, ne sont en fait familiers que des espèces les plus courantes.

Les jeunes de Saint-Louis vous proposeront certainement des circuits pour Djoudj et la Langue de Barbarie à des prix moins élevés. Cette solution permet d'économiser de l'argent mais augmente les risques de problèmes – mieux vaut donc y renoncer, à moins que l'on ne vous ait recommandé quelqu'un en particulier. Avant d'accepter quoi que ce soit, faites préciser qui paiera l'entrée des parcs.

Si vous préférez vous rendre à Djoudj ou à la Langue de Barbarie par vos propres moyens, vous pouvez simplement vous déplacer en taxi. Le chauffeur vous demandera environ 20 000 CFA la journée pour Djoudj et 7 500 CFA pour la Langue de Barbarie. Toutefois, l'entrée de Djoudj coûte 5 000 CFA en sus pour la voiture (les guides officiels possèdent un permis qui dispense de cette taxe). Assurez-vous que le taxi est en bon état et que le chauffeur connaît bien le chemin (particulièrement pour Djoudj). Enfin, mettez-vous bien d'accord avant le départ sur l'horaire de retour, ne payez jamais la totalité de la course d'avance et assurez-vous que le chauffeur a prévu assez d'essence pour l'aller et le retour (les chauffeurs de taxi ont la mauvaise réputation de rouler avec le réservoir presque vide).

ENVIRONS DE SAINT-LOUIS
Réserve de faune de Guembeul
Cette petite réserve *(entrée 1 000 CFA ; ouverte tlj 7h30-18h30)* est facile d'accès et peut s'explorer à pied. Elle se situe à une douzaine de kilomètres de la ville, à l'est de la route pour Gandiol. Les 700 ha se composent de lagunes, de marécages et de forêt aride, lesquels abritent des espèces du Sahel en voie de disparition telles que la gazelle dama, le singe patas et la tortue sulcata. On a également dénombré 190 espèces d'oiseaux dans la lagune et ses alentours. D'autres mammifères du Sahel devraient bientôt être introduits dans la réserve.

Vous n'aurez aucun mal à gagner la réserve à bord d'un taxi-brousse ralliant Saint-Louis à Gandiol, d'un taxi privé ou même à bicyclette. Le prix des visites guidées (trois heures) s'élève à 7 000 CFA, entrée incluse, ou moins si vous venez en groupe.

Gandiol et Mouit
Le petit village de Gandiol est situé à environ 18 km au sud de Saint-Louis. À la saison des pluies, une grande partie des étendues plates environnantes se transforme en lagunes d'eau de mer peu profondes. À la saison sèche, l'eau s'évapore et laisse place à des bassins de boue blanche et de sel, que les femmes ramassent et utilisent pour la cuisine.

Des ferries assurent la liaison entre Gandiol et deux campements situés à la pointe de la Langue de Barbarie, d'où partent également les circuits organisés en bateau dans le parc. Certains circuits démarrent également du phare, au nord du village. Si vous désirez louer un bateau, renseignez-vous au phare ou au village.

À environ 2 km au sud de Gandiol, le petit village de Mouit abrite les bureaux du parc national. À 500 m, le long du fleuve, le **Zebrabar** *(☎ portable 638 18 62, www.regioteam.ch/zebrabar ; simples/ doubles en case 6 000/ 9 000 CFA, en bun-* *galow 12 000/15 000 CFA, petit déj 1 000 CFA)* est un campement agréable, géré par des Suisses polyglottes, qui reçoit principalement les voyageurs en voiture mais accueille également volontiers tous ceux qui parviennent jusqu'à cet endroit isolé. Il dispose de cases toutes simples et de bungalows plus confortables.Vous paierez 2 000 CFA pour un bon repas. Les responsables peuvent vous organiser une visite du parc, vous louer un bateau auprès des pêcheurs (2 500 CFA l'heure) ou un bateau à voile (1 000 CFA l'heure), vous conseiller sur les meilleurs endroits pour observer les oiseaux (sur la Langue de Barbarie et sur le continent) ou encore vous prêter un kayak.

Comment s'y rendre. Un taxi-brousse assure la liaison entre Saint-Louis et Gandiol plusieurs fois par jour (300 CFA), en poursuivant parfois sa route jusqu'à Mouit. Sinon, vous devrez couvrir à pied les 2 km jusqu'à Mouit ou les 2,5 km menant à Zebrabar.

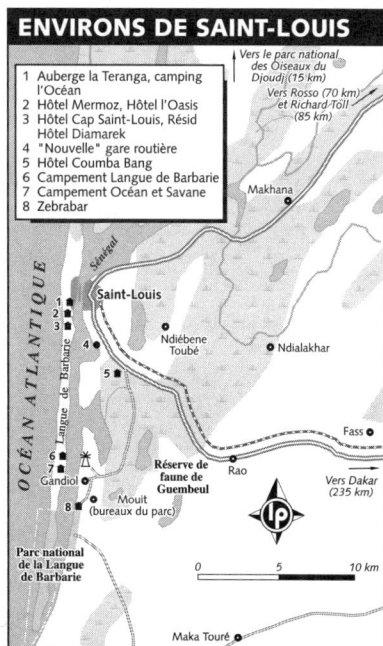

Comptez 2 500 CFA pour un taxi privé de Saint-Louis à Zebrabar.

Si vous avez une voiture, quittez la route goudronnée au virage à droite (vers l'ouest), très serré, juste avant le village. Au fait, sii vous êtes équipé du GPS, la position du Zebrabar est N 15° 51' 900 W 16° 30' 720.

Parc national de la Langue de Barbarie

Le parc *(entrée 5 000 CFA ; ouvert tlj 7h-tombée du jour)* se situe à 20 km au sud de Saint-Louis. Il englobe la pointe sud de la Langue de Barbarie, l'estuaire du fleuve Sénégal (qui abrite deux petites îles) et une partie du continent, de l'autre côté de l'estuaire. Ses 2000 ha servent de refuge aux nombreux oiseaux aquatiques : flamants roses, pélicans, cormorans, hérons, aigrettes, canards... Entre novembre et avril, plusieurs espèces d'oiseaux migrateurs arrivent d'Europe.

La partie sableuse située dans la Langue de Barbarie se visite à pied ; en revanche, l'estuaire et la partie continentale se parcourent généralement en bateau, en progressant doucement le long des marécages, des criques et des îles où les oiseaux viennent se nourrir, se percher et nicher.

Si vous visitez le parc par vous-même, vous devez tout d'abord vous rendre au bureau du parc, à Mouit, pour acquitter votre droit d'entrée. Au bord de l'eau, vous pouvez louer une pirogue moyennant 7 500 CFA ou, si vous êtes trois ou plus, 2 500 CFA par personne.

Où se loger. Idéalement situés à la pointe de la Langue de Barbarie, à environ 20 km du centre-ville, deux campements vous accueillent à l'extérieur du parc, de l'autre côté du fleuve par rapport à Gandiol.

Plutôt chic, le **Campement Langue de Barbarie** *(simples/doubles 10 600/ 15 000 CFA, petit déj 2 000 CFA, repas 6 000 CFA)*, géré par l'Hôtel de la Poste, est merveilleusement situé, à l'extrême sud de la péninsule et à quelque 20 km du centre-ville. Vous pourrez y louer des cottages.

Le **Campement Océan et Savane** *(demi-pension 18 600 CFA, pension com-plète 20 600 CFA)*, qui dépend de l'Hôtel de la Résidence, offre un bon rapport qualité/prix. Dans une ambiance plus décontractée, vous pourrez également loger sous de grandes tentes de style mauritanien.

Outre les repas, ces deux établissements assurent les transferts en bateau et sont équipés pour pratiquer la pêche ou la planche à voile. Quel que soit votre choix, vous devrez réserver auprès de l'hôtel à Saint-Louis.

Comment s'y rendre. La façon la plus simple consiste à prendre le bateau depuis le continent, généralement au départ de Gandiol ou de Mouit. Vous pouvez aussi vous joindre à un groupe pour un circuit organisé depuis Saint-Louis (pour en savoir plus, reportez-vous ci-dessus à la rubrique *Comment circuler*).

Parc national des Oiseaux du Djoudj

Situé à 60 km au nord de Saint-Louis, ce parc *(entrée 2 000 CFA/pers, plus 5 000 CFA/voiture ; ouvert tlj 7h-tombée du jour)* occupe un large méandre du fleuve Sénégal, englobant une partie du fleuve, de nombreux canaux, criques, lacs, bassins, marécages et massifs de roseaux, de même que les zones environnantes de savane boisée. Ce parc est l'une des seules zones au sud du Sahara à offrir de l'eau en permanence –, ce qui attire de nombreuses espèces d'oiseaux. Le site est classé au patrimoine mondial de l'Unesco et les zones humides dépendent de la Ramsar (convention internationale pour la protection des zones humides).

De nombreux visiteurs viennent de Saint-Louis uniquement pour admirer les grandes volées de pélicans et de flamants roses. Ces oiseaux étonnants ont fait la renommée du parc. Même si vous n'êtes pas un passionné d'ornithologie, vous serez fasciné dans votre observation par la proximité des oiseaux. Parmi les espèces facilement identifiables figurent l'oie aux ailes droites, le héron pourpre, l'aigrette, la spatule, le jacana, le cormoran et le busard. De novembre à avril s'y ajoutent de nombreux oiseaux migrateurs chassés d'Europe par le froid, notamment des échassiers. S'ils reconnaissent de nombreuses espèces européennes, les amateurs d'oiseaux ne manqueront pas d'être impressionnés par la multitude de volatiles assemblés ici. Près de 3 millions d'oiseaux transitent par le parc chaque année, et on y a dénombré plus de 400 espèces.

Quelques mammifères et reptiles peuplent également le parc, particulièrement des phacochères et des mangoustes, ainsi qu'un python de belle envergure qui se tapit au bord du lac. On découvre aussi des chacals, des hyènes des singes et des gazelles.

Pour observer la colonie de pélicans, vous devrez prendre un bateau (3 000 CFA/pers pour 2 heures). Le parc se visite toute l'année, bien qu'il ne soit officiellement ouvert que du 1er novembre au 30 avril. Hors saison, il y a toujours quelqu'un à qui payer votre entrée, mais les espèces à observer sont rares et aucune promenade en bateau n'est proposée.

Où se loger. Non loin de l'entrée principale et des bureaux du parc, la grande **Hostellerie du Djoudj** *(☎ 963 87 00, fax 963 87 01 ; simples/doubles 22 600/ 30 000 CFA, petit déj 2 000 CFA, menu du jour 7 000 CFA, snacks et sandwiches 2 500 CFA ; ouvert 1er nov-31 mai)* possède une piscine (ouverte aux non-résidents à condition qu'ils prennent un repas à l'hôtel), d'agréables jardins et des chambres spacieuses. Vous pouvez organiser des promenades en bateau, mais, si vous souhaitez vous aventurer au-delà de l'endroit où vous mène la visite classique des colonies de pélicans, vous devrez louer un bateau (environ 10 000 CFA l'heure). L'hôtel vous véhicule moyennant 20 000 CFA les trois heures, mais vous pouvez simplement demander qu'on vous dépose et qu'on vienne vous rechercher. Des VTT sont également disponibles en location. On peut réserver directement ou auprès du Club de Calao, à Yoff.

Installé à l'entrée principale dans l'enceinte des bureaux du parc, le discret campement de la **Station biologique** possède des chambres *(6 500 CFA/pers)* destinées

LE NORD

Visiter le monde des oiseaux

Les circuits à travers le parc national des Oiseaux du Djoudj, proposés par les agences, les hôtels et les guides de Saint-Louis, suivent tous le même programme. Le départ a lieu vers 7h pour une arrivée vers 8h30. Dans un premier temps, vous vous dirigerez jusqu'à la jetée pour une promenade de 2 heures en bateau à travers les criques, afin d'admirer la principale attraction des lieux : l'immense colonie de pélicans. Après le déjeuner, vous partirez en voiture observer les envolées de flamants roses sur les rives du lac.

Vous provoquerez un certain émoi en exprimant une quelconque volonté de sortir des sentiers battus. En effet, si Djoudj constitue l'une des plus grandes réserves d'oiseaux du monde, rien n'y est véritablement prévu pour les ornithologues. Les passionnés qui espèrent observer minutieusement les espèces vivant dans le parc, à l'occasion d'une excursion organisée depuis Saint-Louis, ne manqueront pas d'être déçus. Mieux vaut dans ce cas-là ne pas prendre de guide et vous faire conduire en taxi, puis partir seul à la découverte du parc national pendant plusieurs jours, à pied, en louant un vélo, un bateau ou en alliant ces trois moyens de transport. Aucune carte n'existe, mais les gardes du parc sauront vous indiquer les différents sites.

principalement aux groupes de chercheurs, mais elles accueillent également des visiteurs. Le camping est autorisé et vous pouvez y manger correctement pour 3 500 CFA ou vous restaurer à l'Hostellerie.

Comment s'y rendre. La plupart des visiteurs se rendent au parc dans le cadre de circuits organisés, ou avec un guide local (voir la rubrique *Comment circuler* dans la partie *Saint-Louis*). Autre solution, un taxi depuis Saint-Louis vous reviendra à 7 000 CFA pour 2 heures. Si vous venez de Saint-Louis en voiture, empruntez la route pavée vers Rosso sur environ 25 km. Non loin de Rosso-Bethio, un panneau indique la direction du parc. Il faut encore parcourir 25 km sur des chemins de terre.

Aux dires de certains voyageurs, on peut également arriver de Saint-Louis en circuit organisé, séjourner quelques jours dans le parc, et s'en retourner avec un autre groupe.

Le long du fleuve Sénégal

Le fleuve Sénégal délimite les frontières nord et est du pays. Au milieu du XIXᵉ siècle, l'armée coloniale française construisit tout un ensemble de forts – Dagana, Podor, Matam, Bakel et Kayes (ce dernier dans le Mali actuel) – pour défendre le territoire contre l'armée d'Omar Taal et d'autres opposants. Des villes et des pôles commerciaux se développèrent autour des forts pour se transformer ensuite en centres plus importants, reliés entre eux par des bateaux sillonnant le fleuve entre Saint-Louis et Kayes.

Aujourd'hui, la grand-route parallèle au fleuve (un peu trop loin pour qu'on puisse l'apercevoir) assure la plus grande partie du trafic commercial, mais il est toujours possible de descendre certaines parties du fleuve en pirogue. À l'exception de quelques petits tronçons, la route entre Saint-Louis et Tambacounda est en bon état. Méfiez-vous cependant, car les stations-service se font parfois rares.

Le trajet sur la grand-route est émaillé de paysages parmi les plus désertiques du Sénégal, où dominent les étendues arides et où la végétation se fait rare. Le sable gagne la route, et les maisons traditionnelles se fondraient presque complètement dans leur environnement si les Toucouleurs n'avaient pour coutume de décorer les façades de vives bandes rouges, brunes et jaunes. La découverte de ces grands espaces, le sens de l'hospitalité des Peuls et l'absence de touristes donneront à ce périple le long du cours paisible du fleuve Sénégal un caractère inoubliable.

ROSSO-SÉNÉGAL

La ville frontalière de Rosso-Sénégal, d'allure quelque peu défraîchie, se situe à une centaine de kilomètres au nord-est de Saint-Louis, sur le fleuve Sénégal, que le ferry traverse jusqu'à Rosso-Mauritanie. C'est le principal moyen de transport entre les deux pays (voir le chapitre *Comment s'y rendre*). La grand-rue regorge de contrebandiers, changeurs d'argent et importuns de toutes sortes. La plupart des voyageurs arrivant de Mauritanie se hâtent de grimper dans le premier moyen de locomotion venu, histoire de fuir la mêlée au plus vite.

Si vous êtes contraint de demeurer quelque temps à Rosso, l'**Auberge du Walo**, à 2 km du ferry, sera votre seul choix pour la nuit. Les cases doubles rudimentaires, avec s.d.b. mais sans eau courante, se louent 6 000 CFA. L'établissement s'autoproclame également restaurant-bar-pâtisserie, mais les repas ne sont préparés que sur commande et on n'y voit ni boissons fraîches ni gâteaux.

Le trajet jusqu'à Dakar coûte 4 950 CFA en taxi Peugeot, 3 880 CFA en minibus et 3 440 CFA en bus. Pour vous rendre à Saint-Louis, vous débourserez 1 540 CFA en taxi Peugeot et 1 070 CFA si vous prenez le bus. Prévoyez 300 CFA jusqu'à Richard Toll en taxi-brousse. Pour savoir comment passer la frontière, reportez-vous au chapitre *Comment s'y rendre*.

RICHARD-TOLL

Richard-Toll se trouve à une vingtaine de kilomètres de Rosso par la route. La ville abrita autrefois l'administration coloniale et constitue aujourd'hui le pôle de l'industrie sucrière du pays. En arrivant par l'ouest, vous longerez de grandes plantations de canne à sucre. Richard-Toll ne présente pas un grand intérêt, mais si vous y séjournez une nuit, une promenade d'une heure ou deux à l'extrémité est de la ville, de l'autre côté du pont, vous permet de découvrir le **château du baron Roger**. Vous pourrez changer de l'argent à la CBAO dans la rue principale, en face de la gare.

Il n'existe visiblement aucun établissement hôtelier bon marché. L'**Hôtel La Taouey** (☎ 963 34 31 ; *simples/doubles 13 600/16 800 CFA*), sur le fleuve, au nord de la rue principale, possède des chambres correctes mais dépouillées. Le **gîte d'étape** *(☎ 963 36 08 ; simples doubles 22 600/ 26 500 CFA)* situé au bord de la route non goudronnée, face à la gare, occupe l'un des plus beaux sites le long du fleuve mais pratique des prix excessifs pour des chambres équipées d'une clim. défectueuse.

Vous trouverez quelques établissements servant des repas dans la rue principale. Le **Restaurant La Saint-Louisiane** *(☎ 963 94 67)* vous proposera du *mafé* (plat accompagné d'une épaisse sauce aux arachides) et du poisson accompagné de riz (400 CFA) ainsi que du couscous au bœuf (800 CFA), tandis que vous pourrez savourer différents plats de poulet au **Ker Mimichon** pour 1 500 CFA.

PODOR ET L'ÎLE À MORPHIL

Située sur le fleuve Sénégal, au point le plus septentrional du pays, Podor eut son importance à l'époque coloniale mais n'est plus aujourd'hui qu'une ville insignifiante, à l'écart de la grand-route. Elle abrite un grand fort et plusieurs bâtiments militaires, ainsi qu'un lycée, toujours occupé malgré son ancienneté. Tout cela ne fascinera que les véritables passionnés d'histoire et d'architecture coloniale.

Le **gîte de Douwaya** *(☎ 630 1751 ; doubles 8 000 CFA)*, face à la gare routière, est le principal endroit où loger. Propriété du célèbre musicien Baaba Maal, originaire de Podor, il est tenu par son sympathique cousin anglophone. Les chambres sont bien tenues et le petit déjeuner est compris... si toutefois vous parvenez à trouver le cuisinier. L'établissement abrite le seul bar de la ville, où vous pourrez écouter de la musique et danser le week-end. L'**hôtel de ville** dispose également de quelques chambres avec clim. à 7 500 CFA.

Pour rejoindre Podor, suivez la route principale sur une centaine de kilomètres à partir de l'est de Richard-Toll, jusqu'au village de Treji (également orthographié Tredji ou Taredji), puis prenez la route à droite sur 10 km jusqu'au village de Wouru Madiyou, où vous rencontrerez une mosquée et un **mausolée** en ruine. Franchissez le pont, 2 km plus loin, pour arriver à une longue bande de

Le château du baron Roger

Le baron Jacques Roger, gouverneur du Sénégal dans les années 1830, se fit construire une résidence secondaire sur les rives de la rivière Taouey, affluent du Sénégal, à une centaine de kilomètres en amont de Saint-Louis, la capitale coloniale. Les jardins d'agrément environnants (aujourd'hui à l'état de jungle) furent dessinés par Claude Richard, qui participa également à l'introduction des plantations d'arachide dans la région, d'où le nom Richard-Toll, qui signifie les "jardins de Richard". Le château eut par la suite plusieurs occupants, notamment Louis Faidherbe, successeur de Jacques Roger au gouvernorat. Il servit également de monastère et d'école, et semble abriter aujourd'hui quelques familles.

Malheureusement en piteux état, le château mérite néanmoins une visite, ne serait-ce que pour avoir un aperçu du passé colonial du pays et admirer la vue depuis le toit. Vous pourrez vous promener à toute heure autour de l'édifice, mais si vous souhaitez voir l'intérieur, venez l'après-midi. Peut-être vous demandera-t-on d'acquitter une somme modique.

terre appelée l'**île à Morphil** (voir l'encadré).

Un taxi Peugeot relie à l'occasion Podor à Saint-Louis (3 100 CFA, 4 heures, 262 km) et continue parfois jusqu'à Dakar (6 000 CFA). À défaut, rejoignez la route principale à Treji en taxi-brousse, puis prenez un bus à destination de Richard Toll (1 500 CFA) ou Saint-Louis (2 500 CFA). Si vous vous dirigez vers l'ouest, la meilleure solution consiste à gagner Ouro Sogui en taxi Peugeot (4 000 CFA, 5 heures, 222 km). Le trajet en minibus ne coûte que 2 000 CFA mais prend deux fois plus de temps.

MATAM ET OURO SOGUI

Matam se trouve à 230 km au sud-est de Podor et Ouro Sogui, au carrefour de la route principale et de celle qui mène à Matam. De part et d'autre de la route surélevée reliant les deux villes, les marais et les plaines sont sou-

LE NORD

L'île à Morphil

Cette île étroite s'étend sur plus de 100 km entre deux bras du Sénégal. Podor se dresse à la pointe ouest de l'île, Saldé à la pointe est. À environ 2 km entre le pont et la ville de Podor, une route de terre part vers la droite (en direction de l'est). Un panneau indique les distances vous séparant d'un chapelet de petits villages le long de la route en direction de Saldé. Un ferry quitte Saldé pour Ngoui, le continent, d'où vous pouvez rejoindre Pete, située sur la grand-route du nord.

Selon certains voyageurs, motorisés et peu pressés, cet itinéraire s'avère fort intéressant et traverse les villages traditionnels de Guede et Alwar, particulièrement beaux. À Ndiom, vous pouvez reprendre le ferry vers le sud et rejoindre une "ville nouvelle" (également appelée Ndiom) sur le continent. Celle-ci, qui ne figure sur quasiment aucune carte, abrite des stations-service, un marché, une mosquée neuve, un hôpital et un campement (auberge) en construction. De l'île à Morphil, vous pouvez également vous rendre en Mauritanie en ferry. Ce détour vous évite la bousculade infernale de Rosso.

---

vent inondés pendant la saison humide. Ces dernières années ont vu le déclin de Matam et l'essor d'Ouro Sogui, devenu un pôle commercial et un carrefour stratégique entre le fleuve Sénégal et les plaines du Ferlo. Ouro Sogui compte d'ailleurs deux banques, qui semblaient s'équiper d'un DAB lors de notre passage. En revanche, Matam périclite et cette situation a engendré des émeutes à plusieurs reprises.

À Matam, les rives du fleuve témoignent de l'animation d'antan : elles sont bordées de vastes entrepôts et d'un grand quai en pente hérissé de bittes où les bateaux s'amarraient jadis. Il ne reste presque rien du fort et la ville ne compte d'ailleurs aucun hôtel, bien que la résidence gouvernementale, à la **préfecture**, accueille des hôtes.

Le meilleur établissement d'Ouro Sogui

est l'**Auberge Sogui** *(☎ 966 11 98 ; chambres sans/avec clim 5 000/7 000 CFA)*, face au marché, aux chambres à peu près correctes, mais dont les s.d.b. communes laissent à désirer. À ne pas confondre avec l'**Hôtel Auberge Sogui** *(☎ 966 15 36 ; doubles avec clim 15 500 CFA)*, un grand bâtiment blanc. En face, vous trouverez l'**Hôtel Oasis** *(☎ 966 12 94 ; simples/doubles 10 500/12 500 CFA)*, dont les chambres sentent un peu le renfermé et, juste à côté, un bureau disposant d'un accès à l'Internet. Vous trouverez plusieurs établissements servant de la nourriture bon marché dans la même rue, dont le **Restaurant Teddoungal** qui prépare des spaghettis au bœuf à 1 000 CFA, ainsi que plusieurs bonnes *dibiteries* (cabanes où l'on vend de la viande grillée). Si vous y séjournez le week-end, renseignez-vous sur la soirée du lycée.

La gare routière d'Ouro Sogui se trouve dans le quartier nord, sur la route de Matam. Des taxis Peugeot tout cabossés desservent Dakar (9 250 CFA) et Bakel (4 000 CFA, 2 heures, 148 km). Il vous en coûtera 2 600 CFA si vous effectuez le trajet en bus.

Toutes les cartes du Sénégal font état d'une route partant d'Ouro Sogui vers le sud, à travers les plaines du Ferlo, vers la ville lointaine de Linguère. Malheureusement, cette route est très mauvaise et il faudrait être fou pour l'emprunter autrement qu'en 4x4, d'autant qu'aucun transport public n'y circule. Si vous devez vous rendre à Linguère, prenez la route goudronnée qui continue jusqu'à Touba et Diourbel. De là, vous rallierez facilement Dakar ou Kaolack.

BAKEL

La ville de Bakel se situe à 150 km de Matam, dans l'Est du pays, mais elle possède encore toutes les caractéristiques du Nord du Sénégal : chaleur, aridité et sable. De toutes les villes rencontrées le long du fleuve, Bakel, qui se dresse dans un décor de collines rocheuses et abrite des édifices coloniaux, se révèle la plus intéressante. L'ancienne préfecture, sise dans le fort surplombant le fleuve, est encore en bon état. Officiellement, l'édifice est fermé au public, mais il semble que le personnel accueille avec plaisir les visiteurs. La grande

tour de guet octogonale, au sud de la ville, et le cimetière militaire voisin sont faciles d'accès. Malheureusement l'escalier qui montait dans la tour a été volé et seuls les plus téméraires se risqueront jusqu'au sommet. Le pavillon René-Caillé, perché sur une colline près de deux grands réservoirs d'eau, est abandonné mais offre de belles vues de la ville.

Où se loger et se restaurer

À 500 m environ de la gare routière, l'**Hôtel Islam**, aux chambres spartiates, demande 3 000 CFA par personne, et un supplément pour la clim., très bruyante (et pourtant indispensable à Bakel), qui fait grimper les tarifs à 10 000/20 000 CFA. Les routards pourront sans doute dormir sur le toit. Le restaurant sert des plats de riz en sauce à 400 CFA ou du ragoût de mouton à 750 CFA.

Au bord du fleuve, à quelque 2 km du centre-ville, l'**Hôtel Ma Coumba** *(Hôtel Boundou, ☎ 983 51 08 ; chambres avec sdb et clim 10 000 CFA)* dispose d'installations spartiates mais néanmoins confortables.

La rue qui relie la grand-route goudronnée à l'Hôtel Islam est bordée de **restaurants**, de **dibiteries** et de petits **étals**. La paillote à l'entrée de la gare routière prépare d'excellents cafés et sandwiches aux œufs.

Sur la rive du fleuve, le **Bar-Resto Mbodick** *(☎ 937 90 31, ☎ portable 654 46 23)* est le seul débit de boissons de la ville servant également des repas, à commander (1 500 CFA). Mamadou Loum, le patron, vous renseignera sur les bateaux qui sillonnent le fleuve.

Comment s'y rendre

Si vous arrivez d'Ouro Sogui à bord d'un véhicule à destination de Kidira, on vous déposera peut-être 5 km au sud de Bakel, à un carrefour d'où des taxis-brousse font la navette en direction de la ville. À 4h30 tous les jours sauf le vendredi, un bus express *(car mouride)* quitte la station-service de Bakel, à l'entrée de la ville, pour la ville frontalière de Kidira (1 000 CFA, 1 heure, 60 km) puis Tambacounda (3 000 CFA, 4 heures, 184 km). Arrivez tôt si vous voulez une place. D'autres véhicules partent lorsqu'ils sont pleins, ce qui peut prendre un certain temps.

Pour les amateurs d'aventure, des pirogues à moteur font la navette entre Matam, Bakel et Kayes, partant du "port" de Bakel, près du Bar-Resto Mbodick tous les deux jours. De plus, le ferry traversant le fleuve pour la Mauritanie appareille de cet endroit, où se trouve aussi le poste de police et de douane. Quelques bateaux desservent également Matam et Kidira. Renseignez-vous sur les passages, car il n'existe pas d'horaires fixes.

KIDIRA

La ville frontalière de Kidira constitue le principal point de passage entre le Sénégal et le Mali. C'est ici que la grand-route et la voie de chemin de fer entre Dakar et Bamako traversent le fleuve Falene, qui marque la frontière entre les deux pays. La plupart des voyageurs passent la frontière en train, mais ils sont de plus en plus nombreux à choisir la route. Pour plus de détails, reportez-vous au paragraphe *Mali* dans le chapitre *Comment s'y rendre*. Si vous vous retrouvez coincé à Kidira, sachez qu'un lecteur nous a signalé l'existence d'un **campement** *(☎ 983 71 65)* à la sortie de la ville.

LE NORD

Le Sénégal oriental

Le Sénégal oriental, une région chaude et sans relief, présente un paysage de savane parsemée de buissons et de baobabs. À l'extrême sud-est, les plaines font place aux collines du Fouta-Djalon de la Guinée voisine. Pendant de longues années, le parc national de Niokolo-Koba – l'une des plus grandes réserves d'Afrique de l'Ouest – constitua le principal atout touristique de la région, d'autant qu'au Sénégal, c'est l'endroit idéal pour apercevoir de grands mammifères. La ville de Kedougou constitue désormais elle aussi un excellent point de départ pour ceux qui souhaitent découvrir les collines rocailleuses et les pittoresques villages de ce pays bassari, si différent du reste du Sénégal.

TAMBACOUNDA

Tambacounda se situe à l'intersection de routes menant au Mali à l'est, en Guinée au sud, à Dakar, en Gambie à l'ouest et à Ziguinchor au sud-ouest. "Tamba" constitue également le point de départ des visites au parc national de Niokolo-Koba et en pays bassari, de plus en plus populaire, dans l'extrême Sud-Est du pays. En soi, la ville ne présente pas grand intérêt, mais si vous êtes passionné d'histoire ou de trains, promenez-vous autour de la gare ferroviaire et trois rues plus au nord, pour découvrir la splendeur passée des villas de l'époque coloniale, entourées de vastes jardins aujourd'hui à l'abandon

La ville compte deux artères principales : le boulevard Demba-Diop court d'est en ouest, parallèlement à la voie ferrée, et l'avenue Léopold-Senghor (ou avenue Senghor) va du nord au sud. Cette dernière comporte des boutiques, un bureau Internet et la banque SGBS, qui change des devises et délivre de l'argent sur présentation d'une carte de crédit.

Tambacounda compte deux *garages* (terme désignant ici les gares routières), l'un à l'est de la ville, pour les véhicules à destination de Kidira et de la frontière malienne, l'autre, plus grand, au sud (à

À ne pas manquer

- **Parc national de Niokolo-Koba –** Partez sur les traces des espèces sauvages de ce parc protégé – la plus grande réserve du Sénégal –, aux habitats très divers.
- **Cascade de Dindefelo –** Rafraîchissez-vous sous la cascade de Dindefelo, dans les collines du pays bassari.

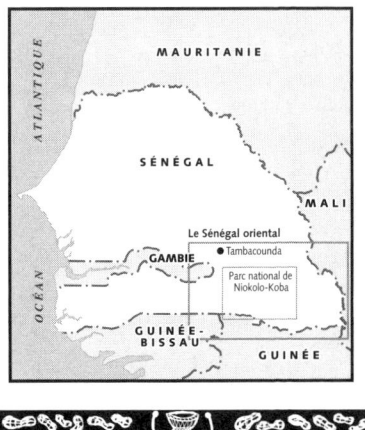

l'ouest de l'avenue Senghor), ralliant la plupart des autres destinations. Les rabatteurs y sont légion. Veillez à vos effets personnels.

En ville, toutes les courses en taxi, comme par exemple de la gare ferroviaire au garage du sud, vous seront facturées 250 CFA.

Où se loger

À l'exception de Chez Dessert, tous les hôtels ci-dessous organisent des circuits dans le parc national de Nikolo-Koba (voir plus loin la rubrique *Circuits organisés*).

Malgré un changement de direction, **Chez Dessert** *(☎ 981 16 42, av. Senghor ; chambres 3 000 CFA/pers)* reste l'une des adresses préférées des voyageurs à petit budget. Les chambres sont simples, parfois

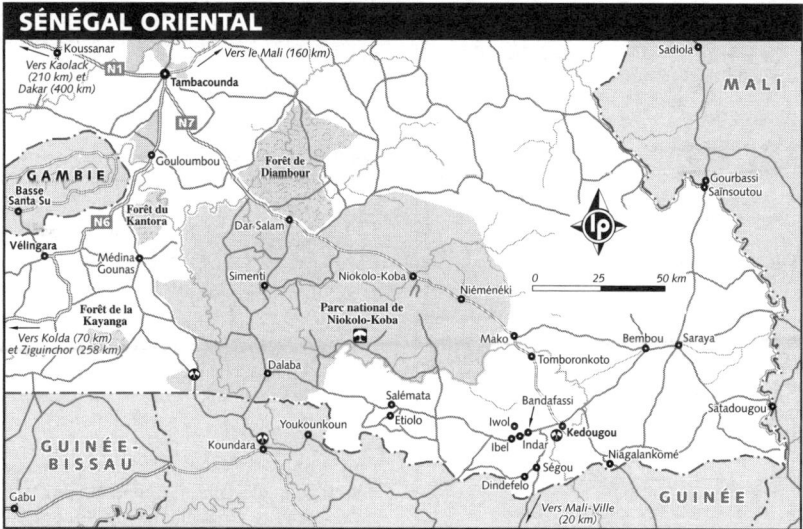

SÉNÉGAL ORIENTAL

même spartiates, et vous disposez d'une petite cuisine pour préparer vos repas.

Juste derrière l'avenue Senghor, l'**Hôtel Niji** *(☎ 981 12 59, fax 981 17 44, nijihotel @sentoo.sn ; simples/doubles 11 200/ 14 000 CFA)* propose des chambres très correctes avec ventil. et s.d.b. Pour la clim., comptez un supplément de 4 000 CFA. L'établissement gère également l'**Hôtel Niji Annexe**, qui loue des paillotes rondes dans un jardin.

L'**Hôtel Asta Kébé** *(☎ 981 10 28, fax 981 12 15, astakebe@metissicana.sn ; simples/doubles avec clim 16 000/ 21 000 CFA)* représente la meilleure adresse de la ville, toutes proportions gardées. Vous y trouverez une piscine ouverte aux non-résidents moyennant une entrée de 1 500 CFA. Les chambres avec ventil. sont nettement moins chères.

Du côté ouest de la ville, l'**Hôtel Keur Khoudia** *(☎/fax 981 11 02 ; simples/ doubles 11 700/16 000 CFA, petit déj 1 200 CFA)* dispose de bungalows convenables avec s.d.b. et clim. Le personnel se montre parfaitement apathique.

Au garage sud, il n'est pas rare de se voir proposer des **chambres chez l'habitant**.

Où se restaurer et boire un verre

Il existe un large choix de **gargotes** et autres échoppes bon marché près du garage principal, mais vous trouverez certainement votre bonheur **Chez Eva**, **Chez Asta** ou **Chez Fatima**, boulevard Demba Diop, à l'ouest de la gare ferroviaire. On y sert tout un choix de plats locaux pour 500 à 2 000 CFA.

Avenue Senghor, le **Bar-Restaurant Chez Francis** *(☎ 643 12 31)* reste l'établissement le plus couru de la ville, proposant un excellent steak-frites pour 3 000 CFA et des boissons fraîches à prix raisonnable. Près de la gare ferroviaire, **La Hortencia** prépare les meilleures salades de Tambacounda. Pour trouver les sandwiches les plus savoureux, allez sans hésiter **Chez Kadeyssa**, un peu en retrait de l'avenue Senghor. En face du garage sud, nous vous conseillons également **Chez Nanette** *(ouvert tlj 8h-24h)* où vous pourrez commander des spécialités locales et autres, comme des spaghettis, pour quelque 1 500 CFA.

Si vous souhaitez boire un verre, **Le Ninkinanka** *(☎ 636 00 46, av. Senghor)*, petit mais très chaleureux, est l'endroit idéal pour déguster un verre tout en regar-

LE SÉNÉGAL ORIENTAL

TAMBACOUNDA

OÙ SE LOGER
16 Hôtel Niji
17 Hôtel Niji Annexe
18 Hôtel Asta Kébé
22 Chez Dessert

OÙ SE RESTAURER
2 La Hortencia
5 Chez Eva, Chez Asta,
   Chez Fatima
11 Bar-Restaurant Chez Francis

12 Chez Kadeyssa
20 Chez Nanette

DIVERS
1 Poste
3 Station-service
3 Station-service
6 Poste de police
7 Complex Leggaal Pont
8 Arrêt des cars mouride
   et guichet
9 Banque SGBS
10 Bureau Internet
13 Station-service
14 Garage
15 Pharmacie
19 Boulangerie
21 Le Ninkinanka

Jardin public

Vers l'Hôtel Keur Khoudia (100 m) et Dakar (467 km)

Marché

Bd Demba Diop

Gare ferroviaire

Av. Léopold Senghor

Vers le garage des bus pour Kidira (900 m), le bureau du parc national de Niokolo-Koba (1 km) et Kidira (186 km)

Bd Kandioura Noba

Rivière (saisonnière)

0   200   400 m
Certaines routes secondaires ne figurent pas

Vers Vélingara (90 km) et Kedougou (243 km)

LE SÉNÉGAL ORIENTAL

dant les gens passer. Contraste frappant, l'immense **Complex Leggaal Pont** (☎ 981 77 56) ouvert tous les jours et situé à l'est du centre-ville, boulevard Demba Diop, compte un restaurant (ouvert 8h-24h), un bar (ouvert 11h-4h) et une discothèque très populaire (ouverte 23h-4h) où règne à l'occasion une ambiance des plus animées.

Comment s'y rendre

Bus et taxi-brousse. Les véhicules circulant en direction de Kidira, à la frontière avec le Mali (4 000 CFA en taxi Peugeot,

3 heures ; 2 700 CFA en minibus ou bus Alham), partent du *garage* situé à l'est de la ville. Pour la plupart des autres destinations, les départs ont lieu du garage sud, plus grand. Le trajet en minibus jusqu'à Vélingara vous coûtera 1 000 CFA. De là, vous pourrez vous rendre en Gambie. Prévoyez 6 800 CFA pour rallier Dakar en taxi Peugeot et 4 400 CFA en bus Alham. Des taxis Peugeot vous emmènent à Kedougou (3 500 CFA) et à Kaolack (3 000 CFA).

Un bus express *(car mouride)* part tous les jours à 4h30 précises, devant la billetterie de Transport Alzhar, pour Kaolack (2 500 CFA, 5 heures) et Dakar (4 000 CFA, 8 heures). Pensez à acheter votre billet de bonne heure la veille, car les passagers sont appelés par leur nom et prennent place dans le bus par ordre de réservation. Les quelque 40 premières personnes bénéficient de places confortables, les autres devant se contenter de strapontins dans l'allée centrale. Un bus express vous conduira également à Kidira (2 000 CFA, 3 heures, tous les jours sauf le vendredi) et Kedougou (2 500 CFA, 3 heures, tous les jours sauf le mercredi).

Pour en savoir plus sur les moyens de transport depuis/vers la Guinée, reportez-vous au chapitre général *Comment s'y rendre*.

Train. Le train express entre Dakar et Bamako (Mali) s'arrête à Tambacounda quatre fois par semaine – deux fois dans chaque direction (voir le chapitre *Comment s'y rendre*). Le train en direction de l'est passe le mercredi et le samedi soir ; selon l'horaire, il doit repartir à 19h05, mais il s'ébranle plutôt vers 21h. Officiellement, une partie des places est réservée aux voyageurs montant en gare de Tamba. En fait, les 2e classes sont presque toujours complètes, mais il reste souvent de la place en 1re. Le guichet ouvre quelques heures avant l'arrivée du train; il est parfois possible d'obtenir un billet la veille. Si vous vous retrouvez coincé, cherchez les rabatteurs qui revendent sur le quai les billets inutilisés. Les tarifs au départ de Tambacounda sont les suivants :

Destination	1re classe CFA	2e classe CFA
Kayes	8 060	10 995
Kita	14 710	10 970
Bamako	19 320	14 165

PARC NATIONAL DE NIOKOLO-KOBA

Niokolo-Koba, une étendue sauvage couvrant 900 000 hectares, constitue le parc national principal du Sénégal. Le paysage relativement plat, où les plaines deviennent marécageuses après les pluies, est parsemé de petites collines, la plus haute étant le mont Assirik, au sud-est. Le fleuve Gambie, ainsi que deux affluents, le Niokolo-Koba et le Koulountou, traversent le parc et permettent aux animaux de s'abreuver. La végétation est très variée : savane sèche, forêt le long des cours d'eau, bambouseraies, lacs et marécages. Inscrit au patrimoine mondial de l'Unesco, le parc Niokolo-Koba est également une réserve de la biosphère internationale.

Quelque 350 espèces d'oiseaux et 80 espèces de mammifères résident dans le parc, notamment des lions (environ 500) et des léopards. Il est toutefois rare de voir des léopards, à part ceux qui se trouvent dans l'enclos près de Simenti. Selon certains, il ne resterait, au mieux, qu'une quinzaine d'éléphants du Sénégal. Une dizaine de nouveaux éléphants devaient arriver du Burkina-Faso en mai 2002, afin de repeupler le parc.

Vous pourrez en revanche observer des antilopes, des babouins, des singes verts, des phacochères, et peut-être même des buffles. Des groupes de chimpanzés se montrent parfois à l'est du parc. Les cours d'eau abritent des hippopotames et trois types de crocodiles du Nil, à museau court et nain.

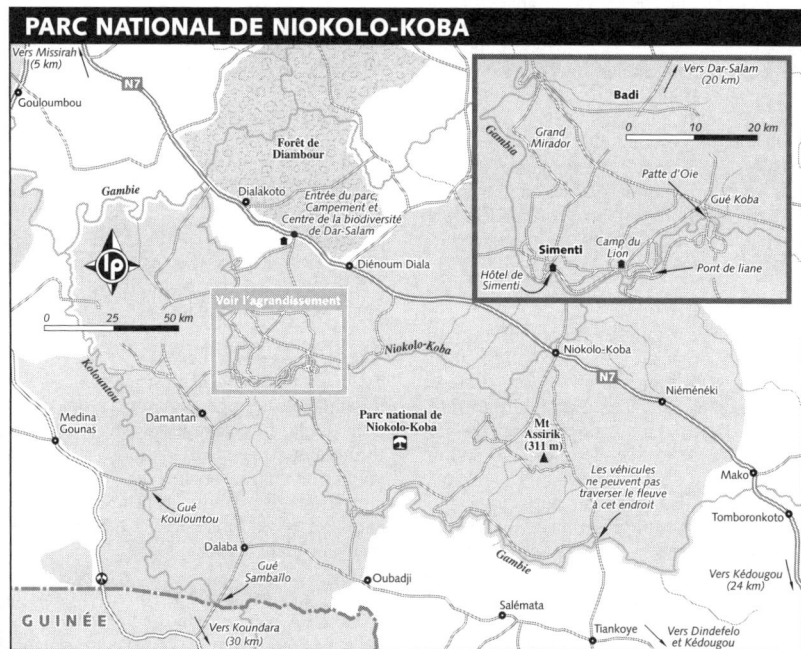

PARC NATIONAL DE NIOKOLO-KOBA

LE SÉNÉGAL ORIENTAL

Centre de la biodiversité de Dar-Salam

Depuis des années, obtenir des informations concernant Niokolo-Koba était à peine plus facile qu'apercevoir les éléphants craintifs du parc. Les choses devraient changer avec l'ouverture mi-2002 du Centre de la biodiversité de Dar-Salam, à l'entrée du parc. Fondé par les Nations unies et mis en œuvre avec l'aide de l'*US Peace Corps*, il aura pour mission d'informer les touristes et d'éduquer les communautés villageoises environnantes quant à la façon de tirer le meilleur parti de la proximité du parc, tout en protégeant sa biodiversité. À l'intention des visiteurs, on y présentera des expositions de plantes et d'animaux (vivants et morts), des parcours botaniques et animaliers, ainsi que des débats et des cérémonies de danses traditionnelles. Une boutique d'artisanat ouvrira également ses portes et la vente de souvenirs se fera au profit de la population locale. Les villageois recevront une formation en matière de gestion des ressources naturelles et de prévention des feux de forêts et le centre accueillera des écoliers venus d'un peu partout. Votre soutien sera indispensable à sa survie. N'hésitez pas à vous y arrêter ou demandez à votre guide d'y faire halte, le temps d'une visite.

**Nos remerciements à Jamie Lovett,
bénévole de l'US Peace Corps, pour ces informations concernant
le Centre de la biodiversité.**

Jusqu'au début des années 1990, le parc a été quelque peu négligé et le braconnage constituait un réel problème. La situation s'est récemment améliorée, grâce à l'aide internationale destinée à financer le développement du parc transfrontalier de Niokolo-Badiar (englobant certaines régions de la Guinée voisine). En outre, plusieurs ONG travaillent en collaboration étroite avec les populations locales, afin de protéger les richesses du parc, tels les palmiers rôniers ou les bambous.

Une brochure est proposée à l'entrée, avec une carte et des photos des différentes espèces vivant dans le parc (6 000 CFA).

Renseignements

Dar-Salam est l'entrée principale du parc pour les touristes, sur la route entre Tambacounda et Kédougou (il existe d'autres entrées, plus difficiles à atteindre et rarement utilisées). La plaque tournante du Niokolo-Koba se trouve à Simenti, à environ 1 heure de route de Dar-Salam. C'est là que se tiennent le bureau du parc, un centre d'information (qui présente une exposition peu intéressante) et le grand Hôtel de Simenti. De nombreux animaux vivent dans cette zone, mais le secteur est du parc en compte une plus grande variété.

Le siège du parc à Tambacounda vous renseignera sur les conditions des pistes et d'autres aspects du parc (☎ 981 10 97).

Visites. Officiellement, le parc national de Niokolo-Koba est ouvert du 15 décembre au 30 avril, mais vous pouvez le visiter en toute saison. Pendant la période des pluies et jusqu'à fin novembre, la plupart des pistes restent impraticables, hormis en 4x4. En décembre et janvier, il y règne une agréable fraîcheur. Cependant, la période la plus propice à l'observation des animaux se situe pendant la saison chaude (avril-mai). La végétation se dessèche et les animaux se rassemblent autour des points d'eau. Le parc ouvre ses portes tous les jours de 7h à 18h.

Accès. Vous devez visiter le parc en voiture, car la circulation à pied est interdite, sauf à proximité des campements ou en compagnie d'un garde. Les voyageurs sans moyen de locomotion peuvent emprunter les transports publics ou un taxi, ou encore se joindre à un circuit organisé. Toutes les pistes, sauf celles entre l'entrée et Simenti, nécessitent un 4x4, même pendant la saison sèche.

Tarifs et guides. L'entrée s'élève à 2 000 CFA par personne et 5 000 CFA par véhicule pour la journée. Vous pourrez engager un guide assermenté par le parc, à l'entrée ou à Simenti, moyennant 6 000 CFA par jour. Tous ont suivi un cours de formation, mais seuls quelques-uns semblent posséder une connaissance approfondie des espèces d'oiseaux et d'animaux (lisez l'encadré *Les guides du Niokolo-Koba*).

Où se loger et se restaurer
À l'entrée principale du parc, le **Campement de Dar-Salam** *(☎ 981 25 75 ; emplacements tente/bungalow avec sdb 3 000/6 600 CFA)* dispose de bungalows bien tenus et d'emplacements de camping. Vous pourrez notamment goûter aux plats "multiethniques", comme les spaghettis au yassa de bœuf (3 500 CFA). Le camping est autorisé dans le parc, mais il n'existe aucune infrastructure. Les campeurs doivent donc être parfaitement autonomes et disposer d'un moyen de transport.

De nombreux visiteurs séjournent à l'**Hôtel de Simenti** *(☎ 982 36 50 ; paillotes 1-2 pers 7 000 CFA, simples/doubles avec clim 15 000/20 000 CFA, pension complète 25 845/41 140 CFA, petit déj 2 000 CFA)*, monstre de béton qui semble parfaitement incongru dans ce site où la nature est reine. Précisons toutefois qu'il est remarquablement situé, dominant le fleuve Gambie. Les paillotes sont plutôt délabrées. Comptez 5 000 CFA pour un repas copieux. L'hôtel organise des excursions d'une demi-journée en 4x4 à 6 500 CFA par personne (4 personnes minimum). Vous pourrez aussi profiter des visites en bateau proposées par le bureau d'accueil du parc (3 500 CFA par personne) ou de promenades dans la brousse en compagnie d'un garde, (environ 3 000 CFA, selon vos dons de négociateur). Sans aller bien loin, vous pourrez gagner un poste d'observation dominant un point d'eau ou un pâturage (suivant la saison), où vous aurez toutes les chances d'observer autant d'animaux que depuis l'arrière d'un véhicule. Si vous séjournez ici entre la mi-juin et la mi-décembre, n'oubliez pas de réserver une chambre.

Le **Camp du Lion**, un petit campement installé 6 km à l'est de Simenti, dans un site de brousse superbe, sur les rives du fleuve

Les guides du Niokolo-Koba
Le niveau de connaissances des guides du Niokolo-Koba s'améliore progressivement. Cependant, il demeure souvent en deçà de celui de leurs collègues d'Afrique australe et orientale. Deux d'entre eux font pourtant exception à cette règle. Le premier, Ibrahima Kouyate, officie en tant que guide du parc depuis 13 ans et il connaît à merveille sa faune, notamment les oiseaux et leurs différents habitats. Le second, Sekhou Dabo, bien que néophyte, a obtenu de très bonnes appréciations. Tous deux sont basés à Dar-Salam et vous aurez peut-être quelques difficultés à les trouver car il n'existe aucun téléphone au village. Demandez à les rencontrer en arrivant au Centre de la biodiversité de Dar-Salam, à l'entrée du parc.

Gambie, loue des cases rudimentaires à 7 000 CFA et des emplacements à 3 000 CFA. Les repas coûtent 3 500 CFA. Cet établissement est accessible en voiture et propose des excursions en 4x4 au prix de 6 000 CFA par personne la demi-journée. Une petite promenade à pied vous conduira jusqu'à un point de vue d'où observer les hippopotames et autres animaux qui viennent s'abreuver sur la rive opposée.

La ville de Kédougou peut aussi être le point de départ d'une visite du parc (reportez-vous aux rubriques *Pays bassari* et *Kédougou,* plus loin dans ce chapitre).

Circuits organisés
Des circuits organisés de 4 ou 5 jours, partant de Dakar, sont proposés entre 150 000 et 200 000 CFA par personne tout compris, sur une base minimum de 4 à 6 personnes (voir la rubrique *Circuits organisés* dans le chapitre *Comment circuler*). Toutefois, la plupart des visiteurs font leur choix à Tambacounda, parmi les propositions mentionnées ci-dessous.

Hôtels. L'Hôtel Niji, à Tambacounda, loue des 4x4 à 75 000 CFA la journée,

125 000 CFA pour 2 jours et 50 000 CFA par jour supplémentaire. Le tarif comprend l'essence, le chauffeur/guide et l'entrée pour la voiture. Le droit d'entrée des personnes, les repas et l'hébergement restent à la charge des visiteurs.

Taxi local. Vous pouvez louer un taxi pour une ou deux journées. Les taxis urbains, véritables épaves, ont peu de chances de faire le trajet. Les taxis Peugeot sont plus sûrs et pourront vous emmener jusqu'à Simenti et au Camp du Lion (si vous désirez voir des animaux, vous aurez absolument besoin d'un 4x4).

Les tarifs des taxis varient énormément. Certains chauffeurs réclament jusqu'à 50 000 CFA par jour, mais 25 000 CFA est une somme plus raisonnable. Il semble que certains voyageurs aient réussi à obtenir, après de longs marchandages, un tarif de 20 000 CFA par jour. N'oubliez pas de prévoir l'ensemble des frais (droit d'entrée, guide, etc.) Les chauffeurs prennent en charge leur nourriture et leur logement (ils n'auront rien à payer au campement).

Si vous n'avez pas envie de partir à la recherche d'un taxi, demandez au chef du garage. Il vous dénichera un chauffeur avec qui vous pourrez négocier. Vérifiez avec soin l'état du taxi, et si la saison des pluies vient de finir, appelez le siège du parc pour vous assurer que la piste de Simenti est praticable en voiture.

Comment s'y rendre

Pour atteindre le parc en transport public, prenez un minibus en direction de Kédougou depuis Tambacounda et descendez à Dar-Salam. Le tarif s'élève à 1 000 CFA, mais il faut parfois payer tout le trajet jusqu'à Kédougou (3 500 CFA). De Dar-Salam, faites-vous transporter jusqu'à Simenti par un touriste ou un véhicule du parc, en sachant qu'il en circule parfois peu. Si vous ne trouvez personne, lancez un appel radio à l'Hôtel de Simenti pour que quelqu'un vienne vous chercher avec le 4x4 de l'établissement (5 000 CFA l'aller). Il existe également un transfert officiel entre l'Hôtel Keur Koudhia à Tamba et l'Hôtel de

Simenti (mêmes gérants), qui coûte 60 000 CFA l'aller-retour.

Comment circuler

Si vous n'avez pas de voiture, installez-vous de préférence à Simenti. L'Hôtel de Simenti organise des safaris d'une demi-journée en 4x4 à 6 500 CFA par personne (4 personnes minimum), et le centre touristique programme des promenades en bateau, le matin ou le soir, à 3 500 CFA par personne ainsi que des randonnées dans la brousse avec un garde (2 500 à 3 500 CFA).

Du centre touristique, un sentier mène sur quelques centaines de mètres à un observatoire donnant sur un trou d'eau ou une prairie (selon la saison). Vous aurez autant de chances de voir un animal ici qu'à bord d'un 4x4.

PAYS BASSARI

On appelle souvent l'extrême Sud-Est du Sénégal le pays bassari, du nom d'une tribu locale réputée pour son mode de vie traditionnel et ses pittoresques villages. Figurant bien souvent au programme des circuits organisés, les Bassaris sont en réalité l'une des nombreuses ethnies qui peuplent la région, parmi lesquels les Wolofs, les Bambaras, les Malinkés, les Peuls et les Bediks.

Le paysage vallonné est le prolongement au nord des collines guinéennes du Fouta-Djalon. Sa végétation dense constitue un agréable contraste avec les plaines poussiéreuses qui dominent dans le reste du Sénégal. Les principaux fleuves de la région (Sénégal, Gambie et Casamance) prennent leur source au Fouta-Djalon, de même que le plus grand fleuve d'Afrique de l'Ouest, le Niger.

Le paysage enchanteur du pays bassari attire les randonneurs, les cyclistes et les motocyclistes. Les tour-opérateurs de Dakar organisent des circuits, et de plus en plus de voyageurs s'y aventurent. Vous trouverez des guides et pourrez faire vos préparatifs à Kédougou. Il y a quelques années encore, les habitants ne comprenaient pas que l'on veuille randonner dans la brousse jusqu'au sommet des collines. Aujourd'hui, ce sont les guides qui vont à la rencontre des voyageurs.

Kédougou

Kédougou est la plus grande ville du Sud-Est du Sénégal. Elle a un peu perdu de son charme depuis qu'une route goudronnée la relie à Tambacounda. Avant la construction de cette voie, Kédougou se sentait plus proche de la Guinée (la frontière n'est qu'à 30 km au sud) que du reste du Sénégal. Depuis, Dakar se trouve à une journée de route et que les pistes du Fouta-Djalon demeurent les pires de toute l'Afrique de l'Ouest, Kédougou se tourne progressivement vers le Sénégal.

Très coloré, le marché est surtout célèbre pour ses tissus indigo, dont beaucoup proviennent de Guinée, vendus moitié moins cher qu'à Dakar. La ville compte également une station-service, plusieurs télécentres et un accès Internet au Dedougou Multi-Service, où 1 heure de connexion revient à 3 000 CFA. Derrière la façade bleue de l'Alimentation de Dioubo (tél. 985 11 90), le meilleur petit supermarché de la ville, dit-on, vous ferez la connaissance de Darryl, qui vous donnera une multitude de renseignements sur la région et la meilleure façon de la visiter. Vous trouverez tous ces commerces aux abords de la rue principale, où se situe également la gare routière.

Où se loger et se restaurer. Tous les établissements ci-dessous organisent des excursions dans les environs ou jusqu'au parc national de Niokolo-Koba.

Situé à l'est du garage, le **Campement Diaw** *(☎ 985 11 24 ; doubles sans/avec clim 6 000/12 000 CFA, petit déj 1 000 CFA)* dispose de cases et de s.d.b. communes propres. L'atmosphère y est tranquille et la nourriture d'un bon rapport qualité/prix (repas 3 000 CFA).

Quelque 200 m plus loin, face au garage, le **Campement Moïse** *(☎ 985 11 39)*, petit et accueillant, propose des chambres bien tenues pour le même prix. Vous pourrez y louer un 4x4 ou, chose plus rare, une moto-cross 250 cc.

Plus haut de gamme, le **Relais de Kédougou** *(☎ 985 10 62, fax 985 11 26 ; doubles sans/avec clim 9 000/16 000 CFA, petit déj 1 800 CFA)*, tenu par des Français, est installé dans un site très pittoresque, au bord du fleuve. Il accueille principalement des chasseurs. Vous pourrez prendre vos repas au bord de la piscine pour 5 500 CFA.

Environ 5 km à l'est de la ville, l'**Hippo Lodge Safari** *(cases sans/avec sdb 4 000/ 6 000 CFA)* appartient au Relais. Situé dans un méandre du fleuve, il occupe un site superbe. Les cases, le bar et le restaurant sont décorés avec beaucoup de goût. Seul inconvénient peut-être : son éloignement.

Ces différents établissements proposent un service de restauration. Vous trouverez également un large éventail d'**échoppes** aux prix modiques, dans les environs du marché et du garage. N'hésitez pas à goûter les sandwiches aux haricots (150 CFA). À la tombée du jour, on se rassemble pour boire un verre sur les bancs, devant l'Alimentation de Dioubo. Vous pouvez aussi vous installer au bar d'un hôtel ou, plus tard dans la soirée, fair une tour au **Bar Africa** *(☎ 985 13 95)*, haut-lieu de la vie nocturne de Kedougou, derrière le marché.

Comment s'y rendre. Le trajet entre Tambacounda et Kédougou revient à 2 000 CFA en minibus, 3 500 CFA en taxi Peugeot et 2 500 CFA par le bus express qui part à 5h tous les matins, sauf le mercredi. La route principale (source de controverses quand elle fut élargie et goudronnée) passe par le parc national de Niokolo-Koba ; l'entrée est gratuite si vous vous contentez de le traverser.

Si vous allez au Mali, il n'existe pas de transport public, mais d'intrépides voyageurs en camping-car empruntent parfois cette route. Effectuez toutes les formalités de sortie du territoire à Kédougou, car le poste-frontière de Kéniéba n'est pas fiable.

Si vous vous dirigez vers la Guinée, des 4x4 ou des camions de Kédougou relient occasionnellement la ville de Mali, appelée Mali-ville pour la distinguer du pays (6 000 CFA). De là, un taxi Peugeot pour Labé coûte 5 000 CFA. Le camion attend parfois plusieurs jours avant de se remplir, et le voyage lui-même dure au moins 24h. Les camions sont plus fréquents après la saison des pluies et partent parfois de Ségou.

Rallier la Guinée à pied et en VTT

Nous sommes partis de Dindefelo un dimanche à 7h30, après avoir payé 500 CFA pour chaque vélo à deux habitants chargés de les acheminer jusqu'au sommet de la première colline, entre Afia et Dande. De là, nous avons pédalé sur 22 km (essentiellement en montée) en traversant des champs, quelques villages et de nombreux cours d'eau. Les paysages étaient splendides. Comme nous y allions pour une nuit seulement, nous avons contourné le poste-frontière de Louga en restant sur l'étroit sentier – tous les Sénégalais connaissent le chemin. Ce chemin est aussi un raccourci qui mène au village de Chiange, où nous sommes arrivés après quelques crevaisons, abandonnant avec grand plaisir nos bicyclettes aux bons soins du chef.

Il était 15h30 et nous avons continué à pied sur 13 km, par un sentier montant vers le Massif du Tamgué, jusqu'à Mali-ville. Par endroit, la côte était relativement raide, mais en débouchant sur le plateau, nous avons découvert un panorama époustouflant. On dit qu'à la saison des pluies, on peut y admirer le cours du fleuve Gambie jusqu'à Kédougou. Le chemin n'est pas difficile à suivre : il traverse différents plateaux et villages où vous trouverez toujours quelqu'un pour vous renseigner. Vous découvrirez également la Dame de Mali, une formation rocheuse située à l'est du sentier. Nous avons atteint notre destination à 21h, après avoir marché les deux dernières heures en nous éclairant à la lampe de poche.

L'idéal est de faire le trajet un dimanche, car une cinquantaine de personnes se rend par ce même sentier jusqu'au marché de Mali-ville. Il va sans dire qu'il faut être en forme. Nous étions partis sans gros sacs, mais en emportant beaucoup d'eau et avons même filtré l'eau de certaines des rivières traversées. Si vous parcourez l'ensemble du trajet à pied, il vous faudra davantage de temps, mais vous devriez pouvoir dormir sans problème dans l'un des villages qui jalonnent la route.

Vonnie Moler

Environs de Kédougou

Kédougou constitue un excellent point de départ pour visiter les villages traditionnels des collines environnantes. Ceux-ci sont accessibles à pied ou en taxi-brousse. Certains campements louent aussi des bicyclettes (environ 1 500 CFA par jour), mais il s'agit pour la plupart de lourds vélos de route.

L'un des villages les plus proches est **Bandafassi**, en réalité la capitale de la circonscription de Kédougou, mais plus petit que la ville de Kédougou. Les habitants sont en majorité des Peuls et des Bassaris. Le village est réputé pour ses paniers. Une boutique vend des boissons fraîches ; vous pourrez vous y désaltérer, avant d'atteindre le sommet de la colline qui surplombe le village, offrant une vue magnifique sur la savane alentour. En continuant vers l'ouest, vous découvrirez à 2 km environ le minuscule village bédik d'**Indar**, qui compte un petit **campement** au bord de la route, où

vous pourrez dormir dans des cases traditionnelles moyennant 5 000 CFA.

Le village d'**Ibel**, principalement habité par des Peuls, contrairement aux autres localités des environs peuplées essentiellement de Bassaris, se trouve à 7 km au sud-ouest de Bandafassi. Les habitants disposent souvent de cases qu'il vous laisseront volontiers utiliser pour un prix généralement inférieur à celui pratiqué par les campements. Sinon, traversez la ville jusqu'au **Baobab de Ibel**, un village composé de cases louées 2 500 CFA par personne. Depuis Ibel, une côte de 2 km vous conduira au village bédik d'**Iwol**, que domine un immense baobab, considéré comme sacré par les habitants.

En continuant vers l'ouest après Ibel, vous atteindrez **Salémata**, à 83 km de Kédougou, un autre village à prédominance peule. Situé à 400 m d'altitude, c'est l'un des points culminants de la région. Visitez le village de préférence le mardi, jour du *lumo* (marché hebdomadaire). Tous les ans (généralement au mois de mai), une grande cérémonie bassari de la circoncision s'y déroule. Le trajet en taxi-brousse depuis Kédougou vous coûtera 1 200 CFA.

Salémata possède un petit **campement** sympathique, où les cases doubles avec douche valent 7 500 CFA et les repas environ 3 500 CFA. Les tarifs semblent onéreux, mais s'expliquent par l'éloignement du village. À une journée de marche se trouve le bourg d'**Etiolo** (15 km aller-retour).

Le village de **Dindefelo**, à 38 km au sud-ouest de Kédougou, reste l'une des destinations les plus prisées. Il est situé sur la route qui passe par Ségou (32 km), si mauvaise qu'elle n'est accessible qu'aux 4x4 et à certaines motos. La bourgade s'anime le dimanche, jour du lumo. Vous trouverez alors de nombreux moyens de transport et ferez facilement l'aller-retour dans la journée. Vous pouvez aussi séjourner au **campement du village** (☎ portable 658 87 07), de style casamançais, parfois appelé le Campement de la Cascade, qui demande 2 500 CFA par personne pour des cases en ciment avec douche au seau. Il possède une jolie paillote-restaurant où le repas, composé généralement de poulet et de *fonio*, revient à 2 000 CFA – un peu cher, mais l'argent bénéficie aux projets du village.

Du campement, vous pouvez parcourir sur 2 km un très beau sentier qui débouche sur une cascade de 100 m de haut, plongeant dans un profond bassin de couleur verte, idéal pour se rafraîchir après une petite marche. Au campement, on vous demandera 500 CFA pour aller admirer la cascade, somme destinée à financer le village, et on insistera certainement pour qu'un guide vous accompagne.

À l'entrée de Dindifelo, vous pourrez vous restaurer au restaurant **Africa Cascade** (☎ *985 13 04*) également appelé **Chez Camara**, où l'on vous servira un repas simple pour 1 500 CFA. Des chambres sans fioriture sont à votre disposition pour 2 000/3 000 CFA.

Depuis Dindifelo, vous pouvez vous rendre en Guinée à pied. Deux personnes nous ont raconté l'avoir fait, en combinant VTT et randonnée.

Casamance

La Casamance, située au sud de la Gambie, diffère géographiquement du reste du pays : il s'agit d'une région bien irriguée et relativement fertile où vivent les Diolas, un peuple non musulman.

Le fleuve Casamance – avec son labyrinthe de *bolongs* et de lagunes piquetés d'îles, ses palmeraies, ses forêts, ses mangroves et sa végétation luxuriante –, constitue l'un de ses principaux intérêts. On peut l'explorer à pied, à bicyclette ou en pirogue. Pendant la saison sèche, le fleuve attire des millions d'oiseaux migrateurs. Cap-Skirring, sur la côte, près de la frontière avec la Guinée-Bissau, possède la plus belle plage du pays.

Ziguinchor, la petite capitale de la Casamance, est le point d'accès à la région. On y trouve une ambiance détendue, des hôtels bon marché et de larges avenues bordées d'arbres en fleurs. La Casamance se divise en trois zones : la Basse-Casamance, à l'ouest de Ziguinchor et au sud du fleuve ; la Casamance-Nord, au nord du fleuve ; et la Haute-Casamance, à l'est de Ziguinchor.

En outre, la région dispose d'un système unique de campements ruraux intégrés (CRI) : vous pouvez ainsi loger dans des cases de style local et avoir un aperçu de la vie traditionnelle rurale, sachant que les villageois bénéficieront directement de l'argent que vous y dépenserez.

Tout ceci vous semble trop beau pour être vrai ? Vous avez raison. Depuis 20 ans, un mouvement sécessionniste se manifeste en Casamance, avec plus ou moins de vigueur selon les périodes. Cette guerre battait son plein lorsque nous avons visité la région pour préparer ce guide. Cela dit, d'un point de vue touristique, c'est maintenant qu'il faut aller en Casamance : les hôtels affichent rarement complet, les plages sont calmes et les prix incroyablement bas pour attirer la clientèle. De fait, l'activité touristique a été si faible ces dernières années que certains hôtels et campements (auberges) ont fermé ou périclité,

À ne pas manquer

- **Cap-Skirring** – Profitez des joies de la baignade et de l'animation nocturne de cette station balnéaire, qui abrite certaines des plus belles plages du Sénégal.
- **Fleuve Casamance** – Explorez le labyrinthe de bolongs, de lagunes et d'îles du fleuve Casamance.
- **Île de Carabane** – Dormez dans une ancienne mission (où l'on vous servira à boire dans la chapelle) sur cette île isolée.
- **Plage de Kafountine** – Apprenez à jouer du tambour diola dans l'un des campements animés de la plage de Kafountine.
- **Ziguinchor** – Menez la belle vie dans la capitale décontractée – et très abordable – de la Casamance.

mais d'autres sont restés impeccables. Lors de notre passage, certains des campements recensés dans ce chapitre étaient fermés, mais il est probable qu'ils rouvriront lorsque les touristes seront de retour. Le personnel des hôtels à Ziguinchor pourra vous renseigner sur les campements

CASAMANCE

Poste-frontière gambien
Darsilami
Poste-frontière sénégalais
Vers Serekunda (35 km)
et Banjul (50 km)
Séléti
Néma

Kartong
Poste-frontière
gambien

Diouloulou

Kabadio

*À la saison des pluies,
un 4x4 est nécessaire
sur la plupart des routes
de Basse-Casamance*

= Campements
(Tous n'étaient pas ouverts
lors de la rédaction de ce guide)

0   5   10 km

O C É A N   A T L A N T I Q U E

Abéné
Diannah
Kafountine

Hôtel Karone
Sanctuaire
ornithologique
de Kassel

Presqu'île
des Oiseaux

Marigot   de   Bala

Sindian

Kagnarou

N5

Baïla

Tiobon
Kagnobon
Diégoune
Tendième
Bignona

Casamance-Nord

N4

Vers Dakar
(425 km)

Marigot

de

Diouloulou

Kalissaye

Marigot

de

Casamance

Tionk-Essil

Tendouk

Mangagoulak

N4

Koubalan

Tobor
Affiniam
Barrage

Pointe
Saint-George

Djilapao

Île des
Oiseaux

Ziguinchor

N6

4x4
seulement

Bandial

Vers Sédhiou
et Kolda
(188 km)

Diogué
Carabane

M'Lomp

Etama

Brin

N4

Nikine

Île de
Carabane

Kagnout

Séleki   Essil

Loudia
Ouolof

Enampor
Kamoubeul

Toubacouta

Mpak

Elinkine

Oussouye   Ediongou
Oukout

Diohère
Nyassia
Poste-frontière
sénégalais

Diembéring

Diakène
Ouolof

Niambalang

Poste-frontière
bissau-guinéen
São Domingos

Diakène
Diola

Basse-Casamance

Parc national
de Basse-
Casamance

Kaguite

Vers Bissau
(120 km)

Cap-Skirring

Santiaba
Mandjak

4x4 seulement
Youtou

Kabrousse

GUINÉE-BISSAU

Y aller ou non ?

En règle générale, les informations médiatiques évoquent plus volontiers les morts que les vivants ; et en Casamance, les bonnes nouvelles ne courent pas les rues. Dans leur grande majorité, les Sénégalais ne savent pas grand-chose des événements qui s'y déroulent. Ne vous fiez donc pas à leur jugement pour décider si vous devez ou non vous rendre en Casamance.

Comment savoir alors si la région est sûre ? Sachez tout d'abord que la sécurité absolue ne peut être garantie. Toutefois, depuis le début 2002, les rebelles respectent leur promesse de ne pas s'en prendre aux touristes. Ce qui ne veut pas dire que les civils soient pour autant épargnés. Cependant, dans la plupart des cas, leur malheur résulte davantage de la disparition des touristes, porteurs de devises, que des affrontements directs avec les séparatistes.

Pendant la préparation de ce guide, au cours d'un trajet en taxi-brousse, nous avons été arrêtés par des rebelles à Darsilami, juste après la frontière gambienne. Trois hommes armés vêtus de treillis en lambeaux me souhaitèrent la bienvenue en Casamance avant d'ajouter : "Profitez de votre voyage, c'est une région merveilleuse." Peut-être étaient-ce ces mêmes hommes qui, trois semaines auparavant, avaient assassiné un prêtre et deux chauffeurs de taxi-brousse à l'un de ces postes de contrôle ? Je ne le saurai jamais.

Au cours des deux semaines suivantes, j'ai croisé de nombreux soldats de l'armée régulière sans rencontrer aucun problème. Lors de chacun de mes déplacements dans les zones rurales de la Casamance, je m'assurais d'obtenir les dernières informations concernant la sécurité dans la région. À Ziguinchor, adressez-vous à votre hôtel ou au bureau des CRI. Toutefois, pour obtenir des renseignements de première main, interrogez les conducteurs de taxis-brousse : s'ils préfèrent ne pas y aller, suivez leur conseil. Autre conseil bien avisé : veillez à ne pas être le premier à emprunter la route le matin ni le dernier à rentrer le soir et ne roulez jamais de nuit. En Gambie, les chauffeurs de taxis-brousse de Serekunda et Brikama sont généralement les mieux informés.

Conséquence des conflits, certains campements sont fermés ou en déshérence. D'autres, en revanche, sont toujours en service et bien entretenus. Si la situation s'améliore, certains établissements devraient rouvrir leur porte avec le retour des touristes.

Toutefois, la présence de la guérilla en Casamance ne doit pas vous conduire à éviter totalement la région. Des actions ponctuelles ont touché la plupart des secteurs, mais dans bon nombre de villages, aucun homme en armes n'a été vu depuis des années. La seule zone interdite de façon permanente reste le parc national de Basse-Casamance, miné et donc fermé depuis des années. À moins de décider par vous-même d'aller au devant d'ennuis, soyez certain que la population ne vous laissera pas vous approcher de trop près des zones de conflits.

Andrew Burke

ouverts ; sinon, adressez-vous au bureau des CRI (voir la rubrique *Ziguinchor* plus loin dans ce chapitre).

HISTOIRE

De tout temps, les Diolas de Casamance ont résisté à la domination étrangère, rejetant catégoriquement l'esclavage (qu'il soit européen ou africain) et l'administration coloniale française. Ce trait de caractère constitue également l'un des fils conduc-

teurs des combats meurtriers menés par les partisans de la sécession.

À la fin du XIXe et au début du XXe siècle, les autorités coloniales françaises s'appuyèrent sur les chefs locaux pour exercer leur pouvoir. Cependant, les Diolas de Casamance ne constituant pas une société hiérarchisée, ils n'avaient pas de chefs reconnus. Les Français décidèrent donc de confier l'administration de la population diola à des chefs mandingues, aussi mal perçus que les Européens par la population locale. La résistance aux ingérences étrangères demeura extrêmement forte jusque dans les années 1930.

En 1943 eut lieu la dernière rébellion des Diolas contre les Français, emmenée par une prêtresse traditionnelle de Kabrousse, du nom d'Aline Sitoe Diatta. La révolte fut matée et Aline Sitoe emprisonnée à Tombouctou, avant-poste lointain du Mali voisin, où elle demeura jusqu'à sa mort. La population diola de Kabrousse attendit pendant des années le retour de celle que l'on avait surnommée la "Jeanne d'Arc de la Casamance", persuadée qu'elle les conduirait vers la liberté.

Le conflit qui touche la région depuis une vingtaine d'années trouve son origine dans une manifestation pro-indépendantiste organisée à Ziguinchor en 1982, à la suite de laquelle les dirigeants séparatistes du Mouvement des forces démocratiques de la Casamance (MFDC) furent arrêtés et emprisonnés. Durant les années qui suivirent, l'armée intensifia la répression, ce qui ne fit que galvaniser le ressentiment à l'égard de Dakar.

En 1990, le MFDC reprit l'offensive, attaquant des campements militaires et des postes de police. En représailles, l'armée assaillit les bases du MFDC en Casamance du Sud et en Guinée-Bissau, pays qui apporta secrètement son aide aux rebelles, après un différend territorial avec le Sénégal. Comme toujours, ce furent les populations civiles qui payèrent le prix fort, l'armée sénégalaise et le MFDC étant tous deux accusés d'avoir commis des atrocités sur les personnes soupçonnées de sympathiser avec le camp adverse.

Au fil des années 1990, des accords de cessez-le-feu furent signés puis rompus, les périodes de paix débouchant immanquablement sur de nouvelles violences. En 1995, quatre Français furent enlevés alors qu'ils visitaient la Casamance. Le gouvernement sénégalais dénonça le MFDC, tandis que le Père Diamacoune Senghor, dirigeant du mouvement, accusa l'armée de vouloir retourner l'opinion internationale contre les rebelles.

Les pourparlers de paix se poursuivirent, mais le gouvernement refusant d'envisager l'indépendance de la Casamance, les partisans de la ligne dure quittèrent le MFDC et les combats reprirent.

Dans un même temps, le Père Diamacoune appelait ses partisans à poursuivre la recherche d'une solution négociée avec le gouvernement. Un nouveau cessez-le-feu fut signé fin 1997, qui réussit à peine à freiner cette escalade meurtrière. Pendant les trois années qui suivirent, on estime à 500 le nombre de victimes. Voyant son pouvoir décliner, le Père Diamacoune signa en mars 2001 un accord de paix prévoyant la libération des prisonniers, le retour des réfugiés et le déminage de la région, mais n'accordant pas la pleine autonomie revendiquée par les rebelles. Au sein du MFDC, les divisions s'envenimèrent, une lutte fratricide opposant deux branches du mouvement et la population casamançaise accusant certains rebelles de n'être que des bandits ou des voleurs. À ce jour, la lutte interne pour le pouvoir au sein du mouvement n'a toujours pas été réglée.

Un accord sur l'autonomie, qui garantirait la paix, semble bien lointain et la population de Casamance n'a pas fini d'endurer ce climat de conflit larvé permanent.

RENSEIGNEMENTS

La Casamance peut s'enorgueillir d'offrir aux visiteurs un excellent site Internet : www.casamance.net. Mis à jour par Philippe Chiche, de l'Hôtel Le Flamboyant, à Ziguinchor, il recense la plupart des hôtels et restaurants de la région, ainsi que leurs tarifs, et fournit nombre de renseignements utiles. Ce site héberge également les pages Internet de nombreux hôtels présentés ici.

COMMENT S'Y RENDRE

Ziguinchor et Cap-Skirring possèdent tous deux un aéroport. Air Sénégal assure une liaison quotidienne entre Dakar et Ziguinchor moyennant 44 000 CFA l'aller simple ; deux vols par semaine poursuivent jusqu'à Cap-Skirring. Toutefois, il s'avère plus facile d'atteindre Banjul et Cap-Skirring en voiture depuis Ziguinchor. Reportez-vous au paragraphe *Comment s'y rendre* de la rubrique *Ziguinchor*, plus loin.

COMMENT CIRCULER
Vous pouvez visiter la Casamance en voiture, en transport public, à bicyclette ou à pied. À Ziguinchor (pour plus de détails, voir la rubrique *Comment circuler* de *Ziguinchor*) et à Cap-Skirring, les hôtels et les campements louent des véhicules. Vous pouvez aussi louer un taxi à la journée.

La randonnée est aisée le long des lagunes, mais quelques marais risquent de vous bloquer la route. Des piroguiers accepteront de vous faire traverser presque tous les bolongs, moyennant un petit dédommagement.

Les petites pistes, souvent ensablées, conviennent mal aux bicyclettes, même aux VTT, mais les chemins de terre battue sont parfaits, de même que les routes goudronnées. La prudence est toutefois de mise, car les rares véhicules circulant dans la région roulent assez vite et on peut difficilement se ranger. Si vous souhaitez éviter les longues étendues d'asphalte, ou tout simplement vous reposer, vous pouvez charger votre bicyclette sur un taxi-brousse.

Évitez de sortir aux heures les plus chaudes de la journée, vers midi, et pensez à prendre de l'eau. Pour en savoir plus sur les circuits à vélo ou à pied, contactez Casamance VTT à Oussouye (☎/fax 993 10 04, casavtt@yahoo.fr).

Les guides locaux
Si vous désirez quitter les sentiers battus et explorer des zones plus calmes à pied, à bicyclette ou en pirogue, nous vous conseillons les guides locaux. Ils vous indiqueront la route à suivre (seuls de très rares panneaux marquent le labyrinthe de sentiers et de pistes qui traversent la région, et on ne rencontre pas toujours quelqu'un à qui demander son chemin), et vous initieront à des aspects peu connus de la vie en Casamance. Avec un guide, vous vous intégrerez et serez accueilli plus facilement. Les circuits sont souvent ponctués de visites chez des amis ou des parents dans des villages éloignés, ce qui constitue un excellent moyen de rencontrer des Casamançais.

La meilleure façon de trouver un guide consiste à se renseigner à l'hôtel ou chez les loueurs de bicyclettes. Comme partout, rien ne vaut la recommandation d'un autre voyageur. Les hôtels Relais de Santhiaba et Le Flamboyant, à Ziguinchor, vous adresseront à des guides fiables, enthousiastes et cultivés. Comptez à partir de 5 000 CFA par jour.

Ziguinchor

206 000 hab.
Ziguinchor est la plus grande ville du Sud du Sénégal. Principal point d'accès à la Casamance, située sur la rive sud de l'estuaire du fleuve Casamance, la bourgade s'est installée là où les bateaux pouvaient le plus aisément traverser le fleuve. Aujourd'hui, un pont relie les deux berges. Au nord du fleuve se tiennent des villages typiques, que vous pourrez visiter en une journée depuis Ziguinchor.

Pour apprécier la ville, il faut prendre son temps. Quand on arrive, les rues poussiéreuses et calmes semblent peu prometteuses, mais on finit par se laisser bercer par son atmosphère agréable et détendue. En outre, les hôtels et les restaurants (pour tous budgets) offrent le meilleur rapport qualité/prix de tout le pays.

ORIENTATION
Les faubourgs de Ziguinchor s'étendent dans la brousse alentour, mais le centre-ville, assez compact, se visite très facilement à pied.

Le cœur de la ville est le rond-point Jean-Paul II, où aboutissent de nombreuses rues. En direction de l'est, l'avenue Carvalho (anciennement boulevard Foch) relie le centre à la gare routière. Près de la gare partent les routes rejoignant Dakar au nord et Tambacounda à l'est. Un large boulevard mène en direction de la Guinée-Bissau, au sud, mais à la sortie de la ville, il se transforme en une route étroite parsemée de nids de poule.

À partir du rond-point Jean-Paul II, la rue Javelier, qui traverse le centre-ville par le nord, compte des boutiques, des restaurants et une banque. Elle rejoint la rue du Com-

ZIGUINCHOR

OÙ SE LOGER
1 Hôtel Kadiandoumagne
2 Hôtel le Perroquet
3 Hôtel Aubert
4 Le Bombolong
16 Hôtel le Flamboyant
17 Hôtel du Tourisme,
   Consulat de
   Guinée-Bissau
18 Campement N'Daary
   Kassoum
21 Hôtel N'Daary Kassoum
25 Auberge Kadiandou
30 Auberge Casafrique
31 Hôtel Relais
   de Santhiaba
33 Hôtel le Bel Kady

OÙ SE RESTAURER
5 Restaurant le Palmier
9 Boulangerie
10 Restaurant le Mansah
28 Le P'tit Bedon
36 Restaurant Busso Niang

DIVERS
6 Bureau de la Sentram
7 Discothèque Kathmandu
8 Librairie,
   Casamance Loisirs
11 Banque SGBS
12 Poste
13 Diatta Tour International
12 Poste
15 Web City
19 Sud-Informatique
20 Station-service,
   Le Kassa
22 Walkunda bar et salon de thé
23 Cathédrale
24 Gare routière
26 Station-service
27 Africa Batik
29 Station-service
32 Arène de lutte
34 Bureau d'information des CRI
35 Centre artisanal
37 Poste
38 Alliance franco-sénégalaise

merce, qui longe la rive sud du fleuve Casamance.

La route qui part du rond-point vers le sud-ouest passe devant la cathédrale et devient l'avenue du Lycée-Guignabo (ou route de l'Aviation). Elle dessert le marché, le Centre artisanal, avant d'atteindre l'aéroport situé à 3 km du centre.

RENSEIGNEMENTS
Offices du tourisme
À Ziguinchor, en lieu et place de l'office du tourisme, adressez-vous au bureau des Campements ruraux integrés (CRI, ☎ 991 13 75), au Centre artisanal. Adama Goudiaby, son directeur depuis des années, vous fournira des renseignements détaillés concernant les campements et toutes sortes d'informations utiles.

N'hésitez pas à aller prendre un verre ou un repas chez Véronique et Philippe, qui gèrent l'Hôtel Le Flamboyant, rue de France, toujours heureux de partager leurs connaissances avec les visiteurs. Véronique pourra également vous aider à organiser des excursions ou à trouver un guide.

Argent
Vous pouvez changer de l'argent (si vous n'êtes pas pressé) ou obtenir une avance sur votre carte de crédit auprès de la CBAO, rue de France, ou de la SGBS, rue du Général-de-Gaulle. Toutes deux sont ouvertes de 7h45 à 12h et de 13h15 à 14h30 du lundi au jeudi, et de 7h45 à 13h et de 14h45 à 15h45 le vendredi. Derrière la SGBS, rue Fargues, face à l'Hôtel Aubert, vous trouverez le seul DAB de Ziguinchor, qui accepte les cartes Visa et MasterCard.

Poste
La ville compte deux bureaux de poste, l'un rue du Général-de-Gaulle, l'autre avenue Émile Badiane (anciennement rue du Docteur Olivier), au sud du Centre artisanal. Choisissez de préférence ce dernier pour les colis.

Téléphone
La rue Javelier et les rues alentour comptent plusieurs télécentres privés.

E-mail et accès Internet
Les deux cybercafés de la rue Javelier pratiquent le même tarif : 1 000 CFA l'heure. Web City (☎ 991 10 44 ; ouvert 10h-24h) offre un service correct, mais Sud-Informatique (☎ 991 15 73, www.sudinfo.sn ; ouvert 9h-24h), dispose de machines plus performantes et vous propose d'assister aux matchs de football européens diffusés par satellite.

Agences de voyages
Diatta Tour International (☎ 991 27 81, fax 991 29 81), rue du Général-de-Gaulle, s'occupe des réservations de billets d'avion, de circuits, d'hôtel et de campement, de la location de véhicules et de sorties de pêche. C'est également l'agent de DHL. Vous pouvez aussi vous rendre chez Casamance Loisirs (☎ 991 43 62), rue Javelier, une agence tenue, semble-t-il, par l'ancien directeur d'Air Sénégal.

Librairies
La meilleure librairie de la ville se situe à l'extrémité nord de la rue Javelier (vers le fleuve) ; elle dispose d'une bonne sélection d'ouvrages sur le Sénégal et la Casamance et de quelques magazines. Vous pouvez aussi vous faire servir un soda en terrasse tout en lisant votre journal.

Centres culturels
L'Alliance franco-sénégalaise (☎ 991 28 23) à l'extrémité sud de l'avenue du Lycée-Guignab, programme des expositions, des cours et des manifestations culturelles, et possède un agréable restaurant dans un jardin. Elle ouvre de 9h15 à 12h et de 15h à 19h15 du lundi au samedi.

Consulat
Le consulat de Guinée-Bissau (☎ 991 10 46) se trouve en face de l'Hôtel Le Flamboyant. Il est ouvert du lundi au vendredi de 8h à 14h. Avec 5 000 CFA et une photo d'identité, vous obtiendrez un visa en quelques minutes.

À VOIR ET À FAIRE
Le **marché Saint-Maur**, avenue du Lycée-Guignabo, à 1 km au sud du centre en direction de l'aéroport, vend entre autres des produits frais et mérite largement le détour. Les marchands du **Centre artisanal**, à proximité, présentent une large variété d'objets fabriqués dans la région, en particulier des sculptures en bois et du tissu. C'est là également que sont postés les racoleurs de la ville.

De retour en ville, promenez-vous dans la rue du Général-de-Gaulle pour découvrir d'impressionnants vestiges de l'architecture française, dont l'ancien bureau de poste, qui aurait bien besoin d'être rénové.

Non loin du rond-point Jean-Paul II, **Africa Batik** (☎ 991 26 89) propose des cours de batik à des prix défiant toute concurrence : 5 000 CFA par jour, tissus compris.

ACTIVITÉS SPORTIVES
L'Auberge Aw-Bay, à 3 km de la ville sur la route de Cap-Skirring, vous propose de **louer une bicyclette** moyennant 3 000 à 5 000 CFA ou d'effectuer une **excursion en pirogue** jusqu'à Affiniam pour 10 000 CFA par personne et par jour, 12 000 CFA repas compris.

L'Hôtel Relais de Santhiaba loue des VTT pour 5 000 CFA par jour ou des vélos de route à 2 500 CFA. Vous pourrez en outre

CASAMANCE

profiter d'un circuit en vélo et/ou bateau pour visiter les environs. L'excursion d'une journée en pirogue jusqu'à Djilapao, Affiniam et l'île des Oiseaux vous coûtera 6 250 CFA par personne pour un groupe de quatre personnes minimum. Les prix sont moins intéressants si vous êtes moins nombreux. Consultez également la rubrique *Environs de Ziguinchor* pour découvrir les possibilités d'excursions à la journée.

OÙ SE LOGER – PETITS BUDGETS

Auberge Kadiandou *(☎ 991 10 71 ; chambres sans sdb 4 000 CFA simples/ doubles avec sdb 5 000/6 000 CFA)*. Ce petit établissement est l'un des moins chers de Ziguinchor. Attaché à un bar-restaurant de style local et du même nom, il se tient près de la gare routière, ce qui s'avère pratique si vous désirez partir de bonne heure. Les chambres sont petites mais impeccables.

Le rustique **Hôtel Bel Kady** *(☎ 991 11 22 ; simples/doubles/triples/quadruples 3 500/4 500/5 000/6 000 CFA, petit déj 600 CFA)* attire depuis longtemps les voyageurs à petit budget : ses tarifs sont peu élevés, ses propriétaires sympathiques et son ambiance agréable. Les chambres sont correctes, bien que l'entretien laisse parfois à désirer selon certains voyageurs. Vous paierez 1 000 CFA de plus pour un ventil. et une moustiquaire. Pour un repas de style cap-verdien, comptez 800 à 1 500 CFA, et 600 CFA pour une bière.

Ziguinchor possède aussi deux campements peu onéreux, tous deux à 3 km à l'ouest du centre, sur la route de Cap-Skirring.

Juste au nord de la route de Cap-Skirring, à côté de l'antenne radio facilement repérable, évitez le **Campement Kassoumaye** *(☎ portable 630 12 85 ; chambres 3 300 CFA/pers)*. Les moustiquaires sont déchirées et les s.d.b. assez sales.

Sur la droite, 100 m plus loin, l'**Auberge Aw-Bay** *(☎/fax 936 80 76 ; chambres 3 500 CFA, plus taxe 600 CFA/pers)* dégage une atmosphère plus agréable. Propres, les chambres sont équipées de moustiquaires et de ventil. et le personnel, très accueillant, se montre de bon conseil.

Le petit déjeuner vous sera servi pour 1 500 CFA. Comptez 2 500 CFA pour les autres repas.

À proximité du centre-ville, le **Campement N'Daary Kassoum** *(☎ 991 1189, rue de France ; simples/doubles avec douche 4 000/5 000 CFA, doubles avec sdb 6 000 CFA)*, à ne pas confondre avec l'Hôtel N'Daary Kassoum, beaucoup plus sélect, aurait besoin d'un petit coup de peinture, mais n'en reste pas moins propre et fonctionnel. Les chambres sont immenses, sans parler de certaines s.d.b.

Situé entre l'embarcadère du ferry et le port, **le Bombolong** *(☎ 938 80 01 ; chambres 8 000 CFA, lit supp 2 100 CFA)* arbore de fort jolies chambres, mais situées très près de la discothèque –, ce qui se révèle gênant le week-end.

Chaudement recommandé, l'**Hôtel Relais de Santhiaba** *(☎ 991 11 99 ; simples/doubles sans-avec sdb 4 000-6 500/7 000-10 500 CFA)* se situe derrière l'avenue Cherif Bachir Aidara. Les chambres les moins chères sont plutôt spartiates, mais comme dans le reste de l'établissement, la propreté est irréprochable. En prix comprend le petit déjeuner. En revanche, vous devrez débourser 1 000 CFA pour un ventil. et 2 500 CFA si vous souhaitez la clim. L'hôtel loue des VTT corrects, des vélos de route rudimentaires et organise des circuits découverte en bicyclette et/ou bateau.

Face au Santhiaba, en diagonale, l'**Auberge Casafrique** *(☎/fax 991 41 22 ; simples/doubles sans-avec sdb 5 000-8 000/7 000-10 000 CFA, suppl 2 500 CFA avec clim)* manque un peu d'âme mais ses chambres sont très propres (certaines avec baignoire). Dans la cour, un singe et un pélican entravés, qui n'apprécient guère leur sort, font la fierté du gérant.

OÙ SE LOGER – CATÉGORIES MOYENNE ET SUPÉRIEURE

Au bord du fleuve, à côté de la jetée destinée aux pirogues, l'**Hôtel Le Perroquet** *(☎ 991 23 29, rue du Commerce ; simples/doubles/triples 8 500/ 11 500/ 15 000 CFA)* constitue une excellente adresse. Toutes les chambres disposent d'une s.d.b. et l'établissement compte un excellent bar-restaurant offrant une vue imprenable sur le fleuve Casamance.

Voisin du Perroquet, l'**Hôtel Kadiandoumagne** (☎ *991 11 46, fax 991 16 75, rue du Commerce ; simples/doubles 15 600/ 19 200 CFA)* offre d'excellents services. Toutes les chambres sont équipées de la clim. Installez-vous au bar, qui donne sur le fleuve, pour siroter une boisson en contemplant le coucher du soleil, les oiseaux ou le défilé incessant des bateaux. Il s'agit de l'un des rares établissements du pays accessible en fauteuil roulant.

L'**Hôtel N'Daary Kassoum** (☎ *991 14 72, ndaary@hotmail.com, rue de France ; doubles 11 000 CFA, petit déj 1 500 CFA)* est le moins cher de sa catégorie. Quelque peu austères, ses chambres de qualité sont dotées de clim. et de s.d.b.

L'**Hôtel Aubert** (☎ *938 80 02, rue Fargues)*, doyen des établissements de Ziguinchor, était en cours de rénovation lors de notre passage et devait rouvrir fin 2002. Il disposera alors d'une petite piscine et d'un restaurant. Les tarifs devraient être assez élevés.

Hôtel Le Flamboyant (☎ *991 22 23, fax 991 22 22, flamboyant@casamance .net, rue de France ; simples/doubles 13 600/16 200 CFA)*. Cet élégant hôtel représente probablement le meilleur rapport qualité/prix du pays. Impeccables, les chambres possèdent s.d.b., clim., réfrigérateur, téléphone, TV et donnent sur la piscine. En face, l'**Hôtel du Tourisme** *(simples/doubles 6 000/7 000 CFA),* tenu par les mêmes gérants, un couple de Français charmants et de bon conseil, loue des chambres moins chères. Vous trouverez au rez-de-chaussée un bar très agréable et un excellent restaurant.

OÙ SE RESTAURER

L'avenue du Lycée-Guignabo, autour du marché Saint-Maur, comporte quantité de cafés, de bars et de **gargotes**. L'un des établissements les moins onéreux, le **Restaurant Busso Niang**, à 15 m dans une ruelle située à une rue au sud de l'intersection

entre l'avenue Cherif-Bachir-Aidara et l'avenue du Lycée-Guignabo, propose des plats à partir de 400 CFA.

La plupart des hôtels de Ziguinchor comportent un restaurant. C'est notamment le cas de L'**Hôtel-Relais de Santhiaba**, *(repas 2 400-3 000 CFA, pizzas à partir de 1 800 CFA).* Gérard, le propriétaire français, prépare de bons repas à des prix raisonnables, en particulier des plats de viande et de poisson et de délicieuses pizzas.

L'**Hôtel du Tourisme** *(plats 3 000 CFA, pizzas à partir de 1 500 CFA ; ouvert tlj 12h-14h30 et 19h-22h)* passe plutôt inaperçu dans la journée. Le soir, l'éclairage soigné lui confère un certain charme colonial.

D'autres restaurants méritent un détour :

Près du port, le **Restaurant Le Palmier** *(☎ 936 81 81, rue du Commerce ; plats à partir de 1 000 CFA ; ouvert 24h/24)*, mal éclairé, affiche des spécialités du Sénégal, de Guinée et de Casamance, ainsi que du poisson accompagné de frites pour 1 500 CFA.

Le **Restaurant Le Mansah** *(☎ 936 81 46 rue Javelier ; plats environ 2 000 CFA ; ouvert 8h-24h)* prépare, entre autres plats, du poulet grillé, du *tiéboudienne* (riz accompagné d'une épaisse sauce au poisson et aux légumes) et des brochettes de crevettes à la sauce piquante ; le tout servi avec des frites et à un prix défiant toute concurrence.

Le P'tit Bedon *(☎ 991 26 53, av. Émile Badiane ; plats environ 4 000 CFA ; ouvert midi et soir mar-dim)* représente l'une des meilleures adresses de Ziguinchor, avec tout un choix de plats de différents pays. Particulièrement savoureux : le bœuf stroganoff (4 500 CFA) et le poisson Veracruz (nappé de sauce mexicaine sur un lit de riz, 4 000 CFA).

Vous pourrez acheter du pain frais à la **boulangerie** installée en face du Restaurant Le Mansah, rue Javelier, qui vend des baguettes et quelques pâtisseries 24h/24. Certains des bars que nous vous indiquons servent également à manger.

OÙ SORTIR
Bars et discothèques

La plupart des hôtels mentionnés ici possèdent un bar. Parmi eux, ceux de l'**Hôtel Kadiandoumagne** et de l'**Hôtel Le Perroquet**

Taxis d'enfer

Difficile de cerner le caractère de votre chauffeur de taxi lors d'un simple trajet en ville, car même le plus pondéré des hommes peut soudain se métamorphoser en fou furieux une fois lancé sur la route.

Ayant raté la pirogue, j'ai décidé de louer un taxi pour me rendre à Affiniam. Pendant la première partie du voyage, tout alla pour le mieux. Ensuite, lorsque nous avons quitté la route goudronnée, Boubacar, mon chauffeur, a montré une certaine tendance à appuyer sur le champignon. J'ai tout d'abord pensé qu'il cherchait à traverser cette zone le plus rapidement possible, afin de limiter les risques d'embuscade. Pourtant, jamais je n'avais entendu parler de rebelles dans la région… Lorsque je l'ai vu mettre une cassette techno dans l'autoradio, j'ai compris qu'il avait simplement décidé de se défouler sur ces pistes dont il avait peu l'habitude.

Nous sommes arrivés à Affiniam en un temps record et lorsque nous en sommes repartis, j'ai compris que le trajet aller n'avait été pour Boubacar qu'une simple mise en jambe. Après qu'il ait roulé à toute allure sur une chèvre, j'ai dû lui asséner quelques propos bien sentis. Quand nous avons traversé en trombe un village où les enfants jouaient au bord de la route et heurté un veau apeuré, mon sang n'a fait qu'un tour. S'amuser en conduisant est une chose ; avoir un comportement irresponsable mettant en danger la vie des autres en est une autre.

Par chance, je n'avais encore rien payé. Lorsque j'ai clairement laissé entendre à Boubacar que s'il faisait d'autres victimes innocentes, il ne toucherait rien, il a consenti à ralentir.

Andrew Burke

forment un cadre idéal pour siroter un cocktail. Le rond-point constitue un excellent point de départ pour découvrir les bars de la ville.

Le Kassa *(☎ 936 83 00 ; ouvert tlj 8h-2h)*, l'un des établissements les plus fréquentés,

est des plus agréables, bien que contigu à la station-service. En début de soirée, vous goûterez aux plats locaux et européens à partir de 1 500 CFA. Après 23h, l'animation bat son plein.

À la fois bar et salon de thé, le **Walkunda** *(☎ 991 18 45 ; ouvert 9h-1h)*, installé lui aussi sur le rond-point, est plus élégant (service en argent et verres à vin) et sert des spécialités françaises à prix très doux (compter 2 000 à 3 000 CFA pour la plupart des plats).

Si vous préférez danser, essayez **Le Kassa**, la discothèque chic installée dans **Le Bombolong** ou bien encore le **Kathmandou** *(rue du Général de Gaulle)*, moins sophistiqué et où les consommations sont plus abordables.

MANIFESTATIONS SPORTIVES

Pendant la saison sèche (novembre-mai), vous pourrez assister aux matchs de lutte qui se déroulent le dimanche à partir de 16h dans l'arène (un terrain poussiéreux), à l'est de l'avenue du Lycée-Guignabo.

COMMENT S'Y RENDRE
Avion

Air Sénégal a un bureau (☎ 991 10 81) à l'aéroport. Reportez-vous à la rubrique *Comment s'y rendre* au début de ce chapitre pour en savoir plus sur les vols desservant Ziguinchor.

Taxi-brousse, minibus et bus

La gare routière se situe à 1 km à l'est du centre. Voici quelques exemples de tarifs :

destination	taxi Peugeot CFA	minibus CFA	bus CFA
Bissau	4 500	-	-
Cap-Skirring	1 250	900	-
Dakar	6 500	5 000	4 500
Elinkine	1 250	750	-
Kafountine	2 000	1 500	1 500
Kaolack	5 000	3 500	2 500
Kolda	2 850	2 500	-
Oussouye	1 000	750	-
Séléti	2 000	-	-
Soma	2 500	2 000	-
Tambacounda	6 500	6 500	-

Les campements villageois

L'un des attraits de la Casamance réside dans ses campements ruraux intégrés (CRI), souvent appelés campements villageois. Il s'agit de logements modestes construits par les villageois grâce à des prêts de l'État, qui fonctionnent comme des coopératives, les bénéfices étant réinvestis pour construire des écoles, des maternités et des dispensaires.

La Casamance compte 10 CRI, mais en raison des flambées de violence et du déclin enregistré par le tourisme, quatre seulement demeuraient ouverts lors de notre passage. Les campements fermés étaient ceux de Diohère, Elinkine, Oussouye, Tionk Essil, Koubalan et Baïla. Quoi qu'il en soit, si la paix est rétablie et que le tourisme reprend, ces campements devraient rapidement être remis en état. En attendant, n'ayez pas d'inquiétude : si le campement est fermé, vous ne tarderez pas à trouver à vous loger. Les campements encore ouverts étaient ceux des villages d'Affiniam, Enampor, Pointe-Saint-Georges et Kafountine.

En arrivant, vous découvrirez généralement un campement de style local, éclairé par des lampes à huile, mais équipé bien souvent de douches et de toilettes disposant de l'eau courante, contrairement à bien des maisons du village.

Les prix standard (par personne, en CFA) sont les suivants :

lit (avec moustiquaire)	3 000
petit déjeuner	1 800
déjeuner ou dîner (3 plats)	2 500
demi-pension	7 300
pension complète	9 800
bière	750
soda	400
eau minérale	1 000

Vous trouverez le bureau des CRI au Centre artisanal de Ziguinchor, mais vous devrez vous y prendre au moins un mois à l'avance pour bénéficier du service de réservation. Il existe de nombreux campements privés du même type, affichant des installations et des prix similaires. Seule différence : les bénéfices reviennent au propriétaire et non à l'ensemble du village.

La plupart des transports pour Dakar partent entre 7h et 12h, passent par l'autoroute transgambienne et traversent le fleuve Gambie par le ferry qui relie Soma et Farafenni. Vous pouvez aussi rejoindre Dakar en prenant un bus quittant Ziguinchor vers minuit, ou très tôt le matin, depuis la gare routière. Ces bus atteignent la frontière gambienne avant l'ouverture des postes-frontières, parviennent au fleuve à l'heure du premier ferry et arrivent à Dakar entre 12h et 14h. Vous pouvez monter dans le bus à n'importe quel moment de la soirée ou de la nuit et y dormir jusqu'à son départ.

Bateau

Le *Joola*, censé faire deux fois par semaine la navette entre Dakar et Ziguinchor, *via* l'île de Carabane, est resté à quai pendant presque toute l'année 2001. S'il a repris du service lors de votre visite, renseignez-vous auprès du bureau Sentram (☎ 991 22 01) ou au port pour connaître les horaires.

COMMENT CIRCULER

Taxi

Le tarif officiel d'une course en taxi entre le centre de Ziguinchor et la gare routière (1 km) s'élève à 300 CFA. Il devrait être identique entre le centre et l'aéroport (4 km) ou entre la gare routière et l'Auberge Aw-Bay, à l'ouest de la ville (3 km). Pour les trajets plus longs, vous paierez sans doute entre 500 et 750 CFA. La file de taxis est stationnée au rond-point Jean-Paul II.

Voiture

Il n'existe pas de loueur officiel à Ziguinchor, mais Diatta International Tours (voir plus haut *Agences de voyages*) et la plupart des hôtels se chargeront de vous trouver une voiture. Les arrangements restent souvent informels et les détails, comme l'assurance, passablement confus, mais les véhicules sont généralement conduits par un chauffeur, ce qui évite de signer des papiers et de régler un dépôt de garantie. Comptez 25 000 CFA par jour, plus l'essence. Vous pouvez aussi louer un taxi. Si vous payez l'essence, le tarif à la journée devrait tourner autour de 20 000 CFA. Partez tôt de préférence, surtout si vous devez parcourir une longue distance – vous éviterez ainsi de rouler après la tombée de la nuit, ce que votre chauffeur appréciera aussi s'il doit regagner Ziguinchor.

Bicyclette

Pour circuler en ville, rien ne vaut la bicyclette : vous pourrez en louer une, par exemple, à l'hôtel Relais de Santhiaba et à l'Auberge Aw-Bay.

Les deux-roues à louer varient grandement : vous trouverez peut-être un VTT correct, mais le choix se limite le plus souvent à de vieux vélos de route, fort convenables si vous prenez votre temps et n'essayez pas de faire la course. Les VTT coûtent environ 5 000 CFA par jour (les vélos de route valent la moitié), mais vous pouvez négocier si vous désirez en louer un à la semaine.

ENVIRONS DE ZIGUINCHOR
Djilapao

En pirogue, vous pouvez visiter les villages de Djilapao et d'Affiniam (pour plus de détails sur ce dernier, voir plus loin *Casamance Nord*), sur la berge nord du fleuve Casamance. À Djilapao, vous admirerez les **cases à étages traditionnelles**, inhabituelles car à deux étages, ainsi que la maison d'un artiste local décorée de fresques (certaines sont assez osées).

L'**île des Oiseaux** attire de nombreux visiteurs ; vous n'aurez aucun mal à y voir des pélicans, des flamants roses, des martins-pêcheurs, des cigognes, notamment.

Comment s'y rendre. La plupart des hôtels de Ziguinchor organisent des excursions jusqu'à Affiniam et Djilapao, dont l'Hôtel Relais de Santhiaba et l'Hôtel Le Flamboyant (voir le paragraphe *À voir et à faire* de la rubrique *Ziguinchor*, plus haut dans ce chapitre).

Le restaurant Le Mansah peut aussi vous mettre en contact avec un piroguier, mais les tarifs sont plus élevés que ceux du Relais de Santhiaba. Pour une excursion d'une journée vers Affiniam, Djilapao et l'île des Oiseaux, vous paierez 15 000 CFA par personne pour deux passagers, ou 13 000 CFA par personne pour six passagers. Le tarif comprend le déjeuner à Affiniam. Vous pouvez aussi louer la pirogue entière pour 50 000 CFA la journée.

On peut aussi débattre directement avec les piroguiers, sur la jetée près de l'hôtel Kadiandoumagne. Les prix démarrent à 25 000 CFA pour deux personnes pour une sortie d'une journée jusqu'à Affiniam et l'île des Oiseaux, déjeuner compris, quitte à négocier si vous ne souhaitez pas déjeuner ou désirez visiter un autre lieu. Cette excursion est en soi très agréable, mais n'accordez aucun crédit aux jeunes piroguiers qui affirment être des spécialistes en ornithologie.

Les tarifs baissent si vous partez moins longtemps, mais vous passerez alors tout votre temps à traverser le fleuve, assez large à cet endroit, plutôt qu'à vous promener sur la berge ou à pénétrer dans les bolongs, où la mangrove et les oiseaux sont les plus intéressants. Ne payez la totalité de la somme qu'une fois rentré.

La dernière possibilité consiste à emprunter le ferry jusqu'à Affiniam (consultez la rubrique *Affiniam* dans *Casamance-Nord*, plus loin dans ce chapitre).

Basse-Casamance

Les séjours prolongés dans la brousse restent déconseillés tant que des hommes armés y circulent. Si, toutefois, la situation venait à s'apaiser, sachez que la Basse-Casamance est l'endroit idéal pour pratiquer la randonnée et le vélo.

Vous pouvez ainsi effectuer tout un circuit en combinant, sur 7 à 12 jours, randonnée et transports publics. Allez de Ziguinchor à Brin en taxi-brousse ; marchez jusqu'à Enampor, puis rejoignez Diohèrc, Niambalang ou Oussouye à pied ou en taxi-brousse. D'Oussouye, dirigez-vous sur Elinkine, puis prenez le bateau jusqu'à l'île de Carabane. Revenez à Elinkine et traversez Oussouye, ou empruntez une pirogue, pour atteindre Diakène Ouolof. De là, allez à Cap-Skirring en bateau ou en taxi-brousse, puis partez pour Diembering au nord et revenez à Ziguinchor en taxi-brousse.

À bicyclette, vous pouvez vous rendre de Ziguinchor jusqu'à Brin ou Enampor, puis passer par Oussouye et rejoindre Elinkine *via* M'Lomp, en suivant ce qu'il reste de la route goudronnée. Dirigez-vous vers Carabane en bateau, revenez à Elinkine, puis partez pour Oussouye sur l'ancienne route, *via* Loudia Ouolof, avant de continuer sur Cap-Skirring et Diembéring.

BRIN

De Brin, un petit village sur la route principale entre Ziguinchor et Cap-Skirring, le chemin de terre battue rejoint Enampor. Au cœur du village, le **campement Le Filao**, dont les bungalows se nichent dans un jardin tropical luxuriant, pratique des tarifs inférieurs à ceux des CRI. Vous trouverez peut-être qu'il fait un peu chaud dans les chambres. Dans ce cas, n'hésitez pas à faire comme les habitants du village en achetant de quoi vous éventer pour 450 CFA. Les voyageurs négligent souvent Brin. Le village se situe pourtant dans un cadre plaisant et de là, il est possible de randonner dans les forêts ou les champs alentour, ou de se promener en pirogue sur le fleuve Casamance, tout proche.

ENAMPOR

Enampor se situe à 23 km au sud-ouest de Ziguinchor. Le **campement villageois** est installé dans une énorme case à impluvium qui mérite le détour, même si vous n'y dormez pas. La Casamance compte de nombreuses cases de ce style, mais celle-ci en constitue l'un des meilleurs exemples. Vous paierez le tarif CRI standard pour l'héber-

Les cases à impluvium

Dans la plupart des villages diolas de Casamance, il existe traditionnellement au moins une case à impluvium. Pour construire ces vastes cases rondes en pisé, on utilise des poutres de palmier rônier et de palétuvier, deux essences résistant aux termites, que l'on recouvre ensuite de chaume.

Jadis, en temps de guerre, les villageois se mettaient à l'abri dans la case à impluvium. L'eau de pluie se déversait dans un grand réservoir, grâce à une ouverture aménagée dans le toit laissant d'ailleurs filtrer une douce lumière. Les plus vastes de ces cases à impluvium pouvaient accueillir jusqu'à 40 villageois accompagnés de leurs têtes de bétail.

Le pisé et le chaume ne protégeant guère des armes utilisées de nos jours, les cases à impluvium sont devenues rares. Vous en découvrirez néanmoins deux à Enampor et à Affiniam, la plus belle étant certainement celle de l'Alliance franco-sénégalaise de Ziguinchor.

gement et les repas. Mieux vaut apporter vos draps. Vous pourrez effectuer une simple visite moyennant 100 CFA en vous adressant à la direction.

Deux minibus rallient quotidiennement Ziguinchor à Enampor et à la localité voisine de Séleki (400 CFA). Vous avez aussi la possibilité de prendre un taxi-brousse pour Brin, puis de parcourir à pied les 13 km restant jusqu'à Enampor, à travers palmeraies, champs et villages, en prenant le sentier de droite (sud) à Essil, qui marque la moitié du parcours. D'Enampor, vous pouvez vous rendre en pirogue à Oussouye – ou presque partout ailleurs en Casamance – renseignez-vous au village.

DIOHÈRE ET NIAMBALANG

Diohère et Niambalang sont deux petits villages sur la route principale reliant Brin à Oussouye. Le **campement villageois** de Diohère et l'établissement privé **Chez**

Theodor Balouse, à Niambalang, étaient tous deux fermés lors de notre passage. Si vous devez y séjourner, adressez-vous au chef du village, qui vous trouvera un lit.

OUSSOUYE

Située environ à mi-chemin entre Ziguinchor et Cap-Skirring, Oussouye est la ville principale de Basse-Casamance. Plutôt endormie, même si son marché s'anime certains matins, elle fera un point de départ idéal pour visiter les environs.

C'est à Oussouye qu'est installé Casamance VTT (☎/fax 993 10 04, casavtt@yahoo.fr, casavtt.free.fr), petite compagnie fiable spécialisée dans les circuits à travers la région. Benjamin, son gérant français, loue des VTT à 4 000 CFA la demi-journée et 7 500 CFA la journée. Il organise également des circuits à bicyclette, à pied et en pirogue à partir de 9 500 CFA la journée (12 500 CFA repas compris). Le tarif à la journée reste le même pour les circuits plus longs. À la saison des pluies, les vélos ne se louent qu'à la journée. Benjamin organise en outre le Trophée Kabekel, célèbre course cycliste. Pour trouver Casamance VTT, faites-vous indiquer au campement comment vous rendre chez Benjamin.

Pensez aussi à visiter la **galerie Bahisen**, sur la route de Cap-Skirring, fruit d'un partenariat franco-sénégalais, où les artistes locaux réalisent de magnifiques œuvres contemporaines en bois, terre cuite et autres matériaux. La plupart des pièces sont exportées en Europe, mais les prix à la galerie restent raisonnables. Vous pouvez aussi acheter des remèdes traditionnels, comportant des instructions en plusieurs langues.

Où se loger

Lors de notre visite, le **campement villageois** abritant de très beaux témoignages d'architecture locale en pisé était malheureusement fermé. Deux autres établissements demeurent néanmoins ouverts, sur la même route de terre battue qui part du rondpoint à destination d'Elinkine.

L'**Auberge du Routard** (☎ 993 10 25 ; *chambres 3 000 CFA, demi-pension 5 500 CFA, petit déj 1 500 CFA*) vous

---

Le Trophée Kabekel

Tous les deux ans, Oussouye accueille la course cycliste que l'on dit "la plus conviviale du Sénégal" : autrement dit, le Trophée Kabekel. Lancée par Benjamin, de Casamance VTT, cette course constitue en quelque sorte une vitrine pour cette superbe contrée trop oubliée. Il s'agit d'ailleurs de l'une des rares manifestations collectives ayant lieu dans la région, où les motifs de célébration populaire ne sont pas légion. Le Trophée est ouvert à tous, l'édition 2001 ayant attiré des cyclistes venus d'Autriche et des États-Unis, ainsi que des dizaines de Sénégalais montés sur des bicyclettes en tous genres. Il existe différentes catégories masculines (vélo classique ou VTT pour un parcours de 36 km) et féminines (23 km sur 30 VTT fournis gratuitement par Benjamin), sans oublier une course en fauteuil roulant sur 3 km. Le prochain Trophée Kabekel aura lieu le 5 avril 2003. À l'avenir, la course devrait suivre un rythme annuel ou bisannuel. Pour plus de renseignements ou si vous souhaitez vous inscrire (le nombre de participants est limité), consultez le site kabekel.free.fr ou appelez Casamance VTT (☎ 933 10 04).

---

accueille dans une ambiance chaleureuse. Vous y verrez les femmes de la maison réaliser des batiks au centre d'un petit impluvium. Si vous le souhaitez, elles vous enseigneront les rudiments de leur art pour une somme modique. Simples et propres, les chambres disposent de s.d.b. communes.

À 300 m environ de l'Auberge du Routard, le **campement Emanaye Oussouye** (☎ 933 10 04, emanaye@yahoo.fr, emanaye.free.fr ; simples/doubles 4 500/ 6 000 CFA, demi-pension 7 500 CFA/pers) réserve un service supérieur, toutes les chambres disposant d'une s.d.b. Ce nouvel établissement a été ouvert par un ancien guide de Casamance VTT. Emanaye signifie "riz" en diola, et le campement se compose de constructions traditionnelles, à proximité de rizières.

Les poteries d'Edioungou

Edioungou, un petit village à l'est d'Oussouye, possède depuis des années un centre de fabrication de poteries traditionnelles. Jusque récemment, seuls les Casamançais achetaient ces poteries, mais une ONG s'est proposé d'aider les femmes qui les fabriquent afin que ces objets trouvent acheteurs auprès des touristes.

Vous trouverez des bols et des pots présentant une ligne pure et simple, ainsi que des objets plus élaborés comme des tasses et des bougeoirs. Les réalisations se distinguent par l'ajout de terre et de coquillages écrasés à l'argile, qui ressemble, après cuisson, à du cuir bruni. Vous pourrez acheter ces poteries à Edioungou, à Oussouye et sur les marchés de Casamance.

À l'est du bourg, vous découvrirez le **campement des Bolongs** *(☎ 993 10 41, fax 936 90 10 ; simples/doubles 7 000/ 10 000 CFA, petit déj environ 2 000 CFA)* à 1 km environ sur une piste très sablonneuse, près du village d'Edioungou. Ce vaste établissement, dans un cadre superbe et paisible, donne sur un *bolong* (petit cours d'eau). Propres et confortables, les chambres comptent une s.d.b. Vous pourrez y prendre vos repas pour quelque 4 000 CFA.

Où se restaurer et boire un verre
Dans la rue principale, le **Restaurant 2000**, le **Restaurant Sud** et **Chez Rachel** proposent des spécialités locales à 700 CFA environ.

N'hésitez pas à vous installer au **Télécentre et Buvette du Rond-Point** pour prendre un verre en toute tranquillité et passer d'éventuels coups de téléphone urgents.

Cette petite localité connaît une animation nocturne surprenante puisqu'elle compte, à l'est du centre, deux établissements. **Chez René** vous attend pour siroter un verre en toute quiétude, sous la paillote. Pour une soirée plus animée, essayez le **Bolong Nightclub**.

Comment s'y rendre
Tous les taxis-brousse entre Ziguinchor et Cap-Skirring passent par Oussouye. Reportez-vous au tableau des tarifs de la rubrique *Ziguinchor*.

M'LOMP
Sur la route plus ou moins goudronnée qui relie Oussouye à Elinkine, vous traverserez le village de M'Lomp, qui compte plusieurs cases à étage en brique crue ainsi que des maisons aux murs et aux piliers vivement colorés, typiques de cette région d'Afrique de l'Ouest. La vieille dame qui habite la plus grande case à étage, près de la grand-rue, vous fera visiter les lieux moyennant une petite rétribution. Vous passerez sans aucun doute devant l'immense fromager, arbre sacré du village, vieux d'au moins 400 ans, qui domine l'une des cases à étage.

À l'est du croisement, vous pourrez manger correctement chez **Le Pionnier** *(ouvert tlj 8h-23h)*, où l'on vous proposera des plats locaux et européens pour 500 à 1 000 CFA, dans une ambiance amicale.

POINTE-SAINT-GEORGES
Pointe-Saint-Georges se love dans un large méandre du fleuve Casamance, au nord de M'Lomp et d'Oussouye. L'ancien Hôtel Pointe-Saint-Georges reste fermé, mais un nouveau **campement villageois** a ouvert ses portes. Pour vous y rendre par la route il vous faudra un 4x4. La traversée en pirogue vous reviendra à 15 000 CFA environ.

ELINKINE
Village de pêcheurs animé, Elinkine est le point de départ vers l'île de Carabane. Depuis quelques années, des centaines de familles de pêcheurs de toute l'Afrique de l'Ouest sont venues s'y installer et les conséquences ne sont guère réjouissantes. La plage, autrefois décrite par certains comme "paradisiaque" est aujourd'hui glauque et les trois campements ont fermé. L'un d'entre eux (détruit par un incendie) pourrait cependant rouvrir.

En temps normal, plusieurs bus Alham rallient quotidiennement Ziguinchor à Elinkine, *via* Oussouye, pour 750 CFA. Les horaires au départ d'Elinkine semblent plus aléatoires. Quelques taxis Peugeot couvrent le même trajet. La course vous reviendra à 1 000 CFA.

ÎLE DE CARABANE

L'île de Carabane (ou Karabane) est un endroit paisible où il fait bon se prélasser. Cette belle île, située non loin de l'embouchure du fleuve Casamance, fut un foyer d'implantation et un comptoir important aux premiers temps de la colonisation. Le patrimoine colonial français de l'époque tombe aujourd'hui en ruine, mais vous y découvrirez une église de style breton et les vestiges d'une école. Au bord de la plage, le cimetière abrite les tombes de colons et de marins, parmi lesquels un certain capitaine Aristide Protet, qui mourut semble-t-il tué par une flèche empoisonnée lors d'une révolte diola, en 1836, et fut enterré avec son chien. La plage est idéale pour la baignade (vous apercevrez peut-être des dauphins) et l'île constitue un sanctuaire ornithologique fort intéressant.

Il n'existe pas de téléphone fixe sur Carabane et les portables ne fonctionnent qu'en un point précis de l'île. Lorsque vous téléphonez à l'un des établissements cités ici, laissez un message afin que la personne puisse vous rappeler.

Où se loger et se restaurer

Les établissements ci-dessous sont répertoriés d'est en ouest. Tous servent également des repas.

Le **campement Barracuda** (*☎ portable 659 60 01, fax 936 90 10 ; chambres*

en demi-pension 7 500 CFA), qui dispose d'un bar animé, accueille principalement des pêcheurs. Des sorties de pêche sont organisées pour 20 000 à 35 000 CFA par bateau. Vous pouvez aussi profiter d'excursions plus courtes pour aller observer les oiseaux ou visiter les villages des alentours (environ 8 000 CFA).

Très bien tenu, le charmant **Hôtel Carabane** (*☎ portable 633 17 82 ; simples/doubles avec petit déj 11 000/16 000 CFA)* est installé dans un jardin tropical luxuriant et ombragé, au bord de la plage, entre les deux campements. Cette ancienne mission catholique – la chapelle abrite aujourd'hui un bar ! – dont les bâtiments de l'époque coloniale ont été réaménagés au début des années 1990, propose d'élégantes chambres et un excellent menu du jour à 4 500 CFA. Vous pouvez réserver auprès de Diatta Tour International, à Ziguinchor (voir plus haut la rubrique *Agences de voyages* concernant Ziguinchor).

Chez Helena (*☎ portable 654 17 72, fax 821 73 05 ; chambres/demi-pension/ pension complète 4 000/6 000/8 000 CFA)*. Cet établissement tenu par la sympathique Helena propose de confortables chambres à des prix défiant toute concurrence.

Environ 500 m plus loin le long de la plage, le **campement Badji Kunda** (*lits en dortoirs 2 500 CFA, petit déj 1 500 CFA, repas 3 000 CFA, pension complète 12 000 CFA)* affiche un style artistique et une ambiance résolument insouciante. Le propriétaire, Malang Badji, est un peintre sculpteur qui a exposé en Europe. Ses

La soupe aux ailerons de requin

Ces quelques mots résument à eux seuls la malédiction d'Elinkine. Les eaux avoisinantes regorgent de requins et les Asiatiques sont prêts à payer des sommes folles afin de déguster la nageoire cartilagineuse de ces sélaciens. Elinkine a ainsi attiré de nombreux pêcheurs. La pêche aux requins est presque exclusivement pratiquée par des Ghanéens. En effet, si les Diolas de la région sont bien conscients de la valeur des ailerons de requin, les musulmans n'en mangent pas et les non-musulmans ne trouvent guère sa chair appétissante. Les Ghanéens qui vendent chaque année des milliers d'ailerons de requin semblent en ignorer la destination finale. Ainsi, l'un des pêcheurs qui demandait ce que les Asiatiques pouvaient bien faire de ces ailerons s'exclama, abasourdi : "Comment ? Ils n'en font rien ? Juste de la soupe ?"

œuvres (et celles des artistes locaux) sont en vente au campement. Si vous séjournez plusieurs jours et acceptez de payer les matériaux, vous pourrez vous essayer à la poterie ou à la spécialité locale, la peinture sur verre.

Outre ces hôtels, vous trouverez deux établissements très discrets, juste au-dessus du front de mer. **Le Kaati** *(Chez Babs ; ouvert 6h-24h ; plats 2 500 CFA, bière 800 CFA)* dispose de quelques tables pour savourer des fruits de mer et quelques plats. Plus spacieux, **Le Calypso** *(ouvert 9h-24h)* pratique des tarifs légèrement supérieurs pour la cuisine, mais facture la bière moins cher. Son "vidéo club" semble des plus incongrus sur cette île paisible.

Comment s'y rendre

Vous pouvez vous rendre sur l'île de Carabane depuis Elinkine à bord d'une pirogue à moteur. Un bateau part généralement à 15h pour rentrer à 9h le lendemain matin, ces horaires restant à vérifier. À défaut, vous devrez patienter au bord de l'eau jusqu'au départ d'un bateau. La traversée dure 30 minutes et coûte 750 CFA. Autre possibilité : louer un bateau moyennant environ 7 000 CFA l'aller.

Si vous êtes en groupe ou que vous disposez d'un confortable budget, Helena vous propose d'affréter un bateau qui vous emmènera où bon vous semble. Parmi les destinations possibles, citons Diembéring (17 400 CFA), Cap-Skirring (19 200 CFA), Ziguinchor (50 000 CFA) et Kafountine (54 000 CFA). Vous pouvez également gagner l'île de Carabane à bord du ferry *Joola*, si toutefois il est en état de marche (reportez-vous au chapitre *Comment circuler* pour en savoir plus).

CAP-SKIRRING

Les plages de Cap-Skirring figurent parmi les plus belles d'Afrique de l'Ouest. Conséquence logique : l'endroit compte plusieurs complexes hôteliers. Tout comme Saly et la côte atlantique gambienne, Cap-Skirring attire de nombreux tour-opérateurs européens. Animé, le village abrite un grand nombre de campements plus abordables où se donnent rendez-vous les voyageurs indépen-

dants. Si vous recherchez le soleil et le sable sans autre complication et la possibilité de faire la fête le soir, l'endroit vous conviendra.

Orientation

Le village de Cap-Skirring se trouve à 1 km au nord du croisement entre la route principale de Ziguinchor et l'axe côtier nord-sud. Vous y trouverez des magasins, des restaurants, des bars et des discothèques, un marché et une gare routière, mais pas un seul cybercafé à ce jour. Juste à l'extérieur du village se dressent les murs du Club Med, la "prison touristique", comme l'appellent les habitants. La plupart des autres hôtels et campements se trouvent au sud de Cap-Skirring, sur la route côtière qui rejoint Kabrousse, à 5 km de là.

Où se loger

Les possibilités d'hébergement conviendront à toutes les bourses. La plupart des établissements donnent sur la plage et proposent les services et activités habituels. Des différences existent en termes de qualité et de prix. Un peu partout, vous pouvez choisir la demi-pension ou la pension complète. Certains hôtels plus importants vous imposent ces formules. Dans la plupart des hôtels, vous pourrez profiter de circuits et d'excursions à la journée.

Petits budgets. Immédiatement au sud du croisement, une piste sablonneuse vous conduira, en direction de la plage, jusqu'au premier de ces trois campements.

Très vaste, **Le Mussuwam** *(☎/fax 993 51 84 ; chambres sans/avec sdb 3 000/6 000 CFA)* comporte une multitude de chambres sans charme. Comptez 13 000 CFA pour une chambre avec clim. et eau chaude (10 000 CFA sans eau chaude) et prévoyez un supplément de 5 000 CFA par personne en pension complète.

L'**Auberge de la Paix** *(☎ 993 51 45 ; chambres sans-avec sdb 3 000-6000 CFA/pers, petit déj 1 500 CFA)* vous accueille chaleureusement dans une ambiance familiale (certaines de ses chambres peuvent d'ailleurs accueillir 6 personnes). Nous vous recommandons les chambres rénovées avec s.d.b. où vous remarquerez les plafonds diolas traditionnels.

Sans doute le moins cher de la rue, le **campement Chez M'Ballo** *(☎ 936 91 02 ; chambres sans/avec sdb 4 000/7 500 CFA)* offre un excellent rapport qualité/prix et une ambiance détendue et amicale.

Sur la route de Ziguinchor, non loin de l'intersection, le **campement Le Bakine** *(☎ portable 641 51 24 ; chambres/demi-pension 3 000/7 000 CFA par pers),* très apprécié des artistes français, baigne dans une atmosphère de créativité. Des concerts de musique africaine sont programmés le mercredi et le samedi et vous pourrez y suivre des cours de percussions, de danse, de peinture ou de sculpture. Les chambres sont simples mais correctes.

Le **campement Les Palétuviers** *(☎/fax 993 52 10 ; chambres/demi-pension 8 000/12 000 CFA)* est en réalité une discothèque installée dans le village, qui dispose à l'arrière d'un petit campement. Les chambres confortables sont installées au bord de la nouvelle piscine, censée être ouverte à toute heure. À éviter si vous avez le sommeil léger.

Catégories moyenne et supérieure.
Ces hôtels sont listés du nord au sud. Nombre d'entre eux acceptent les cartes de crédit.

Installé sur une plage calme, au nord de Cap-Skirring, le vaste **Hôtel Résidence Kacissa** *(☎ 993 52 58, fax 993 52 59 ; chambres/demi-pension 12 000/20 00 CFA, cottages 200 000 CFA/sem)* était sur le point d'ouvrir ses portes lors de notre passage. Les chambres doubles et les cottages sont confortables et d'un bon rapport qualité/prix. Les tarifs varient selon la saison, mais semblent raisonnables. Équipés d'un coin cuisine, les cottages peuvent recevoir des familles de 4 personnes.

À Cap-Skirring même, L'**Auberge Le Palmier** *(☎ 993 51 09 ; doubles avec sdb 10 000 CFA, supp 2 000 CFA avec clim)* propose des chambres correctes et un bar-restaurant servant un excellent plat du jour à 3 500 CFA. L'ambiance haute en couleur est très appréciée des Français de passage.

Juste en face de l'intersection de la route qui vient de Ziguinchor, l'**Hôtel La Paillote** *(☎ 993 51 51, fax 993 51 17, paillote@ sentoo.sn ; demi-pension à partir de 30 000 CFA/pers),* dans un site fort agréable, loue des bungalows nichés dans un luxuriant jardin tropical. Il est réputé pour sa délicieuse cuisine française et son ambiance raffinée. Savourez un cocktail sur la terrasse, tout en admirant le coucher de soleil sur l'Atlantique.

Sur le front de mer où sont installés les campements, la merveilleuse **Villa des Pêcheurs Aline Sitoe** *(☎ 993 52 53, fax 993 51 80, sitoe@arc.sn, www.villadespecheurs .com)* possède 6 confortables chambres (avec s.d.b.) donnant sur une plage tranquille. Vous aurez tout loisir de déguster une cuisine délicieuse sur la terrasse et vous détendre autour d'un petit bar. Les propriétaires feront tout pour rendre votre séjour agréable. Passionnés de pêche, ils vous proposeront des sorties en mer. Pour vous renseigner sur les tarifs, appelez l'Hôtel Le Flamboyant à Ziguinchor.

Juste à la frontière avec la Guinée-Bissau, non loin de Kabrousse, l'**Hôtel Les Hibiscus** *(☎ 993 51 36, fax 993 51 12, hibiscus@sentoo.sn ; chambres avec petit déj 26 000 CFA/pers),* un petit établissement raffiné, est installé dans de luxuriants jardins près de la plage. Impeccables, les bungalows sont décorés d'étonnante fresques et de tissus sénégalais.

Non loin de Kabrousse, vous trouverez également **Le Royal Cap** *(☎ 993 51 19, fax 993 51 27)* et **Le Kabrousse** *(☎ 993 51 26),* et 2 km au nord de Cap-Skirring, **Le Savana Cap** *(☎ 993 51 52, 993 51 92).* Un peu vieillots, ces trois établissements de luxe qui appartiennent au groupe Sénégal Hôtels étaient en cours de rénovation lors de notre visite. Ils sont essentiellement fréquentés par des touristes bénéficiant d'une formule tout compris. Si vous y venez par vos propres moyens, la demi-pension vous coûtera entre 40 000 et 60 000 CFA.

Où se restaurer

Tous les hôtels proposent un service de restauration et le village de Cap-Skirring compte plusieurs restaurants bon marché

Le bukut, une tradition masquée chez les Diolas

Bien que l'utilisation traditionnelle de masques de bois soit quasiment inconnue au Sénégal, plusieurs groupes ethniques se servent de masques et de costumes en fibres végétales au cours de leurs cérémonies d'initiation. Les Diolas, qui habitent la Casamance et le sud-ouest de la Gambie, utilisent ces masques depuis très longtemps lors de la cérémonie d'initiation des hommes, le *bukut*.

Le Bukut se déroule tous les 20 à 25 ans, lorsque la jeune génération d'hommes diolas acquiert savoir et statut social. Les préparatifs commencent plusieurs mois à l'avance, car la cérémonie est composée de grandes fêtes au cours desquelles de nombreuses bêtes sont sacrifiées. Lors de ces préparatifs, les mères composent des airs que chanteront les jeunes initiés, lors d'un rituel où circule une pièce de tissu appelée *buyeet*. Chaque jeune possède son chant, lequel ne sera plus chanté publiquement jusqu'à sa mort.

Les *ejumbi* sont différents : ce sont des masques composés de joncs tissés, avec des yeux tubulaires et une paire d'énormes cornes de bétail. Ils sont portés par certains jeunes initiés à leur retour de la forêt sacrée, mais uniquement par ceux qui possèdent des dons de voyance.

Parmi les autres masques, le *fulundium* est fait de tissu décoré de miroirs, de perles, de boutons et de cauris. Le *gatambol* est un masque abstrait composé de fibres végétales.

Les masques sont élaborés par les jeunes initiés avec l'aide des anciens de la tribu. Ils ont conservé une forme traditionnelle, même s'ils peuvent aujourd'hui se composer en partie de peinture laquée ou de contours en plastique.

Le Bukut, aujourd'hui encore un événement très important, symbolise l'identité des Diolas. Il a survécu au temps et s'est adapté au christianisme et à l'islam.

dont les spécialités sénégalaises coûtent de 500 à 1 000 CFA. L'un des plus courus, **Mamans**, se situe légèrement en retrait de la rue principale ; on vous servira de généreuses portions pour 500 CFA. Juste à côté, **Chez Lena Gourmandis** (☎ 936 91 16) offre un service similaire, mais pratique des tarifs plus élevés, justifiés par quelques raffinements supplémentaires, comme les nappes.

Toujours dans la rue principale, **Chez Delphine** (☎ 993 52 76 , ouvert 8h-14h et 17h-24h) prépare les meilleurs pizzas du village, avec quelques variantes locales à découvrir, comme *l'Africa* ou la *Feeling* (3 900 CFA). Une fois la dernière pizza servie, Delphine s'en va rejoindre la piste de danse de la Case Bambou.

Plus haut de gamme, le **Restaurant La Pirogue** (☎ 993 51 76), face à l'Hôtel La Paillote, affiche un bon menu à 6 000 CFA.

Si vous décidez de faire votre cuisine, vous trouverez dans le village toutes sortes de boutiques et un petit **marché aux fruits**. N'hésitez pas non plus à vous approvisionner au **Mini-Marché Chez Gnima** *(ouvert tlj 7h-13h et 16-20h)*, au sud du carrefour.

Bars et discothèques

Vous trouverez un bar dans tous les hôtels et campements, souvent avec une vue superbe sur l'océan. Pour une soirée plus animée, choisissez l'un des bars installés dans la rue principale du village. Le petit **Black & White Bar** *(bière 800 CFA ; ouvert 10h-3h)* diffuse du reggae dans une ambiance décontractée. **Le Bambou Bar** *(bière 600 CFA ; ouvert 18h-3h)* voisin vous accueille lui aussi dans un cadre intime. En face, l'imposante et quelque peu tapageuse **Case Bambou** *(☎ 993 51 78 ; ouvert 22h30-4h)* est le lieu le plus animé de Cap-Skirring, où les habitants aisés et le personnel du Club Med viennent savourer des consommations à prix exorbitant.

Comment s'y rendre

Reportez-vous à *Comment s'y rendre* au début de ce chapitre pour des détails concernant les vols d'Air Sénégal International depuis/vers Dakar. Des taxis-brousse (1 250 CFA) et des minibus (900 CFA) relient régulièrement Ziguinchor à Cap-Skirring, plutôt le matin. Vous pouvez aussi rejoindre Cap-Skirring depuis Carabane en serpentant en pirogue à travers les bolongs (environ 20 000 CFA). Il n'est pas possible de franchir la frontière avec la Guinée-Bissau à Kabrousse.

Comment circuler

La plupart des hôtels et campements proposent des bicyclettes et des voitures de location et organisent des excursions en pirogue dans l'intérieur des terres. Les excursions d'une journée en bateau démarrent autour de 15 000 CFA. Demandez que l'on vous dépose à Elinkine ou sur l'île de Carabane, plutôt que de retourner à Cap-Skirring.

Auto Cap4 (☎ 993 52 65, ☎ portable 637 48 28) dispose d'un parc de 4x4 en tous genres. Les tarifs de location débutent à 25 000 CFA la journée et 20 000 CFA la semaine.

DIEMBÉRING

Pour échapper à l'effervescence de Cap-Skirring, dirigez-vous vers Diembéring, non loin de là, au nord, où l'ambiance africaine authentique contraste avec celle de son voisin touristique. La plage, calme et exempte d'importuns, s'étend à 1 km du village.

Pour vous loger, n'hésitez pas à rejoindre le **campement Asseb** (☎ 993 31 06), spacieux et agréable, situé près du grand fromager, à l'entrée du village. Les chambres sont quelque peu rudimentaires, mais le prix reste correct par rapport à celui des campements ruraux. Le **campement Aten-Elou**, situé sur une colline dominant le village, est malheureusement fermé. Pour vous restaurer, installez-vous au **Restaurant Le Diola**, à l'entrée du village, après avoir pris soin de prévenir Anna. Vous y dégusterez des spécialités locales (1 200 CFA), à moins de préférer un sandwich (400 CFA).

On peut atteindre Diembéring à bicyclette mais le sable et la chaleur rendent la route difficile. Un taxi de Cap-Skirring vous reviendra à 5 000 CFA l'aller, mais vous pouvez emprunter le minibus quotidien depuis Ziguinchor, qui passe par Cap-Skirring vers 17h et revient le lendemain matin de bonne heure.

PARC NATIONAL
DE BASSE-CASAMANCE

Ce parc national est fermé depuis plusieurs années. Personne ne sait s'il a été ou non miné ni quels animaux y vivent encore. Il ne semble pas devoir rouvrir dans un avenir proche. Ce parc d'environ 7 km sur 5 km s'étend à l'est de Cap-Skirring. Il comprend plusieurs zones de végétation : forêt tropicale et sous-bois denses, prairies, marécages et mangroves. Avant sa fermeture, il abritait certains animaux, comme des singes rouges, des troupeaux de buffles, des porcs-épics, des mangoustes, des crocodiles et des léopards. Il comportait un bon réseau de chemins de randonnée et des miradors d'où observer les oiseaux et les mammifères.

Lorsque le parc rouvrira, le cas échéant, nous vous conseillons de loger à Oussouye et de le visiter en une journée, à bicyclette ou en taxi. Renseignez-vous sur les conditions de sécurité avant de partir.

Comment s'y rendre

Depuis Oussouye, suivez la route de Cap-Skirring sur 2 km et tournez à gauche (sud) au panneau qui indique le parc. L'entrée se trouve à 8 km sur une route ensablée en direction de Santiaba Mandjak. Une fois dans le parc, continuez vers le sud sur 500 m et tournez à droite pour atteindre les bureaux.

Casamance-Nord

Lorsque les troubles auront cessé – en espérant qu'ils cesseront –, la Casamance-Nord sera de nouveau un paradis pour les randonnées cyclistes. Les sentiers sont verdoyants et ombragés, même s'ils comportent quelques passages sablonneux difficiles. Pour gagner du temps, engagez un guide local qui connaît les raccourcis intéressants. De Ziguinchor, vous pouvez prendre le ferry jusqu'à Affiniam, pédaler jusqu'à Tionk-Essil (où il fait bon faire une halte de deux jours ou plus), continuer sur Baïla et revenir à Ziguinchor *via* Bignona et Koubalan. Lors de la rédaction de ce guide, cet itinéraire était toutefois à déconseiller.

AFFINIAM

À quelques kilomètres au nord du fleuve, Affiniam s'atteint facilement en bateau depuis Ziguinchor et constitue une destination d'une journée très prisée. L'intérêt majeur d'Affiniam réside dans son **impluvium** (lire dans ce chapitre l'encadré *Les cases à impluvium*) qui abrite d'ailleurs le campement villageois. Au grand regret des touristes et des photographes, le toit traditionnel en chaume a été remplacé par un vilain toit en tôle ondulée, qui a cependant le mérite d'être plus pratique pour les habitants. Nous vous conseillons de séjourner quelques jours à Affiniam pour visiter les environs, où peu de voyageurs s'aventurent.

Le **campement villageois** propose des chambres et des repas aux prix standard pratiqués par les CRI. Malheureusement, peu de visiteurs s'y installent. L'expérience permet pourtant de découvrir la Casamance authentique et Donatine, son directeur, est des plus sympathiques. Vous y trouverez des chambres rudimentaires et des s.d.b. propres.

Comment s'y rendre

Un ferry part de Ziguinchor les lundi, mercredi et vendredi matins, et d'autres jours encore si la demande est suffisante. Il s'arrête une heure au "port d'Affiniam" (à 1 km du campement) avant de repartir. Le billet coûte 500 CFA.

Vous pouvez aussi vous rendre à Affiniam en vélo (si vous êtes en forme) ou en voiture : quittez la route principale venant de Ziguinchor à 2 km environ au sud de Bignona, puis traversez le barrage au nord-est d'Affiniam pour rejoindre le village.

De nombreux hôtels à Ziguinchor proposent des excursions comprenant une visite d'Affiniam. Vous pouvez aussi arranger votre propre sortie – pour plus de détails, voir *Activités sportives* dans *Zinguinchor* et *Comment s'y rendre* dans *Environs de Ziguinchor*.

TIONK ESSIL

Le village de Tionk Essil (orthographié aussi Thionck-Essyl et d'autres manières) se situe à environ 20 km au nord-ouest d'Affiniam, dans une zone de transition entre la mangrove et la forêt sablonneuse, ce qui en fait l'un des campements les plus isolés de la Casamance. Néanmoins, le village mérite un détour – la région environnante est paisible et magnifique, les villageois font preuve d'un fort esprit communautaire. De nombreux jeunes gens ayant vécu à Dakar ont choisi de revenir chez eux pour profiter de la qualité de vie. En 1997, les jeunes du village ont planté 40 000 arbres afin de régénérer la mangrove. Pour vous rendre à Tionk Essil depuis Ziguinchor, empruntez les occasionnels taxis-brousse ou louez une bicyclette, une voiture ou un taxi.

Le **campement villageois**, occupé à plusieurs reprises par l'armée, est tout simplement fermé depuis un certain temps. Les villageois se chargeront de vous loger, probablement dans la maison du maire.

BIGNONA

À 30 km au nord de Ziguinchor, Bignona se situe au croisement de la route principale de/vers Banjul et de l'autoroute transgambienne. Cette localité assoupie, sillonnée par des seniors en mobylette, abrite de nombreux bâtiments coloniaux délabrés.

Plutôt déprimant, l'**Hôtel Le Kellumack** (☎ 994 10 11 ; *simples/doubles 4 000/5 000 CFA*) se tient au nord de la ville, près de la gendarmerie. Si vous arrivez de Dioul) loulou, tournez à gauche juste après le pont.

Non loin de là, l'**Hôtel Le Palmier** (☎ 994 12 58 ; *chambres sans/avec sdb 4 000/7 000 CFA, petit déj 700 CFA*) représente un bien meilleur choix.

KOUBALAN ET BAÏLA

Koubalan se situe à quelques kilomètres à l'est de la route principale reliant Ziguinchor à Bignona. Vous pouvez vous y rendre en taxi-brousse depuis Ziguinchor (500 CFA) et même, si la marée est favorable, en pirogue. Baïla se trouve un peu à l'écart de la grande route entre Bignona et Dioulloulou. Les **campements villageois** de ces deux localités sont fermés depuis quelques temps déjà, mais les

habitants nous ont affirmé qu'ils seraient rou-
verts dès la reprise de l'activité touristique.

DIOULOULOU

Le village se trouve à 20 km au sud de la
frontière gambienne, là où la route venant
de Kafountine se divise pour rejoindre d'un
côté Ziguichor et de l'autre Serekunda (en
Gambie).

Si vous cherchez à vous loger, le **Relais
Myriam** (☎ 936 95 91 ; *bungalows sans-
avec sdb 2 000-4 000 CFA/pers*) comporte
des installations plutôt sommaires, les s.d.b.
étant en fait composées d'une douche avec
un baquet d'eau. L'électricité fonctionne de
19h à 7h, mais le directeur nous a assuré
qu'il y en aurait bientôt toute la journée.

Kafountine et Abéné

Kafountine et Abéné sont deux stations balnéaires en vogue. Ces deux villages côtiers,
situés immédiatement au sud de la Gambie,
comptent désormais plus de 20 pensions à
l'ambiance décontractée, et dont le personnel semble passer la journée à rêvasser dans
la plus totale insouciance. Cette région est
séparée du reste de la Casamance du Nord
par un large bras du fleuve appelé marigot
de Diouloulou.

Grâce à son isolement géographique, la
région a été relativement épargnée par le
conflit séparatiste, même si de brefs affrontements s'y sont produits en avril 2002.
Autre conséquence : elle s'apparente davantage au Nord du pays, comptant une forte
minorité musulmane mandingue et wolof au
sein de la population diola. Les habitants
vont plus volontiers faire leurs achats à Brikama, en Gambie, qu'à Ziguinchor.

Les alentours de Kafountine et d'Abéné
ont attiré des artistes sénégalais et européens. De nombreux campements organisent des cours de percussion, de danse et de
création de batik, et présentent des expositions et des spectacles. Il s'agit d'un endroit
agréable pour se relaxer quelques jours et
explorer la culture locale. Des manifesta-

tions se déroulent très souvent le week-end ;
demandez autour de vous. Vous pourrez
même assister au **Festival d'Abéné,** qui programme tous les ans de la musique, de la
danse et du théâtre pendant 10 jours, généralement à partir du 24 décembre, attirant
des artistes et des spectateurs de toute
l'Arique de l'Ouest et d'Europe. Pour en
savoir plus, consultez le site www
.alnaniking.co.uk/festival.

Les bolongs et les lagunes autour de
Kafountine sont propices à l'observation
des oiseaux, en particulier les échassiers. La
lagune la plus facile à atteindre se trouve
derrière la plage, près du campement Sitokoto. Un peu plus loin, plusieurs bolongs et
marigots méritent également une visite. Le
meilleur poste d'observation n'est autre que
le bar de l'Esperanto, d'où vous pourrez
admirer le lac tout en sirotant un cocktail
réconfortant.

Le Sanctuaire ornithologique de la pointe
de Kalissaye est formé d'un groupe d'îles
sablonneuses à l'embouchure du marigot de
Kalissaye. À ce jour, il se trouve sous les
eaux. En conséquence, les passionnés d'ornithologie préfèrent se rendre au Sanctuaire
ornithologique de Kassel, 5 km au sud-est
de Kafountine.

Autre site d'intérêt : la presqu'île des
Oiseaux, une étroite langue de terre entre
l'océan et un bolong, qui abrite une population très importante de sternes caspiennes.
L'Hôtel Karone, situé légèrement plus au
nord, organise des excursions en 4x4 et se
fait un plaisir de renseigner les passionnés
d'ornithologie.

KAFOUNTINE

Kafountine est un village qui s'étire à environ 2 km de l'océan, près de l'extrémité de
la route goudronnée de Diouloulou. Sur la
côte même se tient un grand marché au
poisson et la plage d'où s'élancent les
bateaux. Il s'agit d'un endroit animé, qui
constitue presque un bourg à part, avec plusieurs cases, une station-service (pour les
bateaux) et un télécentre. Les camions de
Ziguinchor et de Dakar viennent ici pour
charger le poisson dès que les bateaux rentrent. La pêche dépend de la marée, mais

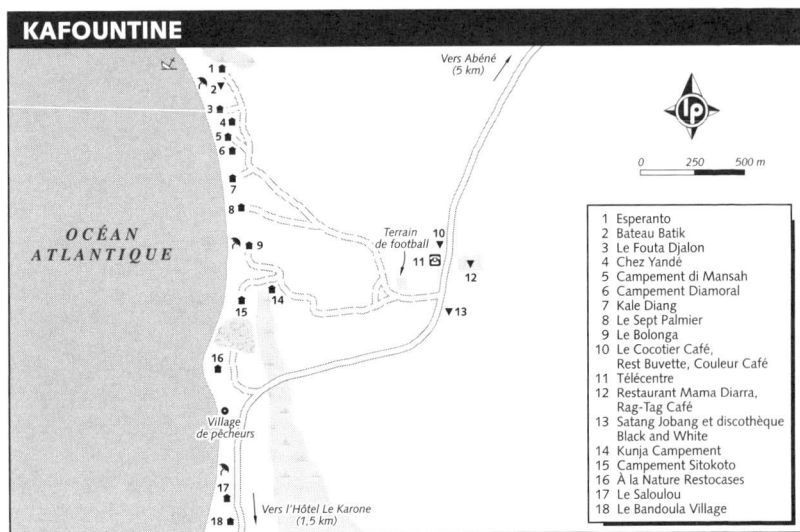

KAFOUNTINE

Vers Abéné (5 km)

OCÉAN ATLANTIQUE

Terrain de football 10

Village de pêcheurs

Vers l'Hôtel Le Karone (1,5 km)

0   250   500 m

1 Esperanto
2 Bateau Batik
3 Le Fouta Djalon
4 Chez Yandé
5 Campement di Mansah
6 Campement Diamoral
7 Kale Diang
8 Le Sept Palmier
9 Le Bolonga
10 Le Cocotier Café,
   Rest Buvette, Couleur Café
11 Télécentre
12 Restaurant Mama Diarra,
   Rag-Tag Café
13 Satang Jobang et discothèque
   Black and White
14 Kunja Campement
15 Campement Sitokoto
16 À la Nature Restocases
17 Le Saloulou
18 Le Bandoula Village

n'hésitez pas à aller regarder les bateaux partir ou, plus spectaculaire encore, à les observer quand ils rentrent en surfant sur les rouleaux après une longue journée en mer.

Au nord de la zone de pêche, s'étale une grande plage peu fréquentée qui mène au nord, presque jusqu'à la frontière gambienne, en passant par Abéné. L'atmosphère qui règne à Kafountine est la même que dans ses pensions : ici, rien ne presse. Si vous venez de Serekunda, en Gambie, vous aurez subitement l'impression que le temps a ralenti son cours, ce qui n'est pas forcément une mauvaise chose.

Le village compte plusieurs télécentres, mais vous n'y trouverez ni accès à l'Internet, ni banque.

Où se loger

Les établissements de Kafountine jalonnent plusieurs kilomètres le long de la côte, se répartissant en deux grands secteurs : la zone nord, que vous atteindrez en tournant à droite sur la piste qui quitte le village vers l'ouest, et la zone sud, qui suit la route principale au sud du village. Les établissements mentionnés (la liste n'est pas exhaustive) sont classés du nord au sud. La plupart des numéros de téléphone et de fax correspon-

dent à des télécentres du village. Vous devrez donc laisser un message.

Zone nord. L'Esperanto *(Chez Éric et Antonella, ☎/fax 936 95 19, antoeric@ hotmail.com ; bungalows/demi-pension 7 500/12 500 CFA, petit déj 1 500 CFA)* est installé dans un cadre magnifique, entre la mer et un bolong où vivent une multitude d'oiseaux. Joliment décorées et très confortables, les chambres sont disposées autour d'un bar ouvert sur l'extérieur. En septembre, prévenez à l'avance de votre arrivée.

Le Fouta Djalon *(☎ 936 94 94 ; chambres/demi-pension 9 000/15 000 CFA)*, tenu par des Français, dispose de bungalows en brique rouge installés dans un vaste jardin. Vous pourrez y louer des bicyclettes et profiter d'excursions pour aller observer les oiseaux ou partir à la pêche.

Chez Yandé *(☎/fax 936 95 19, kamerer _Gmbh@t-online.de ; doubles avec petit déj 6 000 CFA)* est un sympathique campement tenu par Yandé, véritable mine de renseignements. Les chambres sont plutôt simples et lors de notre passage, nous avons trouvé la piscine vide. L'endroit devrait être encore plus agréable avec un peu de monde.

Le **Campement Diamoral** *(Chez l'Espagnol ; chambres/pension complète 2 500/ 6 000 CFA)* est un établissement sénégalo-catalan, aussi inconfortable que bon marché. Cet inconvénient, toutefois, est largement compensé par une ambiance familiale amicale. La nourriture traduit la rencontre de l'Espagne et de l'Afrique et nous en avons eu de bons échos. Juste à côté, vous découvrirez le **Campement di Mansah**, du même genre, qui propose des cours de percussion à 2 500 CFA l'heure.

Le **Kale Diang** *(☎/fax 936 95 19, kalediang @hotmail.com ; chambres 3 200 CFA/ pers)* est installé sur un terrain très boisé, autrefois considéré comme sacré par les habitants. Tenu par des Néerlandais, il comporte en bord de plage des chambres confortables disposant de douches propres, avec de l'eau en baquet. Ici, on respecte le mode de vie traditionnel (sans générateur !). Pour profiter de l'excellente cuisine, prévoyez 1 200 CFA pour le petit déjeuner, 1 800 pour le déjeuner et 3 200 pour un dîner à la lanterne. Vivement recommandé ! Pour les excursions en pirogue, renseignez-vous auprès de Fela, le griot rasta.

Le **Sept Palmier** *(lits 1 500 CFA)* fait honneur à son nom, avec ses sept palmiers sur le front de mer. Les chambres sont rudimentaires, mais le repos passe après les percussions et la fumette. Vous pourrez prendre vos repas pour 1 000 CFA et des cours de percussion pour 4 000 CFA l'heure.

Vous rejoindrez les trois établissements ci-dessous en empruntant l'embranchement de gauche, juste après le terrain de football. Les panneaux ne manquent pas.

Un peu délabré, le **Kunja Campement** *(chambres 2 500 CFA/pers, petit déj 1 000 CFA)* est équipé de bungalows simples installés dans un vaste jardin ombragé. Comptez 1 500 à 3 000 CFA par repas. Vous pourrez y suivre des cours de percussion et de danse.

Le **Bolonga** *(☎ 994 85 15 ; chambres/ demi-pension 5 000/10 000 CFA)*, un établissement de qualité, dipose de chambres impeccables et de s.d.b. en parfait état. La nourriture y est excellente et vous pourrez déguster le meilleur poisson (au four) accompagné de frites (chaudes et croustillantes) de Casamance.

Immédiatement au sud du Bolonga, le **campement Sitokoto** *(☎ 994 85 12)*, géré par le village, pratique les tarifs standard des campements CRI. Les chambres sont rudimentaires mais propres et les s.d.b. communes disposent d'eau courante.

Zone sud. Au cœur du village de pêcheurs et à deux pas de l'eau, **À la Nature Resto-cases** *(☎ 994 85 24, calanature@ metissicana.sn ; chambres avec petit déj/ demi-pension 4 500/7 500 CFA)* est un agréable établissement de deux étages entouré d'un luxuriant jardin, où règne une ambiance rasta avec hamacs, tambours, bungalows rudimentaires et accès à l'Internet fonctionnant à l'énergie solaire.

Sur l'étroite bande de sable située au sud du centre de pêche, apparaissent les deux établissements suivants, installés côté à côte.

Très bien tenu, le **Saloulou** *(☎/fax 994 85 14, www.saloulou.com ; chambres/demi-pension 8 000/14 000 CFA/pers, petit déj 2 000 CFA)*, à deux pas de la plage, propose des sorties de pêche en mer ou sur les bolongs. Toutes les chambres disposent d'une s.d.b.

Sénégalo-suédois, **Le Bandoula Village** *(☎ 994 85 11 ; chambres 12 000 CFA, petit déj 2 500 CFA)* comporte de belles chambres propres, avec s.d.b., pouvant accueillir de 1 à 3 personnes. Les triples offrent un excellent rapport qualité/prix.

Environ 2 km plus au sud, le sélect **Hôtel Le Karone** *(☎/fax 994 85 25, karone@ telecomplus.sn ; demi-pension 22 500 CFA/ pers)* occupe un vaste jardin et la piscine est installée à 50 m de la plage. Les bungalows au toit de chaume sont dotés de clim. et de douches chaudes. Vous pouvez louer un véhicule pour partir en excursion vers les réserves ornithologiques des environs, mais également des vélos, des kayaks ou des scooters de mer.

Où se restaurer

Vers la sortie sud du village, légèrement au nord de la discothèque Black and White, le **Satang Jobang** abrite une école où les femmes de 16 à 32 ans viennent apprendre à cuisiner et à réaliser des vêtements et du batik. On y fabrique également une délicieuse confiture vendue, tout comme les différentes productions, à la boutique. Vous pouvez aussi savourer leur cuisine en commandant votre déjeuner avant 9h. Toutes les suggestions seront bien accueillies, y compris les exigences végétariennes, pourtant étrangères aux traditions locales.

Près du campement Fouta Djalon, le **Bateau Batik** *(☎ 936 95 20, bateaubatik @hotmail.com)* est à la fois un café et un atelier de batik géré par un sympathique couple germano-sénégalais, Ingrid et Sobroco. Vous pouvez venir prendre un café ou un soda, visiter l'exposition de batiks, acheter une œuvre ou apprendre à confectionner la vôtre. Les cours, qui ont bomme réputation, coûtent 3 000 CFA de l'heure pour quatre à six heures.

Le marché du village de Kafountine compte plusieurs établissements où vous pourrez déguster des produits frais traditionnels à petit prix. Citons notamment le **Restaurant Mama Diarra** et son voisin, le **Rag-Tag Café**. Au nord du marché, de l'autre côté de la rue, vous découvrirez **Le Cocotier Café Rest Buvette** *(ouvert 8h-24h)* et le **Couleur Café** *(☎ 936 95 20 ; ouvert 8h-24h)*, qui fait aussi bien bar que restaurant. Le plat du jour (généralement africain) coûte de 500 à 1 000 CFA. En continuant légèrement vers le nord, le **Restaurant-Bar Le Baobab** *(ouvert 7h-24h)* est surtout fréquenté par les expatriés français. Vous pourrez y prendre un repas pour 2 000 CFA.

La plupart des hôtels et des campements proposent un service de restauration si vous les prévenez à l'avance. Nous conseillons le **Kale Diang**, la **La Bolonga** et **Chez Yandé**, ce dernier préparant de bonnes spécialités, notamment indiennes et végétariennes (poulet au gingembre ou *okra madras*).

Comment s'y rendre

Des taxis-brousse relient directement Ziguinchor à Kafountine (2 000 CFA en taxi Peugeot). Vous pouvez aussi monter à bord d'un véhicule en partance pour Diouloulou, puis de là, prendre un taxi-brousse pour Kafountine (500 CFA).

Vous trouverez également des taxis-brousse au départ de Serekunda ou de Brikama, en Gambie, bien que dans ce cas, l'itinéraire direct emprunte généralement les petites routes pour passer la frontière à Dar-

silami, plutôt qu'au poste principal de Séléti. Votre passeport ne sera donc pas tamponné côté sénégalais (voir l'encadré *Le poste-frontière de Darsilami*). Le trajet Brikama-Kafountine vous coûtera 1 200 CFA (30 D). Une autre solution consiste à franchir la frontière immédiatement au sud de Kartong.

Comment circuler

Tous les taxis-brousse arrivant à Kafountine vous déposeront dans le centre du village. Si vous poursuivez le chemin de terre vers le sud, vous trouverez des taxis locaux qui font la navette entre Kafountine et le village de pêcheurs.

Sinon, vous avez la possibilité de louer une bicyclette dans une boutique du marché ou à certains campements. Le tarif standard s'élève à 2 500 CFA par jour, mais vous pouvez négocier le prix en fonction de la qualité du vélo.

ABÉNÉ

Abéné se situe à 6 km de Kafountine. Le village comporte plusieurs hôtels, soit à Abéné même, soit à quelques kilomètres, sur la plage. Plus calme que Kafountine, la bourgade est plus difficile à atteindre.

Du village, vous devrez emprunter un sentier ensablé de 2 km pour rejoindre la plage, en passant devant un petit village artisanal, près de l'intersection où une piste mène au Village-Hôtel Kalissai, un établissement haut de gamme.

Au campement La Belle Danielle, dans le centre du village, vous pourrez louer des bicyclettes à 2 000 CFA par jour et une voiture avec chauffeur à 35 000 CFA par jour, essence comprise. Des excursions à pied vous seront proposées, afin d'observer les singes dans la brousse, et également en pirogue, en mer ou sur les bolongs; Des objets souvenirs et des cartes postales y sont en vente.

Si vous désirez vous arrêter dans un lieu différent, rendez-vous à l'**Oasis**. Vous aurez le loisir de participer aux séances de yoga, méditation et massage.

Où se loger

Le **campement La Belle Danielle** *(☎ 936 95 42   chambres/demi-pension   2   500/*

Le poste-frontière de Darsilami

Les taxis-brousse effectuant le trajet de Brikama à Kafountine traversent souvent la frontière au petit poste de Darsilami. Le taxi (généralement un minibus ou un Alham) s'arrêtera à Darsilami pour vous permettre d'officialiser votre sortie du territoire gambien. Cependant, côté sénégalais, la frontière est depuis longtemps contrôlée par les troupes anti-gouvernementales. Des hommes en armes vous demanderont votre passeport, mais n'y apposeront aucun cachet. Si vous arrivez à Abéné ou à Kafountine sans avoir pu faire tamponner votre passeport, pas de panique ! La procédure habituelle consiste à se rendre dès le lendemain à Séléti pour discuter avec les agents de la police des frontières et obtenir votre tampon moyennant, peut-être, une cigarette. Vous pouvez aussi demander, plus simplement, au personnel de votre hôtel de s'en charger. Les employés du campement la Belle Danielle, à Abéné, vous épargneront ce souci moyennant 2 000 CFA.

6 000 CFA ; ouvert nov-juin) est un endroit à la fois décontracté et fort bien organisé, au cœur du village. Vous pourrez profiter d'excursions et apprécier l'amabilité des frères Konta. Si vous venez de Kartong, en Gambie, téléphonez : une Land Rover viendra vous chercher et on s'occupera même de faire tamponner votre passeport à Séléti pour une somme modique.

Trois autres campements se situent au bout de la route allant du village à la plage.

La **Maison Sunjata** *(☎/fax 994 86 10, info@senegambia.de ; chambres/demi-pension 7 500/13 000 CFA/pers)*, petit établissement tenu par des Allemands, propose des chambres propres et confortables. Pensez à réserver entre juillet et octobre et n'hésitez pas à goûter au délicieux *bisap* (boisson maison à base de fleurs d'hibiscus). Juste à côté, le **Casamar**, très spacieux, était fermé lors de notre visite. Son avenir semble incertain.

Plus sélect, le **campement Le Kossey** *(☎ 994 86 09 ; chambres/demi-pension 5 000/10 000 CFA par pers)*, tenu par des Italiens, est installé au bord de la plage. Vous y logerez dans de confortables bungalows, au milieu d'un jardin où fleurissent les bougainvillées.

Juste à côté, l'**O'Dunbaye Land École de Danse** *(☎ 936 95 14 ; chambres demi-pension 6 000 CFA)*, un endroit décontracté – plus connu sous le nom de Chez Thomas –, vous propose des séries de cours de danse et de percussion de qualité pour 8 500 CFA.

Vaste et chic, **Le Kalissai** *(☎ 994 86 00, fax 994 86 01, kalissai@sentoo.sn ; simples/doubles 26 000/30 000 CFA)*, aux somptueux bungalows avec clim., s'étend au milieu d'une agréable palmeraie ombragée entourée de jardins impeccablement entretenus. Bifurquez à droite sur la route qui mène à la plage et vous le trouverez, environ 3 km plus au nord.

Où se restaurer

Plusieurs petits établissements peu onéreux sont installés autour du marché et sur la route de la plage. Non loin des campements et de la plage, le **Restaurant Chez Véro** *(☎ 936 95 14)* sert des repas corrects pour quelque 2 000 CFA, ainsi que des boissons fraîches.

Comment s'y rendre

Vous pouvez vous rendre à Abéné en empruntant les transports publics en direction de Kafountine. Sachez cependant que le village est situé à 2 km de la route principale et que vous devrez encore marcher 2 km pour atteindre la plage. Tous les transports publics à destination de Kafountine s'arrêtent au carrefour d'Abéné, près du village de Diannah, qui compte un petit restaurant où vous pourrez vous désaltérer en attendant. La plupart des chauffeurs de taxi accepteront toutefois de faire un petit détour jusqu'à Abéné. La route pour l'hôtel Le Kalissai est signalée à environ 3 km avant la route qui mène au village.

Haute-Casamance

SÉDHIOU

À quelque 100 km à l'est de Ziguinchor, sur la rive nord du fleuve Casamance, Sédhiou se trouve sur la route de Tambacounda et peut constituer une halte lors d'un circuit dans cette région peu visitée de la Casamance. De Tanaf, sur la route entre Ziguinchor et Kolda, les taxis-brousse locaux se dirigent sur Sandinière, où les ferries traversent le fleuve pour rejoindre Sédhiou. Des taxis-brousse effectuent aussi la liaison entre Sédhiou et Bounkiling sur l'autoroute transgambienne.

L'**Hôtel La Palmeraie** *(☎ 995 11 02, philippe.bertrand@apicus.net ; bungalows 12 500/20 000 CFA)* accueille surtout des chasseurs dans de confortables bungalows avec clim., au milieu d'un jardin, sur la rive du fleuve.

KOLDA

Kolda est une localité plus importante où règne une atmosphère agréable.

La vie à Kolda s'organise autour de trois pâtés de maisons faisant face à la poste, au centre-ville. C'est sans doute là que vous arriverez si vous venez de Ziguinchor. Après le pont, prenez la rue Elhadji Demba Koita, la première sur votre gauche, où vous trouverez l'**Hôtel Moya** *(☎ 996 11 75 ; doubles sans/avec clim 10 800/13 800 CFA)*, plutôt terne, qui affiche des prix un peu excessifs. En face, le **Bamboo Bar** *(ouvert 8h-4h)* est un petit établissement poussiéreux mais très fréquenté. En retrait du fleuve, l'**Hôtel Hobbe** *(☎ 996 11 70, diahobbe@sentoo.sn ; chambres sans/avec clim 11 000/16 250 CFA)* propose de bien meilleures chambres, équipées de lits immenses et de la TV, et dispose d'un accès Internet.

Vous mangerez correctement dans les petites **gargotes** autour du marché et près de la poste. Le **Darou Salam Restaurant** *(ouvert 12h-22h30)* ne paie guère de mine de l'extérieur, mais sert de la bonne cuisine. Vous aurez le choix entre plusieurs spécialités locales du jour (350 CFA). Du côté sud du pont, sur la gauche, le **Badaala** *(☎ 996 10 12 ; ouvert 8h-4h)*, élégamment décoré, a un petit air dakarois. Installez-vous sur la terrasse pour observer les étoiles, avant de redescendre boire un verre, servi à prix modique.

Des taxis-brousse partent de la gare routière, à 2 km du village, sur la route de Sedhiou. Un taxi Peugeot vous coûtera 2 500 CFA jusqu'à Tambacounda et 2 850 CFA pour Ziguinchor.

Langue

Les langues coloniales

Le grand nombre de langues locales parlées au Sénégal rend indispensable l'utilisation d'un idiome commun. Si, dans l'est de l'Afrique, le swahili s'est développé comme langue véhiculaire, commune à tous les peuples ; en Afrique occidentale, c'est la langue des anciens colonisateurs qui est devenue commune à chaque pays, en l'occurrence, le français au Sénégal.

LE FRANÇAIS

Le tutoiement est davantage utilisé en Afrique qu'en France. Vous entendrez *s'il te plaît* bien plus que *s'il vous plaît*. Dans le doute, lorsque vous vous adressez à des douaniers ou à des anciens, employez le vouvoiement.

Les langues africaines

Les diverses tribus et groupes ethniques disséminés de chaque côté des frontières nationales ont chacun leur propre langue ou leur propre dialecte. Il existe près de 50 langues différentes en Sénégambie, dont au moins 15 sont parlées par plus de 15 000 personnes. Les langues maternelles utilisées comme langage principal par un grand nombre de personnes sont répertoriées ci-dessous (bien que de nombreux Sénégalais parlent au moins deux langues locales). Les transcriptions en langue locale reflètent la prononciation et non l'orthographe correcte des mots. Les caractères gras indiquent l'accentuation de la prononciation.

LE DIOLA

Les Diolas vivent en Casamance ainsi que dans le sud-ouest de la Gambie, où on orthographie leur nom Jola. Leur langue est le diola, ou jola, à ne pas confondre avec le dioula, ou dyola, parlé au Burkina Faso et en Côte-d'Ivoire.

La société diola étant très segmentée et peu rigide, plusieurs dialectes se sont développés sans qu'existe nécessairement une intercompréhension, même si la zone occupée par les Diolas est relativement petite.

Bonjour/bienvenue	*kah-sou-mai-kep*
Salutations (réponse)	*kah-sou-mai-kep*
Au revoir	*ou-kah-to-rrah*

LE PEUL (FOUFOULDE OU POULAAR)

Les Peuls sont éparpillés dans toute l'Afrique occidentale, du nord du Sénégal jusqu'au Soudan, à l'est, ainsi qu'au Ghana et au Nigeria, au sud. Ils sont également connus sous le nom de Foulas, Foulanis ou Foulbés. Il existe deux langues principales au sein des Foulanis.

- Le foufoulde/poulaar est parlé principalement dans le nord et le sud du Sénégal. Il comprend les dialectes nommés toucouleur et foulakounda.
- Le fouta foula, également appelé fouta jalon, est l'une des principales langues locales de Guinée. Il est également usité dans l'est du Sénégal.

Ces langues, que l'on retrouve sur des zones très vastes, possèdent de nombreux dialectes régionaux qui ne sont parfois pas compris par d'autres groupes relevant de la même ethnie.

Les expressions poulaar suivantes sont normalement comprises de la majorité des Sénégalais. Sachez que les lettres ng ne forment qu'un seul son (comme dans "gong").

Entraînez-vous à le prononcer seul et en début de mot. La lettre ñ se prononce "gn" comme dans "oignon".

Bonjour	*no ngoolu daa* (sg)
	no ngoolu dong (pl)
Au revoir	*ñalleen e jamm*

	(litt. "Passe une bonne journée")
mbaaleen e jamm	("Passe une bonne nuit")
S'il te plaît	njaafodaa
Merci	a jaaraama (sg) on jaaraama (pl)
Je t'en prie (= de rien)	enen ndendidum
Pardon/excusez-moi	yaafo ou achanam hakke
Oui	eey
Non	alaa
Comment vas-tu ?	no mbaddaa ?
Je vais bien	mbe de sellee
...et toi ?	an nene ?
Peux-tu m'aider s'il te plaît ?	
ada waawi wallude mi, njaafodaa ?	
Parles-tu français/anglais ?	
ada faama faranse/engale ?	
Je ne parle que français	
ko faranse tan kaala mi	
Je parle un peu anglais	
mi nani engale seeda	
Je comprends	mi faami
Je ne comprends pas	mi faamaani
Comment t'appelles-tu ?	
no mbiyeteedaa ?	
Je m'appelle ...	ko ... mbiyetee mi
D'où viens-tu ?	to njeyedaa ?
Je viens de ...	ko ... njeyaa mi
Où est ... ?	hoto woni ... ?
Est-ce loin ?	no woddi ?
tout droit	ko yeesu
gauche	nano bang-ge
droite	nano ñaamo
Combien est-ce que ça coûte ?	
dum no foti jarata ?	
C'est trop cher	e ne tiidi no feewu
Laisse-moi tranquille !	
accam ! ou oppam mi deeja !	

1	go-o
2	didi
3	tati
4	nayi
5	joyi
6	jeego
7	jeedidi
8	jeetati
9	jeenayi
10	sappo
11	sappoygoo
12	sapoydidi
13	sappoytati
20	noogaas
30	chappantati
100	temedere
1000	wujenere
un million	miliyong goo

LE MALINKÉ

Le malinké est parlé dans l'est du Sénégal par plus de 250 000 personnes et figure donc parmi les six langues nationales du pays. Bien qu'il ressemble par certains aspects au mandingue, le malinké est considéré comme une langue distincte.

Bonjour	nee-soh-mah
Bonsoir	nee-woo-lah
Comment vas-tu ?	tan-ahs-teh ?
Merci	nee-kay
Au revoir	m-bah-ra-wa

LE MANDINGUE

Il est parlé par le peuple mandingue, qui occupe principalement le centre et le nord de la Gambie ainsi que certaines parties du sud du Sénégal. Les Mandingues sont étroitement liés à d'autres groupes ethniques de même langue, notamment les Bambaras, au Mali, d'où ils sont originaires. Le mandingue fait partie des langues nationales du Sénégal.

Dans la liste d'expressions suivantes, les lettres ng devraient se prononcer comme dans "gong" et la lettre ñ se prononce "gn" comme dans "oignon".

Bonjour	i/al be ñaading (sg/pl)
Au revoir	fo tuma doo
S'il te plaît	dukare
Merci	i/al ning bara (sg/pl)
Je t'en prie/de rien	mbee le dentaala / wo teng fengti
Je m'excuse/pardon	hakko tuñe
Oui	haa
Non	hani
Comment vas-tu/allez-vous ?	
i/al be kayrato ?	Je vais bien

tana tenna (litt. "Je n'ai pas de problème")
kayra dorong ("la paix seulement")
Et toi ? *ite fanang ?*
Comment t'appelles-tu ? *i too dung ?*
Je m'appelle ... *ntoo mu ... leti*
D'où viens-tu/venez-vous ?
i/al bota munto ?
Je viens de ... *mbota ...*
Peux-tu m'aider s'il te plaît ?
i seng maakoy noo, dukare ?
Pouvez-vous m'aider s'il vous plaît ?
al seng maakoy noo, dukare ?
Parles-tu français/anglais ?
ye faranse/angkale kango moyle ?
Je ne parle que français
nga faranse kango damma le moy
Je parle un peu anglais
nga angkale kango domonding le moy
Je comprends
ngaa kalamuta le/ngaa fahaam le
Je ne comprends pas
mmaa kalamuta/mmaa fahaam

Où est ... ? *... be munto ?*
Est-ce loin ? *faa jamfata ?*
C'est tout droit *sila tiling jan kilingo*
gauche *maraa*
droite *bulu baa*
Combien est-ce que ça coûte ?
ñing mu jelu leti ?
C'est trop cher *a daa koleyaata baake*
Laisse-moi tranquille ! *mbula !*

1	*kiling*
2	*fula*
3	*saba*
4	*naani*
5	*luulu*
6	*wooro*
7	*woorowula*
8	*sey*
9	*kononto*
10	*tang*
11	*tang ning kiling*
12	*tang ning fula*
13	*tang ning saba*
20	*muwaa*
30	*tang saba*

100	*kem*
1000	*wili kiling*
un million	*milyong kiling*

LE WOLOF

Cette langue est parlée par les Wolofs (orthographié également Ouolofs), lesquels sont implantés dans le centre, au nord et à l'est de Dakar, le long de la côte et dans les régions occidentales de la Gambie. Le wolof est utilisé comme langue commune en de nombreux endroits du Sénégal et de la Gambie, où il remplace souvent le français ou l'anglais, tant et si bien que certains petits groupes ethniques se plaignent de la "wolofisation" de leur culture.

Dans les expressions suivantes, les lettres ng se prononcent comme dans le mot "gong" et la lettre ñ se prononce "gn" comme dans "oignon".

Bonjour (sens général) *na nga def* (sg)
na ngeen def (pl)
Bonjour (le matin) *jaam nga fanane*
Bonjour (l'après-midi) *jaam nga yendoo*
Bonne nuit *fanaanal jaam*
Au revoir *ba beneen*
S'il te plaît *su la nexee*
Merci *jai-rruh-jef*
Je t'en prie/je vous en prie
agsil/agsileen ak jaam
Excusez-moi/pardon *baal ma*
Oui *wau*
Non *deh-det*
Comment vas-tu ?
jaam nga am ? (litt. "As-tu la paix ?")
Je vais bien *jaam rek*
Et toi ? *yow nag ?*
Comment t'appelles-tu ?
naka-nga sant ?
Je m'appelle ... *maa ngi tudd ...*
Où habites-tu ? *fan nga dahk ?*
D'où es-tu/êtes-vous ?
fan nga joghe/fan ngeen joghe ?
Je viens de ... *maa ngi joghe ...*
Parles-tu français/anglais ?
deg nga faranse/angale ?
Je ne parle que français
faranse rekk laa degg
Je parle un peu anglais *degg naa tuuti angale*

Je ne parle pas wolof/anglais
   mahn deggumah wolof/angale
Je comprends   *degg naa*
Je ne comprends pas *degguma*

Je voudrais ...   *dama bahggoon ...*
Où est ... ?   *fahn la ... ?*
Est-ce loin ?   *soreh na ?*
tout droit   *cha kanam*
gauche   *chammooñ*
droite   *ndeyjoor*
Entre !   *dugghal waay !*
Combien est-ce que cela coûte ?
                   lii ñaata ?
C'est trop cher   *seer na torob*
Laisse-moi tranquille !
                 may ma jaam !

Lundi   *altine*
Mardi   *talaata*
Mercredi   *allarba*
Jeudi   *alkhyama*
Vendredi   *ajuma*
Samedi   *gaawu*
Dimanche   *dibeer*

0   *tus*
1   *benn*
2   *ñaar*

3   *ñett*
4   *ñeent*
5   *juroom*
6   *juroom-benn*
7   *juroom-ñaar*
8   *juroom-ñett*
9   *juroom-ñeent*
10   *fuk*
11   *fuk-ak-benn*
12   *fuk-ak-ñaar*
13   *fuk-ak-ñett*
20   *ñaar-fuk*
30   *fanweer*
100   *teemeer*
1000   *junneh*
un million   *tamñareet*

Salutations

À l'instar de nombreuses autres ethnies essentiellement musulmanes, les Wolofs et les Mandingues utilisent les salutations arabes traditionnelles : *"Salaam aleikoum"* (littéralement : "la paix soit avec toi") et *"Aleikoum asalaam"* (littéralement : "avec toi aussi").

Glossaire

Alham – bus Mercedes blanc, appelé aussi N'Diaga N'Diaye à Dakar

auberge – en Afrique occidentale, le terme désigne n'importe quel petit établissement hôtelier

bâché – pick-up recouvert d'une bâche et utilisé comme taxi-brousse rudimentaire

banco – argile ou boue servant de matériau de construction

bassi-salété – millet servi avec des légumes et de la viande

bisap – boisson de couleur pourpre élaborée avec de l'eau et des feuilles d'hibiscus

bolong – littéralement "rivière" en mandingue ; désigne les petits cours d'eau

boubou – vêtement sophistiqué en forme de robe porté par les hommes et les femmes (également appelé *grand boubou*).

cabine – abri pour le soleil

cadeau – le terme désigne aussi bien un présent qu'un pourboire, un dessous-de-table ou une aumône

café Touba – café épicé (également appelé *café saf*)

campement – il peut s'agir d'un hôtel, d'une auberge, d'un lodge, voire d'un motel, mais pas d'un terrain de camping

CEAO – Communauté économique de l'Afrique de l'Ouest

car rapide – minibus circulant généralement en ville, souvent en mauvais état. Il peut rouler vite ou très lentement.

carrefour – il s'agit d'un croisement de routes, mais également d'un endroit où se retrouvent les gens.

carrefour des jeunes – maison des jeunes

case à impluvium – grande maison traditionnelle ronde, dont le toit est conçu pour récolter l'eau de pluie dans un réservoir ou un récipient central

case de passage – endroit rudimentaire pour dormir, souvent à proximité d'un arrêt de bus, composé presque essentiellement d'un lit ou d'un matelas sur le sol. Il sert également presque toujours d'hôtel de passe (également appelé *chambres de passage).

cases étages – logements en terre de deux étages

chacori – yaourt local mélangé à du millet pilé et du sucre

chambres de passage – voir *case de passage*

chasée submersible – pont submersible

chawarma – sandwich constitué de tranches d'agneau et de salade dans du pain pita, semblable à un kebab

cheri ou **latcheri** – millet pilé

cheri-bassi – mélande pilé de haricots noirs, de millet et de graines d'arachide

dibiterie – échoppe de viande grillée

domodah – sauce à base de graines d'arachide avec de la viande et des légumes

Ecomog – forces militaires composées de soldats des pays membres de la CEAO

fabrique – comptoir fortifié pour le commerce d'esclaves

fanals – grandes lanternes et procession au cours de laquelle ces lanternes sont promenées dans les rues

fanday – variante du *chacori* dans laquelle le millet est bouilli avant d'être mélangé (également appelé *monaye*)

FMI – Fonds monétaire international

fromager – également connu sous le nom de bombax, de kapock ou d'arbre à coton, cet arbre se caractérise par une écorce jaune, des fruits semblables à de grosses cosses et des racines apparentes.

garage – voir *gare routière*

gare routière ou **garage** – gare pour les bus et les taxis-brousse (également appelée *gare voiture*)

gargot(t)e – restaurant rudimentaire ou échoppe

gîte – en Afrique occidentale, le mot est parfois utilisé dans le même sens qu'*auberge* et *campement*

grand boubou – voir *boubou*

griot – musicien ou troubadour traditionnel qui est également le mémorialiste d'un village, d'un clan, d'une ethnie ou d'une famille, remontant de nombreux siècles en arrière. Le terme, d'origine française, est la déformation probable du wolof *gewel* ou du toucouleur *gawlo*. Le mot mandingue est *jali*.

gris-gris – objet fétiche ou amulette, porté pour repousser le mauvais œil (également orthographié grigri ou grisgri)

hakko ou **mboom** – millet pilé mélangé à une sauce à base de feuilles

harmattan – vent très sec soufflant de l'est ou du nord-est et portant des particules de poussière du désert qui assombrissent le ciel d'Afrique occidentale, de décembre à mars

inch'allah – Si Dieu le veut, c'est-à-dire heureusement

jihad – guerre sainte musulmane

kinkilaba – feuille locale parfois ajoutée au thé ou au café pour lui donner une saveur légèrement "boisée"

kossam – voir *sow*

lumo – marché hebdomadaire, généralement dans les régions frontalières

mafé ou **mafay** – sauce épaisse et foncée à base de graines d'arachide

maison de passage – voir *case de passage*

marabout – homme saint musulman

mboom – voir *hakko*

MDCF – Mouvement des forces démocratiques de Casamance

MOJA – Mouvement pour la justice en Afrique

monaye – voir *fanday*

ndeup – cérémonies au cours desquelles on traite et guérit les maladies mentales

N'Diaga N'Diaye – bus Mercedes blanc

niebe – haricots noirs

paillote – abri pour le soleil recouvert d'un toit de chaume (souvent sur une plage ou à proximité d'un bar/restaurant de plein air)

palava – lieu où l'on se réunit

petit car – minibus

pinasse – grande pirogue naviguant généralement sur les cours d'eau et servant à transporter des passagers et des marchandises

Ramsar – convention internationale veillant à la protection des habitats en zone humide et de leur faune

riz yollof – légumes et/ou viande cuisinés dans une sauce à l'huile et aux tomates

Sénégambie – région géographique regroupant le Sénégal et la Gambie et éphémère confédération des deux pays (1982-1989)

Sentram – société des transports maritimes sénégalais

sept-place – voir *taxi Peugeot*

snack – lieu où l'on sert des repas légers et des sandwiches. Le terme ne désigne pas la nourriture elle-même. Souvent l'enseigne "bar-snack" signifie que pouvez également commander un café ou une bière.

Sonatel – opérateur téléphonique national

sow ou **kossam** – yaourt local

soufisme – branche de l'islam qui met l'accent sur les pratiques ascétiques et mystiques

taxi-course – taxi partagé (en ville)

taxi Peugeot – voiture Peugeot 504 ou 505, comportant sept places assises (appelé aussi sept-place)

télécentre – bureau de téléphone privé

tiéboudienne ou **tié-bou-dienne** ou **tieb** – plat national du Sénégal, composé de riz cuisiné dans une épaisse sauce au poisson et aux légumes (orthographié de différentes façons, telles que thieboudjenne ou thieboudjen)

toubab – personne blanche

yassa poulet – poulet grillé mariné dans une sauce aux oignons et au citron

Le Sénégal à Paris

À Paris, le Sénégal s'attable avec délice derrière un tiéboudienne, expose ses fixés sur verre et dévoile ses indigos et ses étoffes colorées. Le soir venu, les restaurants sénégalais jouent avant tout la carte de la convivialité jusqu'à tard dans la nuit. La simplicité est de rigueur et les prix très raisonnables. Il suffit de passer à table ou de participer à quelques soirées sénégalaises pour être de la fête. Voici quelques adresses sélectionnées à Paris laissant la porte grande ouverte à la découverte.

OÙ SE RESTAURER

Fréquentée que par des habitués, **Chez Aïda** *(☎ 01 42 58 26 20)*, 48 rue Polonceau, 75018 Paris, propose certainement l'un des meilleurs tiéboudienne (tieb) de Paris que l'on peut par ailleurs commander pour emporter chez soi (comptez 8,50 € par personne). Ouvert de 11h à minuit (excepté le mardi), le lieu n'a aucune prétention si ce n'est de vous faire apprécier une cuisine familiale et savoureuse, comme le yassa au poulet assaisonné, également à 8,50 €.

Tout aussi réputée dans la communauté sénégalaise, **L'île de Gorée** *(☎ 01 43 38 97 69)*, 70 rue Jean-Pierre-Timbaud, 75011 Paris, propose tous les grands plats traditionnels du pays. Concoctés par Adji Thioro et servie par son frère, tiéboudienne, yassa (au poulet ou au poisson) et maffé sont à la carte (14 €), à côté de spécialités antillaises. Ouvert tous les jours à partir de 19h, ce petit restaurant (30 couverts à peine) est fermé le dimanche.

Dans le 11e arrondissement, à noter encore le **Porokhane** *(☎ 01 40 21 86 74)*, 3 rue Moret. Ouvert tous les jours de 19h à 2h, il affiche un bon rapport qualité/prix : yassa au poulet ou au poisson et maffé entre 9 et 13 €, grillades de 11,50 à 16,50 € et assiettes végétariennes. Dans la même catégorie de prix (entre 9 et 15 €), **L'Équateur** *(☎ 01 43 57 99 22)*, 151 rue Saint-Maur, est également ouvert tous les jours de 19h30 à 1h.

Pour le décor et l'ambiance (le soir à partir de 21h, on peut écouter un joueur de kora), **Le Manguier** *(☎ 01 48 07 03 27)*, 67 av. Parmentier, sert midi et soir tieb, couscous à la viande d'agneau et dorade braisée, excepté le dimanche, jour de fermeture. Les plats tournent autour de 13 €. Installé sur deux niveaux, **Le Fouta Djalon** *(☎ 01 40 27 07 34)*, 27 bd Saint-Martin, 75003 Paris, joue la carte du service continue de 10h à 2h (sauf le dimanche où il n'ouvre que le soir) avec des spécialités sénégalaises et guinéennes de 10 à 15 €.

Chez **Teeru Bi** *(☎ 01 53 31 00 05)*, 35 rue de la Jonquière, 75017 Paris, la cuisine est basique et fait peu de concessions à la cuisine européenne : acras de morue, fatayas (beignets à la viande), pastel, tiéboudienne, mafé, couscous de mil. Ouvert le midi et soir du lundi au samedi, comptez 21 € pour un repas, 14 ou 19 € pour les menus. Il y a aussi des plats à emporter et un service de livraison à domicile.

Pour une cuisine franco-sénégalaise conviviale, rendez visite à **Mon Oncle le Vigneron** *(☎ 01 42 00 43 30)*, 2 rue Pradier, 75019 Paris, où la maîtresse des lieux, sénégalaise, et son mari, français, mitonnent à tour de rôle, suivant l'humeur et les produits du marché, le plat du jour (environ 10 €), telle une soupe de mouton à la sénégalaise, avec pommes de terre, malicieusement rehaussée de gingembre. Le restaurant est ouvert le midi et le soir, sauf le jeudi.

Au Village *(☎ 01 43 57 18 95)*, 86 av. Parmentier, vous procure un dépaysement garanti, jusqu'à 2h tous les soirs, à l'exception du samedi. Dans un décor villageois, un joueur de kora ou de balafon, perché au-dessus des dîneurs, accompagne le repas sur des airs de Myriam Makeba ou autres ballades africaines. La carte propose des classiques du Sénégal, de Guinée ou de Côte-d'Ivoire et les menus (17 € et 29 €) offrent une belle introduction à la cuisine africaine : le traditionnel "féroce" (purée d'avocat, morue et farine de manioc), suivi d'un yassa au poisson, légèrement pimenté, ou du très copieux mafé au bœuf et, enfin, en dessert, l'étonnant "thiakry".

Grand classique, et fier de figurer au palmarès des guides gastronomiques, **Le Paris-Dakar** *(☎ 01 42 08 16 64)*, 95 rue du Faubourg-Saint-Martin, 75010 Paris, allie un décor soigné sur deux niveaux, une ambiance bonne enfant et une cuisine délicieuse. Cependant, pour les têtes à têtes, ce n'est probablement pas le meilleur endroit (il y a environ 120 couverts). Ouvert tous les jours de 12h à 15h et de 19h à 2h (excepté le lundi et le vendredi midi), il propose notamment deux menus (20 et 28 €), dont un succulent poulet yassa au citron vert.

OÙ SORTIR

Il n'existe pas à Paris de discothèques sénégalaises. Seules quelques établissements proposent des soirées dont les jours peuvent varier d'une saison à l'autre. Aussi est-il toujours préférable de téléphoner avant de se déplacer. Au **Ruby's Club** *(☎ 01 46 33 68 16)*, 31 rue Dauphine, 75006 Paris. Dans cette toute petite discothèque, très années 1960, la soirée sénégalaise se déroule en général le mardi à partir de 23h. Aucun droit d'entrée n'est exigé. L'**Atlantis** *(☎ 01 44 23 24 00)*, 32 quai d'Austerlitz, 75013 Paris, est une discothèque afro-antillaise ouverte les vendredi, samedi et dimanche de 23h à l'aube (le dimanche soir est en général dédié à la musique africaine). Le **Black and White** *(☎ 01 42 21 14 92)*, 31 bis rue des Lombards, 75001 Paris, programme également de la musique africaine.

ACHATS

La **Compagnie du Sénégal et de l'Afrique de l'Ouest, C.S.A.O.** *(☎ 01 44 54 55 88)*, 1 et 3, rue Elzévir, 75003 Paris. Installée dans un immense local au cœur du Marais, chaleureuse et jouant merveilleusement avec le blanc des murs, le bois, les tissus et les objets exposés, c'est la boutique à ne pas manquer. Des fixés sur verres (de 15 à 65 €) aux couettes confectionnées, coussins et plaides en tissus made in Sénégal, sans

Les fixés sur verre

Art typiquement sénégalais, le fixé sur verre est apparu au Sénégal à la fin du XIXᵉ siècle. L'interdiction islamique de toute représentation religieuse, reprise, en 1908, par l'administration coloniale, donna naissance à une production artisanale s'inspirant de la vie quotidienne. A chaque artiste, son sujet de prédilection : métiers, scènes de rue, portraits... Le style lui reste coloré, vivant et empreint d'une belle touche réaliste.

La technique utilisée consiste à tracer à l'envers, directement sur le verre, le dessin, au pinceau et à l'encre ou à la peinture noire. Chaque surface ainsi délimitée est colorée en aplats. Pour finir, une dernière couche de peinture recouvrant l'ensemble de la plaque de verre est passée. Le dessin est alors retourné et adossé à une plaque en carton.

oublier les plastiques colorés (bidons, bassines, verres, assiettes), la vannerie, les jouets, les colons et les objets fabriqués exclusivement avec du matériel de récupération... le choix est large, la gamme des prix également. La CSAO est en fait une coopérative traitant directement, au Sénégal, avec les créateurs locaux. La compagnie expose également les œuvres d'artistes sénégalais. La boutique est ouverte, du lundi au samedi, de 11h à 19h (le dimanche de 14h à 19h).

Plus dépouillée et sobre dans sa présentation, la boutique **Savannah spirit** *(☎ 01 42 74 08 74)*, 46 rue du Roi-de-Sicile, 75004 Paris, propose quelques fixés sur verre, tissus et instruments de musique. La boutique est ouverte du mardi au vendredi de 11h à 19h, le samedi de 12h à 19h et le dimanche de 14h à 19h.

À VOIR

En France, les musées sont relativement pauvres en art sénégalais, la production artistique sénégalaise, en raison de l'Islam, se limitant essentiellement aux fixés sur verre, aux tissus (tissus indigo de Saint-Louis notamment) et aux parures. Rarement sorties des réserves, en raison des problèmes de conservation qu'elles posent, ces œuvres peuvent toutefois s'inscrire dans certaines expositions temporaires.

Musée de l'Homme *(☎ 01 44 05 72 72)*, 17 place du Trocadéro, 75016 Paris. À la galerie Afrique, quelques maquettes d'habitations sont exposées, dont un village sénégalais traditionnel. Le musée organise par ailleurs des visites guidées à thème (sauf en été). Pour tout renseignement, appelez le Service action pédagogique et culturelle du musée au ☎ 01 40 79 36 00. Le musée est ouvert tous les jours, de 9h45 à 17h15 (fermé le mardi). Entrée : 5 €.

Musée des arts d'Afrique et d'Océanie *(☎ 01 44 74 84 80)*, 293 av. Daumesnil. Le musée, construit dans le style Art déco pour abriter le Musée permanent des colonies, fermera définitivement en janvier 2003. La pierre Lyre, monument mégalithique, est le seul témoignage de l'art sénégalais que vous trouverez dans ce musée, qui possède cependant, mais en réserve, une fabuleuse collection de fixés sur verre. Musée ouvert tous les

jours de 10h à 17h30, sauf le mardi. Entrée 5,60 €, gratuit pour les moins de 18 ans.

Musée du Quai Branly *(☎ 01 56 61 70 00, www.quaibranly.fr)*, quai Branly, 75016 Paris. Aficionados des arts africains attendent avec impatience l'ouverture de ce nouveau musée consacré aux arts premiers et primitifs, prévue pour 2004. Situé à côté de la Tour Eiffel, le Musée du Quai Branly présentera les grands espaces géographiques : Océanie, Asie, Afrique et Amériques. Des œuvres des musées de l'Homme et des arts d'Afrique et d'Océanie seront transférées à ce nouveau musée.

Art africain au **Musée du Louvre** *(☎ 01 40 20 53 17, www.louvre.fr)*. Certaines œuvres appartenant au quai Branly, venant de collections publiques – du laboratoire d'ethnologie du musée de l'Homme, du Musée des arts d'Afrique et d'Océanie et de certains musées étrangers – sont exposées au Musée du Louvre, dans la collection permanente des arts et civilisations d'Afrique, d'Asie, d'Océanie et des Amériques. L'exposition contient près de 120 œuvres, avec un espace d'interprétation. Accès avec billet du musée du Louvre : ouvert de 9h à 17h30 et jusqu'à 21h30 le mercredi. Fermé le mardi et le vendredi. Entrée : 7,50 € / 5€.

Remerciements

Merci à tous les voyageurs qui ont pris le temps et la peine de nous écrire leurs expériences au Sénégal. Nous nous excusons par avance de tout nom mal orthographié.

Heidi Albrecht, Nadine Allal, Dave Anderson, Anne-Laurence Arnold, Anne-Marie Bailleux, Franck Baranger, Joshua Taylor Barnes, M. et Mme Barthelemy, Dominique Bazin, Éric Beaunay, Gwen Becam, Karine et Wolfgang Berndt, Pina Blankevoort, Jose Boehm, Filip Bogaert, Virginie Boillet, Piero Boschi, Brigitte Boisseau, Monique Bonne, Nathalie Boujot, M.P. Bourrat, Marriane Braquet, Steve Brooks, Magali Bru, Steve Bryant, Mary Buchalter, Franckie Chamard, Alain Chambaretaud, Murielle Charpin, Germain Chassot, Patricia Chauvin, M. Craveiro, Christian Crolla, Fanny Cunin, Valérie Dal Mas, Anne Dassonville, Gwenolé Denieul, Sylvia de Verga, Josiane Dicchi, Marie Dido, Anna Dijkstra, Soraya Djouad, Brigitte et Michel Donzel, Céline Dubreuil, Sophie Duflos, Olivier Ducoux, Hamish Duncan, Roland Duprat, Matt Ebiner, Marie Edwards, Karen Espley, Jannie Faas, Nathalie Filloux, Guillaume Fiquet, Lars Erik Forsberg, Fabrice Fouassier, Alain Frange, Marije Freeburg, Wolfgang Glebe, Raymond Goëttel, Denise Gourgues, Claudie Gréau, Francis Grignon, Paul Gruszow, Claire Guérin, Guy Hagan, Jennifer Hawkins, Jackie Heath, Luc Herbreteau, Shonah Hill, John Hindson, Dominique Hode, Lawana Holland, Sara Holtz, Jean-François Hornain, Sarah Jacob, Tracy Jagger, Rozemarijn Jansen, Rogier Jaspers, Irma Jelsma, Olivier Jonnekin, Jean-Claude Jumain, Nicolas Jurdit, Jeannette Karch, Wilza Kouwer, Michel Lacaille, Pascal Lacanal, John Laidler, Sandrine Le Bat, Mark Leyland, Willem et Joany Lisman, Céline Lison, Annick Madec, Lisa Magnino, Claude Marc, Seamus Martin, Phillip Mattle, Angus McCulloch, Jocelyne Mazet, Markella Mikkelsen, Christophe Milochau, Claudine et Denis Molin, Omelio Moreno, Anki Nilsson, A. Oliveira, Angèle Osbild, Michael Padua, J.F. Paitel, Brian Parkes, Nicola Parkes, Florent Pélissier, Mary-Lou Penrith, Sylvie Perrault, Armand Pierro, Ada Plane, Sylvie Porlan, Catherine Potter, Brigitte Pouillard, Frédérique Poupon, Anne Pouteaux, Georgina Preston, Michaël Raty, Muriel Renaud, Sara Richelson, Jacqueline Sawyer, Tom Schalken, Arjen Smith, Anne Sohier, Jean-Luc Stalin, Urs Steiger, Eduard Stomp, Janet Sullivan, Thijs Ter Avest, André Thiébaux, Marie-Christine Thureau, Bruce Toman, Carol Tompkins, Jaume Tort, Susan Towler, Cathy Tremblay, Lynne Trenell, Denis Trotain, Magali Value, Sylvia Van der Oord, Willem Van Haecke, M. et Mme Vergnaud, Vincent Viguie, Thierry Vincart, Chris Waters et Caroline Weston.

LONELY PLANET

GUIDES DE VOYAGE EN FRANÇAIS

Le catalogue de nos guides en français s'étoffe d'année en année : aux traductions de destinations loin-taines comme l'Inde ou la Chine, s'ajoutent aujourd'hui des créations françaises avec des guides sur Tahiti, Madagascar, la Corse, Marseille ou encore le Restoguide Paris. Nos guides sont disponibles dans le monde entier et vous pouvez les commander en librairie. Pour toute information complémentaire, vous pouvez consulter notre site lonelyplanet.fr, nous contacter par email à bip@lonelyplanet.fr ou par courrier au 1 rue du Dahomey, 75011 Paris.

Afrique australe
Amsterdam
Andalousie
Athènes et les îles grecques
Australie
Barcelone
Brésil
Cambodge
Chine
Corse
Côte bretonne et les îles
Croatie
Cuba
Guadeloupe et Dominique
Guatemala et Belize
Inde
Iran
Irlande
Indonésie
Itinéraires de marche en France
Itinéraires à vélo en France
Laos
Lisbonne
Londres
Louisiane
Madagascar
Malaisie et Singapour
Maroc
Marseille et sa région

Martinique, Dominique
et Sainte-Lucie
Mexique le Sud
Myanmar (Birmanie)
Namibie
Népal
New York
Nouvelle-Calédonie
Ouest américain
Pérou
Pologne
Prague
Provence
Québec
Restoguide Paris 2002
Réunion et Maurice
Rome
Sénégal
Sri Lanka
Tahiti et la Polynésie française
Thaïlande
Toscanne
Transsibérien
Turquie
Vietnam
Yémen
Zimbabwe et Botswana

LES GUIDES DE PLONGÉE LONELY PLANET

Nos guides de plongée tout en couleur explorent les plus beaux sites de plongée du monde. La description de chaque site comprend des informations sur le niveau conseillé, la profondeur, la visibilité et également sur la faune marine. D'autres sites exceptionnels à travers le monde sont couverts par nos guides en anglais.

En vente en librairie en français :

Guide de plongée Tahiti et la Polynésie française
22,71 € - $C 39.95 – L19.99 - US$ 31.99

Guide de plongée Mer rouge
24,24 € - $C 39,95 – L20.99 - US$ 33.99

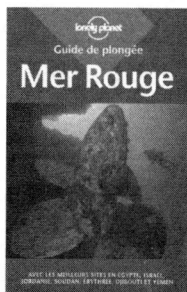

LONELY PLANET

CITIZ

Découvrez le meilleur des villes avec CITIZ, le guide malin et bien renseigné. Critiques avisées, conseils, cartes détaillées : il rassemble dans un format pratique toutes les informations utiles au voyageur éclairé, qu'il séjourne une journée ou une semaine, pour affaires ou pour son plaisir.

Titres disponibles : Paris, New York, Barcelone, Londres, Venise, et Amsterdam Citiz

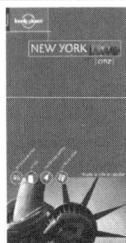

RESTOGUIDE PARIS 2002 : 500 restaurants et bars sélectionnés par des auteurs de Lonely Planet

Du brunch au dîner en terrasse, cette deuxième édition de notre guide sur les restaurants, bars et cafés à Paris vous donne encore davantage le choix. Chaque endroit a été sélectionné pour une cuisine ou un service de qualité, à des prix abordables et également pour l'ambiance, le décor ou le petit plus qui font de chaque endroit une adresse à retenir et surtout à partager.

- 20 plans des arrondissements de Paris
- un index original par critères : sortir avec des enfants, dîner en terrasse, manger seul(e), ouvert tard, ouvert le dimanche, où jouer au billard, les meilleurs bars à bières, où se séparer ou se réconcilier !
- une sélection de bars et cafés par arrondissement
- un large choix d'adresses, du bistrot aux cuisines du monde
- des adresses de cafés pour se donner rendez-vous à la sortie du métro

En vente en librairie
12,04 € - $C 21,95 – UKL 10,99 – US$ 16,99

WWW.LONELYPLANET.FR

Notre site web, constamment actualisé, offre de plus en plus d'informations pour préparer et réussir ses voyages : plus d'une centaine de destinations passées au crible (cartes et photos), des conseils pratiques, des dépêches d'actualité, notre catalogue et des mises à jour en ligne de guides sur certains pays. Il permet également à la communauté des voyageurs d'échanger, de débattre grâce aux forums, à la rubrique controverse et au courrier des lecteurs.

LE JOURNAL

Afin de partager notre passion du voyage et les impressions ou renseignements que vous nous envoyez quotidiennement, nous publions Le Journal, un trimestriel gratuit.
Vous y trouverez des conseils de lecteurs, des informations pratiques liées à la santé comme aux habitudes culturelles à respecter, des articles sur des destinations ou événements à découvrir dans le monde entier ou encore sur des sujets d'actualité avec la volonté de promouvoir toujours davantage un tourisme responsable.
Pour vous abonner, écrivez-nous au 1 rue du Dahomey, 75011 Paris, France

LONELY PLANET

GUIDES DE VOYAGE EN ANGLAIS

Leader mondial en édition de guides de voyage, Lonely Planet publie également plus de 500 titres en anglais et couvre presque la terre entière.

Les différentes collections : Les **travel guides** explorent des pays, des régions ou des villes, et s'adressent à tous les budgets, les **shoestring guides** couvrent l'ensemble d'un continent et s'adressent plutôt aux voyageurs qui ont plus de temps que d'argent, les **condensed guides** sont des guides de poche tout en couleurs, avec des photos et de nombreux plans, pour les séjours brefs dans une capitale, les **phrasebooks** sont de précieuses méthodes de conversation, les **walking guides et cycling guides** s'adressent aux marcheurs et cyclistes, les **world food guides** dressent une présentation exhaustive de l'art culinaire de certains pays, les **Out to Eat guides** recommandent les meilleurs restaurants et bars de quelques villes internationales, les **diving & snorkeling guides** donnent un descriptif complet des plus belles plongées d'une région ou d'un pays. Existent également des **Atlas** routiers et des **cartes** des grandes villes du monde.

Pour vous procurer ces ouvrages, n'hésitez pas à vous adresser à votre libraire.

EUROPE : Amsterdam • Amsterdam City Map • Amsterdam Condensed • Andalucía • Athens • Austria • Baltic States phrasebook • Barcelona • Barcelona City Map • Belgium & Luxembourg • Berlin • Berlin City Map • Britain • British phrasebook • Brussels, Bruges & Antwerp • Brussels City Map • Budapest • Budapest City Map • Canary Islands • Catalunya & the Costa Brava • Central Europe • Central Europe phrasebook • Copenhagen • Corfu & the Ionians • Corsica • Crete • Crete Condensed • Croatia • Cycling Britain • Cycling France • Cyprus • Czech & Slovak Republics • Czech phrasebook • Denmark • Dublin • Dublin City Map • Dublin Condensed • Eastern Europe • Eastern Europe phrasebook • Edinburgh • Edinburgh City Map • England • Estonia, Latvia & Lithuania • Europe on a shoestring • Europe phrasebook • Finland • Florence • Florence City Map • France • Frankfurt City Map • Frankfurt Condensed • French phrasebook • Georgia, Armenia & Azerbaijan • Germany • German phrasebook • Greece • Greek Islands • Greek phrasebook • Hungary • Iceland, Greenland & the Faroe Islands • Ireland • Italian phrasebook • Italy • Kraków • Lisbon • The Loire • London • London City Map • London Condensed • Madrid • Madrid City Map • Malta • Mediterranean Europe • Milan, Turin & Genoa • Moscow • Munich • Netherlands • Normandy • Norway • Out to Eat – London • Out to Eat – Paris • Paris • Paris City Map • Paris Condensed • Poland • Polish phrasebook • Portugal • Portuguese phrasebook • Prague • Prague City Map • Provence & the Côte d'Azur • Read This First: Europe • Rhodes & the Dodecanese • Romania & Moldova • Rome • Rome City Map • Rome Condensed • Russia, Ukraine & Belarus • Russian phrasebook • Scandinavian & Baltic Europe • Scandinavian phrasebook • Scotland • Sicily • Slovenia • South-West France • Spain • Spanish phrasebook • Stockholm • St Petersburg • St Petersburg City Map • Sweden • Switzerland • Tuscany • Ukrainian phrasebook • Venice • Vienna • Wales • Walking in Britain • Walking in France • Walking in Ireland • Walking in Italy • Walking in Scotland • Walking in Spain • Walking in Switzerland • Western Europe • World Food France • World Food Greece • World Food Ireland • World Food Italy • World Food Spain Travel Literature: After Yugoslavia • Love and War in the Apennines • The Olive Grove: Travels in Greece • On the Shores of the Mediterranean • Round Ireland in Low Gear • A Small Place in Italy

AMÉRIQUE DU NORD : Alaska • Boston • Boston City Map • Boston Condensed • British Columbia • California & Nevada • California Condensed • Canada • Chicago • Chicago City Map • Chicago Condensed • Florida • Georgia & the Carolinas • Great Lakes • Hawaii • Hiking in Alaska • Hiking in the USA • Honolulu & Oahu City Map • Las Vegas • Los Angeles • Los Angeles City Map • Louisiana & the Deep South • Miami • Miami City Map • Montreal • New England • New Orleans • New Orleans City Map • New York City • New York City City Map • New York City Condensed • New York, New Jersey & Pennsylvania • Oahu • Out to Eat – San Francisco • Pacific Northwest • Rocky Mountains • San Diego & Tijuana • San Francisco • San Francisco City Map • Seattle • Seattle City Map • Southwest • Texas • Toronto • USA • USA phrasebook • Vancouver • Vancouver City Map • Virginia & the Capital Region • Washington, DC • Washington, DC City Map • World Food New Orleans Travel Literature: Caught Inside: A Surfer's Year on the California Coast • Drive Thru America

AMÉRIQUE CENTRALE ET CARAÏBES : Bahamas, Turks & Caicos • Baja California • Belize, Guatemala & Yucatán • Bermuda • Central America on a shoestring • Costa Rica • Costa Rica Spanish phrasebook • Cuba • Cycling Cuba • Dominican Republic & Haiti • Eastern Caribbean • Guatemala • Havana • Healthy Travel Central & South America • Jamaica • Mexico • Mexico City • Panama • Puerto Rico • Read This First: Central & South America • Virgin Islands • World Food Caribbean • World Food Mexico • Yucatán

Index

Texte

Encadrés

LÉGENDE DES CARTES

ROUTES

Villes **Régionales**

Autoroute
Auto. payante
Nationale
Départementale
Cantonale
Non goudronnée

Rue piétonne
Escalier
Tunnel
Randonnée
Promenade
Sentier

TRANSPORTS

Gare
Station de métro
Trajet bus
Trajet ferry

LIMITES ET FRONTIÈRES

Internationale
Province
Département
Non certifiée

HYDROGRAPHIE

Bande côtière
Rivière ou ruisseau
Lac
Canal
Source, rapide
Chute
Marais
Lac salé

TOPOGRAPHIE

Marché
Édifice
Campus
Cimetière
Escarpement
Jardin
Terrain de golf
Parc
Place
Sable
Oasis
Mangrove

SYMBOLES

⊙ **CAPITALE NATIONALE**   ● **Ville Moyenne**
◉ **Capitale régionale**   ○ Petite ville
● **Grande ville**   ○ Village, lieu-dit

Où se loger
Où se restaurer
Centre d'intérêt

Centre commercial
Canoë, kayak
Ancrage, mouillage
Plage

Aérodrome
Aéroport
Site archéologique, ruines
Banque
Café
Champs de bataille
Location de vélo
Poste frontière
Zoo
Gare routière
Téléphérique, funiculaire
Terrain de camping
Château
Hammam
Grotte

Église
Cinéma
Site de plongée
Ambassade, consulat
Passerelle
Fontaine
Station-service
Hôpital
Information touristique
Cybercafé
Phare
Point de vue
Accessibilité
Monument
Montagne

Musée
Observatoire
Parc
Parking
Col
Aire de pique-nique
Poste de police
Piscine
Bureau de poste
Bar, pub
Caravaning
Refuge
Épave
Parc national
Ornithologie

Piste de ski
Belle demeure
Surf
Synagogue
Mosquée
Borne de taxi
Téléphone
Théâtre
Toilette publique
Tombeau
Chemin de randonnée
Terminus de tram
Transports
Volcan
Vignoble

Note : tous les symboles ne sont pas utilisés dans cet ouvrage